O DESPERTAR DO HERÓI INTERIOR

Carol S. Pearson

O DESPERTAR DO HERÓI INTERIOR

A Presença dos Doze Arquétipos nos Processos de Autodescoberta e de Transformação do Mundo

Tradução
Paulo César de Oliveira

Editora
Cultrix
SÃO PAULO

Título original: *Awakening the Heroes Within – Twelve Archetypes to Help us Find Ourselves and Transform our World.*

Copyright © 1991 Carol S. Pearson

Publicado mediante acordo com Lennart Sane Agency AB.

Copyright da edição brasileira © 1994, 2023 Editora Pensamento-Cultrix Ltda.

2ª edição 2023.

Todos os direitos reservados. Nenhuma parte desta obra pode ser reproduzida ou usada de qualquer forma ou por qualquer meio, eletrônico ou mecânico, inclusive fotocópias, gravações ou sistema de armazenamento em banco de dados, sem permissão por escrito, exceto nos casos de trechos curtos citados em resenhas críticas ou artigos de revistas.

A Editora Cultrix não se responsabiliza por eventuais mudanças ocorridas nos endereços convencionais ou eletrônicos citados neste livro.

Editor: Adilson Silva Ramachandra
Gerente editorial: Roseli de S. Ferraz
Preparação de originais: Marie Romero
Gerente de produção editorial: Indiara Faria Kayo
Editoração eletrônica: Join Bureau
Revisão: Claudete Agua de Melo

Dados Internacionais de Catalogação na Publicação (CIP)
(Câmara Brasileira do Livro, SP, Brasil)

Pearson, Carol S.
 O despertar do herói interior: a presença dos doze arquétipos nos processos de autodescoberta e de transformação do mundo / Carol S. Pearson; [tradução Paulo César de Oliveira]. – 2. ed. – São Paulo: Editora Cultrix, 2023.

 Título original: Awakening the heroes within – twelve archetypes to help us find ourselves and transform our world.
 ISBN 978-65-5736-239-6

 1. Psicologia junguiana I. Título.

23-145847　　　　　　　　　　　　　　　　　　　　　　　　CDD-150.1954

Índices para catálogo sistemático:
1. Psicologia junguiana 150.1954
Aline Graziele Benitez – Bibliotecária – CRB-1/3129

Direitos de tradução para o Brasil adquiridos com exclusividade pela EDITORA PENSAMENTO-CULTRIX LTDA., que se reserva a propriedade literária desta tradução.
Rua Dr. Mário Vicente, 368 – 04270-000 – São Paulo, SP
Fone: (11) 2066-9000
http://www.editoracultrix.com.br
E-mail: atendimento@editoracultrix.com.br
Foi feito o depósito legal.

Para David

"A busca só termina quando o coração e o estômago estiverem satisfeitos."

Sun Bear, *Walk in Balance*

Sumário

Agradecimentos 11
Introdução 17
Como Usar este Livro 35

Parte I: A Dança do Ego, do *Self* e da Alma 49
1. Os Estágios da Jornada 51
2. O Ego: Protegendo a Criança Interior 55
3. A Alma: Desvendando os seus Mistérios 67
4. O *Self*: Expressando-nos no Mundo 85
5. Além do Heroísmo: A Dança 105

Parte II: A Preparação para a Jornada 117
6. O Inocente 119
7. O Órfão 135
8. O Guerreiro 155
9. O Caridoso 177

Parte III: A Jornada – Tornando-se Real 197
10. O Explorador 199
11. O Destruidor 219

12. O Amante 239
13. O Criador 263

Parte IV: A Volta – Tornando-se Livre 287
14. O Governante 289
15. O Mago 307
16. O Sábio 333
17. O Bobo 351

Parte V: Reverenciando a Diversidade – Como Transformar o Seu Mundo 369
18. Da Dualidade à Totalidade – Um Modelo de Estágios de Vida 371
19. Sexo e Desenvolvimento Humano ao Longo da Vida 403
20. Sexo, Diversidade e a Transformação da Cultura 429
21. Reclamando o Mito da Sua Vida 453

Apêndice: O Índice de Mitos Heroicos (Formulário E) 467

Notas 475

Agradecimentos

O *Despertar do Herói Interior* é o resultado de doze anos de estudo, os quais se iniciaram na pós-graduação, quando fiquei fascinada pela questão da jornada percorrida pelos heróis, um entusiasmo que deu origem à minha dissertação sobre bufões e heróis na literatura contemporânea (1970).

Assim como em qualquer obra que represente a culminação de doze anos de estudo, é impossível citar a contribuição de todos os livros, teorias e pessoas que influenciaram este trabalho. Todavia, algumas dessas contribuições foram tão importantes que não podem ser esquecidas. Quando eu estava fazendo a minha pós-graduação, o livro de Joseph Campbell, *The Hero With a Thousand Faces*,* atuou como um chamamento para que eu empreendesse este trabalho. Enquanto escrevia este livro, senti-me muito grata aos meus professores de pós-graduação no Departamento de Inglês da Universidade Rice, em especial a Monroe Spears, a William Piper e a David Minter, por terem me ensinado tantas coisas não apenas sobre literatura mas também a respeito da alma. Também tenho uma dívida de gratidão por ter participado dos programas de estudos sobre a mulher na Universidade do Colorado e na Universidade de Maryland, e pela oportunidade de haver trabalhado

---

* *O Herói de Mil Faces*. São Paulo: Cultrix, 1988.

com Donna Shavlik e Judy Touchton, no Departamento de Questões Femininas do Conselho Americano de Educação, e com Katherine Pope, na preparação e revisão do livro *Who Am I This Time? Female Portraits in American and British Literature* e na elaboração do livro *The Female Hero in British and American Literature*.

Ao planejar e ao escrever este livro também me beneficiei enormemente da minha filiação ao Centro Midway para Imaginação Criativa, da Fundação Instituto Psiquiátrico, em Washington, D. C., e ao Programa de Enriquecimento Profissional em Psicologia Profunda, da Wainwright House, em Rye, Nova York.

Por meio do Centro Midway, fiz o curso de um ano sobre Métodos de Mitologia Criativa, ministrado por David Oldfield, a fim de aprender estratégias para trabalhar de modo experimental com material arquetípico e mítico. Eu não só aprendi todas essas coisas como também tirei proveito das teorias sobre alma e desenvolvimento da alma, apresentadas nessa ocasião.

Posteriormente, tive a oportunidade de ministrar o curso de treinamento no Centro Midway, o que me proporcionou a oportunidade de trabalhar com profissionais de diversas áreas utilizando as teorias e exercícios apresentados neste livro. Agradeço ao Centro Midway e a David Oldfield pela oportunidade de expor estas ideias a um grupo tão extraordinário de participantes. A influência que esse grupo de pessoas exerceu sobre mim e sobre este livro foi enorme e não pode ser descrita em toda a sua plenitude. Elas me encorajaram acerca da importância deste trabalho, fizeram experiências com a aplicação das teorias em suas atividades e em suas próprias vidas, leram os manuscritos e compartilharam generosamente suas ideias e processos.

Participei durante dois anos do programa de enriquecimento da Wainwright House, onde pude aprofundar meus conhecimentos sobre a psicologia junguiana. Quero agradecer particularmente a Franklin Valas, diretor da Wainwright House, e a Don Kalshed e a Sidney McKinsey, diretor e coordenador, respectivamente, do Programa de Enriquecimento

Profissional em Psicologia Profunda, por terem criado essa valiosa experiência educacional, colocando-a ao meu alcance justamente quando precisei dela.

Agradeço aos meus colegas na Meristema e, em especial, a Sharon V. Seivert, que colaborou comigo na elaboração do projeto "Heróis em Ação", que explora muitos dos arquétipos descritos neste livro aplicando-os a ambientes organizacionais. Portanto, houve um grande intercâmbio de ideias entre os dois projetos; o trabalho que fizemos juntas exerceu tamanha influência sobre os meus pontos de vista que o resultado da nossa colaboração aparece ao longo de todo este livro e, especialmente, nas partes II, III e IV, nos quais é feita a descrição de cada arquétipo.

Do mesmo modo, a equipe que trabalhou ao meu lado na elaboração do Índice de Mitos Heroicos contribuiu de inúmeras maneiras para aumentar a minha compreensão sobre os arquétipos. A equipe que desenvolveu o Formulário D (com dez arquétipos) foi composta por Sharon Seivert e Mary Leonard, tendo a assistência técnica de Beth O'Brien e Barbara Murry e as contribuições especializadas de Francis Parks, de Polly Armstrong, de David Oldfield e de John Johnson. O Grupo que desenvolveu o formulário E (com doze arquétipos) foi constituído por Hugh Marr, Mary Leonard e Sharon Seivert. Quero fazer um agradecimento especial a Hugh Marr, que conduziu os estudos sobre a validade e confiabilidade do instrumental e liderou o desenvolvimento e o aprimoramento de novas questões.

Um agradecimento especial a Sharon V. Seivert, coordenadora do projeto "Heróis em Ação", da Meristema, e coautora do livro *Heroes at Work: Workbook*, e à equipe que elaborou o Índice de Mitos Heroicos, por terem me ajudado a desenvolver e a cristalizar algumas das ideias básicas contidas neste livro. Dez dos arquétipos discutidos aqui foram incluídos no *Heroes at Work: Workbook* e no formulário D do Índice de Mitos Heroicos (publicado pela Meristema em 1988).

Quero também agradecer aos membros do seminário de pós-graduação de Mary Leonard, no Departamento de Aconselhamento da Universidade de Maryland, que me proporcionaram material e sugestões sobre o projeto desta obra; à Escola Quacre Sandy Spring, por colocarem à minha disposição um local para testar e retestar o Formulário D; e ao Centro Mt. Vernon, por me permitir testar e retestar o Formulário E. Quero também chamar a atenção para a dissertação que está sendo feita por Hugh Marr, dissertação que contribuirá para o desenvolvimento do Índice de Mitos Heroicos.

Enquanto escrevia este livro, colaborei com Laurie Lippin no planejamento de seminários sobre "Tipo e Arquétipo", nos quais a teoria Myers-Briggs do Tipo foi fundida com o sistema desenvolvido neste livro – uma colaboração que esclareceu minhas ideias acerca dos arquétipos e ajudou-me a entender como o tipo e o arquétipo complementam-se mutuamente na nossa compreensão da psicologia de qualquer indivíduo.

Sou uma pessoa de sorte por ter Thomas Grady como meu editor na Harper de São Francisco. Fico-lhe muito grata pelo seu estímulo e orientação durante o tempo em que estive escrevendo este livro, por suas atenciosas considerações sobre o formato e o *design* do livro e pela sua perícia na preparação de originais. Quero agradecer também a ajuda de Naomi Luck, que reduziu a proporções legíveis o que antes era um trabalho intoleravelmente longo. Quero também fazer um agradecimento especial a Sandra Letellier por ter datilografado os diversos esboços com o mesmo cuidadoso profissionalismo que caracteriza qualquer trabalho seu. Agradeço também à David Merkowitz, a Joan Herren e a Alice Abrash por terem lido e comentado o manuscrito.

Quero agradecer a David Merkowitz, meu marido, e a Jeff, Steve e Shanna, meus filhos, pelo amor, apoio e estímulo que deram a este projeto. Agradeço também ao Cozi, o grupo de apoio que exerceu uma imensa influência sobre o meu desenvolvimento emocional e espiritual ao longo de muitos anos, aos meus colegas da Meristema, ao meu analista, dr. Francis Parks, e aos meus pais, John e Thelma Pearson, cujo amor e fé proporcionaram uma base sólida para a minha vida.

Por fim, quero agradecer aos leitores de *The Hero Within: Six Archetypes We Live By*.* Tenho sido imensamente gratificada pela reação do público ao livro e inspirada pelas histórias que os leitores me contaram a respeito do impacto que ele produziu em suas vidas. Nele eu solicitava aos leitores que, vários anos depois, não me pedissem para defender o que nele eu havia escrito e, sim, que me perguntassem o que eu havia aprendido desde então. Muitos fizeram justamente isso e eu tenho esclarecido minhas ideias respondendo-lhes individualmente, em grupos, em conferências e em *workshops* a respeito da jornada do herói realizados em todo o país. Este livro oferece uma resposta mais ampla a essa questão.

---

* *O Herói Interior – Uma Introdução aos Seis Arquétipos que Orientam a Nossa Vida*. São Paulo: Cultrix, 2ª edição, 2023.

Introdução

Costumamos dizer que algumas pessoas têm "alma". Elas amaram, sofreram e têm um profundo senso do significado da vida. E, o que é, talvez, mais importante ainda, elas sabem quem são.

Outras pessoas parecem ter perdido a alma. Elas podem ter bens materiais – uma boa casa, um bom carro, um bom emprego e boas roupas; podem até mesmo ter uma vida familiar estável e serem pessoas religiosas. Porém, por dentro se sentem vazias. Mesmo quando fazem o que deve ser feito, suas ações são destituídas de significado.

Existem ainda outras pessoas que amam, sofrem e vivem a vida intensamente, mas nunca chegam realmente a um acordo com as suas vidas. Elas parecem não conseguir encontrar um emprego ou relacionamentos pessoais que realmente as satisfaçam e, portanto, sentem-se constantemente coagidas. Ainda que possam estar ligadas à própria alma, elas se sentem isoladas do mundo.

O caso mais triste é o daquelas pessoas que nunca aprendem a abrir caminho na vida ou como ser sinceras consigo mesmas. Suas vidas são vazias e sem graça – embora não precisem ser necessariamente assim: virtualmente, todos somos capazes de encontrar propósito e significado na nossa vida e na vida da comunidade humana.

Nas histórias sobre o heroísmo, encontramos um modelo para aprender a viver. A busca heroica implica dizer sim a nós mesmos e, ao fazê-lo, tornarmo-nos mais plenamente vivos e atuamos de maneira mais eficiente no mundo. *A jornada do herói consiste primeiramente na realização de uma jornada para encontrar o tesouro representado pelo nosso verdadeiro Self* e, em seguida, na volta ao ponto de partida para dar nossa contribuição no sentido de ajudar a transformar o reino – e, ao fazê-lo, transformar a nossa própria vida. Embora a procura propriamente dita esteja repleta de perigos e de armadilhas, ela nos oferece uma grande recompensa: a capacidade de sermos bem-sucedidos no mundo, o conhecimento dos mistérios da alma humana, a oportunidade de encontrar e de expressar nossos dons sem iguais no mundo e de viver em harmonia com as outras pessoas.

O Despertar do Herói Interior é destinado a pessoas em todos os estágios da jornada da vida: ele é uma convocação à busca para aqueles que estão iniciando ou apenas considerando a possibilidade de empreender a jornada, serve de estímulo àqueles que há muito tempo estão jornadeando, e é um instrumento de trabalho para as pessoas que já estão bem adiantadas na jornada e querem descobrir maneiras de compartilhar e de passar adiante aquilo que aprenderam. Cada jornada é única e cada explorador traça um novo caminho. Todavia, é infinitamente mais fácil empreender essa jornada tendo pelo menos algum conhecimento a respeito das experiências daqueles que já estão à nossa frente. Quando aprendemos quais são os diversos caminhos heroicos possíveis, compreendemos que todos temos a oportunidade de ser heroicos à nossa própria e singular maneira.

As histórias a respeito de heróis são profundas e eternas. Elas ligam os nossos próprios anseios, desgostos e paixões às experiências dos que vieram antes de nós, de modo que podemos aprender algo a respeito da essência do significado de ser humano, e também nos ensinam de que modo estamos ligados aos grandes ciclos dos mundos natural e espiritual. Embora os mitos que podem dar significado a nossa vida sejam profundamente primitivos e arquetípicos, às vezes nos inspirando terror, eles também têm a capacidade de libertar-nos de modos de vida falsos e fazer com que passemos a ter uma vida de verdade. Se evitarmos o que T. S. Elliot chamou de "terror primitivo", *perderemos nossa ligação com a intensidade e o mistério da vida*. O encontro da nossa ligação com esses padrões eternos proporciona-nos um senso de significado e importância até mesmo nos nossos momentos mais penosos e alienados, recuperando dessa maneira a dignidade da vida.

O paradoxo da vida moderna é que, ao mesmo tempo que estamos vivendo como nunca se viveu antes e, assim, recriando diariamente o nosso mundo, nossas atividades frequentemente nos parecem infundadas e vazias. Para transcender esse estado, precisamos nos sentir enraizados simultaneamente na história e na eternidade.

É por isso que o mito do herói é tão importante no mundo contemporâneo. Trata-se de um mito imemorial que nos une a pessoas de todas as épocas e lugares. Ele fala em saltar intrepidamente através dos limites do conhecido para enfrentar o desconhecido e ter confiança de que, quando chegar o momento, teremos os recursos necessários para enfrentar nossos dragões, descobrir nossos tesouros e retornar para transformar o reino. Ele também fala em aprendermos a ser verdadeiros com nós mesmos e a viver em harmonia com os outros membros da nossa comunidade.

No mito clássico, a saúde do reino refletia a saúde do Rei ou da Rainha. Quando o governante era ferido, o reino transformava-se numa terra devastada. Para resolver os problemas do reino, era preciso que um herói empreendesse uma busca, encontrasse um objeto sagrado e retornasse para curar ou substituir o governante. Nosso mundo apresenta muitos dos sintomas clássicos de um reino devastado: fome, danos ao ambiente natural, dificuldades econômicas, grandes injustiças, desespero e alienação pessoais e a ameaça de guerra e aniquilamento. Nossos "reinos" refletem o estado de nossa alma coletiva e não apenas a de nossos líderes. Esta é uma época da história humana em que há grande necessidade de heroísmo. Tal como os heróis de outrora, nós contribuímos para restaurar a vida, a saúde e a fecundidade do reino como um benefício colateral decorrente do fato de termos empreendido a nossa jornada, descoberto o nosso destino e ofertado nossas próprias e singulares dádivas. É como se o mundo fosse um gigantesco quebra-cabeça e cada um de nós que empreendesse uma jornada retornasse com uma de suas peças. Coletivamente, à medida que todos vão dando sua contribuição, o reino é transformado.

A transformação do reino depende de todos nós. A compreensão desse fato nos ajuda a ultrapassar uma postura competitiva e a desenvolver uma convicção da vontade divina que fortalece a nós mesmos e aos outros. Se uma pessoa "perde", e não realiza o seu potencial de contribuição, todos perdemos. Se nos falta coragem para empreender a nossa jornada, criamos um vazio no lugar em que deveria estar a nossa peça do quebra-cabeça, havendo um prejuízo coletivo e pessoal.

A Jornada

O heroísmo consiste não apenas em encontrar uma nova verdade, mas também em ter a coragem de agir de acordo com essa visão. É por essa razão, de uma maneira muito prática, que os heróis precisam ter a coragem e a cautela associados a um forte desenvolvimento do ego e a visão e clareza mental decorrentes de terem empreendido suas jornadas da alma e terem encontrado o tesouro de seus verdadeiros *Selves*.

A maioria das pessoas sabe que heróis matam dragões, salvam donzelas (ou outras vítimas) em apuros e encontram e recuperam tesouros. No final de sua jornada, eles frequentemente se casam. Sua jornada chegou a um "final feliz" no qual sua "nova e renovada verdade" manifesta-se na vida que passam a ter – numa comunidade formada por sua nova família e por outras pessoas. Essa nova verdade que eles trazem de volta renova a própria vida deles e também a vida de seus reinos e, portanto, afeta todos os que entram em contato com eles.

Embora o final feliz geralmente seja de curta duração, esse padrão místico é verdadeiro para a jornada de cada um de nós. Logo que voltamos de uma jornada e ingressamos numa nova fase da nossa vida somos impelidos imediatamente para um novo tipo de jornada; o padrão não é linear ou circular, mas em espiral. Embora nossa jornada nunca seja realmente interrompida, existem momentos significativos em que as coisas acontecem em consequência da nova realidade que encontramos. Cada vez que iniciamos a nossa jornada, nós o fazemos num novo nível e voltamos com um novo tesouro e com habilidades transformativas recém-descobertas.

O que a Jornada Requer

Quando acreditamos que nossa jornada não é importante e nos impede de enfrentar nossos dragões e encontrar nosso tesouro, sentimos um vazio interior que nos prejudica. Os psicólogos do nosso massificado mundo moderno têm um nome para os raros casos de "delírios de grandeza", mas não criaram nenhuma denominação para a mais difundida de todas as doenças: a ilusão de que não somos importantes. Embora seja verdade que nenhum de nós é mais importante do que qualquer outro, cada um de nós tem uma importante contribuição a oferecer – uma contribuição que seremos incapazes de realizar se não empreendermos nossa jornada.

Este livro foi projetado para ajudar você e as outras pessoas a compreenderem sua importância e potencial heroísmo. Mais importante que tudo, talvez, ele lhe oferece a oportunidade de deixar para trás um senso pessimista de suas possibilidades e optar por viver plenamente a vida. Embora muitos de nós procuremos viver plenamente a vida acumulando bens materiais, realizações ou experiências, isso nunca funciona. Só podemos viver a vida na sua plenitude se estivermos dispostos a nos tornar grandes e, ao fazê-lo, abandonar as ilusões de impotência e assumir a responsabilidade pela nossa vida. *Para empreendermos a nossa jornada precisamos livrar-nos das ilusões relativas à nossa insignificância.*

Na vida moderna há um profundo desrespeito pelos seres humanos. O trabalho nos leva a ver a nós mesmos como capital humano. A publicidade apela para os nossos medos e inseguranças para tentar nos fazer adquirir produtos de que não precisamos. Muitas instituições religiosas ensinam as pessoas a serem boas, mas não as ajudam a conhecerem-se a si mesmas. Muitos psicólogos acreditam que sua função é ajudar o indivíduo a aprender a se aceitar tal como é e não a empreender a sua jornada e descobrir o que poderia ser. Muitas instituições educacionais treinam as pessoas para serem dentes da engrenagem econômica, em lugar de ensiná-las a alcançar a plenitude enquanto seres humanos.

Em suma, somos vistos como produtos ou mercadorias, quer para sermos vendidos pelo lance mais alto ou para passarmos por um processo de aperfeiçoamento ao término do qual nos tornaremos mais valiosos. Nenhum desses pontos de vista respeita a alma ou a mente humana, exceto na medida em que elas possam ser usadas como ferramentas aquisitivas. Consequentemente, as pessoas estão tendo cada vez menos respeito por si mesmas. Muitos de nós procuram preencher esse vazio com comida, bebida, uso de drogas ou com uma atividade obsessiva e frenética. O tão criticado ritmo da vida moderna não é algo inevitável – trata-se de um disfarce para o nosso vazio. Se nos mantivermos em movimento, podemos criar a ilusão de que a vida tem um significado.

Com maior ou menor sutileza, somos desencorajados a procurar o nosso graal e a encontrar a nossa própria singularidade por meio de uma constante pressão para nos mostrarmos à altura dos padrões pre-estabelecidos. E, obviamente, quando tentamos nos mostrar à altura do que se espera de nós, em vez de procurarmos nos encontrar a nós mesmos, é pouco provável que algum dia venhamos a descobrir e a compartilhar nossas habilidades singulares. Em vez de procurar descobrir quem realmente somos, nós nos preocupamos em saber se a nossa aparência é suficientemente boa, se somos suficientemente saudáveis, inteligentes e virtuosos, se estamos nos esforçando o suficiente no trabalho e se somos suficientemente bem-sucedidos.

Olhamos para fora de nós mesmos para que os outros nos digam se estamos à altura de algum tipo de perfeição. Quantos de nós sonham com o rosto ou com o corpo perfeito de uma estrela de cinema, com a inteligência de um prêmio Nobel, com a clareza mental de um grande ser iluminado (Cristo, por exemplo) ou com o sucesso financeiro de um bilionário? Não é de admirar que muitos de nós passemos a vida alternativamente nos esforçando e nos recriminando pela nossa incapacidade de estar à altura das nossas aspirações.

Como esse é o nosso processo, nunca nos encontraremos a nós mesmos. Em vez disso, nós nos tornaremos consumidores submissos, pagando a todas as pessoas que afirmarem que podem nos ajudar a superar nossa feiura, pecaminosidade, doença ou pobreza. Ao fazer isso, nós os manteremos tão presos quanto nós – lutando por alguma coisa que está acima de nós, em vez de procurarmos saber o que realmente existe dentro do nosso ser.

Inicialmente, podemos ser convocados para a busca por um desejo de alcançar alguma imagem de perfeição. No final, porém, precisamos deixar de lado quaisquer ideias predeterminadas que nos mantenham cativos e, simplesmente, empreender a nossa própria jornada. A jornada do herói não é outro projeto de autoaperfeiçoamento. Ela nos ajuda a descobrir e a honrar aquilo que é realmente verdadeiro no nosso ser. *Todo aquele que empreende uma jornada já é um herói.*

O fato de saber que é um herói não significa que você esteja errado. Você tem a mente, o corpo e os instintos certos. O problema não consiste em transformar-se em outra pessoa, mas em descobrir quem você é realmente. Isso significa fazer a si mesmo algumas perguntas: O que eu quero fazer? O que a minha mente quer aprender? Como o meu corpo quer se mover? O que o meu coração ama? Até mesmo problemas e doenças podem ser vistos como um "chamamento dos deuses" para uma etapa que você anteriormente rejeitou ou evitou na sua jornada. Assim, você também poderia fazer a seguinte pergunta a si mesmo: "Como este problema ou doença pode me ajudar na minha jornada?".[1]

É grande a recompensa da autodescoberta. Quando nos encontramos, tudo parece entrar nos eixos. Adquirimos a capacidade de enxergar nossa beleza, inteligência e bondade. Tornamo-nos capazes de utilizá-las de modo produtivo e, assim, somos bem-sucedidos. Ficamos menos preocupados em provar o nosso valor e, portanto, podemos relaxar, amar e ser amados. Temos tudo aquilo de que precisamos para proclamar a nossa humanidade, o nosso heroísmo em sua plenitude.

Arquétipos: Nossos Guias Interiores

Somos ajudados na nossa jornada pelos guias interiores, os arquétipos, cada um dos quais ilustra uma maneira de ser durante a jornada. *O Despertar do Herói Interior* explora doze desses guias interiores: o Inocente, o Órfão, o Guerreiro, o Caridoso, o Explorador, o Destruidor, o Amante, o Criador, o Governante, o Mago, o Sábio e o Bobo. Cada um deles tem uma lição para nos ensinar e preside uma etapa da jornada.

Os guias interiores são arquétipos que têm estado conosco desde a aurora dos tempos. Nós os vemos refletidos em imagens que se repetem nas artes, na literatura, nos mitos e nas religiões; sabemos que são arquetípicos porque são encontrados em todos os lugares e em todas as épocas.

Como os guias são verdadeiramente arquetípicos e, por conseguinte, existem como energia na vida psicológica inconsciente de todas as pessoas de todos os lugares, eles existem tanto dentro como fora da alma humana individual. Eles vivem dentro de nós e, o que é mais importante, nós vivemos dentro deles. Assim, podemos encontrá-los indo para dentro (para os nossos sonhos, fantasias e, frequentemente, também para nossas atividades) ou para fora (para os mitos, as artes, a literatura, a religião e, como as culturas pagãs frequentemente fizeram, para as constelações do céu e para as aves e animais da terra). Assim, eles nos proporcionam imagens do herói que existe dentro e além de nós mesmos.

Cada um de nós vivencia os arquétipos de acordo com a sua própria perspectiva. Encontrei pelos menos cinco maneiras diferentes de explicar o que é um arquétipo:

1. Os exploradores espirituais podem conceber os arquétipos como deuses e deusas codificados no inconsciente coletivo, os quais podemos desprezar por nossa própria conta e risco.

2. Os acadêmicos e outros racionalistas que, via de regra, desconfiam de qualquer coisa que pareça misticismo, podem conceber os arquétipos como metáforas ou paradigmas controladores, os padrões invisíveis da mente que controlam o modo como percebemos o mundo.

3. Os cientistas podem ver os arquétipos como algo semelhante aos hologramas e considerar o processo de identificá-los semelhante aos outros processos científicos. Como os arquétipos estão dentro e fora de nós (e, portanto, são os heróis interiores e exteriores), todo um holograma está contido em qualquer uma de suas partes. Ao desvendar o modo como funciona um holograma, a ciência moderna comprovou de fato o antigo paralelo espiritual entre o macrocosmo e o microcosmo. Do mesmo modo, também, a ciência da psicologia frequentemente determina o que é verdadeiro na mente humana individual estudando a criação das espécies.

Os físicos investigam as menores partículas subatômicas estudando os rastros deixados por elas; os psicólogos e outros especialistas estudam os arquétipos investigando sua presença nas artes, na literatura, nos mitos e nos sonhos. Carl Jung reconheceu que as imagens arquetípicas que se repetiam nos sonhos de seus pacientes também podiam ser encontradas tanto nos mitos, lendas e artes dos povos antigos como na literatura, na religião e nas artes contemporâneas. Sabemos que elas são arquetípicas porque deixam os mesmos traços em todas as épocas e lugares.

4. As pessoas comprometidas com posições religiosas que enfatizam a existência de um único Deus (e que se sentem incomodadas com o politeísmo inerente a qualquer consideração a respeito de deuses e deusas) podem fazer uma distinção entre a verdade espiritual do monoteísmo e as verdades psicológicas pluralistas dos arquétipos. Quando falamos de um Deus único, isso significa algo que está além da capacidade de compreensão humana. Os arquétipos assemelham-se a diferentes facetas desse Deus, facetas que são acessíveis para a capacidade da psique imaginar a realidade numinosa. Algumas pessoas, porém, apegam-se tanto a uma visão monoteísta que reduziram sua concepção de Deus de modo a torná-la compatível com uma única imagem arquetípica. Por exemplo: elas podem imaginar Deus como um ancião com uma abundante barba branca. Essas pessoas, inadvertidamente, se fecharam para um senso de numinoso mistério que é mais profundo do que qualquer imagem possa representar.

Mesmo nas fases iniciais do cristianismo monoteísta, foi necessário criar o conceito de uma Trindade para encontrar uma maneira adequada de expressar a verdade a respeito de Deus. Além disso, muitos teólogos modernos estão acrescentando imagens do lado feminino de Deus à visão patriarcal mais ortodoxa de Deus, o Pai, o Filho e o Espírito Santo. O budismo postula a existência de um Deus divisível em 40, 400 ou 4.000 facetas ou aspectos dessa divindade única, cada um deles com o seu próprio nome e história. Assim, os arquétipos nos ajudam a nos ligar ao que é eterno e tornam os grandes mistérios mais acessíveis, proporcionando-nos múltiplas imagens para serem submetidas à ponderação da nossa mente.

5. Por fim, as pessoas interessadas no crescimento e no desenvolvimento humano podem ver os arquétipos como guias em nossa jornada. Cada arquétipo que entra em nossa vida traz consigo uma tarefa, uma lição e, em última análise, uma dádiva. Os arquétipos, considerados em conjunto, nos ensinam a viver. E a melhor coisa a respeito disso é que todos os arquétipos estão presentes dentro de cada um de nós. Isso significa que todos temos esse potencial humano dentro de nós.

Os Guias e Jornadas dos Heróis

Embora sejamos heróis em todas as etapas da jornada, o modo como definimos e vivenciamos o heroísmo é influenciado pelo guia que estiver mais ativo na nossa vida, cultural ou individualmente. Por exemplo: quando pensamos num herói, na nossa cultura, geralmente nos vem à cabeça a ideia de um guerreiro matando dragões e salvando donzelas em perigo. Visto que na nossa mente cultural o arquétipo do Guerreiro está associado à masculinidade, nós provavelmente pensamos no herói como um membro do sexo masculino – e na maioria das vezes (na cultura ocidental) como sendo um homem branco. Os homens não brancos e as mulheres são vistos como personagens de apoio na jornada: companheiros de aventura, vilões, vítimas a serem resgatadas, criados, e assim por diante.

Embora o arquétipo do Guerreiro seja um importante aspecto do heroísmo para todas as pessoas, qualquer que seja o seu sexo e idade, ele não é o único nem sequer o mais importante. Todos os doze arquétipos são importantes para a jornada heroica e para o processo de individuação.

O modo como vemos o mundo é definido pelo arquétipo que estiver dominando nossos pensamentos e ações. Se o Guerreiro é dominante, vemos desafios a serem superados. Quando o Caridoso domina, vemos pessoas que necessitam de nossos cuidados. Quando o Sábio é dominante, vemos a ilusão e a complexidade e nos esforçamos por encontrar a verdade. Quando o Bobo domina, vemos maneiras de nos divertir.

Cada um dos doze arquétipos, portanto, é ao mesmo tempo um guia na jornada do herói e um de seus estágios – oferecendo uma lição a ser aprendida e uma dádiva ou tesouro para enriquecer a nossa vida. O esquema das páginas 32-33 resume a abordagem de cada arquétipo.

Uma vez que estejamos abertos para compreender os doze arquétipos, poderemos vivenciar todos eles num único dia ou hora. Suponha, por exemplo, que algo dê errado na sua vida – você fica doente, ou seu emprego ou um importante relacionamento estão ameaçados. Nos primeiros minutos você não quer pensar no problema, mas depois o seu otimismo retorna (o Inocente) e você se põe a investigar a situação. A seguir, você sofre e se sente impotente, mas depois pede ajuda a outras pessoas (o Órfão). Você reúne seus recursos e desenvolve um plano para lidar com o problema (o Guerreiro). À medida que executa o seu plano, você também passa a prestar atenção ao que você e as outras pessoas precisam em termos de apoio emocional (o Caridoso).

Você reúne mais informações (o Explorador), desfaz-se das ilusões e falsas esperanças (o Destruidor) e assume novos compromissos de mudança (o Amante) a fim de chegar a uma solução (o Criador). Ou seja, você reage à crise como uma oportunidade para se desenvolver e tornar-se mais do que era antes. Dominada a crise, você procura descobrir como pode ter contribuído para criar o problema (o Governante), se for esse o caso, e procura curar essa parte do seu ser (o Mago), de modo que ela não volte a criar problemas no futuro. Ou então você pode simplesmente curar aquela parte do seu ser que está sofrendo por causa de uma situação que você não criou. Isso lhe permite enxergar o que pode ser aprendido a partir da situação (o Sábio). O aprendizado o liberta, e você volta a gozar a vida (o Bobo) e a confiar nos processos vitais (o Inocente).

Quando um ou mais arquétipos não estão ativos, nós omitimos passos. Por exemplo: se não temos nenhum Guerreiro, deixamos de desenvolver um plano para lidar com o problema. Se não temos nenhum Sábio, talvez negligenciemos a proveitosa lição que o problema poderia nos ensinar. Pode ser ainda que expressemos o arquétipo em suas formas negativas: em vez de fazer um plano, preferimos colocar a culpa nos outros. Em vez de aprender o que a situação nos ensina, julgamos a nós mesmos e às outras pessoas.

O movimento através dos doze arquétipos é um processo arquetípico que nos ajuda a desenvolver valiosas habilidades para a vida cotidiana.

Estágios da Jornada

A jornada do herói inclui três grandes estágios: a preparação, a jornada e o retorno.[2] Durante o estágio de *preparação*, somos desafiados a provar nossa competência, coragem, humanidade, ou nossa fidelidade a ideais elevados. Na *jornada*, deixamos a segurança da família ou da tribo e embarcamos numa busca em que encontramos morte, sofrimento e amor. Porém, o que é mais importante, nossos *Selves* são transformados. Nos mitos, essa transformação frequentemente é simbolizada pela descoberta de um tesouro ou objeto sagrado. Ao *retornarmos* da busca, nós nos tornamos Governantes de nossos reinos, os quais são transformados porque nós mudamos. Todavia, precisamos continuamente renascer e nos renovar. Se isso não acontece, nós nos transformaremos em tiranos apegados dogmaticamente às nossas antigas verdades, em detrimento de nossos reinos. Precisaremos empreender novamente a busca sempre que perdermos nosso senso de integridade e inteireza ou começarmos a nos sentir incapazes de enfrentar os desafios da vida.

Preparação

Os quatro primeiros arquétipos nos ajudam na preparação da jornada. Começamos na inocência e, com o Inocente, aprendemos a ter otimismo e confiança. Quando cometemos o "pecado original", nós nos tornamos Órfãos e nos sentimos desapontados, abandonados e traídos pela vida – e, especialmente, por aquelas pessoas que supostamente deveriam tomar conta de nós. Embora o Órfão nos ensine que precisamos prover às nossas necessidades e parar de recorrer aos outros para cuidarem de nós, ele se sente tão impotente e desamparado que sua melhor estratégia de sobrevivência consiste em juntar-se a outras pessoas que se ajudam mutuamente.

Quando o Guerreiro entra em nossa vida, aprendemos a estabelecer metas e a desenvolver estratégias para alcançá-las, estratégias que quase sempre exigem disciplina e coragem. Quando o Caridoso torna-se ativo, aprendemos a cuidar das outras pessoas e, em última análise, a cuidar também de nós mesmos.

Estes quatro atributos juntos – otimismo, capacidade de nos juntarmos a outras pessoas para nos ajudarmos mutuamente, coragem de lutar por nós mesmos e pelos outros e compaixão e interesse por nós mesmos e pelas outras pessoas – nos proporcionam as habilidades básicas para a vida em sociedade. Todavia, quase sempre ainda nos sentimos insatisfeitos se fizermos apenas isso, muito embora tenhamos aprendido o que é necessário para sermos virtuosos e bem-sucedidos no mundo.

A Jornada

Nós começamos a ansiar por alguma coisa que está além de nós mesmos e nos tornamos Exploradores, buscando aquela coisa inefável que irá nos satisfazer. Quando atendemos ao chamado e iniciamos a jornada, logo descobrimos que estamos suportando privações e sofrimentos, pois o Destruidor leva embora muito do que nos parecia essencial para a nossa vida. A iniciação por meio do sofrimento, entretanto, é complementada por uma iniciação em Eros, o Amante, quando nos vemos amando pessoas, causas, lugares e atividades. Esse amor é tão forte que implica comprometimento – e não somos mais livres. O tesouro que emerge desse encontro com a morte e o amor é o nascimento do verdadeiro *Self*. O Criador nos ajuda a começar a expressar esse *Self* no mundo e nos prepara para retornarmos ao reino. Estas quatro capacidades – esforço, desprendimento, amor e criatividade – ensinam-nos os processos básicos que levam à morte do antigo *Self* e ao nascimento de um novo. O processo nos prepara para retornar ao reino e mudar nossa vida.

A Volta

Ao voltar, percebemos que somos o Governante do nosso reino. No início, talvez fiquemos desapontados com o estado desse domínio. Todavia, à medida que vamos agindo com base na nossa nova sabedoria e nos tornamos mais plenamente verdadeiros em relação ao nosso mais profundo senso de identidade, a terra devastada começa a florescer. Quando o mago é ativado em nossa vida, nós nos tornamos aptos a curar e a transformar a nós mesmos e aos outros, de modo que o reino pode ser renovado continuamente. *A jornada diz respeito, basicamente, à metamorfose.*

Todavia, nós não ficamos completamente felizes ou satisfeitos até que possamos enfrentar a nossa própria subjetividade e, assim, o Sábio nos ajuda a conhecer o que é realmente a verdade. Quando aprendemos a aceitar nossa subjetividade e a nos libertar de nosso apego aos desejos inferiores, conseguimos alcançar um estado de desprendimento no qual podemos ser livres. Aí, então, estaremos prontos para nos abrirmos ao Bobo e aprendermos a viver o momento alegremente sem nos preocuparmos com o amanhã.

Os Doze Arquétipos

ARQUÉTIPO	META	MEDO
Inocente	Permanecer em segurança	Abandono
Órfão	Recuperar a segurança	Exploração
Guerreiro	Vencer	Fraqueza
Caridoso	Ajudar os outros	Egoísmo
Explorador	Procurar uma vida melhor	Conformismo
Amante	Felicidade	Perda do Amor
Destruidor	Metamorfose	Aniquilação
Criador	Identidade	Falta de Autenticidade
Governante	Ordem	Caos
Mago	Transformação	Feitiçaria maligna
Sábio	Verdade	Impostura
Bobo	Divertimento	Tédio

DRAGÃO/PROBLEMA	REAÇÃO À TAREFA	DÁDIVA/VIRTUDE
Negá-lo ou procurar socorro	Fidelidade, discernimento	Verdade, Otimismo
É maltratado por ele	Processa e sente por completo o sofrimento	Interdependência, realismo
Matar/Enfrentá-lo	Luta apenas pelo que realmente importa	Coragem, disciplina
Cuidar dele ou daqueles a quem ele fere	Dar sem mutilar a si mesmo ou aos outros	Compaixão, generosidade
Fugir dele	Ser sincero para com o *Self* mais profundo	Autonomia, Ambição
Amá-lo	Procurar a felicidade	Paixão, compromisso
Deixar o dragão matá-lo	Soltá-lo	Humildade
Considerá-lo parte do seu *Self*	Autocriação, Autoaceitação	Individualidade, vocação
Encontrar maneiras de utilizá-lo de modo construtivo	Assumir plena responsabilidade pela sua vida	Responsabilidade, controle
Transformá-lo	Alinhar-se com o cosmos	Poder pessoal
Transcendê-lo	Alcançar a iluminação	Sabedoria, desapego
Pregar peças nele	Confiar no processo	Alegria, liberdade

Este conjunto final de realizações – assumir total responsabilidade pela nossa vida, transformar e curar a nós mesmos e aos outros, desapego e compromisso com a verdade, e a capacidade de sermos alegres e espontâneos – é por si mesmo a recompensa da nossa jornada.

A Natureza em Espiral da Jornada

Embora a imagem do herói passando pelos estágios de preparação, jornada e retorno e sendo ajudado, na devida ordem, pelos doze arquétipos seja útil como um instrumento de aprendizado, na maioria dos casos, obviamente, o desenvolvimento realmente não acontece de modo assim tão definido e linear. Nossos guias é que escolhem o momento de vir até nós – embora, em certa medida, nós também influenciemos essa definição.

O padrão assemelha-se mais a uma espiral: o último estágio da jornada, simbolizado pelo arquétipo do Bobo, retorna ao primeiro arquétipo, o Inocente, porém num nível mais elevado do que antes. Dessa vez, o inocente está mais sábio em relação à vida. Na jornada em espiral, podemos encontrar cada arquétipo diversas vezes e receber novas dádivas em níveis mais elevados ou profundos de desenvolvimento. Cada encontro deixa marcas físicas que funcionam como uma espécie de malha ou rede. Quando experimentamos a realidade e temos a malha ou rede adequada para segurar essa realidade, podemos absorver essa experiência e torná-la significativa. Os arquétipos que ainda não experimentamos são como buracos na rede; as experiências que para nós têm pouco ou nenhum significado simplesmente passam através desses buracos.[3]

Como Usar este Livro

O *Despertar do Herói Interior* é organizado em cinco partes. A Parte I apresenta a busca heroica como uma jornada da consciência. Ela descreve as maneiras pelas quais os arquétipos contribuem para a construção e o equilíbrio da própria psique, como eles nos ajudam a formar nosso Ego, a nos ligarmos à nossa Alma e, em seguida, a desenvolver o senso de nosso verdadeiro *Self* e a expressar esse *Self* no mundo. Os primeiros cinco capítulos proporcionam uma compreensão elementar do processo de individuação e expansão da consciência, o qual serve de base para que o indivíduo possa compreender plenamente seu potencial humano.

As Partes II, III e IV exploram, em detalhes, os guias arquetípicos que nos ajudam em nossa jornada. A Parte II descreve os arquétipos que nos ajudam a nos preparar para a jornada: o Inocente, o Órfão, o Guerreiro e o Caridoso. A Parte III considera os arquétipos que nos ajudam durante a jornada propriamente dita: o Explorador, o Destruidor, o Amante e o Criador. A Parte IV focaliza os arquétipos que facilitam um retorno ao reino que possa ser bem-sucedido e operar transformações: o Governante, o Mago, o Sábio e o Bobo.

Cada capítulo discute o modo como um determinado arquétipo se manifesta em nossa vida individual e cultural: as habilidades que ele nos ensina, suas formas negativas e as dádivas e lições que ele nos proporciona. Visto que cada arquétipo pode manifestar-se em formas relativamente primitivas ou mais sofisticadas, cada capítulo também explora os estágios de desenvolvimento dos arquétipos.

A Parte V discute as maneiras pelas quais nossas jornadas são influenciadas pela idade, pelo sexo, pela cultura e pela nossa própria singularidade – fatores que atuam como um prisma que divide esse monomito em milhares de padrões e formas singulares, proporcionando uma margem de liberdade adequada para a variação e a criatividade individuais.

Usos deste Livro

Escrevi este livro para o leitor em geral. Ele também pode ser usado em escolas, faculdades e universidades; em programas de recuperação e prevenção do uso abusivo de álcool e drogas; em atividades de aconselhamento psicológico, espiritual, matrimonial e familiar; em programas de assistência a empregados; e por aqueles que desejam despertar o herói que existe dentro de si mesmo e das outras pessoas. Estas teorias foram projetadas para serem aplicadas da seguinte maneira:

1. Como uma psicologia transpessoal de desenvolvimento.
2. Como uma descrição dos doze estágios fundamentais do desenvolvimento humano, cada um dos quais com sua própria lição, tarefa e dádiva.
3. Como um modo de compreender e apreciar a diversidade humana com base no arquétipo dominante, sexo, idade, tipo psicológico e formação cultural.
4. Como um modelo não patológico de intervenção e diagnóstico a ser usado por educadores e terapeutas para determinar o atual desafio de desenvolvimento de um indivíduo.

5. Como uma contribuição ao processo de educar as pessoas para o sucesso, a cidadania e a liderança numa sociedade democrática.

6. Na investigação das verdades espirituais arquetípicas e imemoriais encontradas na religião, nos mitos, na literatura e na psicologia e, portanto, como um guia de desenvolvimento espiritual de base mais psicológica do que teológica.

7. Como uma ferramenta para o autoconhecimento e o desenvolvimento pessoal.

Os leitores podem usar essas teorias para determinar se estão possuídos por formas negativas dos arquétipos – que talvez estejam prejudicando sua vida – e para aprender a analisar seus "guias" heroicos interiores. Mais que qualquer outra coisa, eles podem usar essas teorias para reconhecer os estágios de sua jornada e, assim, aproveitar as lições de cada arquétipo.

Reconhecendo as Formas Negativas dos Guias

Para algumas pessoas, todas as questões relativas à vida interior pertencem a um território inexplorado. Elas talvez sintam realmente medo de empreender qualquer espécie de jornada psicológica. Isso acontece em parte porque elas temem o desconhecido e em parte porque, quanto mais esse território lhes for desconhecido, maior a probabilidade de que elas estejam reprimindo arquétipos que iriam expressar-se na vida delas. Se for esse o caso, essas pessoas irão senti-los inicialmente em suas formas negativas; obviamente, isso apenas faz com que elas intensifiquem ainda mais seus esforços para reprimir os arquétipos porque, de outra maneira, poderiam abrir as portas que prendem os seus monstros interiores.

Se esse for o seu caso, simplesmente leia este livro sem qualquer intenção de aplicá-lo à sua própria psique. A leitura irá educar o seu Ego e, no devido tempo, permitirá que haja na sua psique algum tipo de integração ordenada dos aspectos mais positivos dos arquétipos. A leitura também lhe permitirá reconhecer os arquétipos que já estão se expressando na sua vida e perceber como eles a enriqueceram. É muito provável que você ainda esteja colhendo os benefícios. Quando você estiver pronto para incorporar algumas novas lições à sua vida não lhe será difícil fazê-lo.

Os heróis enfrentam dragões e estes podem ser de muitos tipos. De fato, *para aqueles que não permitiram a manifestação de muitos arquétipos do inconsciente coletivo em suas vidas, se é que chegaram a fazê-lo, tanto o mundo interior como o exterior parecem estar cheios de dragões – e ambos parecem ser muito assustadores.*

As doze cabeças do dragão são os lados negativos de cada arquétipo (veja o esquema apresentado neste livro); se não encontrarmos os segredos que elas escondem de nós, essas cabeças podem ser tão letais quanto os sete pecados mortais. Quando nos sentimos terrivelmente mal, muitas vezes estamos expressando um arquétipo no seu aspecto negativo. Para recuperar nossas energias, precisamos simplesmente determinar qual arquétipo está nos possuindo e, em seguida, nos recusarmos a ser possuídos por ele. No entanto, geralmente só podemos fazer isso se honrarmos o arquétipo expressando-o de alguma maneira. Nesse caso, procuramos fazer com que ele se expresse em seu aspecto mais positivo.

OS ASPECTOS NEGATIVOS DOS ARQUÉTIPOS

ARQUÉTIPO	ASPECTO NEGATIVO
Inocente	Evidencia-se na capacidade de rejeitar a verdade, de modo que você não se permite saber o que realmente está acontecendo. Você talvez

	esteja magoando a si e aos outros, mas não irá admitir isso. Embora você, possivelmente, também esteja ferido, esse conhecimento também será reprimido. Pode ser ainda que você acredite nas coisas que os outros dizem mesmo quando os pontos de vista dessas pessoas se chocam diretamente com o seu próprio conhecimento interior.
Órfão	A vítima, o indivíduo que culpa a sua própria incompetência, irresponsabilidade ou comportamento predatório em relação às outras pessoas e espera um tratamento especial por ter sofrido tanto ou ser tão frágil. Quando esse aspecto negativo do Órfão controla nossa vida, iremos atacar até mesmo as pessoas que estão tentando nos ajudar, prejudicando simultaneamente a elas e a nós mesmos. Ou então, podemos entrar em colapso e nos tornarmos inoperantes (ou seja, "Você não deve esperar nada de mim. Sou por demais sofrido ou incompetente").
Guerreiro	O vilão, que usa as habilidades do Guerreiro para obter proveitos pessoais, sem qualquer consideração a respeito de moralidade, ética ou bem-estar coletivo. Ele também se mostra ativo em nossa vida *quando quer que* nos sintamos compelidos a comprometer os nossos princípios a fim de competir, vencer ou fazer com que as coisas saiam do jeito que queremos. (O aspecto negativo do Guerreiro está muito disseminado nas atividades empresariais do mundo de hoje.) Ele também se manifesta numa tendência de o indivíduo estar sempre pronto para o combate, encarando tudo o que acontece como uma desconsideração, uma ameaça ou desafio a ser enfrentado.
Caridoso	O mártir sofredor, que controla o comportamento dos outros fazendo com que eles se sintam culpados: "Pense em todos os sacrifícios que fiz para cuidar de você!". Esse aspecto manifesta-se em todos os comportamentos manipulativos ou predatórios, nos quais o indivíduo utiliza o fato de estar dispensando cuidados aos outros para controlá-los ou sufocá-los. (Esse aspecto também é encontrado na codependência, uma necessidade compulsiva de salvar ou cuidar de outras pessoas.)
Explorador	O perfeccionista, sempre se esforçando por atingir uma meta impossível ou encontrar a solução "correta". Vemos esse aspecto naquela

	pessoas cuja principal atividade da vida é o autoaperfeiçoamento e que, embora vivam indo da academia de ginástica para mais um curso de crescimento individual, nunca se sentem prontas para assumir o compromisso de realizar alguma coisa. (Esse é o lado patológico do desenvolvimento do potencial humano.)
Destruidor	Inclui todos os comportamentos autodestrutivos – vícios, compulsões ou atividades que prejudicam os relacionamentos íntimos, o sucesso profissional ou a autoestima – e todos os comportamentos – tais como os maus-tratos físicos ou emocionais, o assassinato e o estupro – que têm efeitos destrutivos sobre os outros.
Amante	Inclui as sereias (que desviam as pessoas de suas buscas individuais), os sedutores (que usam o amor para conquistar), os ninfomaníacos (que se sentem viciados em sexo) e qualquer pessoa que se sinta incapaz de resistir às paixões ou sinta-se totalmente destruída quando um relacionamento amoroso é rompido.
Criador	Manifesta-se na forma de um comportamento obsessivo no qual o indivíduo é tão criativo e imagina tantas possibilidades que nenhuma pode ser plenamente explorada. (Você deve lembrar-se de um filme chamado *The Pumpkin Eater*, no qual uma mulher ficava grávida todas as vezes que se defrontava com o vazio da sua vida. Assim, podemos preencher nosso vazio com mais um projeto ou desafio não essencial, ou inventando novas coisas para fazer, do mesmo modo como a mulher preenchia o seu próprio vazio com outro bebê.)
Governante	O tirano inflexível, que insiste em fazer as coisas à sua maneira e bane os elementos criativos do reino (ou da psique) para obter a qualquer preço o controle da situação. Esse é o Rei ou Rainha que se dá ao luxo de esbravejar hipocritamente: "Cortem a cabeça dele!". As pessoas frequentemente agem assim quando ocupam uma posição de poder (os pais, por exemplo) mas ainda não sabem como lidar com a consequente responsabilidade. Isso também inclui as pessoas que são motivadas por uma forte necessidade de dominar.
Mago	O feiticeiro maligno, transformando boas opções em outras menos atraentes. Nós nos empenhamos nesse tipo de feitiçaria maligna

	quando subestimamos a nós mesmos ou aos outros, ou reduzimos nossas opções ou oportunidades, o que acarreta uma diminuição de nossa autoestima. O lado negativo do Mago é também aquela parte de nós que pode fazer com que nós mesmos ou os outros fiquem doentes por meio de ações e pensamentos negativos.
Sábio	O juiz insensível – frio, racional, sem coração, dogmático e, frequentemente, pomposo – que avalia a nós mesmos ou aos outros e diz que nós (ou eles) não somos bons o bastante ou não estamos fazendo o que é certo.
Bobo	Um glutão, preguiçoso ou libertino, completamente dominado pelos desejos do corpo e destituído de qualquer senso de dignidade ou autocontrole.

Todos nós, em algum momento de nossa vida, podemos ter uma porção de dragões interiores nos dizendo que não somos bons o bastante (aspecto negativo do Sábio), que não podemos viver sem um determinado amor (aspecto negativo do Amante), que estamos imaginando todos os nossos problemas e que tudo vai bem (aspecto negativo do Inocente), e assim por diante. Iremos identificar como dragões todas as coisas e pessoas do mundo exterior que promovam a manifestação dessas vozes interiores.

No início da jornada, talvez tentemos matar esses dragões, considerando-os como algo completamente fora de nós mesmos; à medida que a jornada prossegue, passamos a entender que eles também estão dentro de nós. Quando aprendemos a incorporar o lado positivo do arquétipo que está dentro de nós, os dragões interiores são transformados em nossos aliados. *Embora muitas vezes não consigamos enxergar o lado negativo dos arquétipos, as outras pessoas podem vê-los mais claramente do que nós.* Por exemplo: quando a pessoa que nos avalia ativa o aspecto negativo do nosso Sábio interior, podemos aprender a responder com o lado positivo do nosso Sábio e explicar-lhe que estamos vivendo de acordo com os nossos próprios padrões. No final da jornada, por fim, não haverá nenhum dragão. Nós nos sentimos autênticos e livres.

Nós também podemos ser possuídos pela forma positiva do arquétipo. Você, por exemplo, talvez seja um grande Caridoso: você adora doar-se. Sua generosidade não tem limites e você sente prazer em ajudar os outros. Você pode ser possuído pelo arquétipo caso seja *sempre* um Caridoso e nunca lute pela própria felicidade ou, simplesmente, nunca reserve algum tempo para se divertir. Até que tenhamos adquirido um senso do nosso *Self* autêntico, é provável que os arquétipos venham a nos possuir. O ideal é não apenas expressarmos os arquétipos em suas formas mais positivas como também não nos deixarmos possuir por nenhuma delas. Precisamos desenvolver um senso genuíno de nós mesmos para que possamos expressar os diferentes arquétipos presentes em nossa vida sem sermos possuídos por nenhum deles. Quando nos libertamos da possessão por parte de nossos arquétipos, podemos passar a viver mais livremente.

Vícios, Compulsões e Possessão por Parte dos Arquétipos

No livro *When Society Becomes an Addict*, Anne Wilson Schaef argumentou que podemos ficar viciados tanto em substâncias químicas como em nossos comportamentos e padrões de pensamento. Podem surgir tendências compulsivas quando quer que um arquétipo nos possua, esteja ou não presente o vício em uma substância química.

Embora todos os arquétipos limitem a nossa vida, o tipo de comportamento ao qual uma pessoa está viciada varia de acordo com o arquétipo que for dominante. A tabela seguinte relaciona os comportamentos e atitudes aos quais podemos ficar presos ou viciados quando somos possuídos pelo arquétipo correspondente. Quanto maior o número de arquétipos ativos em nossa vida, na sua forma positiva, maior a nossa propensão para nos viciarmos.

É importante que as pessoas viciadas em substâncias químicas procurem tratamento no programa dos Doze Passos, e em outros programas de atendimento. O reconhecimento da origem arquetípica dessas dificuldades nos afasta da nossa patologia e nos devolve novamente à nossa jornada, pois sempre existe um "deus" (ou arquétipo) a nos chamar. Saber qual "deus" nos chama pode fazer com que nos abramos para receber suas dádivas.

Arquétipos e Vícios

ARQUÉTIPO	QUALIDADE VICIANTE	VÍCIO
Inocente	Negação	Consumismo/açúcar/animação
Órfão	Cinismo	Impotência/preocupação
Guerreiro	Estoicismo	Realização/sucesso
Caridoso	Generosidade	Cuidar dos outros/codependência
Explorador	Egocentrismo	Independência/perfeição
Destruidor	Autodestrutividade	Suicídio/hábitos autodestrutivos
Amante	Problemas íntimos	Relacionamentos/sexo
Criador	Obsessão	Trabalho/criatividade
Governante	Grande necessidade de dominar	Controle/codependência
Mago	Desonestidade (imagem)	Poder/drogas alucinógenas/maconha
Sábio	Dado a julgar os outros	Estar com a razão/ tranquilizantes
Bobo	Inebriamento	Excitação/cocaína/álcool

Despertando os Heróis Interiores

Para nos livrarmos da possessão negativa, temos de despertar o nosso potencial heroico. Embora cada um de nós tenha um herói interior, nem sempre estamos conscientes dessa realidade. O herói interior, na maioria das vezes, está adormecido. Cabe a nós despertá-lo. A maneira mais natural de nos levantar de manhã é acordar quando os raios do sol entram no quarto. A maneira natural de ativar o potencial interior é derramar a luz da consciência sobre ele. Quando começamos a compreender que temos um herói interior, este, muito naturalmente, acorda.

O mesmo acontece com os arquétipos. Quando derramamos a luz da consciência sobre eles, reconhecendo que estão dentro de nós, eles despertam para enriquecer a nossa vida. Se eles já estiverem ativos, mas em suas formas negativas, a consciência pode transformar o lado bestial do arquétipo no majestoso príncipe que ele poderia ser.

Alguns de nós, em consequência da agitação da vida moderna, não acordam quando o sol da manhã bate na janela. Estamos por demais cansados ou excessivamente distanciados dos processos naturais, e precisamos de um despertador. Nossa psique também nos proporciona despertadores – geralmente chamados de sintomas – para nos acordar e nos dizer que alguma coisa está errada. Se estivermos dispostos a prestar atenção a esses sintomas, poderemos sair do nosso sonambulismo e despertar.

Os arquétipos, em seus papéis de deuses e deusas pagãos, foram historicamente invocados por meio de rituais, orações, meditação e da criação de templos em sua homenagem. Mesmo hoje, construímos lugares em que os arquétipos se sentem à vontade. Por exemplo: as atividades competitivas e organizações – desde eventos esportivos e debates políticos até as forças armadas – ocorrem ou são sediados em estágios, parlamentos e no Pentágono, os quais funcionam como florescentes "templos" do Guerreiro. As igrejas, que ensinam basicamente as virtudes da compaixão e da doação, são os templos do Caridoso.

Faculdades e universidades são os templos do Sábio. Uma boa maneira de entrar em contato com os diferentes arquétipos é frequentar os seus templos modernos.

Você pode, literalmente, pedir ao arquétipo que entre na sua vida. Ou, então, você talvez prefira representar seus ritos e rituais. Para invocar o Guerreiro, por exemplo, você pode engajar-se num confronto, competição ou numa luta. Para despertar o Caridoso, dê aos outros sem esperar retorno. Para ativar o Sábio, estude, aperfeiçoe sua capacidade de raciocínio e torne-se consciente de suas próprias tendências subjetivas. No início, você talvez sinta que está envolvido numa atividade que, na verdade, não se adapta a você. Algum dia, porém, o Guerreiro, o Caridoso ou o Sábio irão se fazer presentes em suas atividades, e aquilo que antes você achava estranho e forçado lhe parecerá uma expressão orgânica do ser que você realmente é.

Quer um arquétipo esteja ativo ou sendo despertado, é importante reconhecer a maneira singular pela qual ele se manifesta na sua vida. Nem todos os guerreiros, por exemplo, são semelhantes. Alguns são primitivos e rudes, impulsionados por um desejo de conquista. Alguns são jogadores compulsivos, outros engajam-se em cruzadas para o bem da humanidade e assim por diante. Uma das razões para se derramar a luz da consciência sobre o arquétipo é verificar a forma específica que ele assume na vida do indivíduo.

Por fim, embora o despertar de todos os doze arquétipos favoreça uma vida mais rica e plena, não é uma atitude realística pensar que todos eles serão igualmente ativos. Assim como os povos antigos adoravam todos os deuses e deusas, mas tinham um relacionamento especial com um ou dois, nós podemos despertar todos os doze arquétipos desse panteão e, não obstante, descobrir a singularidade da nossa jornada por uma combinação específica dos dois ou três que são mais dominantes na nossa vida.

Alguns leitores talvez queiram reservar algum tempo para fazer os exercícios propostos neste livro e se concentrarem na tarefa de despertar os arquétipos interiores; outros talvez não. Como quer que seja, a simples leitura sobre um arquétipo serve para despertá-lo, já que, ao fazer isso, ele se desloca para a sua consciência. Talvez seja melhor simplesmente prestar atenção aos arquétipos que atualmente estão ativos na sua vida, abrindo-se para receber suas dádivas sem tentar despertar os outros. Se você fizer isso conscientemente, de modo que o aparecimento orgânico seja promovido e apoiado, em vez de combatido, os resultados poderão enriquecer a sua vida.

Sugestões a Respeito da Leitura deste Livro

Você talvez queira ler este livro de uma vez – e isso, tal como acontece em relação à maioria dos livros, é algo desejável. Todavia, as diferentes partes deste livro foram criadas tendo em mente diferentes tipos de leitores. A Parte I, por exemplo, desperta a atenção, basicamente, daquelas pessoas que estão interessadas no funcionamento da psique humana e no modo como a jornada do herói favorece o seu desenvolvimento. As Partes II, III e IV fornecem detalhes a respeito de cada arquétipo e sobre o modo como eles se manifestam em nossa vida à medida que nos deslocamos através das três principais fases da jornada. Os leitores que leram *O herói Interior* talvez achem a Parte II um tanto repetitiva e prefiram omiti-la (ou examiná-la rapidamente), indo direto da Parte I para a Parte III.

Use o Índice de Mitos Heroicos (IMH)

Antes de começar, eu o aconselho a preencher o Índice de Mitos Heroicos (encontrado no Apêndice), um recurso projetado para medir os arquétipos que estão ativos na vida da pessoa. Preencha também o diagrama circular da página 48. Ao fazer isso, você pode enriquecer sua leitura sobre os arquétipos tanto com a avaliação feita por meio desse instrumento como também com a sua própria avaliação a respeito de quais arquétipos estão ativos na sua vida. Registre suas marcas nas casas apresentadas com esse propósito. Alguns leitores talvez queiram concentrar suas energias nas partes do livro que atualmente são mais relevantes para a vida deles.

Aquelas pessoas que são motivadas por um desejo de compreensão e crescimento pessoal certamente vão querer avaliar-se por meio dos exercícios apresentados neste livro a fim de aplicarem esse entendimento diretamente em suas experiências de vida. No caso desses leitores, quer trabalhem isoladamente ou em grupos, este livro pode ser lido num período de semanas ou de meses com o objetivo de aumentar enormemente a autoconsciência e a eficácia dessas pessoas no mundo. Algumas partes talvez sejam mais importantes para sua vida atual; outras talvez venham a ser mais relevantes dentro de algumas semanas, meses ou anos. Use o livro de acordo com o seu próprio ritmo e à sua própria maneira.

Como Registrar Suas Marcas no Teste IMH

Dirija-se ao Apêndice, determine o seu Índice de Mitos Heroicos e siga as instruções para apurar os resultados. Escreva seus escores para cada arquétipo nos espaços abaixo:

_____ Amante	_____ Inocente
_____ Criador	_____ Órfão
_____ Governante	_____ Guerreiro
_____ Mago	_____ Caridoso
_____ Sábio	_____ Explorador
_____ Bobo	_____ Destruidor

ÉTICA

A principal regra a seguir na aplicação dessas teorias e modelos é a de jamais usá-los para manipular, rotular, julgar ou humilhar a si mesmo ou às outras pessoas. Todas as partes deste modelo devem ser usadas apenas para dignificar a si mesmo e aos outros, pois na metáfora da busca está a consciência de que todos nós somos importantes – e muito. O conhecimento implica responsabilidade. Esse modelo atribui a você a responsabilidade de comprometer-se a afirmar o seu próprio poder e, ao agir assim, abster-se de atos que façam você ou os outros sentirem-se rebaixados ou diminuídos. Em vez disso, utilize o seu próprio poder e sabedoria para dignificar a si mesmo e exercer uma influência transformadora sobre as pessoas à sua volta.

Diagrama Circular do IMH

Marque em cada eixo o seu grau de identificação com cada arquétipo. Em seguida, faça um sombreado em direção ao centro do círculo.

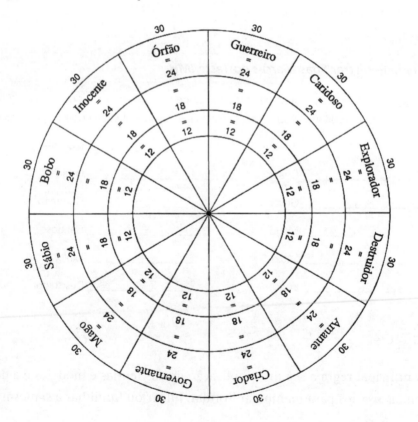

PARTE I

A Dança do Ego, do *Self* e da Alma

CAPÍTULO 1

Os Estágios da Jornada

As mensagens que a nossa cultura nos transmite a respeito dos papéis relativos do Ego, do *Self* e da Alma podem ser confusas e contraditórias. A maior parte da literatura acerca da administração concentra-se num Ego sadio, ignorando tanto o *Self* quanto a Alma. A teoria política tende a concentrar-se nas preocupações do Ego, tais como igualdade de oportunidades de acesso a empregos, salários, educação e *status*. A psicologia geralmente enfatiza o desenvolvimento sadio do Ego e muitas correntes dessa área da ciência não fazem nada além disso.

Embora a psicologia transpessoal, bem como a melhor parte da religião contemporânea (tanto oriental como ocidental), preocupe-se com o desenvolvimento da Alma e do Espírito, ela muitas vezes o faz em detrimento do Ego. Isso frequentemente assume a forma de um desejo consciente e explícito de o indivíduo livrar-se do Ego para poder entregar-se completamente à vontade de Deus. Apenas a psicologia arquetípica valoriza todos os três componentes do ser, e mesmo nela as preocupações práticas do Ego não recebem a necessária atenção.

No mundo contemporâneo há uma urgente necessidade de se valorizar o Ego, o *Self* e a Alma, e de se reconhecer as maneiras pelas quais o Ego deveria ser reeducado (e não eliminado) quando a pessoa desenvolve funções transcendentes de ordem mais elevada. Na verdade, é a união entre o Ego e a Alma que torna possível o nascimento do *Self*. Estudando a literatura contemporânea sobre a psicologia, a teologia, a política, a administração e a autoajuda, fui ficando cada vez mais convencida de que todos nós podemos ser pessoas felizes, bem-sucedidas, realizadas e espirituais. É também possível "buscar a nossa felicidade" e continuarmos sendo cidadãos, pais e amigos responsáveis, convivendo harmoniosamente com os outros membros da comunidade. O segredo consiste em empreendermos a nossa jornada e encontrarmos a nós mesmos.

Os doze arquétipos heroicos descritos em *O Despertar do Herói Interior* contribui para o desenvolvimento da nossa psique. *Os três estágios da jornada do herói – preparação, jornada, retorno – equivalem exatamente aos estágios do desenvolvimento psicológico humano*: primeiro desenvolvemos o Ego, depois encontramos a Alma e, finalmente, surge um singular senso de *Self*. A jornada do Ego nos ensina a nos sentirmos seguros e a sermos bem-sucedidos no mundo; a jornada da Alma nos ajuda a nos tornarmos pessoas sinceras e autênticas, a encontrarmos os mais profundos mistérios da vida; por fim, a Jornada do *Self* nos mostra o caminho para encontrar e expressar nossa autenticidade, poder e liberdade.

O Ego é o "recipiente" que contém a nossa vida. O Ego cria uma fronteira entre nós e todas as outras coisas, e também media o nosso relacionamento com o mundo. Ele também nos ajuda a nos adaptarmos ao mundo tal como o conhecemos e a agirmos para modificar esse mundo a fim de que ele atenda melhor às nossas necessidades.

Mandalas do Ego, da Alma e do Self

As ilustrações que se seguem colocam cada conjunto de quatro arquétipos dentro de uma mandala. Segundo Jung, o número 4 e a forma da mandala estão associados à totalidade e à descoberta do *Self*.

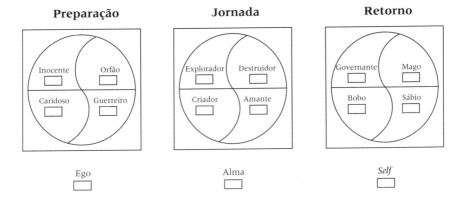

1. Coloque seu escore para cada arquétipo no espaço existente abaixo dele.
2. Some seus escores relativos aos arquétipos Inocente, Órfão, Guerreiro e Caridoso para obter o total do seu escore do Ego. Coloque esse número no espaço abaixo da palavra "Ego".
3. Some os seus escores relativos aos arquétipos Explorador, Destruidor, Amante e Criador para obter o total do seu escore da Alma. Coloque esse número no espaço abaixo da palavra "Alma".
4. Some os seus escores relativos aos arquétipos Governante, Mago, Sábio e Bobo para obter o total do seu escore do *Self*. Coloque esse número no espaço abaixo da palavra "*Self*".
5. Observe qual desses três escores é mais elevado. Se for o do Ego, isso pode significar que, atualmente, você está se pondo à prova no mundo ou preparando-se para a jornada (ou para o seu próximo estágio). Se o maior escore for o da Alma, isso pode indicar uma época de grande transição – que você está passando por um processo de aprofundamento e tornando-se uma pessoa mais autêntica e verdadeira. Se o maior escore for o do *Self*, este talvez seja o momento de expressar-se no mundo ou de tornar-se consciente do seu próprio poder e vivenciar a sua totalidade.

A *Alma*, que os seguidores de Jung equiparam ao inconsciente ou à própria psique, liga-nos ao universo transpessoal. A Alma é também o repositório de todo o potencial da espécie humana, potencial que está dentro de cada um de nós e pode ser comparado a sementes prontas para germinar se as condições externas forem favoráveis (como, por exemplo, Sol, chuva e solo fértil). Para pessoas que acreditam numa vida após a morte, a Alma é aquela parte de nosso corpo que permanece viva depois da morte do corpo. Todavia, a pessoa não precisa acreditar numa vida depois da morte para ligar-se à Alma ou usar os conceitos deste livro.

O *Self* significa a conquista de um senso genuíno de identidade. Quando nasce o *Self*, passamos a saber quem somos, as partes desarticuladas da nossa psique se juntam e experimentamos a totalidade e a integridade. Nossa tarefa, então, passa a ser a de encontrar meios adequados para nos expressarmos no mundo e, assim, realizarmos as contribuições que somente nós podemos dar a fim de trazer alegria para nossa vida e ajudar a terra devastada a florescer. Os quatro primeiros arquétipos – o Inocente, o Órfão, o Guerreiro e o Caridoso – nos ajudam a nos prepararmos para a jornada. Com esses quatro guias aprendemos a sobreviver no mundo tal como ele é, a desenvolver a força do Ego e, além disso, a ser cidadãos produtivos e pessoas boas, dotadas de um elevado caráter moral.

O segundo conjunto de quatro arquétipos – o Explorador, o Destruidor, o Amante e o Criador – nos ajudam durante a própria jornada, quando encontramos a nossa alma e nos tornamos "verdadeiros". Os quatro últimos arquétipos – o Governante, o Mago, o Sábio e o Bobo – atuam como intermediários na volta ao reino. Ao fazê-lo, eles nos ajudam a aprender a expressar o nosso verdadeiro *Self* e a transformar a nossa vida. Eles nos levam a transcender o heroísmo e a alcançar a liberdade e a alegria.

CAPÍTULO 2

O Ego: Protegendo a Criança Interior

Embora muitas vezes se diga que o herói é o arquétipo do Ego, essa é apenas parte da verdade. A jornada heroica de individuação engloba o Ego, a Alma e o *Self*. Estabelecer um Ego sadio, porém, é o pré-requisito para se empreender a jornada com segurança.

O Ego é a sede da consciência, o reconhecimento da existência de um "Eu" separado da mãe e do resto do mundo, um "Eu" que pode atuar sobre esse mundo. O Ego adulto maduro desenvolve suas capacidades tendo em vista o preenchimento de *todas* as nossas necessidades e não apenas a de segurança. O Ego desenvolvido nos ajuda a preencher não só as nossas necessidades de sobrevivência, satisfação, segurança, e de pertencer a algo, como também as de autoestima, autorrealização e, até mesmo, de transcendência. Ele também concilia as nossas necessidades individuais com as necessidades das outras pessoas e, dessa maneira, contribui para a sobrevivência e desenvolvimento do indivíduo, da família, da comunidade, da nação e da espécie.

No início da vida, porém, o Ego não está formado. Quando chegamos ao mundo somos pequenos, frágeis e indefesos. Temos pouco ou nenhum controle sobre o nosso ambiente: apenas a capacidade de chorar de dor ou de inspirar amor e cuidados com a nossa aparência, graciosa, vulnerável e inocente. Ficamos entregues aos cuidados de nossos pais ou de outros adultos que, por mais que possam se esforçar, nem sempre conseguem adivinhar corretamente as nossas necessidades. À medida que vamos adquirindo algum controle sobre nossos movimentos, sons e ações, começamos a aprender que as coisas que fazemos podem influenciar o que nos acontece. Com essa consciência, surge o Ego.

Por mais velhos, sábios ou maduros que nos tornemos, cada um de nós tem dentro de si uma criancinha vulnerável que ainda traz as cicatrizes – sejam elas grandes ou pequenas – de nossos anos de formação. A principal função do Ego é proteger essa criança interior. Em algum momento da nossa infância, o Ego começa a assumir algumas das funções protetoras dos pais e, aos poucos, com o amadurecimento, assume por completo essa tarefa.

Outra tarefa do Ego – e sua função básica – consiste em meditar a respeito do nosso relacionamento com o mundo exterior. Inicialmente, ele se preocupa em assegurar a nossa sobrevivência e, em seguida, concentra-se na obtenção de sucesso na vida. Em situações adequadas, as crianças podem confiar nos pais e em outros adultos para zelarem pela sua segurança. Depois, elas podem se concentrar em explorar o mundo e aprender a interagir eficazmente com ele. Em famílias desajustadas, porém, o desenvolvimento do Ego da criança pode ser prejudicado se elas tiverem de assumir cedo demais a responsabilidade pela sua própria sobrevivência e segurança. Não obstante, o conhecimento direto de problemas e dificuldades é de fundamental importância para o desenvolvimento da solidez do Ego. Quer enfrentemos ou não dificuldades externas na vida, o período de preparação para a jornada frequentemente parece ser muito duro – quando mais não seja, porque ainda não temos as habilidades que poderiam tornar nossa vida mais fácil.

O Ego e a Jornada do Herói

Como o desenvolvimento do Ego tem sido o desafio dos últimos séculos, as histórias que identificamos mais prontamente com o herói são justamente aquelas que tratam desse assunto. O herói clássico montado num cavalo branco, o cavaleiro que mata o dragão e salva a donzela que está em apuros, bem como a donzela que se defende contra as investidas de quem tenta seduzi-la ou estuprá-la são todas versões dessa história clássica.

Quer o herói seja um cavaleiro, um *cowboy*, um explorador, um santo ou um ativista político, a história é essencialmente a mesma. O herói e o reino estão sob a ameaça de alguma força hostil. Embora a vítima a ser resgatada possa estar dentro da própria pessoa (sua criança, donzela, virgindade ou liberdade interiores) ou no mundo à sua volta, o fundamental é que ele tenha a coragem e a capacidade de defender os portões da sua cidadela. O herói protege e defende as fronteiras de seu reino, de modo que a vida possa prosperar e se desenvolver dentro dele.

O herói frequentemente também é o conquistador, o homem ou mulher que vai atrás de alguma coisa que deseja – uma nova terra, fama, fortuna, amor, liberdade – e consegue obtê-la. Todavia, a capacidade de obter o que queremos e de proteger nossas fronteiras, por si só, não nos transforma em heróis. Na verdade, compartilhamos essas qualidades com os grandes vilões. O que caracteriza um herói é uma nobreza de espírito que se manifesta na forma de interesse e preocupação pelos outros. É isso que faz os heróis salvarem as vítimas.

No mundo moderno, nós fazemos diariamente isso. Poucos de nós matam dragões ou vilões literalmente. As espadas que usamos com mais frequência são o dinheiro, a imagem, o *status*, o poder, a influência e uma capacidade de comunicação altamente desenvolvida. No entanto, o padrão permanece o mesmo.

A preparação para a jornada exige que cada um de nós seja socializado adequadamente, de modo que possa atuar de maneira eficaz na sociedade em que vive e, em seguida, manter-se suficientemente afastado do ponto de vista coletivo do mundo para afirmar valores, opiniões e desejos independentes. Por fim, isso exige que não utilizemos essa capacidade de autonomia e independência simplesmente para fins egoístas – embora desejemos efetivamente buscar o nosso próprio bem – mas também para o benefício de toda a humanidade.

Influências Arquetípicas sobre o Desenvolvimento do Ego

Os arquétipos associados ao desenvolvimento do Ego – o Inocente, o Órfão, o Guerreiro e o Caridoso – ajudam-nos a aprender a assumir a responsabilidade pela nossa vida mesmo quando ainda não sabemos como fazer isso. Juntos, eles nos ensinam os componentes do caráter: a confiança necessária para aprendermos as habilidades básicas da vida; um senso de interdependência da vida humana e a capacidade de fazermos a nossa parte; a coragem de lutar por nós mesmos e pelos outros; e uma identificação com o bem maior, o que permite que nos doemos aos outros e, até mesmo, nos sacrifiquemos por eles.

Esses arquétipos também nos ajudam a estabelecer os componentes fundamentais da consciência do Ego. O Inocente nos ajuda a desenvolver a *persona*, a máscara que usamos para estabelecer nosso papel social. O Órfão controla as partes da nossa psique que reprimimos, negamos ou, simplesmente, escondemos a fim de podermos estabelecer uma *persona* aceitável para nós mesmos e para os outros. O Guerreiro estabelece o Ego *per se*, com seu interesse centrado na proteção de nossas fronteiras e na satisfação de nossas necessidades. Ele também atua a serviço do Superego ou Ego ideal,[1] a fim de reprimir ou punir tendências que ele considera antiéticas, autodestrutivas ou prejudiciais às outras pessoas. O Caridoso preside a abertura do coração, de modo que a nossa bondade seja motivada por uma genuína compaixão pelas outras pessoas. Juntos, esses quatro arquétipos nos ajudam a criar um recipiente – em favor da brevidade, podemos chamá-lo de Ego – que possa ser utilizado para conter a Alma.

O Inocente

O Inocente nos ajuda a estabelecer a *persona* – a máscara que usamos para o mundo, nossa personalidade ou papel social. Embora sua imagem interior careça de profundidade e complexidade, ela proporciona a nós e aos outros uma ideia a respeito de quem somos e do que pode ser esperado de nós.

A pressão para termos uma *persona* começa cedo, com a pergunta "O que você vai ser quando crescer?". Os adolescentes talvez procurem um sentido primário de identidade na música popular, nas modas da época e em atividades hedonísticas. Os adultos identificam-se por meio de suas atividades profissionais e, talvez, também por meio de seus estilos de vida. O fato, como todo Inocente sabe, é que precisamos ter uma *persona* para nos integrarmos à sociedade.

No início da vida, o Inocente que há dentro de todos nós olha em torno para verificar quais são as opções e escolhe uma *persona*. *O Inocente que há dentro de nós quer ser amado e fazer parte das coisas.* Ele quer ser aceito socialmente, integrar-se, fazer com que os outros o amem e tenham orgulho dele. Tal como uma criança, ele não se mostra particularmente crítico em relação ao grupo ao qual ele quer pertencer. Se tiver sorte, irá escolher uma *persona* positiva e socialmente adaptativa. Caso contrário, poderá até mesmo escolher uma *persona* criminosa para adaptar-se a um meio social que entende a honestidade como coisa de gente ingênua. Qualquer que seja a escolha, a função da *persona* é sempre a de ajudar a ter um papel social ou uma posição na família – e, idealmente, sermos admirados e queridos. Se não fizermos isso não poderemos nos integrar ao nosso ambiente.

O Órfão

Uma vez que o Inocente tenha escolhido a *persona*, o Órfão interior, que é um sobrevivente e um tanto cínico, avalia a situação e determina quais de nossas qualidades terão de ser sacrificadas ou reprimidas para podermos compor a nossa nova imagem. Uma criança que opte por um estilo de vida conservador terá de sacrificar sua extroversão, ao passo que outra, que escolha uma *persona* criminosa, terá de reprimir seu interesse e preocupação pelos outros. O terceiro filho de uma família poderia pensar: "Minha irmã é inteligente e meu irmão talentoso; eu terei uma personalidade cativante". Assim, ele reprimiria a inteligência e o talento e favoreceria o desenvolvimento das características que o transformariam numa pessoa jovial ou fascinante.

O Órfão é também aquela parte de nós que aprende a reconhecer e, portanto, a evitar situações nas quais haja uma boa probabilidade de que alguém nos faça mal – desde um sequestrador em potencial até o valentão da rua ou um parente que seja dado a nos maltratar emocionalmente. *Ele tenta impedir que sejamos abandonados, magoados ou maltratados.* Para fazer isso, ele talvez atue com base em conhecimentos que a *persona* nem mesmo sabe que tem, tornando-se assim um valioso companheiro secreto.

Todos nós temos um conjunto de *Selves* órfãos ou banidos vivendo no inconsciente pessoal ou coletivo. Muitos deles podem ser trazidos à consciência pela análise e de outros tipos de terapia, enriquecendo enormemente a psique. Outros podem permanecer inconscientes, enquanto alguns ocupam a região fronteiriça. Nós temos conhecimento da sua existência mas, como os desaprovamos (talvez acertadamente), não lhes damos liberdade de ação. Ou ainda, talvez em virtude dos valores da nossa cultura, raramente permitimos que eles sejam conhecidos pelas outras pessoas.

O Guerreiro

O Id é a parte da psique caracterizada pela vida instintiva indiferenciada. Nele estão as nossas paixões e impulsos primitivos e dele provêm todos os nossos desejos. O Ego afasta-se do Id e tenta controlá-lo.

Na verdade, as metas de ambos não são muito diferentes. O Ego também quer ver suas necessidades satisfeitas mas, ao contrário do Id, preocupa-se com o modo pelo qual isso será feito. Ele atua como intermediário entre o Id e o mundo exterior, proporcionando alguma limitação racional para que possamos direcionar e controlar os desejos do Id. O Guerreiro também contribui para que isso seja feito. *O Guerreiro brande a espada para neutralizar qualquer coisa que pareça ameaçar a sobrevivência do corpo, a formação do Ego, a nossa integridade e, por fim, o verdadeiro senso do nosso* Self.

Quando o Guerreiro está atuando estritamente em termos do nosso próprio interesse, ele está ajudando a desenvolver a força do nosso Ego; quando nos exorta a agir de maneira ética ou a ajudar os outros, ele contribui para o desenvolvimento do Superego. Em níveis inferiores, o Superego é determinado pelos valores dos pais e da comunidade, bem como pelas suas noções a respeito do que é ser bom para os outros. Suas opiniões formam um Ego ideal. Esse ideal talvez nos pareça opressivo porque tendemos a reprimir ou a negar os elementos da nossa natureza que não se adaptam a ele. Quando tomamos essas atitudes, o Superego pode nos punir. Por exemplo: se estamos tendo um relacionamento que o Superego não aprova, podemos ficar doentes ou mesmo, inconscientemente, sabotar esse relacionamento para punir o nosso desvio em relação ao Ego ideal. Num nível mais elevado, o Superego reflete os nossos próprios valores – e não apenas os de nossos pais ou os da cultura em que vivemos – e, na sua essência, é muito parecido com a consciência.

O Caridoso

O Caridoso está associado aos aspectos mais benévolos do Superego e nos ajuda a desenvolver um senso de moralidade e interesse pelos outros. Ele se preocupa com o bem dos outros e de nós mesmos. Ele talvez seja um modo de Ego que se preocupa com a sobrevivência não apenas do indivíduo, mas também da sua família, tribo, comunidade ou espécie. O Superego nos levará a sacrificar a nossa conveniência em favor de outros a fim de que, em última análise, o grupo possa sobreviver. À medida que amadurecemos, nos desenvolvemos e nos tornamos menos dualistas, também vamos aprendendo a equilibrar o nosso interesse com o dos outros a fim de que haja cada vez menos conflitos entre o Ego e o Superego.

O Caridoso se preocupa não apenas com os seus próprios filhos e com as pessoas com quem trabalha, mas com toda a humanidade. Ele sente compaixão pelo planeta, preocupa-se com o mal que a humanidade tem feito a ele e está disposto a sacrificar-se para curar-lhe as feridas. Ele sofre ao saber que em outra parte do mundo há gente morrendo de fome ou que na nossa própria cidade existem pessoas que não têm onde morar, e nos exorta a fazer alguma coisa a respeito. A capacidade de o Caridoso sacrificar um bem menor em favor de um maior e de confortar e educar os outros são fundamentais para o desenvolvimento de uma psique em que haja espaço tanto para o Ego quanto para a Alma. *O Caridoso é solicitado a sacrificar muitos de seus desejos, aspirações e prioridades, não apenas para o bem de outras pessoas mas também para encontrar a Alma.*

Prontidão para a jornada

O Inocente e o Órfão preparam-nos para a jornada ensinando-nos a discernir e ajudando-nos a diferenciar entre as pessoas que querem nos ajudar e aquelas que procuram nos afastar do nosso caminho. O Guerreiro prepara-se para o combate e desenvolve a coragem, ao passo que o Caridoso ensina humanidade e compaixão. Enquanto estamos desenvolvendo esses atributos experimentamos frequentemente uma "fase de provações". Na maioria das vezes, não interpretamos isso como uma iniciação heroica: apenas sentimos que a vida é muito dura!

Quando ouvimos o "chamamento para a busca" e iniciamos nossa jornada como exploradores, em geral somos submetidos a um teste para que se possa verificar se estamos adequadamente preparados. Por exemplo: o fato de termos ou não a capacidade de diferenciar os guias das tentações – sabendo a quem seguir e de quem fugir – nos diz se aprendemos as lições do Inocente e do Órfão. Quase sempre precisamos provar nossa coragem enfrentando um dragão (alguma coisa, pessoa ou situação que nos inspira muito medo). E, quase sempre, somos colocados numa posição em que temos de demonstrar a nossa compaixão. Em muitos contos de fada, por exemplo, o herói encontra um velho mendigo e compartilha seu último bocado de comida com essa pessoa. O mendigo, obviamente, acaba dando ao herói algum instrumento mágico que o ajuda a ser bem-sucedido em sua jornada. Na vida comum, isso se traduz na renúncia a uma vantagem competitiva ou em nossa opção no sentido de nos guiarmos por um sincero desejo de ajudar alguém, mesmo quando isso requer um considerável sacrifício ou, simplesmente, em sermos bondosos para com aqueles que encontramos pelo caminho no nosso dia a dia.

Geralmente só progredimos em nossa jornada depois que demonstramos que estamos bem preparados para ela pela maneira como lidamos com essas provações. Quando tivermos passado por todos esses testes, estaremos prontos para vivenciar a metamorfose, morrer para o que temos sido e renascer para um novo nível de experiência.

Ego: O Recipiente da Alma

Embora o Ego frequentemente tenha sido visto como o inimigo da Alma, ele na verdade nos ajuda a criar e a manter nossas fronteiras – o nosso sentido a respeito de onde termina o nosso ser e onde começa o dos outros. Essa força permite que nos abramos para a sabedoria espiritual. Quando é desenvolvido adequadamente, o Ego cresce e, em seguida, se esvazia, transformando-se no recipiente que pode abrigar a Alma sem ameaçá-la de colapso mental, emocional ou físico. Sem um recipiente bem constituído, não é possível que haja um verdadeiro desenvolvimento psicológico ou espiritual, porque não existe nenhum lugar seguro para abrigá-la. Uma confrontação com o inconsciente ou com o transpessoal pode cindir um Ego inadequadamente desenvolvido e produzir uma psicose.

Por que, então, tantas coisas negativas têm sido ditas a respeito do Ego? Por que tantos homens e mulheres sensatos defendem a tese de que precisamos renunciar ao Ego para encontrar o nosso verdadeiro *Self* ou a iluminação espiritual?

A resposta é que temos compreendido mal a natureza do Ego. Em primeiro lugar, a maioria dos Egos que encontramos não são muito desenvolvidos. Eles estão ameaçados pelo processo de individuação, pela consequente exploração do material anteriormente reprimido e por algum senso de união com outra pessoa. O Ego primitivo simplesmente tem medo, em primeiro lugar, de que as qualidades emergentes nos causem problemas no mundo exterior, e, em segundo lugar, de que elas possam nos destruir. O Ego primitivo também é egotista. Ele quer conseguir os créditos por todas as realizações do nosso mais profundo senso do *Self* e, inversamente, negar a existência de qualquer coisa além dele. Nesse caso, o Ego pode prejudicar a psique. Como o Ego tem a função de proteger e defender a psique, ele conhece todos os seus pontos vulneráveis. Assim, quando quer obstruir sua atividade, ele sabe exatamente que botão deve apertar.

A maneira mais simples de lidar com o terror que o Ego subdesenvolvido sente diante da possibilidade de mudanças é observá-lo com desprendimento. A maneira mais eficaz, porém, é lembrar que o Ego é nosso aliado e que precisamos fazer com que ele trabalhe a favor e não contra a nova necessidade. Talvez seja necessário estimular o Ego a trabalhar mediante o fortalecimento do recipiente, do desenvolvimento de uma estrutura e de um senso mais claro a respeito de quem somos, a fim de que ele se torne suficientemente forte para permitir uma genuína intimidade, perspicácia espiritual e maior autenticidade e inteireza. Isso geralmente é uma questão de fortalecer as nossas fronteiras mediante uma maior consciência a respeito de onde termina o nosso ser e de onde começa o dos outros, ou de onde nossa mente inconsciente perde o controle e o subconsciente assume.

A segunda razão pela qual o Ego tem sido malcompreendido é o fato de que um Ego maduro ameaça muitas de nossas instituições sociais. A maioria das pessoas passa de uma inquestionável dependência dos pais e de outros adultos para a dependência de escolas e faculdades, dos serviços de assistência à saúde, da mídia, do governo, de organizações religiosas ou de líderes carismáticos. Poucas épocas e lugares, ao longo da história da humanidade, deram valor ou enfatizaram o desenvolvimento do Ego como um recipiente individualizado. Para a maioria das pessoas, as instituições atendem a essas necessidades. A Alma e o espírito foram canalizados através do recipiente representado por uma instituição religiosa, pela "verdade", por meio de escolas, universidades, organizações políticas ou religiosas, e assim por diante.

A ideia de que as pessoas devam assumir a responsabilidade por suas próprias decisões é historicamente nova – uma consequência da ascensão da democracia, da ascensão filosófica do individualismo, e da ênfase relativamente nova da psicologia no desenvolvimento da individualidade. Assim como hoje nossa maturidade exige que superemos a dependência de nossos pais para podermos crescer e passar a depender de nós mesmos, eventualmente seremos forçados a ter a capacidade de fazer julgamentos sem depender de nossas principais instituições sociais.

Isso não significa, obviamente, desrespeitar as autoridades legalmente constituídas, infringir as leis, queimar livros, comportar-nos de maneira antiética ou abusar de nossa saúde. A maturidade requer a capacidade de o indivíduo equilibrar interdependência com o cuidado contínuo e solicitude para com seus pais – um reconhecimento da interdependência humana; ela também requer preocupação e interesse com as instituições sociais criadas para assegurar a nossa segurança, educar-nos, informar-nos e ajudar-nos a levar uma vida virtuosa. Porém, o que ela não exige de nós é uma impensável submissão.

Por mais importantes que essas instituições tenham sido no desenvolvimento da capacidade de respondermos ao chamamento heroico, a vida heroica exige a superação dessas dependências. Embora para alguns isso possa significar o abandono dessas instituições, para a maioria isso simplesmente significa uma modificação do nosso relacionamento com elas, passando da dependência da criança para uma responsabilidade e interdependência de adultos.

O próximo capítulo oferece uma introdução ao mundo da Alma e um convite para penetrarmos em seus mistérios. Antes de embarcar nessa jornada, porém, é bom que você se recorde da importância do Ego. O mais evidente problema cultural de nossos tempos é o fato de se esperar ou, até mesmo, de se compelir as pessoas, cujos Egos não se desenvolveram o bastante, a serem autônomas e independentes. Na ausência de um apoio institucional para conter esse desenvolvimento, elas atuam de maneira ineficaz, são vítimas de líderes carismáticos ou sucumbem ao vício.

Em nossa época são grandes as exigências sobre os indivíduos.[2] Este livro é um ponto de apoio para você empreender a sua jornada; empreender essa jornada com a ajuda de um grupo pode ser outro tipo de apoio. Antes que você possa empreender a jornada do herói, é preciso que o seu Ego racional o autorize a isso. A Alma não precisa deste livro; ela sabe o caminho. Todavia, a Alma precisa do Ego para avançar porque é o prático e realista Ego que cuidará para que a jornada da nossa Alma não prejudique injustificadamente a nossa vida.

Capítulo 3

A Alma: Desvendando os seus Mistérios

A Alma é a parte da psique que nos liga ao eterno e proporciona um senso de significado e valor para a nossa vida. Na psicologia junguiana, a Alma frequentemente é usada como um sinônimo da própria psique ou, às vezes, do inconsciente coletivo a partir do qual emergem os arquétipos. Do ponto de vista da religião, a Alma é a parte de cada pessoa que é imortal e capaz de crescer e desenvolver-se espiritualmente.[1]

Para desenvolver nossa alma, não precisamos acreditar em Deus, no sentido religioso convencional, ou mesmo numa vida após a morte. *Começamos a nos preocupar com a Alma quando sentimos a necessidade de conhecer o significado da vida ou de nossa própria vida, quando ansiamos por alguma liga*ção *com o cosmos ou quando contemplamos a nossa mortalidade.*

Às vezes a Alma torna possível um senso de Unidade ou ligação espiritual ou, mais frequentemente, um senso de intimidade com outro ser humano. Paradoxalmente, a criação de fronteiras pelo Ego ajuda-nos a estabelecer conexões – porque não mais tememos ser engolidos e nos perdermos.

No mundo moderno, muitas vezes carecemos até mesmo de categorias respeitáveis para meditar a respeito de nossa Alma. Nossa principal experiência com a Alma talvez seja negativa, uma sensação de que está faltando algo em nossa vida. Como a nossa sociedade renega a Alma, nós a experimentamos principalmente nas fases de mudança – alterações em nossa saúde, em nossa moralidade e mudanças produzidas por crises. Muitas pessoas, por exemplo, sentem a Alma apenas pela autodestrutividade: vícios, desejos ardentes e comportamentos obsessivos. Todavia, é durante as grandes crises da vida que o indivíduo subitamente anseia por um significado em sua vida e por uma ligação com o cosmos.

A Alma manifesta-se nas transições humanas da infância para a puberdade, da adolescência para a juventude, a maturidade, a meia--idade, a velhice e, finalmente, para a morte. Esses são os momentos de transição nos quais a pessoa deixou para trás uma identidade, mas ainda não alcançou outra. Esses são também os momentos em que, como seria de se esperar, mais ansiamos por contato com algum elemento transcendente.

Muitas culturas desenvolveram rituais e mitos sagrados para mediar e ajudar a suavizar essas transições, facilitando nossa passagem de uma realidade para outra. É certamente a inexistência desses rituais e a relativa falta de atenção para com a dimensão espiritual na sociedade secular moderna que torna tão difíceis e solitárias essas travessias. Embora algum grau de sofrimento e solidão seja inevitável em todas as culturas, a dor pode ser reduzida se tivermos uma estrutura que nos ajude a compreender o que está acontecendo conosco.

Iniciação

Algumas culturas têm experiências iniciatórias especiais – não relacionadas com outras transições da vida – para os sagrados mistérios da Alma. Os grandes cultos misteriosos do período helenístico na Grécia, na Síria, na Anatólia e na Pérsia, por exemplo, eram iniciações secretas com o propósito de ajudar as pessoas a se libertarem das realidades comuns e consensuais e a enxergar e ouvir antigas verdades espirituais.

O propósito da iniciação é o de nos ajudar a reconhecer o significado das experiências que ela simboliza em nossa própria vida. Embora os não iniciados não careçam da experiência da Alma, eles deixam de reconhecer o seu poder e significado. A iniciação torna essas experiências conscientes, não na linguagem do Ego, mas na linguagem da Alma – por meio dos mitos, símbolos, canções, arte, literatura e rituais.

A jornada do herói é uma iniciação às realidades da jornada da Alma. A jornada exige que conquistemos e, depois, que abramos mão do controle sobre a nossa vida; que nos livremos do medo de enfrentar a morte, a dor e a perda, a fim de podermos experimentar a integridade da vida. Para fazer isso, precisamos expandir a perspectiva do nosso Ego. Precisamos renunciar ao sentimento, à segurança, à previsibilidade e, até mesmo, à nossa preocupação com a segurança física, a eficiência e a virtude. Ao fazer isso, deixamos para trás os dualismos bom/mau, eu/você, nós/eles, luz/escuridão, certo/errado, e penetramos num mundo de paradoxos.

Embora a moralidade das jornadas seja exigente e absoluta, trata-se de um tipo de moralidade diferente daquele do Ego. A consciência normal do nosso Ego quer ser imortal, evitar todo tipo de sofrimento, ser bem-sucedida, próspera e amada. Acima de tudo, o Ego quer que o mundo faça sentido.

A jornada exige que ponhamos todos esses desejos de lado e enxerguemos a verdade da Alma: a essência da vida é mistério. A verdade da Alma não faz necessariamente sentido do ponto de vista do Ego racional. Embora seja bom sermos "saudáveis, ricos e sábios", o que nos faz vivos e autênticos é a jornada para os mistérios centrais da vida, durante a qual aprendemos mais coisas a respeito de desmembramento, morte, dissolução, sexo, paixão e êxtase, e podemos perceber a beleza de *todas* as coisas.

Embora a preparação para a jornada implique aprendermos a ser fortes, éticos e saudáveis, a jornada propriamente dita envolve a experiência dos grandes mistérios da vida – a morte, a paixão, o nascimento e a criação – enquanto mistérios.

Sem a Alma, sentimos-nos como autômatos. Embora façamos os movimentos corretos, eles não têm significado. Podemos até mesmo passar por muitas das experiências da iniciação, mas estaremos sempre tão fora de sintonia com a nossa Alma que não seremos afetados e transformados. Todavia, temos muitas oportunidades. Nunca é realmente tarde demais. Penetramos e tornamos a penetrar nos mistérios muitas vezes, em níveis de entendimento cada vez mais profundos. Não há nenhuma punição pelo fato de o indivíduo ter deixado de se ligar à sua própria Alma, a não ser um permanente senso de ausência de significado na sua vida, o que já é um castigo suficiente.

Tornando-se Real

A iniciação começa na infância, com as nossas primeiras experiências de confusão, sofrimento, amor intenso, desejos ardentes e frustração. Para as crianças, a metáfora mais imediata dessa experiência é o processo pelo qual um objeto ou brinquedo adquire vida. A maioria das crianças, assim como também acontece com os adultos, relaciona-se em algum nível com histórias a respeito de objetos que se tornam vivos; embora possamos ser bons e até mesmo bem-sucedidos, enquanto não enfrentarmos a nossa Alma não nos sentiremos realmente autênticos porque, de fato, não seremos nós mesmos.

Pinóquio é um exemplo bem conhecido de história infantil que trata do processo pelo qual alguma coisa se torna real. Em *Pinóquio*, Gepetto sonha em ter um filho e entalha o boneco Pinóquio a partir de um bloco de madeira. Então surge a Fada Azul e confere ao boneco a capacidade de se movimentar por si mesmo. Juntos, Gepetto e a Fada Azul (respectivamente o Ego e o Espírito, em termos simbólicos) podem fazer um boneco bem-comportado – mas somente Pinóquio pode conquistar o direito de ser real.

No início, ele é um boneco "bem-comportado" e faz tudo o que se espera dele. O primeiro sinal de independência é um ato de desobediência e deslealdade para com Gepetto, com a Fada Azul e com sua consciência (representada por um pequeno grilo). Ele vai com o turbulento Lampwick até a Ilha do Prazer. Assim como a maioria de nós, quando Pinóquio começa a buscar sua felicidade, é desviado de seu caminho por prazeres triviais (comer doces e destruir propriedades).

Pinóquio desce até as profundezas da busca do prazer instintivo, porém para bem a tempo ao perceber que ele e seus companheiros estão se transformando em burros. Essa experiência desorientadora é tão chocante para Pinóquio que ele começa a ver o mundo de modo muito diferente.

A iniciação de Pinóquio nos mistérios tem quatro partes. Primeiro, ele procura a Fada Azul e fica sabendo que tem o potencial para se transformar num "menino de verdade". Segundo, ele se permite experimentar seus próprios atributos negativos e a destruição causada por eles. Terceiro, dentro da baleia, ele passa a compreender o quanto ama Gepetto e o quanto é amado por ele. Por fim, ao voltar, a Fada Azul o transforma num menino de verdade, visto que Pinóquio conquistou esse direito: ele conheceu a vida. Pinóquio sofreu, aprendeu a ver o mundo com mais sensatez, a diferenciar os prazeres primários da verdadeira felicidade e, portanto, adquiriu a capacidade de amar de verdade. Ele também aprendeu a assumir a responsabilidade pelos seus atos sem ser enfraquecido pelo sentimento de vergonha ou arrependimento. Em suma, ele tornou-se real.

Num nível simbólico, viver a vida apenas no nível do Ego é como ser um robô, um brinquedo ou um objeto inanimado. Nós ansiamos por uma experiência mais genuína. A busca, com seu chamamento para o Espírito, é apenas o primeiro passo para encontrarmos essa autenticidade. A iniciação abala a nossa visão de mundo e exige que entremos em contato com as nossas mais profundas fontes de sabedoria para compreendermos o que acontece conosco. Essa iniciação pode, de alguma maneira, antecipar as experiências de sofrimento, privação e perda, trazidas pelo arquétipo do Destruidor, a capacidade de amor genuíno e ardente, associada ao arquétipo do Amante (Eros), e, por fim, a união com a Alma do indivíduo, o que permite o nascimento de um novo *Self* (o Criador).

Penetrando nos Mistérios

Penetrar nos mistérios – por meio da análise ou do misticismo, ou conhecendo diretamente o amor e a morte em nossa vida – implica aprendermos a aceitar e a amar a vida no nosso corpo e nesta Terra. Ocupar plenamente o corpo não significa, de modo algum, negar a possibilidade de imortalidade da Alma, pois o corpo é a expressão da Alma e, portanto, parte dela. Nossa Alma necessita do nosso corpo para que possamos participar do ciclo cósmico de nascimento e morte e, assim, nos tornarmos mais plenamente nós mesmos. Quando renunciamos a tudo o que precisa ser eliminado de nossa vida e consciência e nos abrimos para tudo o que precisa nascer dentro de nós, aprendemos a sentir a admiração e o espanto que nossa própria participação voluntária nesses ciclos cósmicos pode produzir.

Todavia, o nosso Ego tem dificuldade para compreender o sofrimento da Alma em qualquer de suas formas. O Inocente quer negar as verdades desagradáveis e apenas ter fé. O Órfão encara a morte e o sofrimento como mais uma indicação de que a vida não é justa. O Caridoso e o Guerreiro tentam evitar que o mundo conheça o sofrimento – o Guerreiro tentando encontrar e eliminar a causa desse sofrimento e o Caridoso fazendo todos os sacrifícios para ajudar os outros.

Até mesmo o nosso espírito quer apenas transcender essas experiências e buscar aquele estado de felicidade que transcende tudo isso. Os místicos e sábios de todas as épocas e lugares nos proporcionam amplas evidências de que é possível fazer isso, embora não logo de início. A única maneira de sair desse paradoxo é passando através dele.

A Desorientação como Experiência Iniciatória

Em todas as experiências iniciatórias é fundamental uma mudança de perspectiva. Precisamos aprender a ver, a ouvir e a pensar de maneiras que tornem acessíveis a nós novos níveis de experiências. Vários tipos de práticas iniciatórias criadas para alterar a percepção estão disponíveis para aqueles que as buscam. Porém, a maioria de nós não escolhe conscientemente a sua iniciação. Ela simplesmente parece acontecer e, muitas vezes, representa um verdadeiro choque.

Às vezes, o choque é físico. Paulo foi acometido de cegueira na estrada para Damasco. O feiticeiro do livro *Clan of the Cave Bear*, de Jean Auel, foi atingido por um raio quando menino. Todavia, o choque pode ser psíquico. No Livro do Gênesis, Jacó, fugindo da ira do irmão, vai dormir e sonha com uma escada que conduz ao Céu. Ele fica com medo, reconhecendo que está no ponto em que o divino entra em contato com a terra. Embora estejamos o tempo todo num espaço sagrado, na verdade em geral temos de ser despertados por algum tipo de choque para podermos sentir ou tomar consciência desse fato.

Você talvez fique chocado e confuso por causa de um súbito sofrimento, perda ou dor. Você talvez tenha uma experiência que não possa ser explicada pela nossa visão normal do mundo, tal como uma premonição, uma experiência de viagem para fora do corpo ou um sonho vívido com um ser espiritual.

Você também poderia ficar desorientado por causa de uma doença, deficiência física ou traição. Algumas pessoas são iniciadas pelo uso de drogas – o que não é recomendável – e outras por doenças mentais. Muitas ficam desorientadas por causa de uma sobrecarga de *stress* e por serem incapazes de lidar com a própria vida. Outras, ainda, ficam desorientadas quando alguém prejudica o seu senso a respeito do que é real.

O ritmo febril da vida moderna talvez seja uma estratégia que nossa cultura usa para esmagar a nós mesmos e levar-nos a um estado de desorientação. Porém, essas estratégias podem ser contraproducentes. A desorientação, por si só, não significa iniciação. A iniciação somente acontece quando começamos a procurar um significado para nossa vida num nível mais profundo. Para o iniciado, o desafio não consiste em tentar fingir que a sua vida está sob controle num dado momento, mas sim suportar um senso de desorientação e impotência e abrir-se para um conhecimento interior profundo a respeito do que você precisa enxergar, mas não está enxergando.

Nessas ocasiões, a mente racional fica tentada a procurar compreender o problema. Embora não haja nada de errado em analisar racionalmente as coisas, essa habilidade faz parte do desenvolvimento do Ego. Porém, por mais que utilizemos o nosso lado racional as estratégias do Ego são simplesmente inadequadas para compreendermos a vida no nível da Alma. *A maioria de nós não opta conscientemente pela nossa iniciação. Ela simplesmente parece acontecer, e muitas vezes representa um verdadeiro choque.*

Caso esteja perturbado por uma experiência iniciatória, você pode tranquilizar sua mente dizendo: "Isto me parece uma experiência iniciatória. Não posso compreendê-la nem tampouco esforçar-me mais para assumir o controle da situação. Enquanto isto está acontecendo, posso usar o meu Ego para atuar de maneira responsável neste mundo: cuidar de meus filhos, chegar no horário em meu emprego, ser gentil para com os meus amigos. Todavia, é a minha Alma que está sendo despertada por estas experiências. Tudo o que posso fazer a respeito disto é esperar até que o conhecimento de que preciso venha até mim".

E isso sempre acontece. Às vezes trata-se de um novo conhecimento, o qual infiltra-se a partir de dentro e se expressa por meio de sonhos, ou então experiências despertas que inspirem reações do tipo:

"É claro! Como foi que não percebi isto antes?". Às vezes o conhecimento chega até nós por sincronicidade, por meio de um amigo, de um livro, de uma carta ou de um locutor que, "por acaso", diz o que precisamos ouvir. Pode ser ainda que ele chegue até nós por meio de um objeto ou símbolo natural. Nós olhamos para ele e, de repente, simplesmente sabemos o que precisamos saber.

A linguagem da Alma é a linguagem do hemisfério direito do cérebro: metafórica, narrativa e paradoxal; ela é muito diferente da linguagem lógica, discursiva e dualista do Ego. Os "estalos" da Alma geralmente ocorrem não como resultado de um trabalho duro, mas sim como uma experiência produzida pelo desejo de o indivíduo conhecer uma resposta. A sensação de desorientação, de impotência e de frustração ajuda-nos a estar abertos para esses momentos de súbito discernimento. Nós não podemos ter controle sobre o que nos acontece nessas ocasiões; todavia, se tivermos sorte, aprenderemos a superar a confusão e a penetrar num nível mais profundo de sabedoria, o qual sempre está à disposição de cada um de nós.

As Antigas Religiões Secretas e a Alquimia

No mundo moderno, geralmente não somos incentivados a falar sobre nossas experiências iniciatórias. Embora a análise junguiana seja uma maneira moderna de iniciação, a maioria das pessoas que procura ajuda psicológica vai a psicólogos do Ego e, simplesmente, aprendem a adaptar-se melhor ao mundo em que vivem. Práticas arcaicas de muitas outras épocas e lugares atribuem maior importância à iniciação e a seu papel e funções. Quero descrever apenas duas dessas práticas: as antigas religiões secretas e a "ciência" da alquimia.

As Antigas Religiões Secretas como Fontes de Verdades Psicológicas

Os mistérios eram os aspectos místicos dos ritos de fertilidade que celebravam a sexualidade, o nascimento e a morte. Uma característica básica de todas as religiões secretas é uma correspondência entre os ciclos da natureza e a vida espiritual e psicológica. Ou seja, considerava-se que a vida individual e familiar, os processos naturais e a realidade do divino refletiam-se mutuamente, e todas essas coisas eram vistas como parte de um processo em curso que era de grande beleza.

Algumas culturas celebravam os ciclos solares (primavera, verão, outono e inverno) e outras os ciclos lunares (luas crescente, minguante e cheia). Os ciclos da natureza correspondem a eventos sagrados de nascimento, acasalamento e morte. O grande princípio espiritual era inicialmente uma deusa e, posteriormente, um deus. Esse ser divino deu origem a um filho (que nas primeiras histórias da deusa transforma-se no cônjuge da própria mãe) ou a uma filha (como no mito de Deméter e Koré) que foi capturada pelo pai. No entanto, a criança teve de ser sacrificada: Koré é levada ao Hades, e para sempre tem de viver lá durante a metade do ano; Dioniso é despedaçado pelos seus seguidores durante um festejo orgíaco; Cristo é crucificado.

Nessas histórias, a morte ou sacrifício é seguido por imagens de renascimento ou ressurreição. O velho deus morre e renasce no ano novo. Há a ressurreição de Cristo; os pedaços de Osíris juntam-se novamente; Koré retorna à Terra e o inverno transforma-se em primavera. Esses padrões de morte e renascimento não correspondem apenas a mudanças de estação; eles também refletem o padrão psicológico de renovação, pois morremos para o que éramos e, então, podemos dar origem àquilo que poderíamos ser.

Histórias religiosas patriarcais posteriores, tais como as do cristianismo, conservaram um senso de mistério em torno do padrão de morte e ressurreição, mas perderam a preocupação igualmente importante com o grande milagre da sexualidade. Os primeiros rituais de fertilidade celebravam não apenas a morte e o renascimento, mas também o grande milagre de que o nascimento resulta da união sexual. Assim, os objetos mais sagrados das primeiras religiões de mistério celebravam de maneiras bastante explícitas a energia erótica do macho e da fêmea. Alguns desses simbolismos foram incorporados pela literatura cristã. Conforme observou Esther Harding, por exemplo, "a fertilização da fonte sagrada do batismo pela imersão de uma vela acesa" é uma forma modificada do antigo simbolismo erótico.[2] Todavia, a veneração do milagre da união sexual, que está na base desse simbolismo, perdeu-se.

Na vida moderna, podemos experimentar primeiramente a iniciação por meio do amor como paixão sexual e, mais tarde, mediante qualquer ligação passional (com o nosso trabalho, com o nosso deus ou com uma causa ou ideia), experimentando o amor redentor divino ou por uma profunda união na qual o amor junta as partes dispersas da psique e as transforma numa única entidade.

Nos dias de hoje, na verdade, para alguns talvez pareça uma heresia encarar o intercurso sexual como um grande mistério espiritual – especialmente depois que a noção de nascimento de uma virgem se transformou num dogma. Para os antigos, porém, a celebração da paixão, de Eros, era tão essencial quanto a celebração do renascimento. Em algumas tradições, tais como as histórias hindus de Shiva e Shakti, a criação ocorre mediante um acasalamento francamente erótico de deuses. Conforme Harding também demonstrou, a importância do conceito de Deus ter nascido de uma "Virgem" não se originou de quaisquer impulsos puritanos. Classicamente, o termo *Virgem* significava uma mulher que era dona de si mesma. Ela poderia relacionar-se sexualmente e ter filhos, mas não poderia ser esposa ou propriedade de ninguém. De maneira geral, isso significava que ela conhecia a deusa que existia dentro dela e respeitava a si mesma.

O processo de iniciação nos mistérios da morte, paixão e nascimento, venerado pelas antigas religiões de mistério e pelos povos nativos dos mais diversos lugares, reflete os arquétipos Explorador, Destruidor, Amante e Criador.

A Alquimia como um Código de Verdades Psicológicas

Embora a maioria das pessoas considere os alquimistas simplesmente como químicos fracassados, suas tentativas de transformar chumbo em ouro, em laboratório, não constituíam realmente o seu propósito básico – pelo menos esse não era o principal objetivo dos que conheciam realmente a tradição. Na verdade os processos alquímicos e os mitos da jornada codificam estágios fundamentais do crescimento e desenvolvimento psicológico.

Assim como muitas tradições místicas iniciatórias, a alquimia foi transmitida de uma geração a outra basicamente de modo oral. Os documentos a respeito da alquimia, escritos por mestres na tradição alquímica, eram propositalmente obscuros, de modo que apenas os iniciados em sua linguagem podiam compreender o seu significado. Os mestres alquímicos estavam tornando os cuidados necessários para que as pessoas desprovidas de uma boa estrutura do Ego e de um senso de ética e moralidade não topassem por acaso com essas técnicas e prejudicassem a si mesmas ou a outras pessoas.[3]

Para os verdadeiros alquimistas, a meta de transformar chumbo em ouro no plano físico tinha uma importância secundária em relação à grande meta espiritual de transformar uma consciência de chumbo numa consciência de ouro. Ou seja: nós expandimos a consciência do Ego para vivenciar a Alma e, ao fazê-lo, damos origem ao *Self*. A transformação de chumbo em ouro no plano físico era considerada um sinal exterior de uma realização espiritual interior muito mais importante. Os vários procedimentos químicos usados para separar a essência do ouro (Espírito) dos elementos menos importantes (matéria) correspondem à jornada do herói para fora de uma realidade consensual, dominada pelo Ego, a fim de penetrar num domínio espiritual transmutável e, então, voltar para transformar a realidade física quando o Espírito se manifesta na Terra. O estágio final do processo alquímico – simbolizado pela realeza, pelo ouro e pelo Sol – significa a capacidade de manifestar com sucesso uma verdade espiritual no plano físico.

As Influências Arquetípicas sobre o Desenvolvimento da Alma no Mundo Moderno

Os quatro arquétipos mais ativos na jornada para nos tornarmos verdadeiros – o Explorador, o Destruidor, o Amante e o Criador – falaram à humanidade por meio da alquimia e dos antigos cultos de mistério, e falam a nós, atualmente, por meio da análise e de outros processos que nos ligam às partes mais profundas do nosso ser. Juntos, eles nos ajudam a dar significado e autenticidade à nossa vida.

Cada um deles corresponde a um diferente aspecto ou elemento da Alma. O Explorador corresponde ao Espírito; o Destruidor a Tânatos, o desejo de morrer; o Amante corresponde a Eros, a força da vida; e o Criador à imaginação (tal como exercida pela nossa própria singularidade). O Espírito dirige-se para cima. Ele quer transcender a existência física e nos convoca para uma busca a fim de encontrarmos a nossa alma. Tânatos dirige-se para baixo e para dentro, conforme é exemplificado na jornada mítica para o outro mundo e simbolizado pelo encasulamento da lagarta no processo que conduz à sua transformação em borboleta. Eros preside o movimento da Alma em direção ao mundo exterior e serve para ligar-nos às outras pessoas. A imaginação é aquela parte da Alma que cria significados e inventa histórias, imagens e possibilidades; seu movimento é expansivo.

O Explorador

O Explorador busca iluminação e transformação, embora inicialmente seja muito controlado pelos processos racionais do Ego. O Explorador, portanto, supõe que iluminação significa tornar-se "melhor", mais "realizado" ou mais "perfeito". A busca diz respeito a transcender a nossa mera humanidade. Isso, como temos visto, é o chamamento do Espírito para cima, para a frente, um constante desafio de autoaperfeiçoamento. A iniciação às vezes exige que renunciemos à ascensão para podermos penetrar nas profundidades e na verdade da Alma.

A jornada do Explorador exige a coragem de romper a dependência e saltar para o desconhecido. Nós sempre temos medo daquilo que desconhecemos ou não compreendemos. A pessoa que ignora sua realidade interior vive com medo de ficar sozinha e ser obrigada a enfrentar seus demônios interiores. A pessoa que ignora o mundo exterior e o modo como ele opera vive com medo de sair para o mundo. Ambas temem não saber lidar com o que pode vir a lhes acontecer.

Conforme Jung nos ensinou, alguns de nós são relativamente mais introvertidos, sentem-se mais à vontade no mundo interior e gostam de explorá-lo. Outros preferem o mundo exterior e adoram explorá-lo. Nós tendemos a assumir maiores riscos num mundo que, pelo menos, acreditamos entender. O Explorador que há dentro de cada um de nós desafia-nos a explorar aquilo que mais temermos. Assim, quando desbravamos o desconhecido, nós mesmos somos transformados.

O Destruidor

Em nossa jornada interior podemos experimentar primeiramente o Destruidor em nossa psique na forma de um aspecto negativo, os *Selves* potenciais que temos reprimido. Tendo sido oprimidos, cerceados, odiados e injuriados, eles não tiveram uma oportunidade para poderem crescer e desenvolver-se e, consequentemente, foram deturpados e se expressaram de uma maneira perniciosa.

Jung explica que os aspectos negativos dos arquétipos nos proporcionam uma abertura para o inconsciente. Ao assumir a responsabilidade pelos nossos aspectos negativos, nós ganhamos acesso às grandes riquezas do outro mundo. É por isso que o outro mundo frequentemente é descrito como um lugar repleto de joias e de tesouros valiosos guardados por grandes monstros. Todos os heróis sabem que não podemos conseguir o tesouro se não estivermos dispostos a enfrentar o dragão. Quando o fazemos pela primeira vez, nós nos tornamos Guerreiros, acreditando que o dragão está no mundo exterior. Nós o matamos, conquistamos o tesouro e, naturalmente, o Ego se fortalece. Quando o enfrentamos novamente, reconhecemos que o dragão está dentro de nós mesmos e ganhamos acesso aos tesouros da nossa Alma.

Muito embora sua manifestação na psique possa ser terrificante, na verdade o aspecto negativo desse arquétipo é uma forma benigna do Destruidor; quando integrado e, portanto, transformado, ele sempre nos proporciona uma grande dádiva. Todavia, o Destruidor também surge como Tânatos, o desejo de morrer. Embora Tânatos possa manifestar-se pelo aspecto negativo do arquétipo, destruindo tudo o que acreditamos ser verdadeiro a respeito de nós mesmos, ele é também a parte da nossa psique que nos faz envelhecer, adoecer e morrer. Ele está aliado à morte em seus aspectos positivos e negativos.

O Amante

O arquétipo do amante interior é encontrado na energia erótica da força vital, simbolizada pelo casamento do deus e da deusa interiores. Frequentemente, tem sido feita uma ligação entre o casamento, a unidade psicológica e a natureza do cosmos.[4] June Singer explica que a separação fundamental entre céu/terra, macho/fêmea, luz/escuridão precisa ser reunificada. O símbolo disso é o casamento sagrado, que dá origem ao *Self*.[5] Eis por que a genuína androginia significa mais do que simplesmente juntar os papéis de macho e fêmea; ela envolve uma reintegração fundamental da psique, superando a dualidade.

Jung afirmou que o nosso ingresso no mundo da Alma ocorria por meio do elemento contrassexual existente dentro da psique; para os homens, esse elemento é a *anima* e, para as mulheres, o *animus*. Nós podemos reconhecer essa representação psíquica de diversas maneiras: a *anima* ou o *animus* aparecem com destaque em nossos sonhos; se nos dedicarmos a algum tipo de atividade artística, eles também aparecem na nossa arte; além disso, nós também nos sentimos atraídos por homens e mulheres de verdade que personificam as qualidades da nossa *anima* ou do nosso *animus* interior.

Muitas vezes descobrimos coisas a respeito do que está se passando dentro de nós observando o que se passa no mundo exterior. Aprendemos a amar a mulher interior aprendendo a amar e a respeitar, de maneira individual ou coletiva, mulheres que estão fora de nós. Aprendemos a amar o homem interior aprendendo a amar e a respeitar, individual ou coletivamente, homens que estão fora de nós.

Embora o casamento sagrado do deus e da deusa não seja mais um símbolo nas principais religiões ocidentais, trata-se de um fato da vida psicológica. O casamento sagrado que ocorre dentro da psique é representado como a união de diversos atributos psicológicos opostos: masculino e feminino, corpo e Espírito, Alma e Ego, consciente e inconsciente. A unificação de cada uma dessas polaridades – que ocorre quando nos tornamos capazes de sentir um amor redentor e compassivo, não apenas pelos outros mas também por nós mesmos – resulta num sentimento mais profundo e unificado do *Self*, caracterizado por aspectos cada vez maiores de inteireza, potência e poder.

O Criador

O arquétipo do Criador ajuda a despertar a semente das genuínas identidades que estão situadas nas profundidades do nosso ser. Ele preside o processo de nascimento de nossa vida, é parte daquilo que chamamos de nossa "imaginação" e nos ajuda a direcionar nossos esforços imaginativos. Sem a imaginação, não podemos criar uma vida; todavia, sem um senso do nosso genuíno *Self* nossa imaginação fica sem foco. Ela cria muitos projetos e ideias, mas todos eles são inoportunos e, em última análise, insatisfatórios.

Jean Houston chama essa semente de "enteléquia", enfatizando não a sua identidade cósmica, mas a singular e codificada missão de vida de cada pessoa: "A enteléquia da bolota é ser um carvalho, a enteléquia de um bebê é ser um adulto e a sua é de ser um Deus. Na psicologia sagrada, o indivíduo tem acesso à enteléquia do *Self*, o nível relacionado de modo mais direto com o *Self* divino". A conexão com a enteléquia sempre caracterizou os grandes homens e mulheres – sejam eles artistas, músicos, cientistas, filósofos ou mestres espirituais. Eles têm um senso de sua genuína singularidade e missão na vida.

A ligação com a nossa Alma diz respeito, em níveis mais profundos, a fazer uma conexão com a enteléquia – nosso destino individual – de modo que vivamos da maneira a que temos direito e realizemos nossas singulares contribuições ao planeta. A tecnologia da enteléquia é criativa, recorrendo ao potencial da nossa imaginação para criar vida que surge a partir da verdade a respeito de quem somos.

Você pode experimentar conscientemente esses quatro arquétipos relacionados com a Alma por meio da análise (talvez quando eles emergem em seus sonhos); pela busca espiritual ou, simplesmente, mediante as experiências cotidianas da sua vida – ansiando por mais coisas, vivenciando uma grande perda ou sofrimento, ficando perdidamente apaixonado ou sentindo uma grande e inconsciente autenticidade, ocasião em que, subitamente, aquilo que você está fazendo emerge orgânica e facilmente a partir de quem você é. Em cada um desses casos, essas experiências nos levam, pelo menos no momento em que estão acontecendo, a penetrar nos mistérios da Alma. Quase todos nós tivemos essas experiências. Se permitirmos que elas nos modifiquem, estaremos vivenciando a iniciação.

Na análise, ou em outras maneiras análogas de se fazer a jornada interior, esses arquétipos marcam diferentes estágios do processo de individuação, ou seja, o processo por meio do qual exploramos nosso mundo psicológico interior, esclarecendo nossos anseios, integrando os elementos negativos da nossa psique, equilibrando os aspectos masculino e feminino e entrando em acordo com um profundo e entranhado senso a respeito de quem somos. O resultado desse processo – se estivermos conscientes ao experimentá-lo – é o nascimento do *Self*. Essa realização marca o retorno da jornada, a qual culmina na transformação do reino, uma transformação que só pode acontecer quando o *Self* tiver nascido e manifestar-se no mundo de maneiras concretas e palpáveis. O próximo capítulo aborda o processo pelo qual isso é feito.

Capítulo 4

O *Self*: Expressando-nos no mundo

O *Self* é uma expressão da integridade, o ponto final do processo de individuação. A jornada foi completada, o tesouro conquistado e o reino – a vida da pessoa – está sendo transformado com base num novo princípio ordenador.

A essência do *Self* é um paradoxo pois ele é, a um só tempo, aquilo que há de mais singular a respeito de cada um de nós e aquilo que liga o nosso Ego ao transpessoal. O *Self* é também o ponto de entrada para todo um novo modo de vida, deixando para trás a concepção de "vida como luta" e passando para um novo nível de abundância. Assim, a imagem da realeza é apropriada para a conquista desse estágio. *Todos temos um reino: a vida que estamos manifestando no mundo.* Nós nos tornamos reis e rainhas de nosso reino e, na medida em que somos sinceros em relação ao nosso *Self* interior, as áreas devastadas dentro de nossa vida começam a florescer.

Os governantes frequentemente se apegam às velhas ideias a respeito de como as coisas deveriam ser feitas ou, mesmo, às noções ultrapassadas acerca de quem somos. Todavia, a jornada do herói é em espiral, e não linear. Precisamos nos manter empenhados na jornada para renovar a nós mesmos e ao nosso reino. O Governante que se apega por tempo demais a uma verdade ou identidade antigas transforma-se num tirano maligno, bloqueando a entrada da energia da vida no reino ou psique individual. Para evitar isso, precisamos uma vez mais sacrificar o antigo Governante e permitir que o novo herói – que acabou de retornar da jornada – governe em seu lugar, de modo que nosso reino possa ser rico e próspero.[1]

A História do Graal

Muitas culturas antigas tinham uma tradição regular de sacrificar o Governador (ou algum representante dele) para restaurar a saúde do reino. Essas práticas eram literalmente uma encenação de uma verdade psicológica metafórica a respeito da necessidade de renovação e mudança. O senso de morte e renascimento inerente ao ciclo de liderança está contido na proclamação tradicional: "O Rei (Rainha) está morto. Longa vida ao Rei (Rainha)!".

A lenda do Rei Fisher era uma grande história do Graal, popular no século XII. Em termos psicológicos, ela também trata da necessidade de constante renovação. Nessa história, o Governante está ferido e passando por sofrimentos. Supõe-se que o ferimento do Rei seja o fator responsável pelo reino ter se tornado uma terra devastada. O Rei precisa ser curado para que o reino volte a ser próspero e sadio.

Muitas vezes na nossa vida nós nos encontramos na posição do Rei Fisher. Alguma coisa não está certa. Nós nos sentimos machucados, desligados de nós mesmos, e nosso reino reflete o nosso estado interior. Com frequência, nós não notamos as nossas próprias feridas; simplesmente percebemos que estamos insatisfeitos com a nossa vida. Respostas que antes eram úteis agora não nos servem mais.

Dentro de nós temos as principais características da história do Graal. A parte fragmentada, cindida e ferida do nosso ser – aquela que conhece o esplendor da Alma mas não consegue relacionar esse esplendor com nossa vida cotidiana – é o Rei Fisher. O jovem cavaleiro é o Explorador que existe dentro de todos nós e quer ardentemente encontrar o Graal. Este nos oferece a capacidade de renovação, de perdão e de transformação. Ele também está dentro de nós.

A história de Parsifal e do Rei Fisher fazem parte da grande história de Camelot – do Rei Arthur, da Távola Redonda e da busca do Santo Graal. As imagens idílicas de Camelot em seus anos dourados nos proporcionam uma boa metáfora para as realizações da personalidade. As imagens do sofrimento do Rei Fisher nos proporcionam uma metáfora para o que acontece quando o *Self* está ferido e passando por sofrimentos.[2] Os junguianos sempre foram fascinados pelas histórias do Graal e, especialmente, pela de Parsifal, porque elas contêm muitas verdades psicológicas – verdades que nos ensinam a lidar com o Governante interior ferido, de modo que possamos vivenciar a nossa versão de Camelot.

O Graal e o Rei Sofredor

Os Cavaleiros da Távola Redonda saíram à procura do Santo Graal, que teria sido usado como cálice na Última Ceia e, ao que se supõe, teria recolhido parte do sangue de Cristo durante a crucificação. O Graal, portanto, fala sobre o poder transformador do sangue ("Este é o meu sangue, derramado por vós") e do sofrimento.

Na psique, frequentemente as imagens dualistas – tais como aquela do governante bem-sucedido (Rei Arthur) e do governante sofredor (Rei Fisher) do reino devastado – são resolvidas por uma terceira imagem, a qual transforma a dualidade em unidade. Um dos Reis implícitos no mito do Graal é Cristo. Mas este não é apenas Cristo como o Senhor Ressuscitado, mas também o Cristo crucificado, usando uma coroa de espinhos e uma inscrição sob que dizia "Rei dos Judeus". É importante lembrar aqui que, além do significado histórico e teológico de todas as grandes histórias sagradas, elas geralmente também têm um profundo significado psicológico e metafórico.

> *"Psicologicamente [a história do Rei Fisher], reflete o fato de que, muitas vezes, a concepção do Self cristalizada exteriormente, depois de se tornar parte do inconsciente coletivo, envelhece e, portanto, precisa ser transformada, rejuvenescida ou substituída por outra forma. Isso precisa acontecer para que a vida psíquica, eternamente autorrenovadora, possa fluir a partir dos níveis mais profundos do ser e para que seus aspectos intangíveis, eternamente novos e inesperados, possam ser conservados."* (Emma Jung e Marie-Louise von Franz.)

Metaforicamente, a história de Cristo fala do processo de nascimento, morte e renascimento do *Self*. Portanto, é possível obter-se uma compreensão psicológica a partir da história de Cristo quer o indivíduo, em qualquer sentido histórico ou religioso, acredite nela ou não. Essa verdade está relacionada com o processo essencial de se passar do sofrimento para o renascimento, a totalidade e a redenção.

A experiência da "crucificação" é essencial para o arquétipo do Governante – é por essa razão que Cristo é visto como um rei, mesmo quando grita "Senhor, Senhor, por que me abandonaste?"[3] – e para o componente psicológico do nascimento do *Self*. Antes da ressurreição ou renascimento, quando os conflitos entre as realidades dos planos físico e espiritual são resolvidos, a manifestação da realidade da alma do indivíduo no mundo frequentemente assume esse aspecto. Portanto, o significado simbólico da Ressurreição e as profecias sobre a Segunda Vinda de Cristo representam o estado de consciência que permite a plena expressão da essência da Alma da pessoa no plano físico, de modo que não haja nenhuma contradição entre os dois.

O arquétipo do *Self* encontra sua expressão positiva na forma de totalidade; em boa parte do tempo, porém, nós o vivenciamos como um conflito interno tão intenso que pode causar um verdadeiro sofrimento. O sofrimento que forja e dá origem ao *Self* é criado quando permitimos que essa dor interior se transforme num genuíno e doloroso conflito entre nossa Alma e nosso Ego, entre nossas naturezas feminina e masculina, entre nosso mandato interior e as limitações e responsabilidades exteriores. Em outras palavras, ao nos permitirmos sentir a dor de nossos conflitos interiores, damos início a um processo que geralmente irá resolvê-los transformando-os numa nova unidade.

A paz surge a partir da aceitação e da abertura para o conflito, especialmente para o que o moderno teólogo cristão Parker Palmer chama de "o maior paradoxo de todos: o de que, para viver, temos de morrer".[4] Geralmente, isso não acontece até que tenhamos sentido plenamente o *sofrimento interior* que há dentro de todos nós. Se não sentirmos isso, não iremos gerar o calor que galvaniza a nova unidade da psique.

O Significado Psicológico da Cruz

Também na alquimia, a transformação só ocorre depois de um penoso conhecimento direto do paradoxo interior. A semelhança do simbolismo sugere que a verdade psicológica, expressa tanto no simbolismo cristão como no alquímico, é muito profunda, poderosa e arquetípica. Na alquimia, a resolução do paradoxo que Parker Palmer identifica como a "cruz" é simbolizada por um casamento sagrado interior entre masculino e feminino, entre consciência e inconsciência, entre Espírito e Alma.

Esse casamento interior simbólico vem acompanhado de uma profunda dor e representa também uma experiência de morte e renascimento. Ele é simbolizado, como explica Titus Burckhardt, por uma "cruz" ou "T invertido". O eixo vertical desse "T" ou cruz representa a união do consciente (superior) com o inconsciente (inferior). O eixo horizontal representa as energias masculina e feminina. O consciente (Ego) e o inconsciente (Alma) formam o Espírito, o qual funciona como um agente catalítico e "atua sobre o agente original como se fosse uma palavra mágica".

As forças masculina e feminina são "representadas por duas serpentes que se enrolam em torno do eixo vertical da cruz até que, no nível dos braços horizontais, elas finalmente se encontram e se enrolam uma na outra, sendo posteriormente transmutadas numa única serpente amarrada verticalmente na cruz".[5]

> *"A própria estrutura [da Cruz] sugere os opostos da vida – esquerda e direita, superior e inferior. Ela simboliza o modo como somos puxados para o lado de uma pessoa ou de outra, ou como ficamos divididos entre obrigações conflitantes no plano "horizontal" da vida. A cruz, por sua vez, nos proporciona um testemunho mudo de tudo o que é exigido de nós ao longo da dimensão "vertical" da vida, ficando divididos entre as exigências do divino e os temores da carne. Percorrer o caminho da cruz significa sermos empalados por contradições, dilacerados por oposições, tensões e conflitos."* (Parker Palmer)

Traduzido em termos do mito do Graal, isso significa que começamos a procurar pelo Graal de uma maneira ativa, consciente, "masculina" e yang. Em alguma etapa da jornada, essa experiência ativa e consciente transforma-se numa iniciação, tornando-nos receptivos, "femininos" e yin, como um Graal. Isso nos desperta para o Espírito, o qual cura a cisão dualista que caracteriza a vida do Ego. Essa cura não apenas unifica a nossa consciência e permite o nascimento do Self (quando o Ego serve à Alma) como também nos permite conciliar as contradições para que possamos aceitar alegremente a responsabilidade de sermos senhores da nossa própria vida. Todavia, a única maneira de se fazer isso é suportar o sofrimento causado pelas contradições e paradoxos interiores, permitindo que a dor aqueça o frasco alquímico a fim de que o Ego e a Alma, o princípio masculino e o feminino, possam ser "cozidos" de um modo que os transmuta e unifica.

O Cristo ressuscitado é Cristo, o Senhor.[6] O *Self* em ascensão, na alquimia, é simbolizado pelo monarca andrógino. Em cada um de nós, o *Self* plenamente realizado é experimentado na forma de um senso interior de profundidade, paz e totalidade. A maioria de nós conhece esse estado apenas em alguns momentos fugazes em que nos sentimos completamente inteiros e autênticos. Esses momentos, apesar de breves, têm um atributo mágico que nos proporciona uma ideia a respeito do que a vida pode ser e, talvez, venha a ser.

A Responsabilidade de Sermos Conscientes

Ao visitar pela primeira vez o Castelo do Graal, Parsifal ganha uma espada. Em seguida, ele assiste ao cortejo do Graal, que inclui uma lança pingando sangue, carregada por um escudeiro; um Graal resplandecente, carregado por uma donzela; e um prato ou taça, carregado por uma mulher solteira. Parsifal poderia curar o Rei se tivesse perguntado o significado desse cortejo e desses objetos – mas ele não o fez.

A visita ao castelo e os objetos e figuras simbólicas lá encontrados correspondem aos arquétipos da iniciação da Alma. A dádiva da espada representa o chamamento para a Busca (o Explorador); a Espada pingando sangue representa a Morte (o Destruidor); o Graal representa Eros, o aspecto feminino da espiritualidade (a Amante); e o prato ou taça representa o arquétipo do Criador visto que, quando o nosso verdadeiro *Self* nasce, não apenas nos sentimos alimentados e nutridos como também, nossas ações, naturalmente nutrem as outras pessoas.

Parsifal e o Rei Ferido representam as diferentes partes de uma psique. Parsifal conhece as grandes experiências da Alma – assim como todos nós – mas deixa de investigar o seu significado e, portanto, não cura o Rei. Assim, vemos que não basta ter a experiência da Busca – da Iniciação, da Morte, de Eros e do Nascimento. Temos de vivenciar a experiência conscientemente. Somente dessa maneira tornaremos o seu significado conhecido para nós e para os outros.[7]

Embora a maioria de nós já tenha experimentado chamamentos para a busca – grandes amores, paixões e perdas; sofrimentos e conflitos interiores e exteriores; oportunidades para criar ou desencaminhar a nossa vida – se passarmos por essas experiências sem reconhecer o seu propósito talvez não sejamos afetados pelos seus milagres. Para sermos transformados, precisamos despertar e experimentar uma sensação de assombro e admiração. Precisamos refletir sobre esses acontecimentos, pedir que seus significados nos sejam revelados e nos permitirmos reconhecer que fomos influenciados pelo universo transpessoal.

No início, tanto Parsifal como Lancelot, o outro grande cavaleiro do Graal, deixaram de investigar o significado do que viam porque estavam tão dominados pelo cortejo que acabaram pegando no sono. Tal como todos aqueles que são conscientes apenas no nível do Ego, eles não estavam acordados. Ainda que na condição de grandes cavaleiros, de certo modo eles eram realmente sonâmbulos.

O *Self* não se realiza plenamente na imagem positiva do monarca curado até que estejamos dispostos a aceitar o fardo da consciência, e não apenas ter as experiências iniciatórias como também permitir que a sabedoria trazida por eles seja incorporada à nossa consciência. Viver regiamente é aceitar a responsabilidade de conhecer o que conhecemos – e investigar o que poderíamos conhecer.

Sabemos que estamos emergindo da jornada quando a cisão para de trabalhar a nosso favor e começamos, não apenas a deixar que nossa mente consciente e Ego saibam do que fomos capazes, mas também principiamos a agir com base no que passamos a saber. O Rei Ferido, obviamente, não é outro senão o nosso Self *ferido, pois todos os* Selves *estão essencialmente feridos quando o Ego e a Alma estão desligados um do outro.*

EROS E CONHECIMENTO: ULTRAPASSANDO A CONSCIÊNCIA DO CÉREBRO ESQUERDO

A dor do monarca ferido sempre está localizada nos órgãos genitais.[8] Nesse caso, há muitos níveis de significado. Primeiro, há a desvalorização cultural de Eros, que nos aleija espiritualmente a todos nós. A cura do ferimento de Eros – literal e figurativamente associado à genitália

– cura a Alma porque esse é o aspecto da Alma que tem sido sistematicamente desvalorizado e denegrido pela cultura.

Eros está associado à Alma e também ao elemento feminino. O *best-seller As Brumas de Avalon*, de Marion Zimmer Bradley, conta a história de Camelot do ponto de vista da Fada Morgana, uma sacerdotisa da antiga religião que adorava uma deusa e é destruída quando o cristianismo patriarcal domina a Távola Redonda. A negação da deusa é parte da criação da nova ordem, e também a causa da sua doença. Sem a deusa, sem o princípio de Eros e do elemento feminino como força sagrada, a paixão torna-se destrutiva (o amor adúltero de Guinevere e Lancelot cria um cisma no reino). Não pode haver saúde ou totalidade verdadeiras até que Eros, a deusa e as mulheres recuperem o lugar de honra que lhes é devido.[9]

O Graal propriamente dito é um símbolo do relacionamento adequado entre masculino e feminino; é por isso que os cavaleiros tinham de procurar por ele. O reino havia se tornado francamente masculino e – visto que o cristianismo substituíra as antigas religiões da fertilidade – desrespeitoso para com a sagrada energia de Eros. O cálice propriamente dito simboliza as energias "femininas", as quais são preenchidas com o espírito "masculino". *O Graal, portanto, representa a união sexual entre o masculino e o feminino num nível mais psicológico do que físico.*

Os órgãos genitais também estão associados à produtividade e à fertilidade. A terra devastada sugere a falência da fertilidade em todos os níveis: esterilidade do útero, da terra e da visão.

Segundo essa lenda antiga, considerava-se que os governantes dessa época estavam simbolicamente casados com o reino. Qualquer grande problema com o reino – como, certamente, a sua transformação numa terra devastada – significava o fracasso desse casamento.

Assim como o sagrado casamento da alquimia e o casamento de Cristo com a Igreja, o casamento do Governante com a terra significa a união de diversos princípios opostos: masculino e feminino, Ego e

Alma, realidade interior e manifestação exterior. O fracasso desse casamento é evidenciado por uma falta de fertilidade e prosperidade tanto na vida exterior como na interior.

A cura do ferimento nos órgãos genitais inicia-se com a ligação entre todas as nossas partes distintas, de modo que o espírito, a mente, as emoções e a sexualidade do indivíduo atuem de maneira conjunta e cooperativa. No início da vida, nós nos cindimos para criar o Ego e colocar nossa sexualidade sob o controle da consciência. Nós o fazemos por boas razões: para desenvolver um senso de disciplina ou de moderação, e ter responsabilidade para com nós mesmos e com os outros – e para garantir que não seremos inundados por crianças.

Embora essa seja uma boa e importante lição, ela nos deixa feridos a todos. Quando nos lembramos de que Eros governa os nossos relacionamentos, compreendemos por que não podemos ter uma consciência plenamente integrada até que o ferimento primário nos órgãos genitais seja curado. É também Eros ou o Amor que atua como um elemento de ligação entre as diferentes partes da psique: Ego e Alma, consciente e inconsciente, masculinidade e feminilidade.

A cura dessa ferida restaura uma unidade que está além da cisão entre espírito e matéria, entre mente e corpo. Um resultado dessa ligação interior entre o coração e os órgãos genitais, entre os poderes geradores e excrementícios, é uma capacidade de relacionamento baseada no conhecimento de que não podemos criar o novo (incluindo o novo *Self*) sem de certo modo destruir o antigo ou renunciar a ele.

A unidade resultante de Eros, curando tensões e conflitos interiores, nos proporciona a capacidade de termos um tipo de consciência diferente daquele que é apenas mental. Para que tenhamos controle sobre a nossa vida não basta que a consciência tenha o conhecimento mental ou do cérebro esquerdo. É de fundamental importância, aqui, o uso bíblico do verbo "conhecer" como uma maneira de descrever o intercurso sexual. Precisamos nos tornar conscientes de um modo que combina mente, corpo, coração e Alma. Precisamos sentir o nosso sofrimento e transformação com a mesma ligação mente/corpo que caracteriza a intimidade sexual, com toda a sua profundidade e beleza. Esse é o tipo de conhecimento, de consciência e de abertura para a vida e a experiência que torna possível a transformação alquímica da consciência. Nesse conhecimento, o Senhor crucificado transforma-se no Rei Ressuscitado; o casal alquímico desintegrado no frasco transforma-se no Monarca andrógino; e você e eu vivenciamos o nosso sofrimento, tornando-o consciente, e emergimos como senhores de nossa própria vida.

Fazendo as Perguntas Sagradas

Na lenda do Rei Fisher, o Rei é curado quando aquele que busca o Graal pergunta qual é o significado do Graal e de outros símbolos sagrados (representando o processo de tornar consciente o inconsciente). Em muitas versões da história de Parsifal, essa questão concentra-se no relacionamento da humanidade com o Graal e do Graal com Deus. A tradicional pergunta "A quem serve o Graal?" e também, às vezes, "Quem serve ao Graal?" lembram-nos de que o Graal serve a nós, nós servimos ao Graal e o Graal está a serviço de Deus. Esse fato encerra um significado admonitório. O Governante sempre tem de servir a Deus (em vez de governar tendo em vista a gratificação do Ego) e é a graça de Deus (simbolizada pelo Graal) que protege o reino e o Governante. Num nível mais psicológico, o Graal serve à Alma.

Os exploradores modernos precisam fazer essas mesmas perguntas. Quando fazemos as perguntas sagradas, nós nos abrimos para a nossa Alma e passamos a viver a nossa vida num nível mais profundo. Cada objeto sagrado requer que façamos uma pergunta. A dádiva da espada requer que perguntemos o que devemos fazer com essa espada e com a nossa vida. O Governante ferido, dentro de nós mesmos, requer que perguntemos compassivamente: "O que o aflige?" significando a nossa disposição para sermos curados. A lança a pingar sangue exige que perguntemos o que precisamos sacrificar, e o prato ou taça, que dá a todos o alimento de que mais gostam, requer que perguntemos o que verdadeiramente necessitamos a fim de podermos fazer a distinção entre essa necessidade real e aquilo que pensamos querer ou necessitar. O Graal pede que nos abramos para o senso de iluminação e inteireza e perguntemos o que nossa Alma exige de nós.

Quando fazemos as perguntas corretas evocadas por cada um desses objetos – e, portanto, encontramos o seu significado arquetípico em nossa vida – o Rei ou Rainha que há dentro de nós é curado e a terra devastada sofre uma transformação.

Ser consciente significa despertar e adotar um novo tipo de responsabilidade, sendo sinceros com nós mesmos e membros construtivos da espécie humana. É isto o que significa a existência real – estar plenamente desperto em seu corpo, sentindo os seus sentimentos; ser capaz de expressar no mundo o que você realmente é; e estar disposto a assumir plena responsabilidade pela sua vida. Vivenciar o *Self* não significa simplesmente ser virtuoso. Significa também a realização plena das potencialidades do indivíduo, incluindo suas habilidades no sentido de fazer o mal. Nenhuma integração de qualidades conflitantes dura para sempre. Ainda que a nossa consciência esteja unificada, mais cedo ou mais tarde essa consciência irá cindir e a jornada começará de novo. Nem mesmo a Távola Redonda do Rei Arthur durou para sempre; uma época da história dá lugar a outra.

COMO NOS EXPRESSAR NO MUNDO

Depois que colocamos a nossa vida a serviço do propósito mais profundo da nossa Alma, nunca mais poderemos voltar à vida que tínhamos anteriormente. Há uma perda e também um ganho. Emma Jung e Marie-Louise von Franz, todavia, acham que o desaparecimento da Távola Redonda também foi uma consequência do fato de Parsifal não ter levado de volta para a vida comum a sabedoria do Graal. Parsifal ficou enamorado da Alma e não quis retornar. "Parsifal não deveria ter se isolado no Castelo do Graal; para continuar na história, ele deveria ter levado o Graal para a Távola Redonda. Assim, em vez de o Espírito ter se divorciado do mundo, o mundo teria sido impregnado pelo Espírito."[10]

> *"Não é a sensibilidade para os mistérios da vida ou um senso de reverência, admiração ou medo [que constituem o cerne da religião], mas sim as questões relativas ao que fazer com a sensibilidade para os mistérios da vida, o que fazer com a reverência, a admiração e o medo."* (Abraham Joshua Heschel.)

Hoje, a questão não é simplesmente criar o *Self* unificado – ligando o Ego à Alma, o coração à cabeça, o macho à fêmea – mas também expressar esse *Self* na nossa vida cotidiana.

Embora o peregrino, a Alma errante que existe dentro de cada um de nós, precise ser seduzido por meio da reverência e do mistério, para desenvolver uma consciência mais ampla e aprofundada, o Governante sofre as restrições das tarefas da vida diária. A tradição judaica enfatiza a espiritualidade dos "atos do dia a dia", demonstrada pelo respeito às leis e às tradições. A disciplina zen ajuda o indivíduo a sair de um estado infantil e a transformar-se num adulto consciente. O mestre zen Shunyu Suzuki explica como a própria concentração numa tarefa ajuda a nos tornarmos semelhantes a Buda:

Quando você se curva, deve simplesmente curvar-se; quando você se senta, deve simplesmente sentar-se; quando você come, deve simplesmente comer. Se fizer isso, voa estará agindo de acordo com a natureza do universo... Você não pode negligenciar Buda em nenhuma circunstância, pois você é Buda.[11]

Embora as tradições e práticas do cristianismo, do judaísmo e do budismo zen sejam muito diferentes na forma e na ênfase, todas elas nos convocam para a desafiadora tarefa de transpor o numinoso para as atividades da vida diária – ou, melhor ainda, para fazermos a interligação entre o incomum e o comum. Em última análise, o que importa, não é a experiência transpessoal considerada isoladamente, mas sim o que essas experiências nos informam a respeito da maneira como estamos vivendo a nossa vida. É disso que trata o retorno.

O *Self* e o Equilíbrio Interior

Estamos eternamente condenados a nos expressar no mundo a fim de vivenciar uma unidade transitória e, depois, voltar a sofrer? Não. É por isso que, em termos psicológicos, determinadas figuras importantes estão presentes na corte clássica. Se o *Self* fosse apenas o Governante, o ciclo de sofrimento e redenção poderia ser infinito. Alguns Governantes desenvolveram maneiras de permanecer equilibrados e renovados; assim, eles não se transformaram nem em tiranos nem em sofredores Reis Fisher. Eles tinham um Mago, um Sábio e um Bobo. As figuras da corte clássica mantinham o reino em equilíbrio. Cada uma delas, de diversas maneiras, representava a totalidade. Cada uma tem o seu próprio tipo de ligação com a esfera transpessoal, e todas são andróginas. Todavia, cada uma delas também complementa as outras, criando juntas um todo maior do que a soma das partes.

Todo grande Governante precisa de um Mago (pense no Rei Arthur e em Merlin) para examinar a bola de cristal e predizer o futuro, curar os doentes, criar os rituais que mantêm unido o povo do reino e assegurar uma permanente ligação com a dimensão espiritual da vida. Examinando sua bola de cristal, o mago antecipa os problemas e adverte o Governante se ele estiver se isolando de sua alma ou, simplesmente, se houver algum tipo de perigo à sua frente. Eles curam os ferimentos do Rei que estão causando problemas para o reino. Por fim, O mago ajuda a criar um campo de energia positiva no castelo, um campo de energia que atrai pessoas e acontecimentos positivos para o Governante e, portanto, também para o reino.

Os grandes Governantes fazem bem em ter um Sábio na corte para atuar como conselheiro. Os Governantes muitas vezes são iludidos por aduladores ou permitem que seus interesses interfiram em suas decisões. Os conselhos de um Sábio – comprometido apenas com a verdade e não com a política da corte ou com as forças do momento – evitam que o governante seja vítima de suas ilusões e vaidades.

Finalmente, todo Governante precisa de um bufão ou bobo da corte (tal como os bobos de Shakespeare) para entreter as pessoas, levar alegria ao castelo e dizer ao Governante coisas que, na boca de outros, significariam a forca. Os Bobos frequentemente ouvem e sabem de coisas que seriam mantidas ocultas de alguém que fosse levado a sério. E, o mais importante de tudo, eles podem fazer troça do Governante e esvaziar qualquer tendência para o egotismo, a pomposidade ou a arrogância.

A metáfora da corte é importante aqui. Certamente existem sábios que vivem em torres de marfim e não aconselham os Governantes; existem grandes xamãs ou Magos que trabalham sozinhos e não prestam ajuda à sua tribo, comunidade ou corte; e existem Bobos vagando pela Terra que não contribuem para a vida da comunidade. Na corte, o Governante, o Mago, o Sábio e o Bobo ajudam-se mutuamente e, cada um com seus talentos específicos, contribui para a criação de um reino saudável, próspero e alegre.

No nível psicológico, cada um dos quatro arquétipos é um aspecto do *Self* integrado. Quando todos os quatro estão em equilíbrio, a psique goza de tranquilidade e o ciclo de sofrimento e cura é interrompido.

O Governante

O Governante está associado à criação da integridade e da ordem psicológica. *A meta do Governante em relação à psique é a criação de um* Self *único, integrado e plenamente manifestado.* A principal função do Governante é organizar o reino, e o resultado do processo é um sentimento de paz, unidade e harmonia: todas as partes dispersas voltam a juntar-se.

O Governante é o presidente da comissão que zela pela ordem da psique. Ele é também o Ego reeducado, o qual, em seus níveis mais elevados, não precisa mais proteger a psique contra a Alma. Se o Governante for altamente desenvolvido, ele irá certificar-se de que cada uma de nossas vozes interiores e cada um dos arquétipos ativos em nossa vida está tendo uma oportunidade de falar e de ser ouvido.

Se o nosso Governante não for muito desenvolvido, ele irá impor a ordem reprimindo algumas partes e, assim, criando uma cisão entre as partes aceitas e as exiladas da psique. Levado a extremos, isso pode acabar causando uma guerra civil interior, sofrimentos e, possivelmente, até mesmo uma doença na psique. A maioria de nós tem governantes que se situam entre esses dois extremos. Eles excluem ou reprimem muitas partes potenciais de nós mesmos, mas procuram criar condições para a manifestação harmoniosa e ordenada de muitas outras. Numa psique sadia, há uma importante diversidade entre as vozes que são ouvidas.

O Governante pode ser o monarca benevolente que consegue governar bem porque fala para a Alma ou Espírito no mundo. Nesse caso, isso significa que o arquétipo do Governante está diretamente ligado à Alma e decide-se entre os diferentes aspectos da psique ouvindo não apenas os interesses do Ego mas, o que é muito mais importante, consultando o desejo da Alma.

O Mago

O Mago é o elemento que pode curar e transformar o *Self* quando a ordem torna-se demasiado rígida. Ele atua na psique como um agente de regeneração e renovação, para o próprio indivíduo e para os outros. *Essa é a parte da psique que pode integrar os aspectos negativos dos arquétipos e transformá-los em energia útil.*

O Mago é o alquimista interior que consegue transmutar pensamentos e emoções básicos em outros mais elaborados, ajudar-nos a aprender novos padrões de comportamento e transformar comportamentos primitivos em outros mais sofisticados e adequados. Além disso, sendo a causa do efeito placebo, o Mago pode curar doenças (ou criá-las). Quando o Ego atua a serviço da Alma, é este o arquétipo que ajuda a tornar consciente o processo de criar ou transformar a nossa vida.

Embora todos os arquétipos associados ao *Self* nos ajudem a criar uma ligação com o numinoso, o Mago liga-se ao poder do divino para salvar, redimir ou perdoar. Ele também leva em conta a existência dessas qualidades em nós mesmos à medida que aprendemos a perdoar a nós e aos outros e, ao fazê-lo de maneira completa, a transformar situações negativas em possibilidades para maior desenvolvimento e intimidade.

O Sábio

O Sábio é a parte da psique que, durante a meditação, é percebida como o *Self* objetivo. Ele observa nossos pensamentos e sentimentos, embora esteja além deles. Assim, o Sábio nos ajuda a enfrentar o que quer que seja verdadeiro em nossa vida e a transcender o nosso *Self* menor para nos unirmos às verdades cósmicas. Quando paramos de lutar contra a verdade, podemos ser livres. Na tipologia de Jung, *esse é o homem ou mulher velho e sábio que aparece em nossos sonhos para nos dar conselhos nos quais podemos confiar.*

O Sábio interior é aquela parte de nós que fica a observar enquanto meditamos sobre os acontecimentos do dia a dia de nossa vida ou os vivemos. Ele é aquela parte de nós que pode observar nossos pensamentos e sentimentos e permitir que eles fluam sem estar de maneira alguma ligada a qualquer deles.[12]

Na terapia, o Sábio permite que observemos os nossos padrões patológicos e percebamos de que maneira estamos projetando as nossas percepções sobre o mundo. Ele observa esses padrões e consegue contemplar a verdade maior que está além deles. A diferença entre refletir a realidade de uma maneira relativamente adequada e fazê-lo por meio de um pensamento distorcido é comparável à diferença entre olhar para o reflexo do mundo num lago tranquilo e num outro de águas agitadas.[13]

O Bobo

O Bobo é o elemento da psique que representa a multiplicidade da consciência. Assim como os Bobos da Corte, que fazem troça do Rei ou da Rainha, o Bobo (ou embusteiro interior) menospreza continuamente o nosso sentimento de um *Self* unificado. Ele é responsável pelos atos falhos freudianos e por outras indicações de que nem tudo está na dependência daquilo que a mente humana consciente pensa querer. *O Bobo nos ensina que estamos sempre expressando os nossos* Selves *no mundo e não um único* Self. Assim, ele muitas vezes é visto como um desconcertante *Self* negativo, o precursor do novo *Self* que irá surgir. Embora não seja o Id, o Bobo é o arquétipo que ajuda a educar, transformar e integrar o Id a outros aspectos da consciência – e, portanto, é o repositório da energia psíquica.

O *Self*, portanto, que não apenas é percebido mas constantemente renovado, precisa de todos esses quatro arquétipos. De fato, há sempre certo senso de repressão quando o poder é exercido apenas pelo Governante. Embora todo esse ordenamento real seja estabilizador, ele é também restritivo. Se estiver num nível elevado, por exemplo, o Governante talvez queira que expressemos todos os doze arquétipos, já que isso aumenta o nosso sucesso e eficácia. Teoricamente, porém, o Governante não iria desejar a expressão de um arquétipo que não contribuísse para a saúde geral do reino ou que não se adequasse à ordem existente. O arquétipo desajustado poderia ser exilado ou mandado para a masmorra. O Mago procura impelir qualquer arquétipo no sentido da sua manifestação mais positiva, de modo que ele possa ser útil. O Sábio nos ajuda a reconhecer a dádiva ou verdade essencial de cada arquétipo para podermos tomar decisões racionais a respeito deles.

O Bobo quer que *todos* eles se expressem pelo prazer de fazê-lo. Para o Bobo não importa se isso irá contribuir para o desenvolvimento do indivíduo, para a produtividade ou para a paz ou sabedoria interiores. O que interessa para o Bobo é expressar todos os *Selves* do indivíduo porque ele se sente bem agindo assim. O Bobo, portanto, proporciona-nos um espaço para expressar os nossos *Selves* no mundo, não para transformá-lo, mas para, simplesmente, expressarmos quem realmente somos.

Juntas, as quatro principais figuras da corte ajudam-nos a ser integrados e responsáveis, saudáveis e conectados, honestos e sábios, multifacetados e alegres. Elas são, de fato, a recompensa que está no fim da jornada. Quando expressamos os nossos *Selves* no mundo – tendo passado por sofrimentos e perdas e descoberto que podemos sobreviver a eles – deixamos de ser controlados pelo medo. Assim, sentimo-nos mais livres para correr riscos. Como descobrimos nossas identidades e vocações, fazemos uma genuína contribuição para o mundo. Como desenvolvemos a nossa criatividade, nós provavelmente encontraremos maneiras de sermos recompensados pelos nossos esforços. Como aprendemos a amar, tendemos também a receber o amor dos outros.

Enquanto o Ego dominava, vivíamos num mundo de escassez; agora, porém, parece haver abundância. Nós compreendemos, além disso, que o mais importante muitas vezes é reconhecer e aceitar as inúmeras dádivas da vida. Tendo presenciado milagres na nossa jornada, não acreditamos mais que temos de realizá-los nós mesmos; na verdade, se alguma coisa é realmente nossa, nada e ninguém pode tirá-la de nós. Se ela não pertence a nós, nada e ninguém poderá fazer com que ela permaneça conosco.

Quanto maior for a nossa segurança ao manifestarmos os nossos *Selves* singulares, menor será o número de coisas de que iremos precisar para sermos felizes. Nós não precisamos de inúmeras atividades profissionais, mas apenas do nosso trabalho. Não precisamos de muitos amores e, sim, daqueles que realmente nos satisfazem. Talvez não precisemos de tantos bens materiais, mas de dar realmente valor àqueles que temos, porque eles refletem algo que existe dentro de nós mesmos. Talvez não precisemos nem mesmo de tanto dinheiro, porque nós o gastamos em coisas e atividades de que realmente gostamos.

De maneira lenta, porém segura, começamos a descobrir que não precisamos subir a escada do sucesso para sermos felizes; precisamos apenas ser plenamente nós mesmos. Se o fizermos, teremos tudo. O ciclo de repetidos sofrimentos se ameniza, em parte porque ele passa a ser esperado e, portanto, deixa de ser temido, e em parte por causa da crescente percepção de que nem sempre temos de ser um *Self* unificado para nos sentirmos inteiros. O Bobo responde à pluralidade interior, não por meio do sofrimento, mas sim oferecendo às porções discrepantes da psique a opção de dançarem umas com as outras. Pouco importa que a música da Alma, a cujo som elas dançam, seja harmoniosa ou dissonante, ou que a dança seja bonita ou deselegante. A dança é importante por si própria.

Capítulo 5

Além do Heroísmo: A Dança

O último arquétipo descrito neste livro é o Bobo, o qual está incluído entre os arquétipos do retorno porque governa a expressão dos nossos *Selves* no mundo. Todavia, o Bobo nunca se encaixa perfeitamente em nenhuma classificação. Nós encontramos o Bobo no início e no final de nossa jornada; durante a jornada, porém, nós apenas vislumbramos o Bobo na orla – geralmente não permitimos uma forte presença dele na consciência. O Governante simboliza a conquista da consciência e do verdadeiro *Self*; no entanto, o Bobo nos ajuda a transcender a nós mesmos, ao heroísmo, à individuação e à consciência, atingindo o êxtase.

Em seus níveis mais básicos, o Bobo está sintonizado com a parte mais primitiva da psique. Ele está relacionado com o mais profundo repositório de nossos impulsos e anseios instintivos, desejos que talvez não estejamos dispostos a reconhecer diante de nós mesmos e dos outros. Em termos freudianos, ele está estreitamente relacionado com o Id e com os impulsos e instintos básicos da espécie. Mesmo em culturas muitas vezes consideradas relativamente primitivas, a figura do trapaceiro, que ilustra essa maneira primitiva de agir, geralmente já está fora da lista dos papéis socialmente aceitáveis. No entanto, como temos visto, reconhece-se que eles contribuem para o nosso prazer de viver.

"Não temos teologia. Nós dançamos". (Monge japonês falando a Joseph Campbell.)

Podemos aprender coisas a respeito do crescimento e do desenvolvimento do Trapaceiro de nós mesmos observando os mitos e lendas. Jung considerava que o Trapaceiro aparecia em "conversas picarescas, folias e festejos, em rituais mágicos e sagrados, nos temores e na exaltação religiosa dos homens" e na "mitologia de todas as épocas". Desse ponto de vista, o Trapaceiro presente nesses mitos é "uma estrutura psíquica arquetípica extremamente antiga que, nas suas manifestações mais claras, é uma cópia fiel de uma consciência humana absolutamente indiferenciada, correspondendo à psique que mal ultrapassou o nível animal".[1]

OS MITOS DOS TRAPACEIROS E O DESENVOLVIMENTO DO EGO

A figura do Trapaceiro estava presente em muitos mitos e rituais. Assim, as pessoas podiam reconhecer essa forma oculta de sua própria consciência e zombar dela sabendo que, muito embora boa parte dessa figura tivesse de ser sacrificada para a construção da cultura, ela ainda lhes pertencia. Mas Jung também observa que o Trapaceiro não é apenas uma forma anacrônica da consciência humana; ele é sempre útil na vida individual e coletiva. Inicialmente, ele representa o instinto completamente indiferenciado. A humanidade precisou transcender essa existência para desenvolver a consciência. Nunca podemos renunciar completamente aos nossos instintos; caso contrário, perderemos todo o nosso ânimo e energia!

Em muitos mitos nativos norte-americanos, o Trapaceiro é uma criatura de grandes apetites que, como se fosse uma criança, ainda não aprendeu a fazer a distinção entre si mesmo e o ambiente. Paul Radin relata as aventuras do herói do ciclo do Trapaceiro, um mito dos sioux winnebago. O personagem tira uma soneca enquanto está assando alguns patos e incumbe o seu ânus de vigiar a comida. Entretanto, o alimento é roubado e, ao acordar, ele fica tão furioso com o seu ânus que o queima a título de punição pela sua falta. Então ele sente cheiro de boa comida – que, obviamente, é a sua própria carne – e, provando um pouco da gordura que pinga, acha o gosto muito bom e acaba comendo os seus próprios intestinos.

Embora possamos rir dos Trapaceiros, sentindo-nos superiores às suas loucuras, todos somos perfeitamente capazes de deixar nossos apetites fugirem do controle e se tornarem autodestrutivos. Se você alguma vez já teve uma ressaca, prejudicou a si mesmo trapaceando em seu regime ou ficou por demais excitado para usar métodos anticoncepcionais, então você sabe como é fácil ignorar as consequências de um determinado ato e agir de acordo com os seus impulsos.

As crianças pequenas, é óbvio, aprendem lentamente a distinguir o próprio corpo do ambiente, as suas emoções das de seus pais e, por fim, à medida que vão ficando mais velhas, a estabelecer relações entre determinadas ações e suas consequências. Embora os adultos possam ter a capacidade de fazer facilmente distinção entre o próprio corpo e os objetos ou seres do mundo exterior, eles talvez não consigam fazer a distinção entre os pensamentos, valores, sentimentos e opiniões que são genuinamente seus e aqueles de seus pais ou amigos ou que são veiculados nos meios de comunicação. Ou nos descobrimos fazendo aquilo que outra pessoa quer que façamos, porque não conseguimos distinguir o nosso desejo do dela, ou então, simplesmente, presumimos que os outros compartilham os nossos pontos de vista sem verificar se isso é de fato verdadeiro.

Nossa porção de Trapaceiro é ativada sempre que precisamos descobrir o que pertence e o que não pertence ao nosso ser. As histórias do Trapaceiro ensinam-nos a ligar as partes de nós mesmos para que nos tornemos um todo integrado. A sexualidade do Trapaceiro, por exemplo, inicialmente é desenfreada, lasciva e desligada de qualquer senso de amor ou responsabilidade. O pênis do Trapaceiro winnebago originalmente era tão grande que ele tinha de carregá-lo nas costas. O órgão estava tão desligado do restante do seu ser que ele o enviou na frente para ter um intercurso com a filha do chefe da aldeia que estava por alcançar. Como você poderia imaginar, isso cria um grande rebuliço na aldeia. A sexualidade do Trapaceiro está totalmente isolada do restante da sua identidade, de modo muito parecido com o que acontece com a sexualidade do adolescente.

O pênis do Trapaceiro winnebago acaba sendo mastigado por uma tâmia que ele estava caçando, dando-lhe o seu tamanho (reduzido) atual. Aí, então, ele pode ligar-se ao corpo. A mastigação do primitivo, enorme e desconexo pênis, ao permitir que ele passe a ser menor e mais fácil de lidar, tem um significado semelhante à circuncisão masculina e feminina nos rituais da puberdade. A subjugação da sensualidade desenfreada e desconexa do Trapaceiro e o golpe desferido contra ela beneficiam a cultura.

Os órgãos genitais do Trapaceiro winnebago não só diminuem de tamanho e perdem o vigor, como também tornam-se parte integrante do seu corpo; assim seus impulsos são potencialmente controlados pelos outros elementos do seu ser. Todavia, ele ainda não está inteiramente preparado para um "relacionamento significativo" até que tenha conhecido o outro sexo. No início, a sexualidade do trapaceiro é polimorficamente pervertida e indiferenciada. Portanto, ela engloba ambos os sexos. É por isso que os adolescentes, por exemplo, sentem-se tão atraídos por roupas e penteados unissex e porque, quando não estão completamente contaminados pela homofobia da cultura, podem ser eroticamente atraídos por ambos os sexos.

O Trapaceiro que há dentro de cada um de nós precisa de algum tempo para vagar pelo mundo e explorá-lo, com o simples propósito de atender à nossa ânsia por sensações e experiências, e para descobrir quem somos, do que gostamos e do que não gostamos, o que sentimos ou não sentimos e o que pensamos ou não pensamos.

O Trapaceiro winnebago engana um chefe transformando-se numa mulher, casando-se com ele e dando-lhe vários filhos antes de ser descoberto e fugir. Os Trapaceiros mais poderosos são andróginos, e isso pode ser expresso pelo uso de roupas de ambos os sexos. Eles sabem como é ser homem e mulher e, portanto, possuem uma espécie de totalidade que faz com que não precisem de um integrante do sexo oposto para se sentirem completos. Eles se sentem ativados pelo mundo e vivem num estado geral de festiva excitação.

Aqueles que conferem carisma e poder às suas facetas de Trapaceiro não têm medo de liberar suas energias psíquicas; eles podem se comunicar e ter um bom relacionamento com ambos os sexos porque ativaram seus lados masculino e feminino. E eles não reprimem seus sentimentos sexuais mesmo que sejam considerados socialmente impróprios (ainda que o Trapaceiro esperto aprenda a não agir de acordo com esses "sentimentos impróprios"). Eles também desperdiçam pouca energia comprometendo seus próprios desejos a fim de agradar os outros. Eles sabem o que os agrada e satisfaz e não têm medo de ser excêntricos ou diferentes.

Embora o Bobo nunca esteja realmente comprometido com a sociedade convencional, ele aprende as regras dessa sociedade e como atuar nela eficazmente. Essa habilidade inclui o desempenho de um papel social apropriado (ou de papéis sociais apropriados) sem que ele se identifique com esses papéis. Os Bobos que reservam algum tempo para descobrir do que realmente gostam e o que realmente pensam e sentem podem mudar de papéis à medida que as circunstâncias e situações se alteram, sem passar por uma crise de identidade. Eles sabem que não estão representando seus papéis. Próximo do fim do ciclo winnebago, por exemplo, o Trapaceiro assume novamente a sua identidade masculina, casa-se e tem filhos, mas nem por um momento pensa que esse papel irá defini-lo ou subjugá-lo.

O Trapaceiro que existe dentro de cada um de nós precisa de algum tempo para andar pelo mundo e explorá-lo simplesmente para atender à nossa ânsia por sensações e experiências e para descobrir quem somos, do que gostamos e do que não gostamos, o que sentimos ou não sentimos, e o que pensamos ou não pensamos. Sem isso, nunca teremos nenhum senso verdadeiro de identidade.[2] É por isso que tantas pessoas extremamente poderosas e interessantes têm cometido os excessos da juventude, incorrido em grandes erros e, frequentemente, aprendido com os próprios fracassos.

Trapaceiros: Exploração e Autoexpressão

Os Trapaceiros também aprendem a dominar por meio da experimentação: desmontando máquinas para ver como elas funcionam, tentando inventar novas coisas, aprendendo como funciona a política de uma organização ou tentando descobrir o que faz as outras pessoas engordarem. A curiosidade do Trapaceiro, expressa dessa maneira, também nos ajuda a aprender que tipo de trabalho gostamos de fazer e nos proporciona pelo menos as habilidades no nível de principiante para podermos iniciar esse trabalho.

Embora a energia do Trapaceiro possa e deva ser limitada e canalizada, ela nunca deve ser totalmente reprimida. Na vida do indivíduo, obviamente, férias e pausas frequentes para divertimentos e cuidados com o conforto do corpo, assim como um bom senso de humor, ajudam as pessoas a permanecer felizes, equilibradas e mentalmente sadias.

O Trapaceiro experimentado que existe dentro de cada um de nós é um epicurista iconoclasta que tem gostos individualistas e altamente desenvolvidos e que encontra maneiras socialmente aceitáveis para a expressão das muitas facetas da sua personalidade. Altamente criativos, os Trapaceiros conseguem criar modos de vida que se adaptam a eles e lhes permitem a plena expressão de todas as coisas que eles adoram fazer, mesmo que para muitos essas coisas possam parecer incomuns. Ainda que esses estilos de vida possam colocá-los à margem da sociedade (pense nos estilos de vida de muitos artistas e músicos, por exemplo), eles continuam sendo uma força positiva dentro dela.

Na velhice, o Bobo nos ensina a renunciar à necessidade de poder, de atingir metas e de realizar grandes feitos para que possamos viver a nossa vida tal como ela é. Podemos nos sentir assim em qualquer momento em que a consciência da mortalidade nos leva a saborear cada momento da vida como algo precioso por si mesmo.

O Bobo e o Herói

Os elementos do Bobo existentes na psique nascem de seus elementos heroicos. É por isso que o herói bom e virtuoso, que começa com um prístino Inocente, cheio de integridade, fé e coragem, frequentemente tem como camarada um Trapaceiro. Este pode lhe proporcionar as manhas das ruas, as quais talvez não sejam consistentes com a autoimagem heroica mas, mesmo assim, serão necessárias à sua sobrevivência.

Não é apenas a insensatez do herói, porém, mas todos os seus elementos insensatos que precisam ser neutralizados o suficiente para que não detenham o controle do indivíduo, ainda que também não sejam reprimidos. Eles estão na posição de leais e inseparáveis companheiros dos heróis. Por meio de um diálogo entre o Ego mais "heroico" e o companheiro Bobo ou Trapaceiro pode-se encontrar uma estratégia para salvar a vítima (o Órfão) que seja ao mesmo tempo apropriada às circunstâncias (o Trapaceiro) e esteja de acordo com os princípios morais (o Inocente). Muitas vezes, o companheiro Trapaceiro (ou o herói Trapaceiro, quando ambos estão presentes numa pessoa) consegue encontrar uma maneira inteligente de contornar os obstáculos e não precisa enfrentá-los diretamente.

O Ego – reforçado pelo Inocente, pelo Órfão, pelo Guerreiro e pelo Caridoso – identifica-se com a ordem. Ele deseja um mundo organizado e tem pavor do caos, seja na cultura ou na psique. O Bobo, porém, está aliado ao caos e à desordem e, portanto, ao princípio da entropia no universo. Às vezes, o Bobo divide-se porque o Ego não quer e não pode aprovar ou permitir o que ele planeja fazer.

O Bobo, o Id e a Dança

Somente quando tivermos desenvolvido um relacionamento duradouro com o nosso companheiro interior Bobo é que poderemos "confiar no processo", mesmo em ocasiões de perigo. Quando essa confiança estiver bem desenvolvida, poderemos desfrutar do passeio, um fenômeno análogo ao prazer que as crianças sentem ao andar na montanha-russa. Elas simplesmente seguram-se e gritam – mas os gritos não são de terror e, sim, de prazer e alegria.

É importante reconhecer que, assim como o Inocente, o Órfão, o Guerreiro e o Caridoso ajudam a desenvolver o Ego mas não são o Ego, o Bobo também ajuda a transformar o Id mas ele próprio não é o Id. O Bobo primeiro nos ajuda a nos dissociarmos da vida instintiva fundamental para podermos desenvolver a consciência. Todavia, ele também nos proporciona uma ligação entre os elementos instintivos e nossa própria Alma, uma ligação que muitas vezes é exterior à própria consciência.

Quando a consciência está integrada, o Bobo errante transforma-se no Bobo da Corte ou Bufão, o qual tem um papel estabelecido e aceito na psique. Antes dessa transformação alquímica, o Ego tende a operar no sentido de reprimir a vida instintiva – se ele não agisse assim não seríamos civilizados! Todavia, a maioria de nós tende a se exceder nisso; perdemos nossa força, carisma e poder porque estamos isolados da base instintiva da nossa natureza.

As pessoas que empreenderam a jornada e desenvolveram um *Self* integrado podem confiar em seus instintos. Quando vivem por meio de seus *Selves* essenciais mais profundos, elas podem "buscar a felicidade" sem terem medo de fazer mal a si mesmas ou aos outros. Elas sabem como confiar no processo da vida e, quando agem assim, a vida pode se transformar numa dança – uma manifestação de pura alegria.

Além da Individuação: A Pluralidade Radical da Psique

No livro *Re-Visioning Psychology*, James Hillman sugere que, para a psicologia, o politeísmo é um modelo mais adequado do que o monoteísmo porque a ideia de um só Deus cria em nós a ilusão de que podemos nos transformar em um *Self*. Ele reflete a perspectiva do Bobo Sábio ao defender a aceitação da grande diversidade de maneiras potenciais de ser e de se comportar que há dentro de cada indivíduo.

Hillman exorta a psicologia a "não se deixar enganar por suas principais convicções e pressuposições" e, assim, "destruir a crença literal nas pessoas, repersonificando-as por meio de metáforas". "Nesse caso", continua ele, "a personalidade poderia ser imaginada de uma nova maneira: que eu seria uma pessoa impessoal, uma metáfora representando múltiplas personificações, imitando imagens que estão dentro do meu coração e constituem o meu destino, e que esta Alma, da qual fui projetado, possui elementos arquetípicos profundos que são estranhos, inumanos e impessoais. A minha proposta personalidade é uma persona por meio da qual a Alma se expressa."

Hillman fala de "arquétipos personificados como Deuses", na tradição politeísta, os quais "se apresentam como um espírito-guia (*spiritus rector*) com posições éticas, sentimentos, reações instintivas, maneiras de pensar e de falar. Essas pessoas, ao dominarem os meus complexos dominam a minha vida".[3]

A não ser por breves e transcendentes momentos de unidade, cada um de nós vive com uma pluralidade interior – pluralidade que na maioria das vezes nem mesmo é integrada. Na verdade, geralmente somos capazes de viver com essa pluralidade interior porque reprimimos o conhecimento das partes do nosso ser que não se adaptam à imagem que fazemos de nós mesmos ou, então, porque nos dedicamos a projetos de autoaperfeiçoamento para tentar fazer com que essas partes se adaptem a essa imagem. Todavia, a condição humana implica experimentarmos algumas pluralidades radicais em nossa vida: diferentes partes de nós mesmos, por exemplo, irão querer coisas diferentes. O Bobo nos ensina como deixar de negar esse fato e aprender a desfrutá-lo.

Como nos Expressar no Mundo

No livro *Embracing Our Selves*, Hal Stone nos oferece um exercício para nos ajudar a reexperimentar a riqueza da pluralidade que há dentro de nós.[4] Ele nos faz reconhecer que nossa psique é constituídas de muitos *Selves* potenciais, alguns dos quais nós reprimimos, negamos ou ocultamos. Usando técnicas *gestalt*, Stone faz as pessoas falarem e se movimentarem a partir desses outros *Selves*, convidando-as a retornar novamente à consciência e a uma comunhão mais harmoniosa com o mundo. À medida que se deslocam de uma identidade para outra, as pessoas adotam linguagens corporais e padrões de fala diferentes, e parecem ter raças e idades também diferentes. Muitas vezes, cada *Self* tem um nome. Isso difere dos distúrbios de personalidades múltiplas porque trata-se de um processo consciente. É o Bobo Sábio que consegue transcender a ilusão de um *Self* unificado a fim de manifestar a diversidade de sua totalidade no mundo.

Para podermos crescer, precisamos englobar todos os nossos pensamentos, sentimentos e impulsos conflitantes – os nossos diversos Selves. *Quando isso acontece passamos a ser Bobos sábios e não insensatos. Ainda que isso raramente torne a vida de um indivíduo mais ordenada, o processo proporciona-lhe experiência e enriquece-lhe a vida.*

O Bobo que existe dentro de todos nós não se deixa enganar pelas aparências e destrói o nosso senso de importância trazendo-nos de volta à Terra. Ele certamente elimina qualquer sensação de controle sobre o nosso destino – e, portanto, faz com que deixemos de lado uma postura heroica em relação à vida. Em vez disso, o Bobo simplesmente expressa a pluralidade interior e saboreia as belezas e alegrias de cada momento e indivíduo singulares e diferentes.

Os Governantes e Magos trabalham duro para redimir e curar o planeta. Os Sábios se esforçam para descobrir a verdade. Apenas o Bobo simplesmente confia no momento e saboreia a vida em toda a sua plenitude, apreciando, sem fazer julgamentos, não apenas as alegrias da vida mas também as suas tristezas. O Bobo, portanto, tem a franqueza e a criatividade do Inocente sem a sua propensão para negar a verdade ou precisar de proteção. O Bobo vê as coisas com clareza suficiente até mesmo para aconselhar o Governante.

O reconhecimento e a aceitação da falibilidade humana por parte do Bobo deve motivar risadas e não opiniões, desespero ou, até mesmo, ativismo social. Quando o Bobo está presente, experimentamos a alegria porque estamos livres de todas as "obrigações" coletivas e podemos realmente viver. Ao renunciar ao Ego e à necessidade de sermos importantes, podemos nos abrir para a alegria.

Esse estado não é o fim da jornada, pois ela prossegue ao longo de nossa vida. No entanto, ele efetivamente altera a *qualidade* da jornada: uma vez que tenhamos ultrapassado o heroísmo e entrado na dança, passamos a experimentar um sofrimento muito menor. O Bobo, portanto, é o arquétipo que nos liga à vida instintiva e nos ajuda a viver com mais alegria. Talvez isso aconteça porque o Bobo sabe que "vemos o divino da única maneira que podemos, pela aceitação do humano", não mais precisando nos esforçar e podendo simplesmente nos regozijar por estarmos aqui nesta Terra – tal como ela é e tal como nós somos.

PARTE II

A Preparação para a Jornada

Capítulo 6

O Inocente

O Inocente é aquela parte do nosso ser que confia na vida, em nós mesmos e nas outras pessoas. Ela é a parte que tem fé e esperança, mesmo quando algo aparentemente é impossível. Ela é a parte de nós que "mantém a fé" no que quer que estejamos esperando. Ela é também a parte que nos permite confiar nas outras pessoas o bastante para podermos aprender com elas, sendo fundamental para o aprendizado das habilidades básicas da vida e de nossas atividades profissionais.

No início, todos somos inocentes e completamente indefesos dentro do útero materno. Se tivermos sorte, receberemos amor e cuidados de nossos pais e poderemos contar com o apoio de parentes, amigos e instituições sociais que acreditam em nós e no nosso potencial, encorajam nossos esforços para dominar e desenvolver nossas habilidades e individualidade e ajudam-nos a garantir nossa segurança até termos idade suficiente para cuidar de nós mesmos.

> **O INOCENTE**
>
> **Meta:** Permanecer em segurança
> **Medo:** Abandono
> **Resposta ao Dragão/Problema:** Negá-lo ou procurar socorro
> **Tarefa:** Fidelidade, discernimento
> **Dádiva:** Verdade, otimismo, lealdade

As crianças que foram amadas e receberam cuidados têm uma maravilhosa confiança de que o mundo é um lugar seguro para elas e de que podem contar com as outras pessoas para lhes proporcionar o apoio físico, intelectual e emocional de que necessitam para crescer e amadurecer. A confiança que elas têm nos outros e, consequentemente, também em si mesmas, permite que aprendam as habilidades de que necessitam na vida – socialização básica em relação ao ambiente cultural e habilidades e conhecimentos vocacionais. Elas sabem que algum dia irão garantir a segurança de outras pessoas e transmitir-lhes o que aprenderam, ainda que por hora isso lhes pareça difícil de acreditar.

Meu escore para o arquétipo do Inocente no IMH é ____ (alto = 30/baixo = 0).

Este é o meu ____ escore mais elevado (mais alto = 1º/mais baixo = 12º).

No início, todos somos inocentes e acreditamos no que as pessoas investidas de autoridade nos ensinam, quer elas tenham ou não em mente os nossos melhores interesses. O Inocente que há dentro de nós acredita mesmo quando a confiança não é justificada. O Inocente acredita quando um de nossos pais nos diz que somos feios, malcomportados, egoístas, desastrados, estúpidos ou preguiçosos. É o Inocente que tira uma nota ruim e conclui que é uma pessoa pouco inteligente. É também o Inocente que interioriza o racismo, o sexismo, a homofobia ou os preconceitos de classe, e que acredita ser essencialmente negativa qualquer coisa desaprovada pelos outros.

Embora uma infância segura e feliz ajude a produzir uma postura otimista e confiante em relação à vida, sua ausência não significa necessariamente que você possa ganhar as dádivas do Inocente. Algumas pessoas passam maus bocados na infância e tornam-se adultos felizes e produtivos, enquanto outras permanecem disfuncionais durante toda a vida.

Paraíso Perdido, Paraíso Reconquistado

Muitas tradições celebram o mito da perda da inocência. No cristianismo, há o mito da expulsão do Paraíso e a condenação da humanidade a viver num mundo de dor, sofrimento e labuta. Em todas as suas versões, porém, a história não termina nesse ponto, pois o mito sempre fala sobre a vinda de um redentor que irá salvar a humanidade – ou, pelo menos, aqueles que mantêm a fé em Deus – e reconduzi-la ao Paraíso.

Em algumas tradições orientais, o Paraíso perdido é uma visão de mundo que nos liberta das ilusões. Seguindo-se inocentemente a orientação de um mestre ou guru, e praticando-se exercícios como a meditação, por exemplo, a fé será recompensada com a obtenção do nirvana, o que nos permite uma experiência de unidade com a beleza do universo.

Em *The Time Falling Bodies Take to Light: Mythology, Sexuality, and the Origins of Culture*, William Irwin Thompson defende a tese de que muitas culturas possuem um forte senso de que a perda da inocência é um processo em curso. Na cosmologia védica, e para os dogons da África ocidental, observa ele, "o universo é um ovo que se quebra ao expandir-se para começar sua trajetória através dos tempos... A perda da inocência é menos um evento propriamente dito do que o condicionante do espaço-tempo a partir do qual todos os eventos surgem". Ela ocorreu antes do início dos tempos e continua a ocorrer em todos os instantes da existência humana. O caos da perda da inocência e o ovo cósmico original da totalidade existem simultaneamente.

Os hopi e os maia têm uma visão evolutiva do mundo. Seus deuses "trabalham para criar a humanidade, mas seus esforços muitas vezes fracassam" e eles precisam "tentar de novo". Quer se trate de deuses ou de seres humanos, a sequência de Paraíso perdido e Paraíso reconquistado refere-se às nossas contínuas tentativas de transformar o ideal em real, à "perda da inocência" decorrente do inevitável fracasso e a um renovado esforço de se fazer uma nova tentativa – um esforço que, embora não nos traga de volta o verdadeiro Paraíso, na maioria das vezes produz alguma melhoria na nossa vida.[1]

Os gregos tinham uma maravilhosa lenda sobre um estado original de totalidade no qual homens e mulheres eram um único ser. Todavia, esses seres eram tão completos e perfeitos que representavam uma ameaça para os deuses, os quais, então, cindiram essa androginia original em homens e mulheres. Em consequência, especularam eles, daí em diante os homens e mulheres sempre iriam sentir-se fragmentados e incompletos um sem o outro. Psicólogos da linha arquetípica – tais como June Singer, em seu maravilhoso livro, *Androginy** – usam essa história como uma versão do Paraíso perdido e reconquistado. Outrora fomos completos e andróginos, mas agora somos incompletos e fragmentados. Nós reconquistamos a totalidade quando nos tornamos capazes de desenvolver e equilibrar os elementos masculino e feminino (*anima* e *animus*, na terminologia de Jung) que existem dentro de nós.

Além disso, virtualmente todas as culturas possuem o mito de uma época de ouro, vista como um verdadeiro período histórico. Em *The Chalice and the Blade: Our History, Our Future*, Riane Eisler, com base em dados antropológicos, argumenta que o mito da expulsão do Jardim do Éden é, de fato, uma versão da história real: "O jardim é uma descrição

---

* *Androginia – Rumo a uma Nova Teoria da Sexualidade*. São Paulo: Cultrix, São Paulo, 1991 (fora de catálogo).

alegórica do período neolítico, quando os homens e mulheres cultivaram pela primeira vez o solo e, assim, criaram o primeiro 'jardim'".

Eisler afirma que em determinada fase da história existiram em todo o mundo culturas que adoravam deusas e nas quais não havia guerras, classes sociais, racismo ou sexismo. Segundo ele, essas culturas funcionavam de acordo com um modelo participativo destinado a evitar a necessidade de hierarquias, seja entre pessoas ou no nível da psique. Nesse mundo, o Ego, a Alma e o Espírito das pessoas trabalhavam juntos e em harmonia. Eisler argumenta ainda que podemos resgatar esse Paraíso primitivo recuperando a nossa fé na possibilidade de vivermos de maneira pacífica e igualitária.[2]

A Jornada do Inocente

A jornada do Inocente, em todas as suas versões, começa com uma espécie de utopia: um ambiente seguro, tranquilo e amoroso. Subitamente, somos arrancados desse ambiente e caímos num mundo em que somos julgados pelas outras pessoas, discriminações injustas são feitas, o conflito e a violência se espalham cada vez mais e as ilusões são destruídas.

O Inocente que há dentro de cada um de nós, todavia, sabe que se esse jardim bem protegido foi possível em alguma época e lugar – mesmo que nós pessoalmente nunca tenhamos passado por essa experiência – então, algum dia, será capaz de recriá-lo. O Inocente que há dentro de nós, seja ele ativo ou latente, tem uma memória atávica de que a vida pode ser melhor do que agora é. Quando experimentamos a inocência pela primeira vez, nós o fizemos porque não havia nada lá além disso. Retornar à inocência é outra questão. Agora fazemos uma opção num universo que nos oferece muitas outras. É por isso que o Inocente é, ao mesmo tempo, o início e o fim da jornada; cada um de nós está motivado para empreender a jornada precisamente para revisitar, encontrar ou criar esse mundo que, em algum nível, todos nós sabemos que é possível. Somente no final nos transformamos em Inocentes Sábios, conhecendo toda a amplitude das experiências da vida e optando por criar um mundo pacífico e igualitário, no qual todas as criaturas possam ser conhecidas, respeitadas e dotadas de poderes.

O herói muitas vezes começa como um Inocente, mas logo transforma-se num Órfão, num proscrito, num escravo ou num estrangeiro numa terra desconhecida. Na versão clássica da jornada do herói, este é o Órfão e estrangeiro, quase sempre criado por outras pessoas que não os seus pais biológicos. A busca é motivada pelo desejo de encontrar os verdadeiros pais.

Quer consigamos ou não encontrar a nossa "verdadeira família", voltar para o planeta em que nascemos ou encontrar a nossa verdadeira espécie, o enredo é sempre o mesmo. Todos os problemas que temos enfrentado foram criados porque alguém estava no lugar errado – como uma peça de quebra-cabeça que alguém tenha forçado a entrar num espaço inadequado de um quebra-cabeça errado. O retorno ao Paraíso acontece quando finalmente encontramos a família, o planeta ou as espécies com os quais nos sentimos realmente em casa.

Muitas histórias de amor seguem um padrão semelhante. Nós nos apaixonamos e, por alguns momentos, conhecemos o Paraíso. Então acontece alguma coisa que nos leva a perceber que a pessoa a quem amamos não é perfeita, mas um simples mortal. Assim como nenhum pai ou mãe consegue estar à altura dos arquétipos perfeitos do Grande Pai e da Grande Mãe, nenhum homem ou mulher consegue mostrar-se à altura da imagem do amante ou companheiro perfeito. Quer o vínculo seja ou não rompido, a maioria dos relacionamentos – por mais românticos e idílicos que sejam no início – cedo ou tarde perde essa fascinação inicial.

Quer o mito da inocência perdida e reconquistada seja ou não uma variação do Paraíso perdido e reconquistado, da redescoberta do verdadeiro lar ou uma história de amor, o seu enredo é profundamente auspicioso e ajuda a despertar em nós a criança pura e inocente que acredita como só uma criança consegue acreditar.

O despertar dessa fé semelhante à das crianças é sem dúvida o que Cristo tinha em mente quando disse: "A não ser que vos torneis crianças, jamais entrareis no reino dos céus". É essa capacidade de ter fé que torna possível nos apegarmos aos nossos sonhos, esperanças e visões, mesmo quando as circunstâncias parecem ser desfavoráveis e, assim, transformá-los em realidade.

O ideal é iniciarmos cada novo empreendimento com certa inocência – isto é, com sinceridade, otimismo e entusiasmo. Como não sabemos o que está para vir, temos de ter confiança. Quando entramos em cada nova espiral da jornada somos mais sábios e menos ingênuos do que éramos na espiral anterior.

Além disso, *os milagres somente acontecem quando o Ego está na condição de Inocente*. Todos os outros arquétipos estão por demais ocupados tentando controlar os resultados! Livros como *A Course in Miracles* (*Um Curso em Milagres*) ou as diversas obras dele derivadas (tais como *Love is Letting Go of Fear* e *A Book of Spiritual Games*) ensinam às pessoas que todo sofrimento é uma ilusão e a única realidade é a bondade, a fim de que elas tenham suficiente fé e confiança no universo para permitir que os milagres aconteçam. Muitas religiões imaginam Deus como um pai amoroso e celestial porque essa imagem nos permite acreditar que estamos seguros no universo.

Desobediência e Fé

Muitas vezes o Inocente arquetípico é considerado de certo modo culpado pela perda da inocência, sendo-lhe exigido algum tipo de reparação. Na história de Adão e Eva, por exemplo, é a desobediência de Eva ao comer o fruto da árvore da ciência do bem e do mal que acarreta a expulsão de ambos do Paraíso e a condenação deles ao sofrimento.

Paradoxalmente, essa perda da inocência é vista como uma perda "afortunada" e, obviamente, diz respeito a uma transformação que parte da totalidade e desemboca no dualismo (o conhecimento do bem e do mal). No judaísmo, a redenção ocorre mediante um pacto entre Deus e o povo judeu, pacto que é firmado não tanto pelo amor da humanidade por Deus como pelo amor de Deus pela humanidade. A responsabilidade humana exigida pelo pacto consiste no respeito às leis de Deus. No cristianismo considera-se que Deus enviou seu filho para expiar nossos pecados, restituindo um senso de unidade que transcende a fragmentação e o dualismo. Tanto no judaísmo como no cristianismo a unidade com Deus é restaurada e o Paraíso recuperado, seja na Terra (criando-se uma sociedade baseada nas leis de Deus) ou depois da morte.

Um filme moderno dos estúdios Disney, *The Land Before Time* conta a história de um pequeno dinossauro que viaja com a mãe e os avós. Embora a seca tenha destruído o Paraíso em que viviam, a mãe sabe que longe dali existe um vale verdejante e que, se viajarem o bastante, eles o encontrarão. No caminho, a mãe morre. Com o coração partido, o pequeno dinossauro continua sua viagem sozinho (encontrando, à medida que avança, contemporâneos de todas as formas e tamanhos). Apesar de ter todos os motivos para perder a esperança, ele continua acreditando nas palavras de sua mãe. No fim ele encontra o vale verde e luxuriante, tal como sua mãe dissera que ele seria.

Todas essas histórias e muitas mais relembram-nos de que é seguro confiar. Nossa fé será recompensada. Quando o arquétipo do Inocente domina nossa vida parece-nos ser impossível encontrar ou recriar o Paraíso; muitas vezes a reparação ou expiação exigida está além da nossa capacidade. Cabe a nós simplesmente ter fé. Isso abre as portas para a ocorrência de milagres.

Virgindade e Fidelidade

Muitas vezes o herói clássico jura fidelidade a um rei ou rainha, a uma causa, a um deus ou deusa, ou a um grande amor. Manter esse juramento – e permanecer fiel a esse compromisso – constitui o aspecto central do heroísmo. *Cada um de nós fez promessas desse tipo a nós mesmos ou aos outros na nossa juventude, e elas permanecem sagradas para o Inocente que há dentro de nós.*

Muitas histórias medievais falam de mulheres que se dispuseram a morrer na defesa de sua virgindade. A Virgem é um símbolo daquele Inocente que há dentro de nós e que permanece totalmente puro e imaculado, não importando o que tenhamos feito ou que tenha sido feito a nós. O termo "virgem" significava originalmente uma mulher que era dona de si mesma, não sendo propriedade de nenhum homem. Isso pode ser interpretado como um estado interior de totalidade e não um estado físico de castidade.

Num nível cultural, embora as mulheres tenham suportado o fardo social do padrão de dois pesos e duas medidas em relação à castidade física, heróis masculinos tais como Parsifal também foram forçados a permanecer virgens antes do casamento e fiéis depois de casados. Em termos de uma realidade psicológica (e não do celibato físico), eles tiveram de manter a integridade primitiva do Inocente e permanecer fiéis aos juramentos de infância, feitos com inocência, até estarem prontos para fazer novos juramentos na maturidade. Guardar-se para o grande amor da sua vida significa manter os seus sonhos – românticos, vocacionais, políticos – e não simplesmente buscar os prazeres do momento.

Lado Negativo da Inocência

O Inocente muitas vezes quer proteger a condição inocente de confiança e otimismo e, assim, não aceita a perda da inocência. Isso, porém, pode fazer com que o lado negativo do Inocente assuma o controle. A recusa patológica à perda da inocência e o apego à inocência podem até mesmo estar relacionados com distúrbios alimentares. Conforme Marion Woodman sugeriu, numa sociedade que denigre o corpo e vê as mulheres como seres inferiores, uma maneira de apegar-se à inocência é a recusa em entrar na puberdade, ou seja, em ter um corpo de mulher (com o seu significado sexual).[3]

O Inocente, que tem propensão para negar a verdade, simplesmente não quer reconhecer que um pai, professor ou amante não são dignos de confiança. Por esse motivo, *o Inocente que existe dentro de nós continua a envolver-se nas mesmas situações destinadas a lhe causar sofrimento, sendo ferido e maltratado repetidas vezes.*

Isso, obviamente, é válido para crianças que vivem em lares desajustados, homens e mulheres envolvidos em casamentos ou relacionamentos física ou emocionalmente problemáticos e para o enorme número de pessoas que são obrigadas a suportar um ambiente de trabalho emocionalmente estressante. Muitos de nós que nunca tolerariam um relacionamento em que fôssemos maltratados fisicamente – ou mesmo uma situação flagrantemente desagradável, do ponto de vista emocional – descobrimos que, ao longo do tempo, começamos a ter consciência das maneiras pelas quais somos maltratados.

O Inocente que há em nós também pode resvalar facilmente para a negação a respeito de nossos próprios atos, deixando de assumir nossa parcela de responsabilidade pelos nossos problemas. Como os Inocentes, ao menos no início, são dominadores e dualistas, eles não podem admitir sua imperfeição sem que isso os faça sentir-se horrivelmente mal em relação a si mesmos; assim, eles se aferram à negação de suas inadequações ou são tomados por sentimentos de culpa ou vergonha.

Quando Inocentes sadios cometem transgressões eles perdoam a si mesmos, moderam seu comportamento e seguem em frente. Se outras pessoas os magoam ou violam seus princípios, eles rapidamente as perdoam e acreditam que elas irão agir de maneira diferente no futuro.

Porém, quando Inocentes têm medo de outras pessoas eles evitam enfrentar esse medo culpando a si mesmos. Crianças pequenas, por exemplo, irão sentir-se culpadas ao serem espancadas ou molestadas por seus pais, pois é mais fácil aceitar suas próprias inadequações do que enfrentar o terror maior, representado pela irracionalidade e malevolência dos pais. Quando Inocentes magoados têm medo de enfrentar suas próprias inadequações (o que é mais provável na idade adulta), eles irão projetá-las sobre outros e culpá-los por isso.

Essas estratégias poupam-nos a responsabilidade de agir. Se nos recusamos a aceitar o fato de que somos maltratados, não temos de nos defender. Se projetamos os nossos próprios erros sobre os outros, não temos de mudar. Se interiorizamos as atitudes hostis, discriminatórias ou, de alguma maneira, prejudiciais para as outras pessoas, podemos continuar a fazer guerra contra nós mesmos sem precisarmos imaginar de que modo poderíamos sair dessa situação, nem sentirmos plenamente nossa impotência dentro dela.

O Inocente acredita que é importante permanecer delimitado pelo papel social do indivíduo e não ter segredos para o mundo – pois abaixo dessa realidade superficial estão os dragões. Todos os arquétipos do inconsciente tendem a expressar-se – em sonhos ou na nossa vida normal – em seus aspectos negativos, os quais passam a nos possuir se não tivermos derramado a luz da consciência sobre eles. Assim, a pessoa que é um Inocente estará mergulhada em terrores psicológicos. O aspecto negativo do Órfão irá tentar o Inocente a ultrapassar os limites físicos e metafóricos e a infringir as regras. O aspecto negativo do Guerreiro irá combater o Inocente, criticando-o impiedosamente. O aspecto negativo do Caridoso irá exigir sacrifícios do Inocente e acusá-lo de egoísmo se ele demonstrar o mais ligeiro interesse pelos seus próprios desejos ou bem-estar.

Os arquétipos relacionados com o desenvolvimento da alma serão tão ameaçadores que o Inocente os projetará quase que totalmente sobre os outros: o Explorador será visto como herege; o Destruidor, como o inimigo; o Amante, como um sedutor imoral; e o Criador, como culpado de perigosa arrogância. Assim, o Inocente vive com uma sensação de vazio no plexo solar, com hábitos e impulsos sexuais obsessivos e autodestrutivos e uma compulsão inconsciente para dramatizar as coisas e criar dificuldades.

O Crescimento e Desenvolvimento do Inocente

Os Inocentes, que muitas vezes se sentem pessoas especiais, podem ser carismáticos em virtude da sua visão e da pureza de suas convicções. Eles também presumem que serão bem tratados pelo universo e pelas outras pessoas porque são bondosos e especiais.

Embora as pessoas que permanecem nessa forma inicial de inocência possam fingir que são independentes, elas na verdade esperam que as instituições, os empregadores, os amigos e os cônjuges cuidem delas. Essas pessoas raramente assumem sua parcela de responsabilidade, embora sejam "muito bondosas" e trabalhem duro. As outras pessoas muitas vezes as amam e, instintivamente, cuidam delas, tal como fazemos com crianças pequenas. Assim, o modo de vida do Inocente frequentemente é eficaz – pelo menos até que ele perca o emprego ou o cônjuge, ou que seus amigos e colegas parem de cuidar dele esperando fazer com que ele cresça.

Em outro nível, porém, a vida deles nunca corre bem na idade adulta, porque eles nunca cresceram realmente. A não ser que percam a inocência – o que significa perder, em alguma medida, pelo menos, esse senso de possuírem uma posição privilegiada no universo – eles talvez nunca cheguem efetivamente a realizar algo importante ou duradouro. Isso afeta não apenas o seu trabalho mas também os seus relacionamentos pessoais. Os Inocentes querem que seus relacionamentos reproduzam a relação original de simbiose com a mãe. Eles presumem que os outros vão querer as mesmas coisas que eles porque muitas vezes não veem as outras pessoas como seres reais e distintos.

Quando o Inocente que existe dentro de qualquer um de nós percebe que a outra pessoa não quer o que queremos e que os nossos desejos podem ser frustrados, nós geralmente hesitamos entre demonstrar a raiva infantil que realmente sentimos e tentarmos ser suficientemente cativantes para conseguir o que queremos da próxima vez. Em outras palavras, o Inocente que há dentro de cada um de nós é tão vulnerável e dependente como uma criança que descobre um jeito de manipular os pais para conseguir impor sua vontade.

O nosso Inocente interior frequentemente fica acabrunhado quando a vida se mostra mais cruel do que ele havia esperado. Mas o Inocente consegue recuperar-se rapidamente. Conforme temos visto, é ele a parte interior de cada um de nós que mantém a esperança quando o mundo parece mais sombrio e que se apega aos nossos sonhos mesmo quando sua concretização nos parece extremamente improvável.

A capacidade de o Inocente tornar-se adulto muitas vezes depende da medida em que ele consegue aprender a dizer que, muito embora tudo pareça estar perdido, ainda há esperança. Ainda que eu agora esteja perdido no deserto, Deus irá me conduzir à Terra Santa. O Inocente precisa aprender o seguinte paradoxo: no nível espiritual mais profundo, é seguro confiar; todavia, é melhor não deixar sua carteira dando sopa!

Níveis do Inocente

Sombrio	Negação, repressão, culpa, conformidade, otimismo irracional e propensão para correr riscos
Chamamento	Segurança, ambiente protegido; desejo de ser protegido e de experimentar amor e aceitação incondicionais
Nível Um	Aceitação incondicional do ambiente e das autoridades; crença de que o mundo, tal como ele está sendo percebido, é tudo o que existe; dependência
Nível Dois	Experiência da "perda da inocência" – desilusão, desapontamento – mas retenção da fé e da benevolência durante as adversidades
Nível Três	Retorno ao Paraíso, dessa vez como um Inocente Sábio; confiança e otimismo sem negação da verdade, ingenuidade ou dependência

Inicialmente os Inocentes veem a vida como um dentre dois extremos: ou o mundo é seguro ou não é. Ou os especialistas sabem o que estão falando ou não sabem. As pessoas ou são perfeitas ou são más. Pior que isso, nós às vezes sentimos que temos de ser perfeitos ou não teremos nenhum valor. Portanto, os Inocentes oscilam entre o idealismo e o perfeccionismo, de um lado, e a desilusão e o cinismo, de outro.

Anos depois, num nível mais elevado de desenvolvimento, os Inocentes irão descobrir que algumas coisas são seguras e outras não. Os especialistas sabem o que estão fazendo – às vezes. Mesmo a melhor e a pior das pessoas têm características boas e ruins. Quando os Inocentes têm sorte, passam a aceitar sua própria mistura humana de bons e maus motivos, força e vulnerabilidade, e passam a sentir-se parcialmente seguros, não só em razão de uma fé básica no universo, mas também porque estão mais aptos a lidar com o mundo.

No início, o Inocente vê a segurança como algo contingente: "A não ser que tente atravessar a rua, estou em segurança". "Enquanto eu fizer o que os outros dizem, estou em segurança." O mundo seguro é pequeno e restrito, e o mundo exterior é cheio de perigos invisíveis e desconhecidos. Quanto mais experimentamos esses perigos, maior o nosso mundo se torna. Todavia, isso também exige que experimentemos o sofrimento, a derrota ou a desilusão. A perda da inocência não acontece apenas uma vez na vida. Nós experimentamos muitas vezes na vida a desilusão, o abandono e a traição, por parte dos outros e de nós mesmos. Se temos sorte, cada experiência nos leva de volta à inocência (Paraíso, Éden, a Terra Prometida) não apenas num novo nível, mas de uma maneira que nos permite favorecer uma porção maior do nosso mundo com uma espécie de inocência que é produto da sabedoria e não da negação da verdade.

Quando perdemos e recuperamos a confiança por meio da experiência, partes maiores da realidade se deslocam para a esfera da segurança. Crescemos e descobrimos que podemos atravessar muitas ruas em segurança. Sobrevivemos ao fim de um caso de amor e descobrimos que não precisamos mais ter medo de amar outras pessoas depois que tivermos desenvolvido uma razoável capacidade de avaliar o caráter das pessoas. Falamos a nossa verdade naquilo que acreditamos ser um ambiente hostil e não somos fuzilados nem mortos. Assim, descobrimos que é seguro ser honestos, especialmente agora que podemos reconhecer ambientes nos quais simplesmente não poderíamos ser entendidos.

O Inocente acaba aprendendo a compreender o paradoxo e também a realidade de modo metafórico e não literal. Boa parte daquilo que pensamos quando somos Inocentes é limitado, ao menos inicialmente, pelo próprio pensamento literal. Aquilo que nos dizem nossos professores, nossos líderes espirituais, nossos mitos e lendas é interpretado ao pé da letra. A maioria dos mitos do mundo diz-nos que os deuses irão perdoar nossas transgressões. Em muitas culturas primitivas, portanto, a virgem, o jovem ou o animal mais perfeito era sacrificado para apaziguar os deuses.

Num nível mais elevado de complexidade cognitiva, adquire-se a compreensão de que a exigência de sacrifício do Inocente é uma necessidade psicológica. Quando perdemos o senso de unidade e de união com Deus, com nossa comunidade ou com nossa própria Alma, precisamos sacrificar a nossa inocência, deixar de lado nossas ilusões ou a recusa em reconhecer a verdade para prosseguirmos na nossa jornada a fim de encontrar um novo nível de verdade que irá restaurar a nossa totalidade.

A jornada impõe um grande paradoxo. Num nível, jamais podemos abrir mão de nossos sonhos e ideais e, nesse sentido, todo herói mantém sempre a condição de Inocente. Ao mesmo tempo, porém, precisamos estar dispostos a sacrificar alegremente nossas ilusões todos os dias para podermos crescer e aprender. Não importa se no início não saibamos distinguir o que é verdade do que é ilusão. Entre outras coisas, é isso o que a jornada nos ajudará a descobrir. Nós fazemos o necessário sacrifício da nossa inocência apenas porque, algum dia, poderemos recuperá-la num nível mais elevado.

EXERCÍCIOS

Reflita um pouco a respeito de quando, onde, e como a intensidade do Inocente se manifesta na sua vida.

1. Com que intensidade o Inocente se manifesta na sua vida? Ele tem se manifestado mais agora do que no passado? Você acha que ele vai se manifestar mais no futuro? Ele se manifesta mais no trabalho, em casa, quando você está junto de seus amigos ou em sonhos e fantasias?
2. Você tem algum amigo, parente, colega de trabalho ou conhece alguma pessoa que pareça estar sob a influência do arquétipo do Inocente?
3. Você gostaria que alguma coisa relacionada com a expressão do Inocente na sua vida fosse diferente?
4. Visto que cada arquétipo se manifesta de muitas maneiras diferentes, reserve algum tempo para descrever ou representar de alguma outra forma (por exemplo: desenhe, faça uma colagem, use um desenho de você mesmo numa determinada roupa ou postura) o Inocente tal como ele se manifesta ou poderia se manifestar na sua vida. Qual é ou poderia ser a sua aparência? Como ele age ou agiria? Em que ambiente ele se sente ou se sentiria mais à vontade?

DEVANEIOS

Em seus devaneios, permita-se vivenciar uma infância perfeita, na qual você tenha tudo de que necessita: amor, bens materiais, segurança, estimulação e encorajamento, para que você possa crescer de todas as maneiras possíveis. Conceda a si mesmo algum tempo para que possa processar seus sentimentos. Esteja certo de que, qualquer que tenha sido a realidade da sua verdadeira infância, na sua fantasia você pode dar a si mesmo uma infância perfeita no momento que quiser.

Conceda a si mesmo o prazer de ter fantasias de resgate, seja a respeito da "vinda de um príncipe (ou princesa)" ou sonhos acerca do terapeuta perfeito, do grande empregador ou líder político que irá reerguer Camelot. Pense em como você nunca perdeu a confiança, enquanto esperava pela salvação, e no quanto você é bom e meritório. Conceda a si mesmo a experiência de ser resgatado e de receber os cuidados dessa pessoa atenciosa, benevolente e poderosa. Em seguida, imagine-se ficando como essa pessoa. O que você acha disso?

CAPÍTULO 7

O Órfão

Embora o Órfão experimente a mesma "perda" que o Inocente, as consequências são diferentes. O Inocente usa a experiência para redobrar seus esforços, robustecer sua fé, ser mais virtuoso, mais perfeito e mais cativante. O Órfão encara o fato como uma demonstração da verdade fundamental de que estamos entregues a nós mesmos.

> **O ÓRFÃO**
>
> **Meta:** Recuperar a segurança
> **Medo:** Exploração, tornar-se vítima
> **Resposta ao Dragão/Problema:** Impotência, desejo de ser salvo, complacência cínica
> **Tarefa:** Processar plenamente a dor e a desilusão e estar aberto para receber a ajuda dos outros
> **Dádiva:** Interdependência, empatia, realismo

Num nível mais literal, os Órfãos são crianças que foram privadas da proteção e dos cuidados dos pais quando eram demasiado jovens e inexperientes para cuidar de si mesmos. Talvez os pais tenham negligenciado ou maltratado a criança, ou até mesmo morrido, deixando-a literalmente abandonada. Embora muitos jovens pareçam viver em famílias estáveis, essas crianças não são queridas, cuidadas ou orientadas, e não se sentem física e emocionalmente seguras.

Meu escore para o arquétipo do Órfão no IMH é ____ (alto = 30/baixo = 0).

Este é o meu ____ escore mais elevado (mais alto = 1º/mais baixo = 12º).

O arquétipo do Órfão que existe dentro de cada um de nós é ativado por todas as experiências nas quais a criança que há em nós se sente abandonada, traída, maltratada, negligenciada ou desiludida. Essas experiências incluem situações nas quais professores foram injustos; companheiros de folguedos caçoaram de nós; amigos falaram mal de nós pelas costas; amantes disseram que nunca iriam partir e o fizeram; e empregadores tentaram nos tornar cúmplices de práticas antiéticas. Elas também incluem um crescente conhecimento a respeito do mundo: que a televisão mente, que alguns políticos são desonestos, que alguns médicos se recusam a tratar os doentes que não podem pagar, que alguns empresários poluem o ambiente para ganhar mais dinheiro, e que mesmo na nossa sociedade democrática algumas pessoas são mais iguais do que outras.

Quando não reconhecemos o Órfão que há dentro de nós, esse Órfão é abandonado tanto pelo mundo como por nós. Infelizmente vivemos numa sociedade em que ser sensível ou vulnerável não é algo socialmente aceitável. Espera-se que estejamos todos bem durante todo o tempo, o que significa que a maior parte de nós esconde a nossa criança interior vulnerável, perdida e sensível por medo do que possam pensar os outros – os quais, ironicamente, também estão escondendo as crianças sensíveis que há dentro deles próprios. O resultado é que essa criança acaba não apenas magoada, mas também solitária.

A Criação de um Órfão

A vida está cheia de experiências que favorecem o fortalecimento do Órfão, e algumas pessoas vivenciam uma quantidade proporcionalmente maior delas. Quanto mais vivemos essas experiências, maior a probabilidade de que o arquétipo do Órfão predomine em relação ao do Inocente.

Assim como aprendemos a inocência por meio de experiências positivas e seguras, o Órfão que há dentro de cada um de nós é ativado por experiências penosas – especialmente aquelas vividas na infância. O grande número de pessoas que atualmente faz parte dos grupos de adultos filhos de alcoólatras, ou que foram criados em famílias desajustadas, indica que desde épocas muito remotas inúmeras pessoas têm ficado órfãs em famílias estáveis. Todavia, na medida em que o Inocente dentro de cada um de nós quer e espera que nossos pais representem o papel positivo e ideal do Caridoso amável e atencioso, nós somos Órfãos porque nossos pais eram simplesmente humanos e falíveis. *Assim como estamos todos feridos, também somos criados por pais feridos em diversas etapas de suas jornadas.* Temos sorte se temos pais que reconhecem seus próprios ferimentos e encontram meios para iniciar o processo de cura.

Portanto, estamos todos num *continuum*; alguns de nós vêm de famílias muito boas, alguns de famílias simplesmente horríveis e o restante vem de todos os tipos de famílias existentes entre esses dois extremos. A criança que existe dentro de cada um de nós ficou órfã em relação a algum aspecto. Isso simplesmente faz parte do processo de crescimento. Vamos para a escola em busca da verdade e descobrimos que mesmo os especialistas discordam entre si. Vamos aos tribunais procurando justiça e descobrimos que eles nem sempre são justos. Somos avaliados de maneira injusta por causa da nossa aparência, do modo como falamos ou do lugar de onde viemos. Em outras palavras, descobrimos que a vida nem sempre é justa, que os especialistas nem sempre estão certos e que ninguém é infalível.

Dessa maneira, o Órfão é o idealista desapontado, o Inocente desiludido. Enquanto o Inocente acredita que a pureza e a coragem serão recompensadas, o Órfão sabe que as coisas não acontecem necessariamente assim e que, de fato, é a maldade que frequentemente sai vencedora.

Do Órfão ao Rebelde, passando pelo Exílio

Quando o Órfão é dominante em nossa vida, o mundo parece um lugar sem esperança. Fomos abandonados por quaisquer figuras paternais que pudessem nos resgatar e ficamos num ambiente habitado por apenas dois tipos de pessoas: os fracos, que são as vítimas, e os fortes, que ignoram ou maltratam os fracos. A experiência emocional da vida do Órfão é a de uma criança que chora num berço sabendo que ninguém virá ajudá-la. A criança acaba parando de chorar, mas a dor e a solidão que tem dentro de si não desaparecem. Às vezes, o Órfão se sente um exilado.

Quando os Inocentes Adão e Eva são expulsos do Jardim do Éden, por desobediência, Deus lhes promete a redenção por meio da fé e da perseverança no trabalho. Outras figuras culpadas de pecados semelhantes são exiladas como Órfãs de modo mais definitivo: Caim, Ismael, Lilith e Lúcifer. O destino desses Órfãos é a exclusão definitiva do Éden, da terra natal ou do próprio Paraíso.

Esses Órfãos podem permanecer exilados, viajando pelo mundo sem nunca encontrar um lar, tal como Caim ou o lendário Judeu Errante. Sua situação desesperada também pode transformá-los em Rebeldes que se voltam contra os próprios poderes que os rejeitaram e exilaram, como é o caso de Lúcifer.

No século XX, quando a "morte de Deus" foi amplamente anunciada, a visão do Órfão foi a posição filosófica dominante. Existencialistas como Albert Camus, em *O Mito de Sísifo*, consideram que o absurdo essencial da vida moderna resulta da morte de Deus e que, com essa morte, desapareceu o sentido inerente à vida. Sem a existência de qualquer significado inerente à vida e sem o benefício de emoções esperançosas e otimistas, Camus então pergunta: Por que viver? Por que simplesmente não nos suicidamos?.

Em *O Homem Revoltado*, Camus vai adiante para encontrar uma espécie de significado dentro do absurdo da condição humana, o qual surge na forma de solidariedade com todos os Órfãos oprimidos e maltratados do mundo. "Se nem todos são salvos, qual a vantagem da salvação de apenas um?" O Rebelde abandona a promessa do Paraíso e de uma condição especial e, assim, precisa renunciar às ilusões de imortalidade para "aprender a viver e a morrer e, a fim de ser um homem, recusar-se a ser Deus".[1] Essa é a sua solução para o problema do suicídio como uma das possíveis respostas para uma sensação de ausência de significado na vida. Nós começamos a crescer quando abandonamos o desejo infantil de encontrar o Paraíso, a ânsia de alcançar a imortalidade e a crença na existência de um Deus paternal, zelando de alguma maneirar pelo bem-estar de todos nós. Percebemos que somos todos mortais, vulneráveis e necessitados da ajuda uns dos outros.

A redenção definitiva do Órfão deve provir não de cima – de Deus, da igreja, do Estado ou da história – mas sim da ação coletiva. Em determinada altura, o Órfão abandona as autoridades falidas e assume o controle sobre sua própria vida; quando o faz, ele torna-se Rebelde.

Na condição de Rebelde, o Órfão luta pela justiça e proclama sua solidariedade com todas as outras pessoas oprimidas, maltratadas ou sofredoras, não por causa de alguma verdade universal, mas em resposta a uma determinação interior. Ao reconhecer a ausência de verdades absolutas objetivas, o Rebelde passa a defender as verdades relativas e subjetivas. Não há nenhum significado a não ser o significado que criamos por causa do nosso interesse pelos outros.

A dádiva do arquétipo do Órfão é uma espécie de libertação da dependência, um tipo de autoconfiança interdependente. Deixamos de confiar nas autoridades externas e, em vez disso, aprendemos a ajudar a nós mesmos e aos outros.

A imagem do Rebelde traçada por Camus combina elementos do Órfão com o Guerreiro e reflete uma progressão masculina de desenvolvimento. As mulheres, todavia, têm mais probabilidade de fazer isso por meio do Caridoso. A escritora feminista Madonna Kolbenschlag expressa essa imagem na forma de um grupo de elementos protetores interdependentes; cada um deles parte da divina presença espiritual de Gaia e todos tomando conta uns dos outros. Ela diz que "para recuperarmos a integridade pessoal e o equilíbrio político, precisamos aprender a 'ajudar' o órfão que existe dentro de cada um de nós".[2]

Tanto Camus como Kolbenschlag mostram-nos que, no nível mais elevado, o Órfão aprende que não há nenhum poder mais poderoso e responsável do que nós. Não existe nada ou ninguém, em nenhum lugar do universo, que irá consertar as coisas por nós. Quer consideremos essa alternativa em termos existenciais ou espirituais, em termos masculinos ou femininos, a solução, para nós, é assumirmos a responsabilidade pela nossa vida e viver em interdependência com os outros, os quais são tão órfãos quanto nós.

Como Resistir ao Resgate

Como a tarefa dos Órfãos no processo de desenvolvimento consiste em associarem-se a outros e, se tudo der certo, rebelarem-se contra a autoridade e ajudarem-se mutuamente, eles resistem muito ao resgate. Embora pareçam querer ser resgatados e, até mesmo, acreditem querer ser resgatados, eles raramente deixam que alguém os ajude. Eles podem até dizer que querem ajuda, mas depois começam com os "sim, mas...". Muitas vezes eles conseguem catalogar as inadequações de qualquer instituição ou pessoa que você pense ser capaz de ajudá-los.

O Inocente quer uma figura parental ou instituição concreta para resgatá-lo e garantir a sua segurança. Para o Órfão, que em geral acabou de sair do estágio do Inocente, confiar em pessoas ou em instituições é apenas pedir para ser cruelmente enganado mais uma vez.

Do ponto de vista do desenvolvimento, o estágio de Órfão é a época em que a criança troca a confiança nos pais pela confiança nos irmãos ou amigos. Embora numa família saudável eles talvez não sejam terrivelmente críticos em relação aos pais, eles já começam a perceber e a historiar as tendências dos pais para o dogmatismo, a rigidez, a deselegância ou a inépcia.

Em politica, o estágio do Órfão é a época em que começamos a desenvolver a capacidade de nos identificarmos com os oprimidos e começamos a procurar soluções em atividades populares organizadas. É também a época em que nos mostramos mais desconfiados em relação a qualquer pessoa que ocupe uma posição de poder ou autoridade. Espiritualmente, essa é a época do agnosticismo, quando a confiança em Deus é trocada por uma preocupação prática a respeito do que as pessoas podem fazer para ajudar umas às outras. Na educação, é a época em que começamos a questionar as autoridades e a nos tornar aptos a criticar as ideias dos outros.

Na vida humana individual, essa é também a época de viver a vida de maneira independente, sem pertencer a nenhum grupo. Quando o Órfão dentro de nós é muito forte, passamos a enxergar os problemas que existem na sociedade e nas instituições e o modo pelo qual eles podem prejudicar a nós e aos outros. Embora tenhamos uma postura crítica em relação a pessoas e organizações, inicialmente nós nos sentimos impotentes para fazer algo contra elas. Talvez simplesmente nos sintamos alienados. Se eventualmente tentamos efetuar mudanças, isso será feito por meio da ação coletiva, em associação com aqueles que julgamos serem igualmente fracos, considerados de modo individual, mas potencialmente mais poderosos coletivamente.

O Órfão pede que despertemos, que deixemos de lado nossas ilusões e enfrentemos a dura realidade.

Por fim, o Órfão aprende que enfrentar suas limitações e os maus-tratos a que foi submetido, sentindo plenamente a dor causada por eles, é uma fonte de poder. Ao agir assim, conquistamos a liberdade de trabalhar juntos para criar um mundo melhor, pois o Órfão diz que ninguém irá fazer isso por nós.

Auto-orfandade

Originalmente traído por outros, os Órfãos (especialmente nos níveis inferiores) frequentemente ultrapassam o que poderia ser considerado um saudável ceticismo em relação à vida e traem seus próprios sonhos e esperanças porque os veem como outra espécie de inocência que, na mente deles, vai conhecer o desapontamento. Isso significa que eles frequentemente se dedicam a uma atividade profissional da qual realmente não gostam, a amantes ou amigos que não os tratam bem ou que, de alguma maneira, restringem seus sonhos a um senso muito limitado acerca do que é possível.

É importante lembrar que o Órfão está reagindo à grandiosidade irrealista do Inocente, o qual acredita firmemente que com bastante fé, imaginação e trabalho duro – ou, talvez, apenas com fé – tudo é possível. Quando o Inocente é dominante em nossa vida, nós costumamos ser muito pouco realistas no nosso otimismo. Quando o Órfão domina, nós tendemos a ser excessivamente pessimistas e, portanto, nem sequer chegamos a tentar fazer o que realmente queremos. Ou então, embora tentemos, estamos tão convencidos da impossibilidade do sucesso que sabotamos nossas oportunidades para melhorar o papel que desempenhamos na vida. Por exemplo: o Órfão pode fazer algo para provocar rejeição simplesmente para ter um maior senso de controle sobre a sua vida. Como o desapontamento, a rejeição e o abandono são vistos como inevitáveis, nós nos sentimos um pouco melhor partindo primeiro.

Ao passo que, mesmo nas circunstâncias mais negativas, o Inocente que há dentro de nós continua convencido de que, se se esforçar o suficiente, "o outro" irá mudar, o Órfão diz: "Basta". Na melhor das hipóteses, o Órfão parte e se associa a estranhos ou Rebeldes ou, na pior, reprime-se e continua onde está, mas sem nenhuma esperança.

A nossa porção de Órfão vê a melhoria das nossas condições apenas em termos relativos. Nós não pedimos o Paraíso, ou mesmo a liberdade, mas apenas gaiolas maiores e mais confortáveis. Nós não acreditamos na possibilidade de trabalhar naquilo de que realmente gostamos, mas podemos procurar uma atividade menos desonrosa, alienante ou restritiva. Não achamos que vamos ter uma vida amorosa realmente feliz mas, pelo menos, tentamos encontrar um companheiro ou companheira que não nos maltrate. Não esperamos encontrar a verdadeira felicidade e, por isso, entregamos-nos ao consumismo.

Tendo perdido a confiança nas autoridades, o Órfão que existe dentro de nós deseja ardentemente ligar-se a seus pares – e muitas vezes está disposto a sacrificar qualquer sentimento de individualidade para pertencer a um grupo. Assim, os Órfãos podem ser tão conformistas quanto os Inocentes exceto pelo fato de que, enquanto estes últimos, na maioria das vezes, se ajustam às normas sociais e institucionais (embora existam Inocentes radicais), os Órfãos fazem isso de maneira cínica ou então recusam as normas tradicionais, ao mesmo tempo em que aderem servilmente às normas marginais. Vemos isso, por exemplo, nas incessantes exigências de conformidade comportamental em gangues de adolescentes, confrarias ou em grupos políticos mais radicais, tanto de direita como de esquerda. Mesmo em grupos de apoio e de autoajuda, nos quais as pessoas se unem em torno de seus problemas, as normas do grupo podem excluir a possibilidade de o indivíduo ficar suficientemente saudável a ponto de livrar-se da dependência do grupo.

Quando o Órfão é dominante em nossa vida podemos trair os nossos próprios valores. James Hillman, em seu artigo clássico intitulado "Traição", fala sobre aquelas experiências – especialmente durante rompimentos de amizades, de relacionamentos amorosos e de casamento – nas quais "subitamente os aspectos mais repugnantes e desprezíveis do indivíduo vêm à tona e ele se vê agindo da mesma maneira cega e sórdida que atribui aos outros, e justificando suas próprias atitudes com base num estranho sistema de valores. O indivíduo foi, na verdade, traído e dominado por um inimigo interior".

Podemos nos proteger evitando mágoas que levem o Órfão interior a desenvolver uma falsa *persona* e a trair a nossa natureza mais profunda. Hillman conclui que a autotraição "significa frustrar o que há de mais fundamental, a exigência mais importante do ego: enfrentar e suportar o seu próprio sofrimento e ser o que realmente é, não importando o quanto isso possa prejudicá-lo".[3]

Ironicamente, quanto mais optamos por viver a vida de maneira falsa e inautêntica para fugir do sofrimento, mais Órfãos, magoados e desiludidos nos tornamos. Nesse ponto, na verdade nos voltamos contra nós mesmos.

Quando a Orfandade Vai Longe Demais

Quando nos voltamos contra nós mesmos, a Orfandade vai longe demais. Muitas pessoas exibem poucos sinais exteriores de sua auto--orfandade porque as pessoas que vivem com falsos *Selves* frequentemente são convencionais e muito bem-adaptadas. Muitas vezes essas pessoas são vistas como pessoas superficiais e estereotipadas ou, até mesmo, ligeiramente neuróticas; todavia, essa situação é tão comum que não é vista como algo alarmante ou patológico. Elas vivem pseudovidas e pseudoamores e podem substituir qualquer satisfação verdadeira na vida pelo consumismo ou pela ambição irracional.

Essas pessoas carecem basicamente de qualquer senso a respeito de quem realmente são. Não raro elas sentem, no nível visceral, um vazio no plexo solar.

Essas pessoas vivem de acordo com uma mentalidade de escassez, e são muito suscetíveis à influência da publicidade, que pode convencê-las de que, se não usarem o antisséptico bucal nem dirigirem o carro certo, não serão respeitadas ou amadas. Elas escolhem seus relacionamentos amorosos, suas atividades profissionais e suas casas, não por causa da satisfação intrínseca que essas coisas lhes dão, mas simplesmente para compor a imagem que se espera delas. No fundo, elas se assemelham a crianças ansiosas por agradar e procuram obter amor tentando adaptar-se ao que quer que pareça ser culturalmente recompensado numa determinada época. Elas desempenham papéis "apropriados" em seus relacionamentos amorosos, atividades profissionais e relações de amizade. Elas podem até mesmo desempenhar o papel de outra pessoa.

É pouco provável que essas pessoas olhem para dentro de si mesmas, seja porque têm medo de não encontrar nada lá ou porque temem os monstros (isto é, os aspectos negativos dos arquétipos) interiores; assim, elas frequentemente deixam de pedir ajuda, a não ser que sua situação se deteriore. Nos piores casos, essas pessoas tornam-se tão céticas que nem sequer tentam agradar ou conquistar amigos ou influenciar pessoas, limitando-se a procurar experimentar algum outro tipo de prazer. Elas compram coisas e consomem alimentos de alta qualidade e roupas finas; procuram "vencer" os adversários e competidores, tentando manter a ilusão de que detêm o controle sobre a própria vida; recorrem ao uso de álcool e de drogas; e tentam obter prazer por meio da excitação e do perigo.

Têm mais probabilidade de procurar ajuda os Órfãos cuja dor interior é tão grande que a vida só lhes oferece alguma alegria quando estão suficientemente alterados pelo uso de álcool ou das drogas, ou pela excitação e adrenalina produzidas pelo perigo. Nesses casos, a vida interior pode vir a ser habitada por figuras opressivas da infância. Assim, mesmo que o pai crítico e antipático tenha partido há muito tempo, tenha sido abandonado ou, até mesmo, morrido, sua voz estará sempre na sua consciência dizendo que você é um imprestável e que ninguém jamais irá amá-lo.

Muito embora o Inocente interior esteja clamando por um lugar seguro, pelo menos nos estágios iniciais os Órfãos talvez não possam "desfrutar" dessa segurança porque, mesmo que ela esteja disponível, sua voz interior continua a criticá-los e a repreendê-los onde quer que eles estejam. Por mais protegido que seja o ambiente exterior, o ambiente interior é tão inseguro que o crescimento continua a ser reprimido.

O amor-próprio de alguns Órfãos está tão ferido que eles têm dificuldade para fazer qualquer tipo de progresso, seja nos estudos, em competições atléticas, no trabalho, na terapia ou na trilha espiritual. Qualquer pequena falha é vista como um sintoma de total inadequação, fazendo com que essas pessoas entrem em colapso, se recriminem ou projetem sua culpa sobre os outros. Eles não sabem que podem cometer um erro e, simplesmente, seguir em frente. Quanto pior essa síndrome, mais atrasados eles ficam em relação aos outros e, portanto, menor é o seu amor-próprio. Esses Órfãos ficam ainda mais desamparados quando abandonam os estudos, a terapia, as amizades ou os relacionamentos, certos de que suas inadequações são demasiado grandes para permitir que continuem engajados nessas atividades.

Uma pessoa assim poderia acabar encontrando um nicho na vida no papel de vítima – justificando comportamentos e interações inábeis como consequência de traumas de infância ou de injustiças sociais e usando sua incompetência e fraqueza como uma maneira de obter ajuda e atenção. Um grande perigo para qualquer pessoa que esteja no estágio de Órfão é o de que os sofrimentos e os maus-tratos que inflige a si mesmo se transformem numa desculpa demasiado cômoda e interessante. Além do mais, se a pessoa aprende que pode utilizar a culpa dos outros para conseguir o que quer, ela nunca irá aprender a atingir o nível mais elevado do estágio do Órfão, o qual representa um passo fundamental no processo de desenvolvimento humano: estar disposto a atuar de maneira interdependente com outras pessoas que reconhece estarem tão vulneráveis quanto ele.

Alguns Órfãos possuem habilidades altamente desenvolvidas, mas têm um sentimento interior de desmerecimento e/ou desespero a respeito de suas possibilidades na vida que os mantêm aprisionados em circunstâncias limitadoras. Quanto pior a situação, mais eles se sentem impotentes e maior a sua paralisia. Muitas vezes eles só se animam a tornar alguma providência para resolver seus problemas quando adquirem a consciência de que a situação na qual estão envolvidos poderá levá-los à morte. Quer se trate de uma esposa espancada, de um cidadão vítima de um regime político intoleravelmente opressivo, de um viciado em drogas ou, simplesmente, de uma pessoa aprisionada numa vida demasiado limitada para a sua natureza, as dinâmicas são muito semelhantes. Muitas vezes essas pessoas estão quase que hipnotizadas pelas pessoas, hábitos e sistemas que as capturaram e, literalmente, precisam ser resgatadas.

Esse tipo de pessoa precisa de amor, de apoio e de ajuda para escapar de sua imobilidade. Muitas vezes essa ajuda é proporcionada inicialmente por uma só pessoa, embora o ideal seja incluir um apoio de grupo tão logo isso seja possível. Quando não recebem nenhuma ajuda, os Órfãos podem sucumbir ao cinismo. Essa atitude transforma-se numa desculpa para comportamentos criminosos, antiéticos ou cruéis que os Órfãos podem justificar colocando a culpa em sua infância, na sociedade ou na degradação moral da nossa época ("Todo mundo faz isso"). Vivendo num mundo de vítimas e de algozes, o Órfão pode preferir passar para o outro lado, sentindo que os algozes pelo menos têm mais poder e controle do que suas vítimas.

Níveis do Órfão

Aspecto Negativo	Cinismo, empedernimento, masoquismo ou sadismo; usar o papel de vítima para manipular o ambiente
Chamamento	Abandono, traição e autotraição, desilusão, discriminação, vitimização
Nível Um	Aprendendo a reconhecer uma promessa verdadeira, abandono, vitimização, impotência e perda de confiança nas pessoas e instituições por meio das quais a autoridade é exercida
Nível Dois	Aceitação da necessidade de receber ajuda; estar disposto a ser ajudado e resgatado pelos outros
Nível Três	Substituição da confiança nas autoridades por uma interdependência com outras pessoas que se ajudam mutuamente e se associam para lutar contra a autoridade estabelecida; desenvolvimento de expectativas realistas

O comportamento criminoso, o vício e todos os comportamentos desumanos e antiéticos sugerem que a pessoa tem essa dificuldade, que ela se identificou com o algoz e está maltratando a si mesma e/ou aos outros, em vez de se identificar com o sofrimento do Órfão interior. O ideal seria que essas pessoas recebessem ajuda de profissionais treinados e de grupos de apoio constituídos por pessoas que, tal como eles mesmos, começaram a processar seu desespero e sofrimento emocional e acabaram saindo do outro lado.

É preciso que essas pessoas tenham limites claramente definidos, "amor exigente" e a possibilidade de se inspirarem em exemplos de outras como elas, que mudaram suas vidas e descobriram maneiras sadias e satisfatórias de viver; todavia, elas talvez nem estejam abertas para receber ajuda, ao menos inicialmente – seu desespero e descrença podem ser tão grandes a ponto de solapar qualquer esperança de que possam vir a ser ajudadas. Às vezes, o indivíduo tem de esperar até que as coisas fiquem tão ruins (nos Alcoólicos Anônimos eles chamam isso de "atingir o fundo do poço") que ele não possa deixar de reconhecer a necessidade de efetuar mudanças. É fundamental, além disso, que o restante de nós não se considere desobrigado da necessidade de prestar assistência a esses seres profundamente feridos, considerando-os como sendo "os outros". Se estivermos tentados a fazê-lo, isso é quase sempre um sinal da nossa rejeição e afastamento daquela parte, talvez menor, mas muito real de todos nós que, obviamente, é capaz do mesmo cinismo, autodestrutividade e traição em relação a nós mesmos e aos outros.

Como Curar a Ferida

Embora seja desajustado, quando excessivamente acentuado, o estágio de Órfão é uma parte crucial do processo de crescimento e desenvolvimento. Mesmo as pessoas que passaram pela condição de Órfãs de maneiras excepcionalmente dolorosas podem acabar descobrindo que as dádivas recebidas com o processo de recuperação da saúde e da fé foram tão grandes que, para elas, o sofrimento produzido pela sua Orfandade parece sem dúvida ter valido a pena. A vulnerabilidade faz parte da condição humana e é a causa de todas as nossas jornadas. *Se não pudéssemos ser feridos, permaneceríamos num estado de inocência e nunca iríamos amadurecer, crescer ou aprender.*

Nós ansiamos por pais perfeitos – a mãe e o pai arquetipicamente perfeitos – e temos simples pais humanos, reais e com defeitos. Esperamos imortalidade e obtemos mortalidade. Ansiamos por ser o centro do universo e descobrimos que somos apenas mais uma pessoa entre muitas outras. Temos grandes sonhos a respeito do que iremos ser e realizar e, na grande maioria das vezes, descobrimos que temos de nos contentar com uma vida bastante comum.

O mais difícil de tudo, talvez, é que traímos as nossas próprias esperanças, valores ou sonhos e acabamos reconhecendo que também desapontamos outros e a nós mesmos. Em "Traição", James Hillman diz que os diversos tipos de traição na vida humana contribuem para o nascimento da Alma. Em minha opinião, essas traições inicialmente também estão ligadas ao nascimento do Ego. Se pudéssemos confiar, sempre poderíamos permanecer tranquilamente numa feliz simbiose com o mundo, começando com nossa mãe. Portanto, é a incapacidade de nosso mundo exterior de atender às nossas necessidades que leva cada um de nós a empreender a jornada a fim de descobrir que temos de assumir a responsabilidade de encontrar e obter aquilo que queremos. Ninguém vai simplesmente dar essas coisas a nós.

Jean Houston, em *The Search for the Beloved: Journeys in Sacred Psychology*,* argumenta que a natureza da nossa vulnerabilidade define muitas coisas a respeito de quem somos e de quem pretendemos nos tornar, tais como aquelas árvores que apresentam formas singulares por terem crescido em torno de suas cicatrizes.[4] As vocações de muitas pessoas são consequência de sua vulnerabilidade. A criança que foi muito traumatizada pelos pais torna-se terapeuta depois de ter sido ajudada pela terapia; a criança que se sente pecadora ou doente, e é "salva" ou curada por uma experiência religiosa, torna-se um sacerdote; a criança atacada pela poliomielite torna-se um fundista; um jovem que se sente impotente entra para a política para sentir que tem um maior controle sobre os acontecimentos.

A clássica história do xamã sempre começa com um problema grave de saúde, tal como epilepsia ou insanidade; ao curar a doença física ou psicológica, o xamã desenvolve poderes mágicos de cura. Infelizmente, na nossa cultura, continuamos a ver o mundo em termos de pessoas saudáveis e feridas. Queremos curar as pessoas e torná-las "normais", o que as impede não apenas de compartilhar sua vulnerabilidade, mas também de encontrar a dádiva potencial contida nesse

---

* *A Busca do Ser Amado – A Psicologia do Sagrado*. São Paulo: Cultrix, 1993 (fora de catálogo).

ferimento. Isso também nos impede de proporcionar o apoio e o amor que, sozinhos, poderiam curar a dor que todos compartilhamos.

Muitas vezes são as pessoas mais eficientes e bem-sucedidas que acreditam não poder admitir suas vulnerabilidades, especialmente se forem líderes. Isso também coloca os indivíduos que efetivamente compartilham suas dores numa categoria diferente, junto com os doentes, os feridos e os fracos. No caso das crianças, aquelas que apresentam uma ferida visível podem se ver na base da hierarquia de dominância ou, até mesmo, ser espancadas até a morte visto que as pessoas com feridas recalcadas podem ser sádicas e cruéis.

A tradição de confiança mútua na terapia e em grupos de apoio e o tradicional anonimato em todos os programas de Doze Passos comprova que todos nós percebemos que o conhecimento de nossas feridas, fraquezas e vulnerabilidades pode ser usado contra nós pelos outros, os quais, obviamente, têm medo de reconhecer as suas próprias fraquezas perante si mesmos ou os outros.

A ferida psíquica não é apenas universal: ela também é essencial em todo o processo de construção do Ego e no estabelecimento de ligações com a nossa Alma. A dádiva do Órfão consiste em nos ajudar a reconhecer as nossas feridas e a nos abrir o bastante para compartilharmos (em locais que sejam seguros) nossos temores, vulnerabilidades e feridas. Essa atitude nos ajuda a estabelecer ligações com outras pessoas a partir de uma posição de sinceridade e vulnerabilidade. Isso proporciona o vínculo que permite o surgimento da intimidade e que também nos abre o coração para que possamos aprender a ser compassivos em relação a nós mesmos e aos outros.[5]

A cura começa quando realmente sentimos a dor e a realidade de todas as ocasiões em que fomos órfãos a partir de fora e progride até incluir o reconhecimento do modo como temos negado partes do nosso próprio *Self*. Só então a psique pode sentir-se una e inteira. À medida que cada um de nós recupera o seu *Self* órfão deixamos de ter necessidade de oprimir ou de exilar a parcela da população que apresenta esses atributos que foram banidos por nós, e podemos agir como o sábio pai da parábola bíblica do filho pródigo, que acolheu com alegria o filho que tinha representado tudo o que o pai desprezava e voltara para casa na miséria. Em vez de repreender o filho, o pai fez uma festa para comemorar o seu retorno. *No nível mais elevado do Órfão, aprendemos a dar as boas-vindas a todos os nossos filhos pródigos que voltam para casa.*

EXERCÍCIOS

Reflita um pouco a respeito de quando, onde, e como a intensidade do Órfão se manifesta na sua vida.

1. Com que intensidade o Órfão se manifesta na sua vida? Ele tem se manifestado mais agora do que no passado? Você acha que ele vai se manifestar mais no futuro? Ele se manifesta mais no trabalho, em casa, quando você está junto de seus amigos, ou em sonhos e fantasias?

2. Você tem algum amigo, parente, colega de trabalho, ou conhece alguma pessoa que pareça estar sob a influência do arquétipo do Órfão?

3. Você gostaria que alguma coisa relacionada com a expressão do Órfão na sua vida fosse diferente?

4. Como cada arquétipo se manifesta de muitas maneiras diferentes, reserve algum tempo para descrever ou representar de alguma outra forma (por exemplo: desenhe, faça uma colagem, use um desenho de si mesmo numa determinada roupa ou postura) o Órfão tal como ele se manifesta ou poderia se manifestar na sua vida. Qual é ou poderia ser a sua aparência? Como ele age ou agiria? Em que ambiente ele se sente ou iria se sentir mais à vontade?

DEVANEIOS

Sente-se num lugar calmo e confortável, onde você não seja interrompido, e respire lenta e profundamente. Permita-se experimentar o desejo de que os outros se interessem pelo seu bem-estar – um desejo natural na criança que há dentro de cada um de nós. Permita-se descobrir quem você desejaria que lhe prestasse assistência. (Por exemplo, você poderia imaginar uma pessoa, um determinado tipo de indivíduo, Deus.)

Depois, diga a si mesmo que ninguém vai tomar conta de você ou resgatá-lo. Você terá de defender os seus próprios interesses. Permita-se sentir qualquer sentimento de tristeza, desapontamento e descrença que você tenha, ou o sentimento de sua própria impotência ou inépcia.

Você pode interromper o devaneio nesse ponto ou prosseguir e imaginar-se juntando-se a um grupo de pessoas que sentem o mesmo que você – pessoas que estão dispostas a se apoiarem mutuamente e a compartilhar seus sentimentos e conhecimentos umas com as outras. Esteja atento para os sentimentos que emergem enquanto você se imagina atuando no contexto desse grupo de apoio.

CAPÍTULO 8

O Guerreiro

Quando a maioria de nós pensa no herói, imaginamos um Guerreiro. O Guerreiro livra-se de um ambiente restritivo e inicia a jornada em busca de um tesouro. Durante a jornada ele precisa enfrentar e matar muitos dragões. Esses heróis têm coragem, são comprometidos com altos ideais e estão dispostos a arriscar a vida para defender seu reino, sua honra e proteger os fracos contra o mal.

O GUERREIRO

Meta: Vencer, fazer as coisas à sua própria maneira; definir uma disputa

Medo: Fraqueza, impotência, inépcia

Resposta ao Dragão/Problema: Matá-lo, derrotá-lo ou convertê-lo

Tarefa: Excesso de arrogância; lutar pelo que é realmente importante

Dádiva: Coragem, disciplina, habilidade

O Guerreiro que existe dentro de cada um de nós pede que tenhamos coragem, força e integridade; que possamos estabelecer metas e perseverar no esforço de atingi-las; e que sejamos capazes de lutar, quando necessário, por nós mesmos e pelos outros. O Guerreiro exige um elevado nível de compromisso com a sua própria integridade. Os guerreiros vivem – e, quando necessário, lutam – por seus princípios mesmo quando isso é econômica ou socialmente custoso. Na competição, isso significa dar cada um o melhor de si e esforçar-se não apenas por vencer, mas também por jogar limpo.

> Meu escore para o arquétipo do Guerreiro no IMH é ____ (alto = 30/baixo = 0).
>
> Este é o meu ____ escore mais elevado (mais alto = 1º/mais baixo = 12º).

O arquétipo do Guerreiro diz respeito à afirmação do nosso poder no mundo, ao estabelecimento do nosso lugar no mundo e à transformação do mundo num lugar melhor. Na prática, isso significa que, como Guerreiros, identificamos os aspectos de nossa vida individual ou coletiva que nos desagradam e procuramos modificá-los pelo uso da força ou por meio da persuasão. Ele também diz respeito a sermos rijos o suficiente para não nos deixarmos intimidar, e fortes o bastante para fazer com que as coisas sejam feitas "da nossa própria maneira".

Um Guerreiro interior bem desenvolvido se faz necessário, acima de tudo, para proteger nossas fronteiras. Sem os corajosos, disciplinados e bem-treinados Guerreiros, o reino estará sempre correndo o risco de ser dominado pelos bárbaros. Sem um poderoso Guerreiro interior nós não temos nenhuma defesa contra as exigências e intromissões dos outros. Vivemos numa cultura do Guerreiro. Qualquer sistema baseado na competição – dos esportes competitivos à política, do sistema judiciário à economia capitalista, passando pela competição cultural – apoia-se nos atributos do Guerreiro.

Atualmente, quando está bem claro que a guerra não pode continuar sendo o meio pelo qual as nações resolvem suas diferenças, muitas pessoas têm sentimentos negativos em relação ao arquétipo do Guerreiro. Porém, o problema não é o arquétipo do Guerreiro; o fato é que precisamos nos deslocar para um nível mais elevado do arquétipo. Sem a capacidade de defender suas fronteiras, nenhuma civilização, país, organização ou indivíduo está em segurança.[1] São necessários Guerreiros de alto nível – cujas armas incluem habilidade, sabedoria e a capacidade de se defenderem legal e verbalmente e de reunir apoio para suas causas – para conter os Guerreiros predatórios e primitivos.[2]

Derrotando o Inimigo

O mito do Guerreiro nos diz como a coragem e o esforço humanos podem vencer o mal. O mito está presente em todas as histórias a respeito dos grandes Guerreiros que já enfrentaram o dragão, o tirano perverso, as forças do mal ou circunstâncias opressivas e, ao fazê-lo, resgataram não apenas a si mesmos mas também os outros, especialmente os mais fracos. O enredo exige um herói, um vilão e uma vítima a ser resgatada.

Algumas vezes, como no caso de Alexandre, o Grande, de Napoleão ou de George Washington, o vitorioso é um general maduro e experimentado. Outras vezes, como na história de Davi e Golias, um personagem menor e mais jovem derrota o valentão maior e mais velho.

O mito do Guerreiro está fortemente identificado com a masculinidade. Na verdade, há uma grande confusão entre ser "valentão ou topetudo" e ser um "Guerreiro". No entanto, há uma diferença. Um Guerreiro de verdade luta para proteger e dignificar os outros; o valentão procura sentir-se superior aos outros e mantê-los sob o seu domínio, ainda que também lute para protegê-los dos outros. Qualquer Guerreiro de um nível razoavelmente alto trata os outros com o mesmo respeito com o qual espera ser tratado.

Embora nas sociedades tradicionais os homens sejam educados para ser Guerreiros e as mulheres para ser Caridosas, tem havido grandes mulheres guerreiras – começando com as amazonas e, através dos tempos, chegando a mulheres como Susan B. Anthony, Elizabeth Cady Stanton e Sojourner Truth. De fato, qualquer mulher que queira direitos iguais ou mesmo um senso diferente de identidade precisa ser capaz de ter acesso ao Guerreiro interior.

Estamos sendo Guerreiros sempre que enfrentamos uma autoridade injusta – seja ela um patrão, um professor ou qualquer outra pessoa – e todas as vezes que atuamos no sentido de proteger alguém contra o mal. Cada vez que arriscamos nossa vida ou nossos meios de subsistência por causa de um princípio, o mito do Guerreiro está ativo em sua forma positiva na nossa vida. Ele está na origem de todas as lutas revolucionárias de todos os povos oprimidos em todas as partes do mundo.

O mito do Guerreiro salienta o fato de que o mal, a injustiça e a desonestidade *realmente* existem. Todavia, se formos suficientemente espertos ou habilidosos, se tivermos bastante coragem e disciplina para enfrentá-los, e se pudermos conseguir apoio suficiente, o mal pode ser vencido. Ele nos diz, além disso, que não somos responsáveis apenas por nós mesmos; temos a obrigação de defender os fracos e oprimidos. Nunca devemos usar o poder da espada, da caneta ou da palavra para ferir desnecessariamente outra pessoa. Devemos sempre usar a mínima força necessária e a abordagem menos agressiva possível dentre aquelas capazes de proteger adequadamente as nossas fronteiras.

É também o nosso guerreiro interior que, diante de um problema próprio ou de outra pessoa, ataca-o imediatamente e tenta resolvê-lo. Por fim, é o Guerreiro que existe dentro de cada um de nós que se sente humilhado se sofremos uma desfeita e não fazemos nada a respeito.

O GUERREIRO NEGATIVO

Para cada Guerreiro que combate a injustiça, existe também outro que luta para preservá-la. Todavia, nem todas as formas negativas do Guerreiro são vilãs.

O Guerreiro recebeu uma denominação ruim, assim como muitos outros arquétipos úteis, porque boa parte do comportamento do Guerreiro que vemos em torno de nós é primitivo, desagradável e improdutivo. A maioria de nós conhece pessoas para as quais cada encontro é uma disputa e que estão sempre lutando por alguma causa e tentando recrutar outros para se juntarem a elas. Essa é a possessão do Guerreiro. Elas não possuem o Guerreiro; este é que as possui.

Às vezes, as pessoas que estão começando a guerrear têm habilidades rudimentares e primitivas. Sempre que alguém diz algo de que elas discordem ou que lhes desagrade, elas encaram isso como se fosse uma ofensa pessoal e lutam como se sua própria vida estivesse em jogo.

Alguns Guerreiros simplesmente não conseguem ver o mundo de outra perspectiva. Para eles o mundo é constituído de heróis, vilões e de vítimas a serem resgatadas. Se você não é uma coisa, então deve necessariamente ser a outra. Esses são os educadores que promovem a competição como se ela fosse a única maneira de estimular o aprendizado; são os médicos que fazem guerra contra as doenças, mesmo que isso transforme o organismo de seus pacientes em campos de batalha; são os empresários que não se importam de permitir que sua saúde e vida familiar sejam prejudicadas, desde que possam fechar um grande negócio.

Essa determinação pode ser um problema sério. De fato, o excesso de confiança no enredo constituído pelo herói/vilão/vítima cria na verdade uma profecia que se cumpre na qual sempre temos vilões e vítimas (e, portanto, guerras, pobreza e opressão) porque o herói precisa delas para se sentir heroico. O lado negativo do arquétipo é a crença de que não é totalmente certo nos contentarmos em ser apenas humanos. Nós precisamos provar que somos melhores do que os outros. O Guerreiro quer ser o melhor – e, necessariamente, isso deixa os outros numa condição inferior e, em última análise, compromete a ética do Guerreiro.

Em suas manifestações mais sérias e negativas, esse desejo de estar acima dos outros não é limitado por quaisquer sentimentos humanos ou valores mais elevados. Atualmente, na nossa sociedade, muitas pessoas perderam por completo o aspecto heroico e positivo do Guerreiro. Nos negócios, na política e em outras áreas da vida moderna é muito comum vermos indivíduos que são bastante competitivos mas cujos esforços não estão mais relacionados com quaisquer ideais ou propósitos sociais mais amplos. Em vez disso, eles estão apenas lutando para ser o número um – e de uma maneira frívola. Eles querem apenas dinheiro, *status* e poder e, para obtê-los, estão dispostos a trapacear, a mentir e a jogar sujo. Eles se tornaram vilões e não heróis.

Já que os Guerreiros podem usar o seu poder para transformar o mundo num lugar melhor ou, simplesmente, para obter poder e controle sobre os outros, é de fundamental importância no seu caminho a escolha entre o bem e o mal. O Guerreiro que optou essencialmente pelo lado do mal, tal como Hitler ou Darth Vader, de *Guerra nas Estrelas*, divide egocentricamente as pessoas em duas categorias. Aquelas que constituem um obstáculo a seus desejos ou poderes devem ser destruídas, dominadas ou convertidas. Embora as vítimas possam ser protegidas dos outros, o preço cobrado pelo Guerreiro negativo é a completa e total dominação. Esse, obviamente, é o caso de todos os tipos de imperialismo, seja de uma nação que conquista outra, do patrão que oprime seus empregados ou do marido que mantém a esposa sob seu domínio.

A afirmação de poder acarreta muitos perigos, dentre os quais alguns dos mais importantes são os perigos morais. O problema com o arquétipo do Guerreiro na nossa época é que muitos dos supostos Guerreiros não são absolutamente Guerreiros de verdade. Eles são Órfãos que apaziguam seus sentimentos de impotência tentando controlar os outros. Esses são pseudoguerreiros, e não Guerreiros.

Inevitavelmente, todas as formas negativas do Guerreiro precisam desenvolver e afirmar seus Órfãos interiores (para aumentar sua empatia) e seu Inocente interior (para reduzir sua descrença) a fim de poderem transformar-se em Guerreiros positivos e poderosos.

A Formação de um Guerreiro

Atualmente, o Guerreiro é um arquétipo ao mesmo tempo dominante e impopular porque estamos passando por uma defasagem cultural; nós precisamos de um nível mais elevado do arquétipo. O Guerreiro de alto nível exige que lutemos por algo que esteja além dos nossos próprios e mesquinhos interesses, que afirmemos o idealismo básico do arquétipo em suas formas mais puras e elevadas, e que lutemos por coisas realmente importantes – o que, na nossa geração, pode significar a sobrevivência das espécies. Ele também exige que lutemos tendo em vista uma preocupação social mais ampla; nesta geração, isso pode tornar necessária uma redefinição da identidade, de modo que passemos a ver como pertencentes ao nosso "time" não apenas a nossa própria organização ou país, mas todas as pessoas de todos os lugares. Nesse contexto, o inimigo não é mais uma pessoa, um grupo ou um país, mas sim a ignorância, a pobreza, a ganância e a falta de visão.

Todavia, nenhum de nós já parte desse nível. Começamos aprendendo os rudimentos da arte de defender nossos interesses e de utilizar os meios necessários para obter o que queremos. Para a maioria das pessoas, o Guerreiro e o Caridoso são os primeiros arquétipos adultos experimentados e integrados na consciência. Se não desenvolver pelo menos um desses arquétipos, a maioria das pessoas, do ponto de vista do desenvolvimento e das emoções, continua sendo uma criança.

O Inocente interior tem grandes sonhos; o Órfão reconhece as dificuldades para realizar esses sonhos; sem o Guerreiro, porém, esses sonhos raramente se concretizam, exceto por obra do acaso ou em razão da bondade de outras pessoas. O Guerreiro abraça esses sonhos e ideias criativas, estabelece uma meta e traça um plano. O Guerreiro também proporciona a disciplina necessária para a execução do plano ou a realização de uma retirada estratégica, se isso for necessário.

Os Guerreiros que também têm Inocentes saudáveis e desenvolvidos não incorrem no erro de lutar por qualquer motivo. Eles lutam pelo que realmente lhes interessa, em defesa de seus mais profundos valores e ideais, e não simplesmente visando a um ganho material. Se fizeram amigos por meio dos seus Órfãos, eles não precisam ser tão duros todos os minutos do dia, nem exigir essa incansável dureza da parte dos outros. Muitas vezes eles conseguem trabalhar como iguais, de uma maneira interdependente, com uma necessidade bem menor de se colocarem acima dos outros. Se também têm Caridosos altamente desenvolvidos, eles irão lutar de bom grado pelo bem do povo, do país ou por uma causa que amem, e não apenas pelos seus próprios interesses.

Quando todos os quatro arquétipos associados ao Ego são desenvolvidos, o Guerreiro tende a operar num nível muito elevado, lutando apenas quando isso for realmente necessário. Todavia, se o Inocente e o Órfão estiverem muito feridos e o Caridoso não for bem desenvolvido, os planos, as metas e estratégias do Guerreiro serão cínicos, egoístas e voltados para os seus próprios interesses. Eles não terão em vista o genuíno desenvolvimento psicológico e espiritual mas, simplesmente, a garantia da sobrevivência básica.

Para uma pessoa na qual o arquétipo do Guerreiro se manifesta apenas na consciência, todas as situações se assemelham a dragões e as únicas opções são fugir, lutar ou ser destruído. Esse é um ambiente psicológico no qual é difícil viver. O problema, obviamente, é sempre a coragem, e é nesse ambiente extraordinariamente difícil que muitos de nós aprendemos a desenvolver esse atributo – mesmo que o visitemos com menos frequência do que aqueles que vivem nele o tempo todo.

Os Órfãos vivem nesse território sem nenhuma capacidade consciente de se defenderem e, por isso, estão sempre procurando alguém que possa protegê-los, ainda que ao preço da perda de sua autonomia. Em sociedades mais primitivas, por exemplo, onde se esperava que os homens suportassem a energia do Guerreiro por ambos os sexos, as mulheres frequentemente trocavam os direitos sobre os seus corpos pela proteção econômica, social e física de um homem. Embora nesse sistema muitos homens fossem Guerreiros altamente desenvolvidos que iriam defender as mulheres e as crianças, outros eram menos desenvolvidos e, portanto, desprezavam as pessoas que consideravam "fracas" e maltratavam física e emocionalmente as mulheres e crianças que supostamente deveriam proteger. Muitas mulheres, todavia, continuavam com esses homens basicamente porque não conseguiam imaginar-se tomando conta de si mesmas. O preço da submissão à pressão social era tão grande que as mulheres tinham de reprimir e negar o Guerreiro que existia dentro delas.

No passado, as funções arquetípicas eram atribuídas aos diferentes papéis nos sistemas familiares. As mães eram Caridosas. Os pais eram Guerreiros. As crianças eram ensinadas a ser boas (Inocentes) e a honrar seus pais; caso contrário, arriscavam-se a ser deserdadas (Órfãs). Se o pai era a única pessoa a desenvolver as qualidades do Guerreiro, a família não tinha nenhuma defesa contra ele, se ele fosse dominado pelos atributos negativos do arquétipo, ou contra o mundo, se ele viesse a morrer ou se ausentar. Se a mãe era a única a dispensar cuidados, a família poderia se desintegrar se ela ficasse doente ou se ausentasse; se ela manifestasse o lado negativo do Caridoso, não haveria ninguém para confortar ou ajudar as pessoas que fossem feridas por ela. Em suma, se qualquer deles não pudesse realizar o seu trabalho, todos sofreriam. A ênfase moderna em fazer com que cada indivíduo desenvolva seu equilíbrio psíquico e sua totalidade não exclui a possibilidade de que, num grupo, determinado indivíduo seja dirigido por determinados atributos arquetípicos; pela diversificação, porém, isso diminui a dependência do grupo em relação ao desenvolvimento arquetípico de qualquer de seus membros.

Na sociedade contemporânea, todavia, a maioria dos homens se sente mais à vontade com o arquétipo do Guerreiro que com o do

Caridoso, e a maioria das mulheres acha mais fácil cuidar dos outros do que lutar. Isso muito provavelmente é resultado de séculos de socialização e, quem sabe, também de certo grau de predisposição biológica; todavia, isso não gera um problema social porque é cada vez maior o número de mulheres que passa a participar de atividades predominantemente masculinas, definidas pelos padrões competitivos do Guerreiro, e é cada vez maior o número de homens que aspira a uma maior intimidade com a esposa e filhos.

Mesmo aqui, porém, o arquétipo do Guerreiro pode nos ajudar. É o Guerreiro interior que nos ajuda a encontrar dentro da totalidade um sentimento de individualidade que não seja simplesmente programado pela influência social. Sem o arquétipo do Guerreiro, a pessoa tem dificuldade para desenvolver o senso de sua própria identidade. É o Guerreiro que protege aquele primeiro embrião de *Self* (Ego) e defende suas fronteiras contra a invasão por parte das exigências e desejos dos outros.

Nem o Inocente nem o Órfão têm um senso efetivo a respeito de suas próprias fronteiras. O Inocente possui um senso de unidade com o universo e com as outras pessoas. O Órfão vê a individualidade como uma ferida, uma carência. O isolamento faz o Órfão sentir-se mais vulnerável e não mais poderoso. O Guerreiro é o arquétipo que nos ajuda a encontrar e a definir nossas fronteiras e a defendê-las contra qualquer tipo de agressão.

A Jornada do Guerreiro

Frequentemente, o futuro Guerreiro inicia a jornada sentindo-se nada poderoso e muito limitado pelas fronteiras estabelecidas por outra pessoa. Quando crianças, por exemplo, os heróis tradicionais dos contos de fadas eram mantidos como prisioneiros de uma bruxa malvada ou de um cruel tirano ou, então, maltratados por um padrasto ou madrasta.

Atualmente, muitas pessoas sentem que foram aprisionadas ou maltratadas, não apenas na infância, mas em muitas ocasiões diferentes da vida. O desafio para o indivíduo consiste em aprender a viver nesses ambientes sem deixar-se contaminar por ele.

Em termos psicológicos, até que tenhamos as nossas próprias fronteiras precisamos que alguém as estabeleça por nós. Muitas vezes podemos nos sentir oprimidos pelos limites fixados por outra pessoa e, no entanto, sermos incapazes de escapar deles porque ainda não conseguimos estabelecer os nossos próprios limites. Os pais, sejam eles bons ou maus, estabelecem limites para nós; o mesmo fazem as instituições e os regulamentos. Enquanto estamos no estágio infantil do Ego, a existência de limites estabelecidos por outros, para o nosso bem e tendo em vista os nossos interesses, faz com que nos sintamos seguros e protegidos (desde que esses limites não sejam demasiado restritivos). Quando estamos prontos para nos tornarmos mais autônomos, porém, essas regras e restrições nos parecem muito menos benignas. Nós nos sentimos prisioneiros e lutamos contra elas.

O ideal seria que os pais, as escolas e outras instituições nos dessem mais liberdade e reduzissem gradualmente a quantidade de regras à medida que fôssemos amadurecendo e nos tornando capazes de atuar de maneira mais autônoma. Quando chegasse o momento de sair de casa, de deixar o emprego ou o casamento tradicional, teríamos aprendido a estabelecer regras e limites apropriados para nós mesmos. Todavia, quando famílias, escolas ou outras instituições não estão dispostas a deixar as pessoas crescerem, elas continuam a tratar adolescentes e até mesmo adultos como se fossem crianças. Ou, pior ainda, elas podem punir ou maltratar as crianças que não sejam suficientemente dóceis e obedientes ou, por outro lado, negligenciar a necessidade que a criança tem de regras contra as quais se rebelar. Assim, a criança fica simplesmente vivendo à deriva e tem de se comportar com seriedade antes de ter alcançado qualquer senso de limites. Em ambos os casos, o jovem ser humano em processo de amadurecimento tem de se lançar ao mundo antes de estar preparado para isso.

Níveis do Guerreiro

Aspecto Negativo	Desumanidade, inescrupulosa e obsessiva necessidade de vencer, uso do poder para conquistar, para encarar qualquer diferença como se fosse uma ameaça
Chamamento	Confrontar-se com um grande desafio ou obstáculo
Nível Um	Lutar por si mesmo ou pelos outros para vencer ou predominar (tudo é válido)
Nível Dois	Lutar, baseado em princípios, por si mesmo ou pelos outros; atuação limitada pelas regras de uma luta ou competição justas; intenções altruístas
Nível Três	Peremptoriedade; lutar ou competir pelo que realmente importa (e não, simplesmente, tendo em vista o proveito pessoal); pouca ou nenhuma necessidade de uso da violência; preferência por soluções em que as duas partes saem ganhando; conflitos discutidos honestamente; maior diálogo e honestidade

Enquanto não estabelecermos limites claramente definidos, acreditaremos, corretamente ou não, que estamos sendo mantidos prisioneiros por alguém ou por alguma coisa. Quando a pessoa está começando a afirmar sua própria identidade no mundo, ela frequentemente pode pensar que, se fizer isso, todos irão atacá-las ou abandoná-la. Como o Guerreiro que há dentro de nós muitas vezes começa a expressar suas próprias verdades atacando as verdades dos outros, nós realmente provocamos o ataque e o abandono. Somente mais tarde reconhecemos que foi o nosso próprio ataque – e não o nosso poder – que deu origem a essas reações inamistosas.

Embora isso seja duplamente problemático para as mulheres às quais foi ensinado que mulheres poderosas são vistas como uma ameaça pelos homens, as pessoas de ambos os sexos recebem de uma maneira ou de outra esta mensagem: "Não desafie a autoridade"; "Não entorne o caldo". Quando finalmente chega o momento em que conseguimos falar de maneira aberta e franca, nossa voz autêntica terá sido abafada durante tanto tempo que nossas primeiras afirmações saem na forma de guinchos ou de gritos. Com frequência, as mulheres têm o seu primeiro contato com o seu Guerreiro interior quando estão a serviço do seu Caridoso, lutando pelo interesse de outros; somente mais tarde elas aprendem a lutar também por si mesmas. (Inversamente, os homens muitas vezes aprendem a demonstrar a atenção e a simpatia do Caridoso a serviço da determinação do Guerreiro em alcançar uma meta, a qual pode ser uma vida amorosa feliz, a harmonia familiar ou o sucesso de uma equipe de trabalho.)

O Guerreiro nascente tem duas defesas principais: o segredo e a retirada estratégica. O segredo é uma espécie de camuflagem. Estamos mais protegidos contra um possível ataque quando não podemos ser vistos. As pessoas que poderiam atacar os nossos novos interesses, ideias ou o senso do nosso próprio *Self* não conseguem fazê-lo porque nada sabem a nosso respeito. Os bons Guerreiros sabem que nunca devemos entrar numa batalha antes de estarmos preparados para o combate. Isso muitas vezes significa que não devemos levantar questões que possam provocar um conflito com outras pessoas antes de estarmos suficientemente seguros no nosso relacionamento a ponto de sabermos que vale a pena correr o risco de uma separação e até estarmos adequadamente protegidos caso a batalha venha mesmo a ocorrer.

A retirada estratégica é uma medida sensata. Quando se depara com uma força nitidamente superior, o Guerreiro recua e ganha tempo para aumentar a sua própria força. Quer se trate de crianças que começam a assumir uma posição diferente daquela de seus pais, quer se trate de adolescentes tentando divergir dos outros membros de seu grupo, ou de adultos que discordam de seus amigos, colegas ou colaboradores, se a reação dos outros for demasiado negativa ou hostil, eles frequentemente irão se retrair por um período bastante longo a fim de cuidarem de seus ferimentos, sararem e se fortalecerem. Em alguns casos, o dano é tão grande que eles nunca mais tentarão afirmar-se novamente.

Na maioria dos casos, porém, os Guerreiros se retiram e reconsideram sua estratégia. Talvez eles fiquem alertas e aprendam novas habilidades. Algumas crianças, por exemplo, sabem que precisam deixar os seus pais, mas esperam a hora certa, procurando ajuda quando e onde quer que possam obtê-la, até conseguirem o diploma do segundo grau. Algumas pessoas permanecem em empregos horríveis até se formarem numa escola noturna. Outros praticam caratê ou jogos de estratégia, como o xadrez, e depois fazem outra tentativa. Embora muitas vezes as pessoas se recriminem pelo tempo em que permanecem em ambientes acanhados, elas o fazem até estarem bastante fortes psicologicamente para poderem lutar por si mesmas.

Os Guerreiros espertos tentam controlar o campo de batalha e só entram em combate quando estão suficientemente preparados para ter uma boa chance de alcançar a vitória. É uma atitude sensata procurar ganhar tempo para realizar o treinamento básico e traçar um plano de combate. Durante essa fase de preparação, nós aprendemos a desenvolver a autodisciplina e – uma característica do Guerreiro de primeira linha – a controlar nossos impulsos e sentimentos. Todavia, mais cedo ou mais tarde temos de lutar, e isso exige coragem.

Algumas pessoas começam a lutar praticamente desde o momento em que nascem. Elas lutam com seus irmãos, pais, amigos e professores e, ao fazê-lo, aperfeiçoam suas habilidades. Com o tempo, elas talvez aprendam que não se deve lutar contra tudo, mas sim, ter a sabedoria e a coragem de saber quando e onde lutar.

Mais cedo ou mais tarde, porém, os bons Guerreiros aprendem que, para realmente agir sobre o ambiente de uma maneira que acabe lhes proporcionando aquilo que desejam, eles precisam saber o que querem e estar dispostos a lutar por isso. Talvez a coisa mais importante que a pessoa aprende no treinamento para tornar-se mais afirmativo seja ter um claro sentimento do que deseja realizar e, em seguida, de uma maneira clara e respeitosa, dizer aos outros aquilo que quer.

Nem sempre é necessário expressar a nossa verdade. Muitas vezes nós não precisamos contar nada a ninguém. Tudo o que temos de fazer é definir claramente aquilo que queremos, agir com base nesse conhecimento e não perder essa meta de vista, não importando o que os outros possam pensar; outra possibilidade, se estivermos mais fortalecidos, é levar em conta os conselhos e preocupações das outras pessoas e ajustar apropriadamente a nossa estratégia (mas sem modificar os nossos objetivos).

Algumas pessoas perderam pouquíssimas batalhas. Esses "privilegiados" – que foram incentivados e elogiados nas primeiras ocasiões em que defenderam opiniões, maneiras de agir ou pontos de vista diferentes daqueles dos outros membros do grupo – irão sentir-se fortalecidos e estimulados a tentar isso outras vezes. Porém, se essas pessoas nunca encontram resistência podem tornar-se arrogantes, impondo seus pontos de vista sobre as outras sem se importarem com o impacto que isso possa produzir sobre elas. Se algum dia chegam a sofrer uma derrota, elas se sentem arrasadas e todo o seu sentimento a respeito do próprio *Self* é colocado em dúvida.

Se a afirmação dos desejos do indivíduo não implica nenhum custo, é muito improvável que ele venha a ser capaz de fazer a distinção entre as exigências decorrentes do estabelecimento de sua identidade e os caprichos narcisistas. Ironicamente, o indivíduo arrogante, cujo lema é "Eu consigo tudo o que quero", é psicologicamente tão carente quanto uma pessoa que é medrosa demais para se erguer e se afirmar. Nenhum deles consegue saber quem realmente é. O preço cobrado pela individualidade motiva cada um de nós a questionar os nossos caprichos e desejos a fim de descobrirmos quais são realmente importantes.

Como Tornar-se um Guerreiro de Alto Nível

Para o Guerreiro do nível mais elevado, a verdadeira batalha é sempre contra os inimigos interiores – a preguiça, a descrença, a desesperança, a irresponsabilidade e a rejeição. A coragem de enfrentar os dragões interiores é o que nos permite enfrentar os dragões exteriores com sabedoria, habilidade e autodisciplina.

O custo da batalha pode ser muito alto, pois o mundo muitas vezes é um lugar difícil de se viver. É importante sermos suficientemente fortes, não apenas para nos mantermos firmes mas também para escolher nossas batalhas. Guerreiros maduros, especialmente aqueles que têm confiança em suas habilidades, não lutam por qualquer motivo. Eles escolhem cuidadosamente as suas batalhas.

Os Guerreiros definem suas metas e criam estratégias para atingi-las. Ao fazê-lo, eles identificam os obstáculos e desafios que provavelmente irão encontrar e planejam o modo pelo qual cada um deles será superado. Eles também identificam os oponentes que podem tentar impedir a consecução dessas metas. Os Guerreiros de nível inferior reduzem a complexidade da situação qualificando os oponentes como inimigos e usando de todos os meios para derrotá-los na guerra, até mesmo matando-os sem nenhum sentimento de remorso pela perda de vidas humanas.

Os Guerreiros de alto nível procuram convencer os outros a apoiar suas metas. Eles compreendem a política das organizações ou comunidades e sabem como granjear apoio para suas causas. Eles sabem como evitar pôr as cartas na mesa até terem a certeza de poder contar com o apoio de que necessitam. A verdadeira batalha é a escolha do último recurso, o qual deverá ser empregado depois de se ter pensado em todas as outras opções – contornar a oposição, confundi-la, controlar sua reação, enganá-la, infiltrar elementos em suas fileiras ou convertê-la. Além disso, os Guerreiros de alto nível sabem quando e como reconhecer que foram vencidos e aprendem com a derrota.

O que evidencia a qualidade de um Guerreiro não é a permanente insistência em persistir na batalha, mas sim a consecução de suas metas. Os Guerreiros de alto nível podem preferir recolher-se durante algum tempo, desenvolver sua estratégia, mobilizar e reagrupar suas energias e agir apenas quando estiverem preparados. Por exemplo: uma mulher que estava lutando por uma causa no hospital, onde eventualmente trabalhava, resolveu deixar esse emprego. Embora pudesse ter permanecido e lutado, ela sabia que não iria alcançar os seus verdadeiros objetivos. Ao sair, ela conservou uma maior probabilidade de vir a alcançar suas metas e, tendo provado a si mesma sua coragem, não teve nenhuma necessidade de continuar a luta.

Na verdade, os Guerreiros mais habilidosos nem mesmo são reconhecidos como tais porque a única batalha que ocorre é a da sagacidade, travada nos bastidores. Nos níveis mais elevados, a vitória é alcançada não apenas sem derramamento de sangue mas também sem que ninguém seja humilhado; a paz só pode ser mantida quando todos sentem que foram tratados com justiça.

Os Guerreiros de alto nível sempre inspiram respeito pela sua tenacidade e pela sua avaliação inteligente de pessoas e situações; assim, eles podem lutar quando a luta é necessária e buscar um compromisso criativo sempre que isso for possível. Embora os Guerreiros de alto nível possam preferir a paz, eles não têm medo da luta. Na verdade, em determinado nível eles tendem a deleitar-se com ela, mesmo quando a sensatez prevalece e os confrontos são evitados.

Como pensadores e aprendizes, os Guerreiros cristalizam suas ideias em oposição às dos outros, que eles gostam de desqualificar como erradas (ou mesmo "perigosamente" ou odiosamente erradas) ou inadequadas, fracas, ingênuas ou inconsistentes. Esse processo inicialmente predispõe o Guerreiro que existe dentro de cada um de nós a provar que estamos "certos" e os outros "errados", uma posição que encerra uma presunção de superioridade.[3]

Os Guerreiros geralmente se sentem mais à vontade num universo em que as questões relativas à integridade são razoavelmente simples e diretas e é fácil saber quem está certo e quem está errado. O mundo moderno, porém, não é assim. Combater no mundo moderno requer integridade dentro de um universo complexo e ambíguo.

O mundo contemporâneo exige Guerreiros que possam tomar decisões e agir quando nada é absolutamente certo ou errado. A questão, nesse caso, não é simplesmente "Qual é a maneira correta de pensar ou agir?", mas, sim, "O que é correto para mim?" e, finalmente, "O que é melhor para todos os envolvidos?".

Nesse contexto, uma compreensão de que todos vemos o mundo de uma perspectiva diferente e de que nenhum de nós é dono da verdade ajuda o Guerreiro a deixar de lado um modelo de tomada de decisões e resolução de conflitos em que um perde e o outro ganha e a substituí-lo por um modelo em que as duas partes ganham. Se eu estou "certo" e você discorda de mim, então você tem de estar "errado". Mas se eu estou fazendo ou pensando o que é certo para mim e você está fazendo ou pensando o que é certo para você, não existe necessariamente uma oposição, mesmo se estivermos pensando ou fazendo coisas muito diferentes.

Não obstante, a maioria dos bons Guerreiros impõe alguns limites ao relativismo cultural (certamente em relação a atos criminosos ou claramente antiéticos), pois eles têm a função de proteger o reino contra as forças interiores ou exteriores que possam prejudicá-lo ou enfraquecê-lo. Os Guerreiros de alto nível buscam o equilíbrio apropriado entre situações nas quais é necessário respeitar as diferenças e aquelas que exigem uma rápida e vigorosa reparação.

Os Guerreiros também adotam diferentes modelos de luta baseados em seu nível de desenvolvimento. O primeiro nível é o de um combatente que luta na selva. O combate é sujo e a meta é destruir, e não apenas derrotar a oposição (interior ou exterior). O inimigo é considerado completamente mau e, talvez, inumano. Quando o Guerreiro se torna mais civilizado e refinado, o combate é limitado pelos princípios ou regras do *fair-play*, e a meta passa a ser a derrota da oposição, se possível sem fazer-lhe mal desnecessariamente. Na religião, por exemplo, pode-se procurar converter os infiéis em vez de matá-los.

No terceiro nível, o único objetivo do Guerreiro é atingir uma meta que seja de amplo interesse social. Quando as metas do Guerreiro são definidas apenas pelo Ego, é provável que elas se realizem em competição com os outros pois, conforme disse Jung, a função do Ego é provar o nosso valor em relação às outras pessoas. Assim, nós iremos aprender a alcançar os nossos objetivos e a triunfar sobre as pessoas que têm outros pontos de vista.

Por fim, quando o desejo está informado pela Alma e o Guerreiro age a serviço do chamamento da Alma, frequentemente não há nenhum conflito entre aquilo que a pessoa quer realizar e o que contribui para o bem geral, particularmente se conseguirmos desenvolver a capacidade de ouvir e de aprender com as outras pessoas, mesmo (ou especialmente) com aquelas que se opõem a nós. A lição que mais cedo ou mais tarde os grandes Guerreiros acabam aprendendo é a de que não há maneira de aprender realmente a vencer se não estivermos contribuindo com aquilo cuja doação é motivo de estarmos aqui.

Quando fazemos isso, todos saem ganhando. Assim, os Guerreiros do nível mais elevado procuram soluções que satisfaçam a todas as partes, pois sabem que é do interesse de cada um de nós que todos obtenham aquilo que irá realizá-los e trazer-lhes alegria no nível mais profundo.

Alargando as Espirais

É o Guerreiro interior que protege a cultura contra qualquer comportamento que seja danoso para a sociedade ou para o mundo natural. Se as florestas tropicais são destruídas, se temos uma grande ocorrência de chuvas ácidas e o uso generalizado de drogas, então nossos Guerreiros não estão atuando em favor do interesse coletivo. Se somos indisciplinados e incapazes de controlar os padrões de autodestruição em nossa vida, então nosso Guerreiro interior não está funcionando adequadamente.

As sociedades só funcionam bem quando o Guerreiro que há dentro de cada um de nós deixa de lado os seus próprios interesses e passa a defender o bem comum. Enquanto pessoas, os Guerreiros têm obviamente as suas predileções pessoais. Alguns se preocupam mais com o ambiente, outros com o problema da fome ou da falta de habitações, outros com a manutenção dos padrões morais e outros com a justiça.

Alguns deles não são capazes de proteger o próximo, enquanto outros, que foram ensinados a temer o egoísmo, talvez não sejam capazes de lutar em favor de si mesmos. O Guerreiro sadio e maduro desenvolve a capacidade de identificar, em espirais cada vez mais amplas, o que deve ser protegido: em primeiro lugar ele mesmo, depois os seus entes queridos, os outros membros da sociedade e, finalmente, o planeta.

Conforme disse Chögyam Trungpa: "A essência da bravura humana consiste na recusa em se render a qualquer um e em entregar qualquer coisa". O Guerreiro do nível mais elevado sabe que "podemos salvar o mundo da destruição" e, além disso, "criar uma sociedade esclarecida".[4] Para fazer isso, porém, precisamos não apenas de coragem mas também de compaixão – que é o tema do próximo capítulo.

EXERCÍCIOS

Reflita um pouco a respeito de quando, onde, e como a intensidade do Guerreiro se manifesta na sua vida.

1. Com que intensidade o Guerreiro se manifesta na sua vida? Ele tem se manifestado mais agora do que no passado? Você acha que ele vai se manifestar mais no futuro? Ele se manifesta mais no trabalho, em casa, quando você está junto de seus amigos ou em sonhos e fantasias?
2. Você tem algum amigo, parente, colega de trabalho ou conhece alguma pessoa que pareça estar sob a influência do arquétipo do Guerreiro?
3. Você gostaria que alguma coisa relacionada com a expressão do Guerreiro na sua vida fosse diferente?
4. Como cada arquétipo se manifesta de muitas maneiras diferentes, reserve algum tempo para descrever ou representar de alguma outra forma (por exemplo: desenhe, faça uma colagem, use um desenho de você mesmo numa determinada roupa ou postura) o Guerreiro tal como ele se manifesta ou poderia se manifestar na sua vida. Qual é ou poderia ser a sua aparência? Como ele age ou agiria? Em que ambiente ele se sente ou se sentiria mais à vontade?

DEVANEIOS

Imagine algo de grande valor que você deseje muito. Pode ser um objeto, uma pessoa, uma homenagem ou um emprego, a correção de uma injustiça social ou qualquer outra coisa que exerça uma forte atração sobre você. Imagine-se organizando uma operação militar para obter aquilo que você deseja, usando todo o poder de fogo que você puder reunir. Suas armas poderiam ser canhões, tanques e granadas, ou então palavras, influências políticas ou uma estratégia que faça os outros se sentirem culpados. Quaisquer que sejam os meios que você vier a utilizar, imagine-se lutando durante o tempo e com o empenho que forem necessários para alcançar seus objetivos. Se você sentir alguma dificuldade para empreender essa guerra sem quartel, lembre-se de que se trata apenas de um devaneio e não de uma realidade. Quando tiver conseguido conquistar as suas metas, reserve algum tempo para desfrutar realmente da sua vitória e para processar quaisquer sentimentos que você possa ter em relação a esse procedimento.

Capítulo 9

O Caridoso

O ideal do Caridoso é um pai ou mãe extremosos e perfeitos – bons, carinhosos, sempre atentos para identificar e desenvolver os talentos e interesses da criança, tão dedicados a essa nova vida que, se fosse necessário, morreriam para que ela pudesse prosperar. Esse ser ideal adapta-se às necessidades do filho à medida que ele se desenvolve. Na infância, o Caridoso cuida de todas as necessidades do bebê. No entanto, à medida que a criança cresce o Caridoso a ensina a fazer as coisas e a compreender o modo como o mundo funciona para que, aos poucos, ela se torne autossuficiente.

O CARIDOSO

Meta: Ajudar os outros; atuar sobre o mundo por meio do amor e do sacrifício

Medo: Egoísmo, ingratidão

Resposta ao Dragão/Problema: Tomar conta dele ou daqueles a quem ele prejudica

Tarefa: Dar sem prejudicar a si mesmo ou aos outros

Dádiva: Compaixão, generosidade

A progressão também é seguida em todas as situações análogas envolvendo Caridosos: professores, terapeutas, enfermeiras que cuidam de pacientes que correm risco de morte, patrões que treinam empregados inexperientes e outros mentores com seus protegidos. Embora os Caridosos comecem assumindo total responsabilidade pelo aprendizado ou cura, à medida que o estudante, paciente, empregado ou protegido torna-se mais forte ou experiente, o relacionamento vai mudando até que, por fim, o estudante, paciente, empregado ou protegido seja capaz de atuar de maneira independente.

Meu escore para o arquétipo do Caridoso no IMH é ____ (alto = 30/baixo = 0).

Este é o meu ____ escore mais elevado (mais alto = 1º/mais baixo = 12º).

O Caridoso que já tenha um Guerreiro bem desenvolvido pode estabelecer razoáveis limites e fronteiras em relação ao comportamento de uma criança, de uma organização ou na sociedade. Essas fronteiras estabelecem limites claros e tranquilizadores para o espaço dentro do qual se desenvolvem a vida individual e coletiva. As energias do arquétipo do Caridoso, porém, estão menos relacionadas com o estabelecimento de limites do que com a dispensação de cuidados às outras pessoas e à criação de situações que as ajudem a crescer e a se desenvolver.

O Caridoso cria um sentido de comunidade encorajando relacionamentos cooperativos entre pessoas e instituições, e ajudando as pessoas a sentirem que pertencem a um lugar, que são valorizadas e que os outros se preocupam com elas. Os Caridosos criam atmosferas e ambientes nos quais as pessoas se sentem seguras e à vontade.[1]

A Árvore da Vida

O símbolo do Caridoso é a Árvore da Vida, que continuamente nos dá ânimo e energia. Esse antigo símbolo significa abundância – a Mãe Terra nos proporciona aquilo de que necessitamos. Um símbolo análogo é a estatueta de uma deusa com múltiplos seios, assegurando-nos claramente que cada um de nós terá o suficiente e que, portanto, não precisamos nos preocupar.

Na Cabala, um registro de misticismo hebraico, a Árvore da Vida é um símbolo do alimento espiritual. Esse significado do símbolo também está ligado à Árvore da Vida do Jardim do Éden, a qual se transformou na Árvore da Ciência do Bem e do Mal. Por ocasião do "Pecado Original", quando Adão e Eva preferiram o conhecimento à inocência, eles se abriram para receber a vida em toda a sua plenitude, o que inclui tanto o prazer quanto a dor. Ela é também a Árvore sob a qual Buda estava sentado quando recebeu a iluminação. Posteriormente, a Árvore da Vida aparece como um crucifixo, que significa o aspecto de mártir que existe em muitos Caridosos. Cristo é pregado à Árvore – e, na verdade, transforma-se na Árvore – e é sacrificado para que os outros possam viver.

O mito do Caridoso é a história das qualidades transformadoras da doação e até mesmo, às vezes, do sacrifício. Ele diz respeito, primeiramente, ao conhecimento de que somos amados e de que as pessoas se interessam por nós e, em segundo lugar, à necessidade de compartilharmos a responsabilidade universal de cuidar das outras pessoas e de nos doarmos, não apenas nos beneficiando da árvore mas também nos transformando nela.

As imagens da deusa de múltiplos seios e de Cristo na cruz sugerem duas maneiras de nos transformarmos na Árvore. A primeira se refere à abundância sem um notável sacrifício; refere-se simplesmente à fartura e à alegre e agradável doação. A segunda refere-se ao sacrifício e à doação que, embora produzam dor, também podem promover o renascimento e a transformação tanto do doador quanto do beneficiário da doação.[2]

O Caridoso é o mais sublime de todos os arquétipos associados ao desenvolvimento do Ego; é também ele que realiza a transição entre os interesses do Ego e os interesses da Alma. Nos níveis superiores, os Caridosos sabem quem são e o que querem, mas sua compaixão é ainda mais forte do que os seus próprios interesses. Eles se preocupam com os outros, não porque deixem de se preocupar consigo mesmos, mas porque fazê-lo é a mais elevada expressão desse valor. O interesse e os cuidados que dispensam uns aos outros são ainda mais fortes do que o instinto de autopreservação.

O Caridoso é o arquétipo da generosidade. Quando ele está ativo nos níveis mais elevados da nossa psique e na nossa cultura, o resultado de sua obra é uma maior abundância e liberdade para todos. São exemplos de Mártires/Caridosos modelares: Cristo, Gandhi, Martin Luther King, Florence Nightingale, Madre Teresa de Calcutá e toda pessoa que tenha dedicado sua vida aos outros, quer por terem se oferecido ao martírio ou pelo sacrifício diário em favor de uma causa ou missão. O arquétipo também está presente em inúmeros pais exemplares.

Embora o Caridoso tenha sido mais associado à mãe do que ao pai, a verdade é que os pais frequentemente são Caridosos hábeis e dedicados. O arquétipo do Caridoso inclui os papéis de mãe e de pai e tanto os cuidados maternos quanto a concessão de poderes. O Caridoso está presente sempre que uma pessoa cuida de outra ou contribui para o seu desenvolvimento. O homem que não adota o Caridoso interior é propenso a procurar cuidados maternais junto a todas as mulheres de sua vida e, assim, continua sendo o eterno dependente "garotinho da mamãe". Com frequência ele compensa essa dependência com a misoginia, da mesma maneira como a mulher que não consegue ter acesso ao seu Guerreiro interior pode odiar o homem de quem dependem para obter proteção.

O Caridoso Negativo

Apenas o arquétipo puro pode proporcionar aquele amor refinado, sensível e incondicional que a imagem do Caridoso perfeito sugere (até mesmo Gandhi tinha os seus defeitos). Na vida real, nós frequentemente somos escalados para o papel de Caridoso antes de estarmos inteiramente amadurecidos. Muitos pais jovens, por exemplo, são forçados a assumir o papel de Caridosos antes de terem empreendido suas jornadas ou estabelecido qualquer senso de identidade distinto daquele de seus pais ou grupo de amigos. As pessoas cujo senso de identidade deriva exclusivamente dos valores de seus pais ou amigos, ou das modas ou costumes da sociedade, não podem cuidar adequadamente de outro ser sem mutilarem a si mesmas.

Isso frequentemente acontece com as mães jovens, que se veem cuidando de crianças antes de terem determinado os seus próprios limites ou estabelecido sua própria identidade. Elas talvez sejam essencialmente Inocentes, com Órfãos reprimidos e virtualmente nenhum Guerreiro desenvolvido. Se estão mais para o Inocente do que para o Caridoso, essas jovens mães inconscientemente irão esperar que seus filhos tomem conta delas. Isso produz um efeito perturbador sobre a geração seguinte porque os filhos têm dificuldade para encontrar os seus verdadeiros *Selves* visto que inicialmente se fundiram com a mãe e se concentraram em agradá-la e em cuidar dela. Essas jovens mães também podem vir a maltratar física ou emocionalmente os filhos por causa da frustração produzida pela ausência das qualidades necessárias para tomar conta deles.

Porém, se o Caridoso de uma mulher for dominante ela pode perder-se atendendo às necessidades dos outros, faltando-lhe a capacidade para dizer não a qualquer coisa que lhe for pedida. De fato, ela pode até mesmo sentir uma necessidade compulsiva de ajudar a minorar as carências que tiver observado, mesmo que não tenha havido nenhuma solicitação nesse sentido. Na verdade, o que muitos de nós fazemos – tanto homens quanto mulheres – é mascarar o nosso senso de Orfandade cuidando das outras pessoas. Todavia, o que nós realmente queremos, e de que precisamos, é de tomar conta de nós mesmos.

Os jovens pais que ainda não encontraram a própria identidade podem sentir-se num beco sem saída no papel instrumental do Caridoso

– o provedor. Isso significa que seu Guerreiro está atuando a serviço do Caridoso e se sente prisioneiro. Pode ser ainda que eles tentem cuidar de seus filhos mas não saibam como, especialmente se forem provenientes de famílias nas quais apenas a mãe cuidava dos filhos. O jovem pode desejar ardentemente dispensar mais cuidados ao filho, mas acaba desistindo por sentir-se demasiado inepto para fazê-lo. Ele talvez anseie por uma vida movimentada e aventurosa e se sinta preso num emprego entediante para poder sustentar a família. Alguns homens descarregam sua frustração abandonando a família, invocando o privilégio patriarcal, esperando que sua vontade ou pontos de vista sejam acatados ou, até mesmo, tornando-se violentos.

Obviamente, os homens e mulheres que têm uma atividade profissional e também são pais podem efetivamente desenvolver o arquétipo do Guerreiro no trabalho e o arquétipo do Caridoso na vida doméstica, promovendo assim tanto a capacidade de dar quanto de se afirmar. Se tudo der certo, essa combinação pode criar a totalidade do Ego – força acompanhada de compaixão. Na pior das hipóteses, as pessoas simplesmente passam dos cuidados com os filhos para a competição no trabalho, sem o necessário desenvolvimento psicológico.

A preocupação pouco saudável com a necessidade de dispensar cuidados aos outros manifesta-se quando o Inocente e/ou Órfão estão demasiado feridos para que a pessoa comece a expressar os arquétipos mais adultos, voltados para o Ego. A dispensação doentia de cuidados também pode acontecer quando as pessoas ficaram durante um tempo excessivo na condição de Guerreiros e Caridosos.

Além dos problemas associados ao fato de sermos forçados a assumir o papel do Caridoso cedo demais, o arquétipo do Caridoso, como todos os arquétipos, tem um lado intrinsecamente negativo. Uma expressão desse aspecto é o Repressor, a parte que quer prolongar indefinidamente o estado de simbiose da relação entre a mãe e a criança. De fato, a dispensa de cuidados pode ser a maneira pela qual a mãe ou pai arquetípicos consomem o *Self* da nova vida a fim de tentar mantê-lo ou torná-lo parte do seu próprio *Self*.

Esse repressor em potencial está sempre presente quando a energia do Caridoso é evocada, e não é incomum as pessoas sentirem medo quando experimentam um relacionamento tão amoroso e receptivo que suas fronteiras começam a desaparecer. O medo de sermos engolidos pelo outro pode ser grande e, se os cuidados que dispensamos forem uma maneira de evitar a nossa própria solidão e o desejo ardente de estabelecer novas conexões, o potencial para frustrar o outro é grande; é como se uma criança faminta interior começasse a devorar a outra pessoa para preencher a sua própria solidão. A ironia, obviamente, é que esses Caridosos negativos devoram os outros ao mesmo tempo em que eles próprios se sentem devorados pelo papel de dispensar cuidados.

Tanto os homens quanto as mulheres usam o outro para se sentirem completos e nenhum deles tem consciência de que está agindo assim. Por exemplo: mães que sacrificaram a própria vida e viveram apenas para o marido e filhos frequentemente vivem por meio deles de modo vicarial. Isso significa que o marido e os filhos frequentemente são manipulados ou pressionados a fazer aquilo que a mãe dominada pelo arquétipo do Caridoso gostaria de fazer, ou seja, viverem aquilo que ela não está vivendo. Os pais Caridosos que se sacrificam descobrem que também estão propensos a se realizarem vicarialmente por meio de seus filhos (e, mais raramente, da esposa) e a fazerem exigências semelhantes no sentido de que estes concretizem os sonhos que os pais não realizaram ou que permaneçam irracionalmente fiéis aos valores e normas dos pais (sob o pretexto de que esses "valores" são "corretos").

Tanto os homens quanto as mulheres frequentemente transferem suas carências para seus relacionamentos, esperando que as pessoas amadas preencham o vazio emocional que sentem. As mulheres que são assim muitas vezes expressam essa carência pelo desejo de tudo compartilhar e fazer junto com o homem que amam, reexperimentando com ele a simbiose original com a mãe. Elas costumam esperar que o homem também desempenhe o papel de pai, quem sabe ajudando-as financeiramente e, com certeza, protegendo-as das dificuldades. Se ele não lhe der esse tipo de atenção, a mulher fica arrasada e chora, ao que ele, como Caridoso, responde confortando-a e acalentando-a.

Os homens que procuram nas mulheres um remédio para suas carências emocionais podem sentir-se ameaçados ao mesmo tempo pela intimidade e, especialmente, por qualquer sugestão de simbiose. Eles querem manter sua liberdade e, simultaneamente, esperam que as mulheres sempre estejam disponíveis. Embora queiram ter a liberdade de ir e vir e de experimentar a união sexual em qualquer grau de intimidade emocional que possam suportar, se a mulher deixa de estar disponível eles se afastam, ficam amuados e ameaçam abandoná-la até que ela demonstre que está arrependida. Em casos extremos, esses homens talvez cheguem a proibir a esposa de trabalhar, dirigir ou sair com as amigas, especialmente à noite. Eles também podem agir de maneira semelhante em relação aos filhos, particularmente em se tratando de meninas.

Outra versão do Caridoso devorador é o Mártir Sofredor, o tipo de homem ou mulher, por exemplo, que pensa que está sempre se sacrificando em favor dos outros sem nunca obter o devido retorno. Geralmente os mártires têm dificuldade para aceitar ajuda (talvez porque tenham aprendido que "é mais louvável dar do que receber", ou porque têm medo de ficar devendo obrigações se aceitarem alguma coisa que lhes tenha sido oferecida pelos outros) ou têm um baixo nível de amor-próprio ou são deficientes quanto ao arquétipo do Guerreiro, e não conseguem dizer não.

Em qualquer desses casos, os Mártires Sofredores podem usar o sentido de culpa e obrigação que inspiram nos outros para fazer as coisas à sua própria maneira. *As pessoas que são Mártires Sofredores também podem ter interiorizado mensagens sociais segundo as quais elas não têm direito de se autoafirmarem.* Em última análise, eles e as pessoas pelas quais eles se sacrificam acabam aprisionados numa armadilha em que todos fazem coisas para agradar os outros, mas ninguém realmente consegue obter aquilo que deseja ou de que precisa.

Os Mártires Sofredores primeiro precisam desenvolver seus aspectos de Guerreiros e, dessa maneira, atender às suas necessidades de modo mais honesto e direto. As pessoas que vivem em torno desses mártires precisam deixar de permanecer imobilizadas pelo sentimento de culpa, por estarem se beneficiando com os sacrifícios não solicitados feitos a seu favor, e procurar desenvolver o seu próprio lado de Guerreiro a fim de estabelecerem limites e fronteiras.

Quer sejamos homens ou mulheres, nós tendemos a "devorar" os outros – mesmo que de maneira inconsciente – até também podermos encontrar o Caridoso interior, que passa a tomar conta de nós e das outras pessoas. Todavia, se nunca chegamos a receber cuidados adequados (ou se os recebemos em demasia), talvez não saibamos como dispensá-los aos outros.

APRENDENDO A ORIENTAR E A CUIDAR DE NÓS MESMOS E DOS OUTROS

Cada um de nós tem uma criança interior que permanece conosco durante toda a nossa vida. *Se não desenvolvermos o nosso próprio Caridoso interior, iremos sempre depender dos outros para acalentar e cuidar da criança que está dentro de nós.* O Caridoso interior está atento às necessidades dessa criança, observando se ela está sendo magoada ou negligenciada. O Caridoso interior manifesta um amor incondicional por essa criança, não importando o que ela faça. Ele é a parte de nós que toma a iniciativa de sugerir um banho morno, um chocolate quente, a leitura de um bom livro ou alguma outra atividade agradável ou revigorante. Ele também irá nos dar sugestões e nos ajudar a encontrar maneiras de aprendermos a administrar melhor as situações difíceis, de modo que não sejamos tão magoados da próxima vez.

Frequentemente, o estilo do nosso Caridoso interior lembra o de nossos pais ou o de outras figuras paternais. Se nossos pais nos davam algo para comer quando estávamos transtornados, nós podemos nos surpreender comendo ou ansiando por tomar leite e comer biscoitos, ou algum outro tipo de guloseima que os pais usam para confortar as crianças. Se eles nos pegavam nos braços, nós talvez busquemos algum tipo de proximidade física. Se nos acalentavam, mas não nos proporcionavam uma orientação adequada, nós talvez procuremos obter "conforto", mas sem desenvolver novas habilidades. Se eles nos proporcionavam orientação, mas não nos confortavam, pode ser que sejamos bons no que diz respeito a aprender a nos sairmos melhor da próxima vez, mas careçamos da capacidade de consolar a nós mesmos.

Para compensar a deficiência dos cuidados proporcionados pelos nossos pais, nós também assimilamos as imagens idealizadas transmitidas pelos meios de comunicação de massa. Pessoas criadas em famílias desajustadas, por exemplo, têm conceitos irreais e perfeccionistas a respeito do que lhes é exigido como pais porque se orientam pelas figuras parentais idealizadas que aparecem na televisão, nos filmes e nos livros. Para complicar ainda mais as coisas, muitas das representações do Caridoso transmitidas pela televisão aparecem em comerciais, provocando em nós o desejo de comprar coisas. A ânsia de receber cuidados e atenção deságua no consumismo, o qual mascara mas não minora as nossas verdadeiras necessidades. Quando nos surpreendemos ansiando por alimentos, por coisas, bebidas ou dinheiro, precisamos nos comportar em relação a nós mesmos como se fôssemos um pai atencioso e dedicado – temos de descobrir quais são as verdadeiras necessidades que estão por trás de todos esses desejos, imaginar maneiras de minorar a causa original, e/ou encontrar ajuda fora de nós mesmos.

Se o seu Caridoso interior não for muito eficaz, é importante procurar modelos no mundo exterior e moldar conscientemente o seu comportamento com base no deles. A simples implementação desse projeto desperta um saudável interesse da pessoa pelo seu próprio bem-estar. Os bons pais não se limitam a confortar os filhos; eles também ensinam a criança e a ajudam a reconhecer e a desenvolver seus talentos e habilidades. O nosso Caridoso interior pode desenvolver a capacidade de identificar nossas necessidades e descobrir maneiras de nos ajudar a crescer e a nos desenvolver.

Por exemplo: você chega em casa sentindo-se angustiado por ter perdido o emprego e o seu Caridoso interior diz: "Está tudo bem. Por que você não toma um banho quente e relaxa?". Se você tiver um Guerreiro interior saudável, ele irá proteger suas fronteiras dizendo: "Até sentir-se melhor, é preferível não contar nada a ninguém que possa culpá-lo e ficar transtornado", sugerindo pessoas com as quais você poderia sentir-se seguro para conversar. Porém, se o seu Guerreiro interior for mórbido, ele imediatamente dará início a uma guerra contra você, falando de suas inadequações (o vilão, nesse caso) e do quanto ele o avisou de que isso iria acontecer (ou seja, o Guerreiro tentou salvar você de si mesmo).

Nessa altura, se o seu lado Caridoso for sadio, ele irá dizer: "Agora, Guerreiro, vá com calma. Não foi culpa dele/dela. Ele/ela ainda não aprendeu a lidar com um patrão daquele tipo. Amanhã, quando ele/ela se sentir melhor, veremos como isso pode ser aprendido". O Caridoso que existe dentro de nós pode nos ajudar a crescer não apenas nos confortando, mas também cuidando para que aprendamos as lições que podem ser ensinadas por cada desafio ou problema com que nos defrontamos.

Se o Caridoso proporciona conforto mas não contribui para o desenvolvimento da pessoa, ela pode inadvertidamente estar fazendo aquilo que a literatura do tipo "Doze Passos" chama de "capacitação". De acordo com esse tipo de literatura, o companheiro de um alcoólatra ou viciado em drogas frequentemente cuida da pessoa de uma maneira que permite a continuação do vício – basicamente juntando os pedaços e administrando a situação, de modo que o viciado não é obrigado a enfrentar o seu problema. Este comportamento ajuda a mantê-los prisioneiros do vício.

Do mesmo modo, os pais que confortam os filhos mas não os ajudam a aprender com seus erros deixam de estimular o desenvolvimento das qualidades que tornam menos provável a repetição dos mesmos erros no futuro. Todavia, é importante que essa tarefa seja realizada pelo Caridoso – que ao fazê-lo demonstra indubitavelmente uma elevada consideração – e não pelo Guerreiro, para que a criança se sinta apoiada e não atacada.

Níveis do Caridoso

Aspectos Negativos	Mártir sofredor; devora o pai ou a mãe; manipula os outros por meio de um sentimento de culpa; comportamento de capacitação (que ajuda ou contribui para o vício, a irresponsabilidade ou o narcisismo da outra pessoa)
Chamamento	Responsabilidades que implicam dispensa de cuidados a outras pessoas (como a paternidade ou a maternidade, por exemplo); reconhecimento da carência ou dependência de outra pessoa (ou da sua própria)
Nível Um	Conflito entre suas próprias necessidades e as necessidades dos outros; tendência para sacrificar suas próprias necessidades em favor do que os outros precisam ou querem que você faça; resgate
Nível Dois	Aprender a cuidar de si mesmo para que os cuidados dispensados às outras pessoas sejam algo que nos deixa enriquecidos e não mutilados; aprender a ser "exigente" no amor; dar poder às outras pessoas – em vez de fazer as coisas por elas
Nível Três	Disposição para cuidar e para assumir a responsabilidade pelo bem-estar de pessoas (e talvez, também, por animais e pelo planeta) que não sejam nossos parentes ou amigos; construção da comunidade

Uma vez mais, muitos de nossos Caridosos interiores têm dificuldade para realizar suas tarefas e, ou preferem permitir que o Guerreiro assuma (com seu interesse em descobrir quem e o que será considerado culpado) ou, simplesmente, confortam-nos sem solucionar a falta de habilidade que geralmente está na origem da maioria dos nossos problemas. O Caridoso precisa cuidar da criança interior em diversos níveis: a criança pequena precisa simplesmente que a peguem no colo e a confortem; a de 8 anos precisa ser ouvida e receber ajuda para entender aquilo que pensa e sente a respeito do que aconteceu; a nossa criança de 12 anos precisa de algumas ideias não críticas a respeito de alternativas; o adolescente de 16 anos precisa saber que ainda confiamos na sua capacidade de administrar a situação.

A nossa capacidade de tomar conta dos outros também conforta a nossa criança interior – especialmente o nosso Órfão, que acha que não há nenhum lugar realmente seguro no mundo. Na medida em que estivermos amando os outros e lhes proporcionando um lugar seguro para viverem, o nosso Órfão passa a crer na existência desse lugar seguro. Todavia, se cuidarmos dos outros mas não de nós mesmos, esse Órfão irá concluir: "Bem, lugar seguro existe – mas não para mim".

Inevitavelmente, mais cedo ou mais tarde chega o momento em que a criança entregue aos nossos cuidados fica pronta para partir e se desliga de nós. Ela pode partir elegantemente, cheia de gratidão, ou debitar sua partida por conta de nossas inadequações. No último caso, precisamos saber que, para adolescentes, pupilos e outros, é normal que a pessoa se concentre nos aspectos negativos de um relacionamento a fim de encontrar forças para a ruptura. Nesse ponto, atenuamos a nossa dissociação em relação aos nossos pais e mentores vendo as coisas pelo outro lado.

A vivência de ambos os lados estreita o círculo e nos proporciona uma experiência completa. Isso muitas vezes serve para curar o nosso Órfão interior se usarmos a experiência para reconhecer que, na maioria dos casos, pelo menos, nós efetivamente deixamos nossos pais e mentores não por causa de suas inadequações, mas sim porque estávamos prontos para crescer.

Variedade de Cuidados

Cuidar de uma pessoa envolve muitas coisas mais além de orientação e amparo emocional. Isso envolve muitas tarefas quase ocultas no sentido de que a sociedade de modo geral não lhes dá valor. Nós as notamos apenas quando deixam de ser feitas. Na vida doméstica, isso significa lavar a louça e as roupas. Manter limpa e arrumada a casa e fazer os reparos necessários para conservar a habitação em bom estado. Isso também significa atender às necessidades da família, estabelecer ligações com a comunidade e proporcionar-lhe uma vida social e contatos com a unidade familiar ampliada.

Nas empresas isso significa a manutenção das instalações físicas, dos serviços de creche e alimentação, dos cuidados com a saúde e o moral dos funcionários e uma atitude de interesse e preocupação, não apenas com as realizações ou a produtividade dos empregados, mas também com a sua vida enquanto pessoas.

Em termos da sociedade em geral, é a conservação dos edifícios, parques e pontes; a manutenção das relações entre os diferentes grupos sociais; a educação dos jovens; e os cuidados dispensados às crianças, aos doentes e aos idosos. Isso significa uma preocupação no sentido de que os fracos e os menos favorecidos pela sorte não sejam abandonados ou esquecidos.

Nas famílias, empresas e na sociedade como um todo essas funções do Caridoso tendem a ser terrivelmente subvalorizadas. As pessoas que desempenham o papel de Caridosos frequentemente são mal pagas e seus esforços não são devidamente valorizados. Alguns dos maiores Caridosos fazem um trabalho que outras pessoas talvez considerem subalterno. Eles podem varrer o chão, esvaziar urinóis e realizar tarefas clericais rotineiras, embora também contribuam para a atmosfera emocional e a saúde da organização a que pertencem. Frequentemente, as outras pessoas os veem como criados ou serviçais. Não obstante, suas contribuições são de um valor inestimável. De fato, essas pessoas são essenciais e sem elas nossas instituições se desintegrariam.

Elas são também os burocratas que elaboram e fazem cumprir aquelas regras que o nosso Bobo interior odeia, que observam a deterioração da infraestrutura do país e notam que nossas estradas e pontes precisam ser consertadas. Elas são aquelas pessoas que não nos deixam esquecer de que não podemos iniciar novos projetos antes de termos providenciado a manutenção daquilo que já foi construído.

A dispensação de cuidados inicia-se com a atenção para com o corpo e suas necessidades de conforto e sobrevivência física. Isso se estende para incluir cuidados com os sentimentos, o desenvolvimento da mente e os relacionamentos com pessoas, animais, equipamentos e com a própria Terra. Na nossa cultura essas tarefas frequentemente são subvalorizadas e, por isso, nem sempre são realizadas. Além disso, pessoas que delas se incumbem muitas vezes não são reconhecidas ou recompensadas de modo proporcional às suas contribuições.

Essas atividades, pelo menos neste momento da história, constituem um trabalho humilde e invisível, frequentemente subvalorizado ou não reconhecido. Não obstante, elas também têm as suas recompensas, dentre as quais uma das mais importantes é o sentimento de respeito próprio resultante de se fazer o que precisa ser feito, quer isso seja ou não reconhecido. Há uma espécie de nobreza na humildade da função. Saber que você pode ser justo, bondoso e generoso – mesmo quando não recebe nenhuma recompensa por isso ou, até mesmo, é prejudicado por agir assim – desenvolve aquilo que as pessoas costumavam chamar de caráter.

Ampliando as Espirais

Tal como no caso do Guerreiro, os Caridosos podem começar tomando conta apenas de seus próprios interesses – de seus filhos, de seus projetos, de seus bens – e depois aprender a cuidar também dos outros. À medida que adquirem maior maturidade eles também podem passar a dispensar parte dos cuidados necessários a uma comunidade, embora sem assumir total responsabilidade por isso. Nas famílias, grupos e organizações mais sadias geralmente todos os membros estão fazendo a sua parte e, portanto, ninguém precisa assumir sozinho esse fardo. As demandas de cuidados nunca terminam. Existe no mundo tamanha necessidade de cuidados que o funcionamento do sistema exige realmente a contribuição de todos.

Todavia, há um estágio de generosidade ainda mais avançado do que esse. Embora a maior parte de nossos cuidados tenha de ser dispensada no lugar em que vivemos ou trabalhamos, é importante desenvolvermos a capacidade de cuidar das necessidades da comunidade como um todo e nos sentirmos responsáveis por prestar assistência aos membros menos favorecidos dessa comunidade. Esse senso ampliado de interesse e preocupação pode então ser estendido para incluir todo o país e, em última análise, até mesmo o planeta.

É esse Caridoso altamente desenvolvido que, nas palavras do futurista Hazel Henderson, nos manda "pensar globalmente e agir localmente" a fim de cuidarmos do planeta. Nós precisamos nos preocupar com o bem-estar de todas as pessoas e com as condições do próprio planeta e atuar em seu favor no lugar em que moramos e trabalhamos.

O sacrifício em favor do bem comum nunca deve substituir os cuidados com o nosso próprio ser. Os Caridosos devem aprender que a caridade começa em casa e vai se ampliando em espirais de interesse cada vez mais amplas: do indivíduo para a família, a comunidade, o país e, por fim, ao planeta.

O Caridoso e a Identidade

O Inocente, o Órfão, o Guerreiro e o Caridoso – todos nos ajudam a descobrir quem somos. O Inocente nos ajuda a descobrir o que queremos. O Órfão nos causa um ferimento que muitas vezes define o modo do nosso crescimento. O Guerreiro estabelece metas e prioridades, luta por elas e, assim, esforça-se por criar a identidade que escolhemos. O Caridoso aprimora essa identidade pelo sacrifício. O Caridoso que existe dentro de nós quer cuidar de todas as coisas, ser responsável, prestativo e estar presente em todas as ocasiões em que a sua ajuda for necessária. Todavia, não podemos fazer tudo e estar em todos os lugares ao mesmo tempo. Portanto, o Caridoso tem de sacrificar uma coisa em favor da outra.

A vida exige que façamos escolhas. Assim como não têm fim as batalhas que o nosso Guerreiro pode lutar, também não há limites para as necessidades de assistência no mundo – elas partem de dentro de nós mesmos, de nossos entes queridos, de nossas organizações, das causas que abraçamos e de pessoas comuns necessitadas de ajuda. Se fôssemos deuses e deusas – emanações puras dos arquétipos – talvez pudéssemos atender a todas essas demandas. Na qualidade de mortais falíveis, porém, nós não podemos. Assim, somos obrigados a fazer escolhas.

No primeiro nível, nós talvez nos recusemos a assumir a responsabilidade pela realização dessa escolha. O nosso Caridoso simplesmente atende às solicitações de quem quer que esteja chorando mais alto. Ele simplesmente vai atendendo às demandas do ambiente exterior até que a fadiga se estabeleça e a pessoa seja capaz de dizer não por estar exausta, esgotada ou por demais deprimida. Esses Caridosos se sentem totalmente devorados pelo papel.

No nível seguinte, o Caridoso pode recusar-se a dar assistência aos outros enquanto cuida de sua própria criança interior negligenciada. No terceiro nível, o Caridoso dispõe-se a dar sua contribuição em favor de sua família, de sua organização ou de sua comunidade, mas sem assumir todo o fardo sozinho. É nesse ponto que a escolha consciente começa a ser feita e o Caridoso decide dar assistência aqui, mas não ali; amparar esta pessoa, mas não aquela outra; contribuir para esta causa nobre, mas não para a outra.

A grande lição do Caridoso consiste em aprender a estar disposto a doar-se plena e completamente e a desenvolver o refinado autoconhecimento necessário para ter consciência de seus próprios limites e definir suas prioridades. É também essa capacidade de dizer não – mesmo diante da oportunidade de contribuir para alguma causa muito meritória – que, em última análise, permite ao Caridoso recusar as exigências do Ego quando elas entram em conflito com a Alma.

No quarto nível, o Caridoso transforma-se positivamente num mártir disposto a sacrificar a própria vida por amor aos outros. Apenas alguns de nós, como Cristo ou Gandhi, são solicitados a morrer pelos outros, por uma causa ou pela fé; todos nós, porém, somos solicitados a contribuir com nossas extraordinárias dádivas para o mundo, quaisquer que sejam os sacrifícios envolvidos. Esse comportamento quase sempre nos obriga a aceitar a nossa mortalidade. Essa disposição para agir assim nos capacita a desvendar os mistérios descritos na Parte III.

EXERCÍCIOS

Reflita um pouco a respeito de quando, onde, e como a intensidade do Caridoso se manifesta na sua vida.

1. Com que intensidade o Caridoso se manifesta na sua vida? Ele tem se manifestado mais agora do que no passado? Você acha que ele vai se manifestar mais no futuro? Ele se manifesta mais no trabalho, em casa, quando você está junto de seus amigos, ou em sonhos e fantasias?
2. Você tem algum amigo, parente, colega de trabalho, ou conhece alguma pessoa que pareça estar sob a influência do arquétipo do Caridoso?
3. Você gostaria que alguma coisa relacionada com a expressão do Caridoso na sua vida fosse diferente?
4. Como cada arquétipo se manifesta de muitas maneiras diferentes, reserve algum tempo para descrever ou representar de alguma outra forma (por exemplo: desenhe, faça uma colagem, use um desenho de você mesmo numa determinada roupa ou postura) o Caridoso tal como ele se manifesta ou poderia se manifestar na sua vida. Qual é ou poderia ser a sua aparência? Como ele age ou agiria? Em que ambiente ele se sente ou iria sentir-se mais à vontade?

DEVANEIOS

Imagine que você tivesse recursos infinitos para partilhar: tempo, dinheiro, sabedoria. Você não precisa trabalhar e, assim, emprega o seu tempo andando pelo mundo e ajudando os que necessitam de ajuda. Imagine as situações com as quais você se depara, a ajuda que você proporciona e a gratidão daqueles que se beneficiam com a sua generosidade.

Em seguida, expanda a sua fantasia de modo que você também passe a observar determinados limites. Imagine-se também recusando ajuda se isso fosse transformá-lo num Mártir ou o levasse a fazer pelos outros coisas que eles deveriam fazer por si mesmos. Imagine também os outros prosperando porque você não se precipitou em resgatá-los. Por fim, permita imaginar-se cuidando de si mesmo. Seja tão bom para você mesmo quanto foi para os outros.

PARTE III

A Jornada – Tornando-se Real

CAPÍTULO 10

O Explorador

A busca sempre se inicia com uma aspiração. Nós nos sentimos insatisfeitos, confinados, alienados ou vazios. Muitas vezes não sabemos do que é que estamos sentindo falta e simplesmente ansiamos por alguma coisa que não conseguimos definir. Cinderela anseia pela chegada do seu príncipe, Gepetto anseia por ter um filho. Telêmaco procura Ulisses; o príncipe procura um grande tesouro.

O impulso de tentar encontrar o graal, escalar uma montanha em busca de visões, procurar a sabedoria, desbravar novas fronteiras, de alcançar, em todas as áreas da vida, o que antes era impossível, parece ser uma característica da natureza humana. O Explorador responde ao chamamento do Espírito – para ascender.

O EXPLORADOR

Meta: Procurar uma vida melhor ou um modo mais aperfeiçoado de fazer as coisas

Medo: Conformismo, ficar num beco sem saída

Resposta ao Dragão/Problema: Deixá-lo para trás, escapar, ir embora

Tarefa: Ser fiel a uma verdade superior ou mais profunda

Dádiva: Autonomia, ambição

Vida, Liberdade e a Busca da Felicidade

O Explorador procura encontrar um futuro melhor ou criar um mundo mais perfeito. O impulso do Explorador se manifesta no lindo refrão da cerimônia judaica do Sêder, "Ano que vem em Jerusalém", e é representado no desejo de literalmente emigrar para a Terra Prometida.

> Meu escore para o arquétipo do Explorador no IMH é ___ (alto = 30/baixo = 0).
>
> Este é o meu ___ escore mais elevado (mais alto = 1º/mais baixo = 12º).

Um impulso semelhante está presente na colonização do Novo Mundo por pessoas que buscavam liberdade de oportunidades e um meio de alcançar o sucesso. O impulso é voltado para cima e para fora, e a meta é a realização de uma visão utópica. No século XX, John Kennedy usou essa energia ao pretender explorar a fronteira representada pelo espaço exterior e ao criar a "nova fronteira" de programas sociais voltados para a promoção da igualdade de oportunidades.

O sonho utópico de um mundo perfeito está por trás de todos os sonhos de perfeição humana e justiça social. Martin Luther King, Jr., em seu famoso discurso "Eu tenho um Sonho", inspirou a mentalidade utópica que consiste em subir até o topo de uma montanha e retornar com um sonho de igualdade. Nas décadas de 1970 e 1980, o movimento feminista, o movimento do potencial humano e o movimento da Nova Era apelaram para o desejo de liberdade e de expansão das oportunidades e da consciência.

Ninguém está imune ao apelo do desconhecido – quer o imaginemos como o topo de uma montanha, a nova fronteira do espaço exterior ou uma nova sociedade, quer o seu centro de interesse seja a riqueza (a qual, conforme acreditamos, irá abrir todo um novo mundo de oportunidade para nós), a liberdade política ou econômica, a procura de meios para expandir a consciência ou alcançar a iluminação ou Nirvana, ou ainda um simples anseio não especificado de se conseguir alguma coisa mais.

Nós ansiamos por um retorno à época da inocência, antes do Pecado Original. Esse impulso motiva boa parte da nossa busca e de nossos esforços na vida; não importa o que venhamos a conseguir, porém, não ficamos satisfeitos. Nenhum amor, nenhum tipo de trabalho, nenhum lugar e nenhuma realização nos proporcionará o paraíso pelo qual ansiamos, embora isso efetivamente inspire a nossa busca e nos faça seguir em frente.

Todavia, nós podemos satisfazer esse anseio quando nos tornamos reais e damos origem aos nossos verdadeiros *Selves*. Como nos sentimos incompletos, isolados e fragmentados, ansiamos por nos tornarmos inteiros e por estarmos ligados a algo. Embora esse anseio seja projetado na forma de um desejo de alcançar um paraíso exterior, ele somente pode ser satisfeito quando percebemos que o importante é expandir a nossa consciência para além das fronteiras da realidade do Ego.[1] Se não encontrarmos dentro de nós mesmos aquilo que procuramos, não será no mundo exterior que conseguiremos fazê-lo. Para isso, precisamos responder ao chamamento e empreender a jornada heroica.

O Chamamento para a Busca: Ultrapassando o Limiar

Embora o chamamento para a busca possa ocorrer em qualquer idade, ele se manifesta de modo mais nítido no final da adolescência e no início da idade adulta. Essa é a fase da exploração – exploração de novas terras, de novas ideias, de novas experiências – a fase de aprender coisas a respeito do mundo. É a época de viajar, de estudar, de experimentar coisas novas.

Um jovem que no início da vida tenha recebido suficiente apoio para alcançar um saudável desenvolvimento do Ego poderá responder a esse chamamento com entusiasmo, alegria e disposição. Em virtude do entusiasmo despertado pela perspectiva da nova aventura, a alegria pode ser tão grande a ponto de quase eclipsar o medo do futuro e a relutância do indivíduo em abandonar o útero – Mamãe, Papai, a escola. A nova aventura pode ser um curso universitário, um emprego, um casamento, o serviço militar, viagens ou praticamente qualquer coisa que ofereça a oportunidade de se fazer algo realmente novo, algo que a pessoa tenha escolhido por si mesma.

Numa fase posterior de sua vida, você talvez olhe para trás e diga: "Eu só me casei (ou me alistei no exército, ou fui para a universidade) para sair de casa". Qualquer que tenha sido a razão, porém, ela serve como um ponto de partida para a grande aventura de viver a sua própria vida. Embora, ironicamente, as escolhas talvez não tenham sido as ideais, do ponto de vista do Ego foram elas que abriram o caminho para o desenvolvimento da Alma.

O jovem explorador, cujo desenvolvimento do Ego é incompleto, talvez careça da coragem ou da autoconfiança necessárias para empreender uma grande aventura com tanta tranquilidade e boa vontade. A experiência talvez seja repleta de medo, e o primeiro passo à frente poderia assemelhar-se mais a uma volta em torno do quarteirão do que a uma viagem ao redor do mundo. Alguns de nós iniciam a jornada porque, tal como Dorothy, no *Mágico de Oz*, nós nos sentimos Órfãos e queremos conhecer um grande mago para que ele nos ajude a encontrar um lar.

O impulso de vagar pelo mundo ataca tão vigorosamente as pessoas durante a meia-idade quanto na fase de transição para a idade adulta. Como jovens adultos, nós procuramos a nossa verdadeira vocação profissional, o amor verdadeiro, um lugar do qual gostemos o bastante para nele nos fixarmos e uma filosofia de vida que possa nos dar força. Na meia-idade, todas essas questões voltam novamente à superfície (como pode ter acontecido muitas vezes antes). Se somos casados, nós nos perguntamos: "Esta é a pessoa junto de quem quero passar o resto da minha vida?". O emprego ou carreira que antes nos parecia satisfatório pode subitamente parecer pouco compensador, e nós consideramos a possibilidade de trocar de emprego ou de fazer alguma modificação na nossa carreira.

Nós reavaliamos nossas realizações à luz das aspirações da nossa juventude. O fato de nossas ambições anteriores terem ou não se realizado é de fundamental importância para redefinir nossas ambições no contexto da nossa mortalidade. A espiritualidade torna-se mais importante, e nossas posições filosóficas precisam ser reavaliadas depois de reconhecermos que a mortalidade é uma questão não apenas filosófica mas também pessoal.

Para muitas pessoas de meia-idade e um número bastante significativo de jovens, a jornada tem de ser conciliada com responsabilidades conflitantes – filhos, emprego, pagamento de hipoteca, necessidade de cuidar dos pais. Empreender uma aventura parece ser uma coisa impossível. Você quer voltar a estudar, mas tem de trabalhar para mandar os filhos para a universidade. Você quer velejar pelos sete mares, mas precisa pagar a hipoteca.

> *"A autopiedade é uma forma de autodescoberta, de autorrevelação; ela revela os meus anseios para mim mesmo."*
> (James Hillman)

O chamamento varia de pessoa para pessoa. O chamamento sempre se destina a atuar num nível mais elevado ou mais profundo, visando encontrar uma maneira de viver que seja mais significativa e profunda, e descobrir quem você realmente é quando se despe do papel social criado conjuntamente por você e pelo seu ambiente.

Frequentemente, a busca se inicia porque a vida nos parece limitada ou vazia e, assim, sentimos a necessidade de fazer alguma coisa. Nós experimentamos o chamamento na forma de um sentimento de alienação ou de limitação no nosso ambiente atual. Para o Explorador, a questão é de conformismo *versus* individualidade; o ambiente em que vivemos nos parece acanhado demais. Todavia, o nosso desejo de agradar, de nos ajustarmos, de satisfazer as exigências da nossa família, de um grupo de amigos, do trabalho ou da escola ainda é demasiado forte. A maioria de nós sabe que o rompimento das regras tácitas causam as maiores represálias.

No início, nós nos ajustamos para satisfazer os companheiros e as pessoas que ocupam posições de poder, e depois continuamos a fazer isso para garantir o nosso sucesso financeiro, o nosso *status*, e para agradar a família e os amigos. No entanto, o conformismo acaba criando uma tensão entre quem realmente somos por dentro e o comportamento que se espera de nós. Essa tensão é absolutamente necessária para o desenvolvimento. O "ajustamento" é definido pelas maneiras pelas quais as pessoas se assemelham; a individualidade é definida pelas maneiras pelas quais elas diferem umas das outras. Assim, é a nossa própria singularidade – o nosso *Self* – que não se adapta completamente ao meio.

Começamos nossa jornada com uma experimentação um tanto errática, tentando diversas coisas diferentes. Aparentemente, continuamos sendo conformistas, pois somos os únicos a saber que temos uma fonte de individualidade que os outros não veem. Ou, alternativamente, nós somos Rebeldes, definidos quase que exclusivamente com base na nossa oposição ao *status quo*. Em geral, isso significa que a única maneira de manter um senso individual do *Self* é procurar continuamente afirmá-lo e torná-lo visível. Como quer que seja, somos na verdade controlados pelo nosso ambiente.

Quantos de nós já tiveram este pensamento: "Se eu tivesse dito o que realmente pensei, se eu tivesse feito o que realmente queria fazer, eu perderia o meu emprego/minha família/meus amigos"? O Explorador em potencial anseia por algo mais do que lhe proporcionam o emprego, a família e os amigos, mas acredita que, para isso, o indivíduo tem de abrir mão dessas coisas – e, ao menos temporariamente, de certo modo ele tem razão. Para nos abrirmos e nos desenvolvermos temos de abandonar o mundo e as experiências que conhecemos.

Embora isso não signifique a impossibilidade de continuarmos ligados a essas comunidades e, muito menos, a necessidade de abandoná-las fisicamente, isso de fato implica estabelecer algum distanciamento emocional para podermos seguir o nosso próprio caminho e pensar de modo independente.

Muitos de nós nunca sentem que preferimos partir. O nosso Explorador é motivado mais intensamente por um sentimento de alienação. É possível que o nosso cônjuge ou amante nos tenha abandonado, que tenhamos sido demitidos ou que comecemos a questionar uma instituição e nos tenham dito para entrar na linha ou cair fora, ou que estivéssemos envolvidos num relacionamento tão abusivo ou viciante que sentimos necessidade de acabar com ele para nos salvar. Nesses casos, nós talvez nos sintamos especialmente perdidos e despreparados para a jornada.

Muitas vezes nós começamos descobrindo não aquilo que queremos, mas sim o que não queremos. De fato, às vezes entramos numa fase em que estabelecemos um compromisso radical com a nossa própria alma. Nesses períodos, a partida e o afastamento podem ser a tônica de nossa vida. Nós penetramos em cada nova situação ansiosos por verificar se essa é a experiência, a pessoa ou o emprego que irá nos satisfazer. Cada situação que deixa de nos satisfazer é deixada para trás (psicologicamente, pelo menos) e mais uma vez ganhamos novamente a estrada.

O Mito do Êxodo

A analista junguiana Pearl Mindell interpretou a história do êxodo como um mito a respeito da aceitação do chamamento. O território psicológico do Egito é a nossa escravidão à vida que conhecemos. O Faraó é a parte de nosso ser ligada à permanência da mesma situação, e Moisés o nosso novo e heroico *Self* nascente. Quando, apesar de toda a argumentação e o heroísmo de Moisés, o Faraó não autoriza a partida do seu povo, Deus intercede enviando pragas para assolar o Egito. Mindell compara isso àquelas ocasiões em que as coisas vão tão mal que temos de sair de nosso entorpecimento e perceber a seriedade da nossa situação. Todavia, mesmo depois que conseguimos deixar o Egito não encontramos imediatamente o paraíso ou a Terra Prometida que procuramos. Na verdade, vagamos a esmo pelo deserto durante anos, muitas vezes desejando que ainda estivéssemos no Egito.[2]

Durante esses anos de perambulação pelo deserto, temos sorte se algum aspecto da nossa vida permanece estável – talvez um emprego, um relacionamento, uma trilha espiritual. A existência desse elemento estável torna mais fácil a realização de todas as outras alterações requeridas pela alma.

Nessa altura, nós podemos subitamente descobrir um vazio onde antes estava o Ego, e ficamos sem saber exatamente o que desejamos fazer. A única saída nesse caso é a experimentação, tentar uma coisa e outra até que algo desperte o nosso interesse. Para um estudante, pode ser que um determinado curso inesperadamente desperte o seu entusiasmo por algum assunto; outra pessoa pode encontrar um amor, um emprego ou a oportunidade de escalar uma montanha. Às vezes, o senso de desorientação é tão grande que as pessoas têm dificuldade para fazer as escolhas mais simples da vida, reconhecendo que todas as suas decisões têm de ser programadas pelos outros, desde os cereais que come no café da manhã até os programas de televisão a que assiste.

Podemos descobrir a imagem daquilo que estamos buscando se prestarmos atenção à nossa vida fantasiosa. As imagens estão dentro de nós. Quando estamos vagando pelo deserto, é fundamental manter a nossa confiança na jornada e num propósito mais elevado, e saber que o maná irá cair do céu.

Os anseios do nosso coração, porém, estão relacionados a um desejo interior de saber quem somos, no nível da alma, e de sermos parte da grandeza do universo – seja por meio de um grande amor, de um grande trabalho, de uma experiência transcendental, de uma transformação pessoal ou, ainda, alcançando-se a sabedoria. Em idades mais avançadas, talvez comecemos a ansiar por deixar o nosso corpo – especialmente se a nossa saúde tiver começado a piorar – e experimentar algum tipo de vida que possa haver além desta.

Nunca é tarde demais para responder ao chamamento da alma e empreender uma aventura. Frequentemente, experimentamos sem sucesso muitos caminhos, alguns deles até mesmo doentios, antes de encontrar aquele que estamos procurando.

Embora às vezes interrompamos subitamente o compromisso com a nossa jornada, na verdade é demasiado tarde para voltarmos atrás. Quando isso acontece, nós nos tornamos apenas Errantes e não Exploradores – isolados dos outros, com medo de qualquer tipo de intimidade, irracionalmente iconoclastas. Temos de ser independentes, diferentes e de continuar avançando. Nós não podemos nos comprometer nem estabelecer vínculos verdadeiros. Mesmo depois de nos casarmos, no fundo ainda continuamos à espera do nosso príncipe ou princesa. Embora possamos permanecer num emprego, no fundo nós sabemos que ele não é o nosso "verdadeiro" trabalho. De fato, toda a nossa vida parece vazia, e nós ansiamos por um paraíso ou, pelo menos, por algo melhor.

Muitas pessoas nunca se comprometem realmente consigo mesmas ou com sua própria jornada. Somente quando nos tornamos capazes de fazê-lo é que deixamos de ser Errantes e nos transformamos em verdadeiros Exploradores. Quando fazemos isso, a nossa busca modifica-se e torna-se mais profunda. Subitamente, passamos a buscar a autenticidade e a profundidade espiritual, e sabemos que o nosso objetivo não é apenas uma mudança de ambiente – de companheiros, de trabalho, de lugar – e sim uma mudança em nós mesmos. Às vezes essa nova busca começa a ter um caráter espiritual – quer nos sintamos à vontade ou não usando a linguagem religiosa – porque estamos procurando algo que tem um significado profundo e eterno.

No nível mais elevado, o Explorador encontra a verdade que procurava. No mundo real, cada um de nós encontra *alguma* verdade e, desse modo, *todos* podemos ser Exploradores e oráculos, compartilhando nossas questões e descobertas uns com os outros.

A Trilha de Provações

Uma vez que tenhamos tomado a decisão de cruzar o limiar e empreender nossa jornada heroica, passamos por diversos testes que têm por função verificar se estamos adequadamente preparados – se aprendemos as lições do Inocente, do Órfão, do Guerreiro e do Caridoso. Se tivermos aprendido a equilibrar o ingênuo otimismo do Inocente com o pessimismo sistemático do Órfão, teremos a esperteza necessária para saber em quem devemos ou não confiar. Poderemos, por exemplo, saber fazer a distinção entre guias e tentações. Algumas pessoas irão apoiar nossa jornada e nos proporcionar orientação pelo caminho, ao passo que outras tentarão sabotá-la. Se fizermos uma avaliação errada, geralmente seremos remetidos de volta ao nosso Órfão, até que tenhamos uma maior capacidade de discernimento. Se você continua a se envolver em relacionamentos que o oprimem, por exemplo, esse é o teste ao qual está sendo submetido. Você tem todo o tempo de que precisa.

Frequentemente, também nos defrontamos com um grande dragão ou desafio cujo propósito é testar a nossa coragem. Uma vez mais, se falharmos, continuaremos encontrando dragões até que as nossas qualidades de Guerreiros sejam aprimoradas. E iremos encontrar oportunidades para servir e ajudar os outros a fim de demonstrar nossas grandes qualidades como Caridosos. Nos contos de fadas e nos mitos, matar um dragão nos proporciona um tesouro. Ir em socorro de quem precisa de ajuda nos proporciona uma proteção mágica. O mendigo que é ajudado pelo herói do conto de fadas, por exemplo, compartilha um objeto mágico que é de grande valia num momento crucial da jornada. Além disso, saber quando ajudar e quando ficar de fora é uma habilidade fundamental, pois as aparências tendem a ser enganadoras. Se ajudamos os outros por razões relacionadas com o nosso Ego – por questões de autoestima, para "passar" no teste – isso sempre produz um resultado oposto ao que se pretendia. A ajuda deve ser feita espontaneamente, sem se pensar num eventual retorno.

O Explorador vê o chamamento como se fosse um rito de passagem, uma experiência iniciatória do transpessoal, sem o que o verdadeiro Self *não pode nascer.*

BUSCA ESPIRITUAL

De certa maneira, todos os modos de busca se reduzem a um desejo básico de encontrar a autenticidade – dentro do próprio indivíduo, no mundo exterior ou no cosmos como um todo. Para muitos, esse anseio assume a forma de uma busca de Deus. Em todas as épocas e lugares as pessoas deram nomes ao sagrado. Os povos indígenas encontraram o sagrado em totens de animais, na Mãe Terra e no Pai Céu e em seus ancestrais. Muitas culturas – incluindo os gregos, os romanos e os egípcios – foram também politeístas, adorando muitos deuses e deusas. Às vezes a história humana enfatizou o papel de divindades masculinas e, às vezes – especialmente bem no início da história humana – o sagrado assumiu uma forma feminina. A maioria das tradições espirituais encontrou alguma maneira de reverenciar a Unidade e a Diversidade como coisas divinas.

> *"Temos em comum uma terrível solidão. Dia após dia, uma pergunta emerge em nossa mente: estamos sozinhos no deserto do* Self*, sozinhos no universo silencioso, do qual somos parte e no qual nos sentimos como se fôssemos estranhos? É uma situação assim que nos deixa preparados para buscar a voz de Deus."* (Abraham Joshua Heschel.)

Quem sabe pela primeira vez na história humana hoje em dia muitas pessoas não adoram nenhum deus, embora a maioria tenha algo que considera sagrado. Algumas pessoas sentem uma ligação com o sagrado quando estão trabalhando em favor da paz ou da justiça. Outras sentem isso quando estão sendo criativas. Alguns gostam de caminhar em meio à natureza; outros apreciam as tradições de família e aqueles momentos em que uma verdade profunda – a verdade do coração – é expressa. Alguns encontram o sagrado nas relações sexuais em que há um profundo respeito e uma verdadeira intimidade, e outros, ainda, ao observar os processos de nascimento e morte. Em todos os casos, o sagrado está associado a alguns momentos profundamente autênticos, quando estamos sendo "verdadeiros".

Quer nos expressemos em linguagem espiritual ou secular, nosso Explorador não ficará satisfeito até que venhamos a conhecer alguma coisa real e transcendente. O impulso do Explorador nos leva a experimentar o transpessoal. Não é necessário encontrar a maneira absolutamente perfeita de fazê-lo. Basta descobrir um jeito de realizar isso.

Muitos cristãos acham que, para quem não é cristão, torna-se absolutamente impossível aprender alguma coisa a respeito da esfera do transpessoal. Eu conheço judeus que estariam dispostos a aprender coisas acerca do numinoso, não apenas no judaísmo mas também em outras religiões – mas não no cristianismo. Muitas pessoas só conseguem fazer isso quando se usa uma linguagem não religiosa. Para elas, a psicologia junguiana e outras correntes transpessoais podem ser úteis. Muitas mulheres se sentem mais abertas para aprender coisas a respeito de uma Deusa do que acerca de um Deus representado como um ancião de barbas brancas.

As pessoas vivenciam o sagrado de tantas maneiras diferentes que parece bastante razoável concluir que a questão não é a sua existência, mas a nossa capacidade de vivenciá-la. As religiões dos povos primitivos frequentemente permitem que se experimente o numinoso por meio de conversas com ancestrais, com animais, com árvores ou com montanhas. No Havaí, o vulcão ainda é reverenciado como a Deusa Pele.

Por mais estranhas que essas ideias possam parecer para muitos ocidentais criados numa cultura monoteísta, elas na verdade não são heréticas. Quer o indivíduo seja judeu, cristão, budista, hindu ou praticante das variedades mais espirituais de ioga, virtualmente todos concordam que Deus é amor e está em todo lugar. Portanto, pode-se encontrar Deus em todos os lugares e Deus pode se comunicar conosco por quaisquer meios.

Para o Explorador, a questão espiritual não envolve necessariamente o conceito de um Deus transcendente. Ela efetivamente exige, todavia, que determinemos o que valorizamos, o que consideramos sagrado e o que proporciona espiritualidade à nossa vida.

O Aparecimento do Graal

O Explorador interno está em busca de um significado e é simbolicamente representado no mito do graal pelo cavaleiro à procura do Santo Graal. Por mais bem-sucedidos que sejamos na vida, o nosso Explorador interno fica desconsolado se não encontramos um senso de elevado valor e significado em nossa vida.

No século XII, os grandes mitos do graal transmitiam as antigas verdades da busca espiritual. (Veja o capítulo 4 para uma discussão mais completa a respeito.) Os cavaleiros do castelo do Rei Arthur juraram procurar o graal, uma expressão da busca da visão ou da iluminação.

Assim como o Natal, a lenda do graal combina o simbolismo pagão com o cristão. A versão mais comum identifica o Santo Graal com o cálice usado por Jesus na Última Ceia; nele José de Arimateia teria recolhido o sangue e o suor do corpo de Cristo. Dessa maneira, o cálice tornou-se um objeto mágico e sagrado. Na época do Rei Arthur, o graal apareceu em Camelot, dando a todos os comensais "o alimento e a bebida de sua preferência". Há quem tenha dito que esse "era um símbolo do alimento espiritual a ser obtido a partir do graal". Embora muitos cavaleiros saiam em busca de seus poderes, apenas os puros e os bons podem encontrá-lo.[3]

O Explorador interior não se deterá diante de nenhum obstáculo para descobrir a verdade a respeito do cosmos e do significado de nossa vida. Esse impulso é tão forte que, se for necessário, o Explorador está disposto a privar-se de seus relacionamentos e realizações mais preciosos – o lar, o trabalho, os amigos, as pessoas queridas – para empreender essa busca. Quaisquer que tenham sido as coisas horríveis ou degradantes que tenhamos feito na vida, o Explorador interno permanece puro na sua fidelidade à busca. Em níveis mais profundos, a busca do graal representa simbolicamente a busca do nosso verdadeiro *Self*.

Brian Cleeve diz que o graal serve a cada um de nós no momento da morte: "A última coisa que vemos neste mundo, comunicando-nos a dádiva da vida eterna".[4] O Explorador interno está bastante disposto a morrer – literal ou metafisicamente – para conhecer a beleza suprema da verdade cósmica. A questão aqui, porém, não é tanto a morte física mas a disposição de morrer para o nosso antigo *Self*, para dar origem ao novo.

> *"[O graal é] um guia, um conselheiro, um auxiliar. [Ele é] uma porta de entrada para a vida interior, a jornada interior que todos temos de cumprir até o fim, perseguida por perigos e dúvidas, por temores e pela perda de fé. E, como a nossa meta é verdadeira, e não foi maculada pelo mal, o graal permanece à mão como uma luz no deserto."* (John Matthews.)

Mais importante ainda, a busca nos ajuda a descobrir que Deus está dentro de nós. Quando descobrimos essa verdade nós não "desaparecemos num território de onde não é possível retornar; nosso dever é voltar trazendo dentro de nós as dádivas do graal, transformando-nos num cálice, num meio de regeneração e de lembrança para todas as criaturas vivas. Nós nos transformamos no Graal onde os outros poderiam beber, pois encontrar o Graal é transformar-se nele".[5] Isso significa morrer para o próprio egotismo e renascer no amor por toda a humanidade. O Explorador interior é a parte de nós que está disposta a procurar não apenas por nós mesmos, mas por toda a humanidade.

O Lado Negativo do Explorador, Autodestruição e Transformação

Se não respondermos ao chamamento do nosso Explorador interno, talvez o experimentemos em suas formas negativas. O lado negativo do Explorador manifesta-se na forma de uma necessidade obsessiva de sermos independentes, o que nos mantêm isolados. Se o impulso for totalmente rejeitado, ele irá manifestar-se por meio de sintomas físicos e mentais. Conforme James Hillman afirmou eloquentemente, nossas enfermidades são chamamentos dos deuses.[6]

O impulso de subir na esfera espiritual pode manifestar-se negativamente como um desejo de "ficar ligado" mediante o uso de substâncias químicas, da descarga de adrenalina produzida em momentos de crise ou de excitação ou de uma ambição obsessiva e implacável. Embora essa geralmente seja a maneira na qual a ambição é encontrada no mundo – o desejo de galgar a escada do sucesso – essa também pode ser uma ambição espiritual imoderada. A mais apavorante história de ambição espiritual na sua forma negativa talvez seja a de Lúcifer, condenado a habitar o Inferno por querer usurpar o poder celestial. Lúcifer significa "portador da luz" e, de algum modo, a sua busca por mais luz faz com que ele seja condenado à escuridão extrema porque ele não quer apenas subir: ele pretende ser melhor do que os outros. A forma negativa do arquétipo de Explorador manifesta-se frequentemente pelo orgulho.

Muitos mitos nos advertem de que a ambição espiritual é perigosa, e não apenas em suas formas negativas. O Explorador é o arquétipo de transição do Ego para a Alma, e frequentemente são apenas as aspirações do nosso Ego que motivam as nossas buscas. Prometeu, por exemplo, rouba o fogo dos Deuses e, como castigo, é amarrado a um rochedo e tem o seu fígado continuamente devorado por aves. Dédalo adverte seu filho Ícaro para não voar demasiado alto, mas este, por orgulho ou simplesmente pela imprudência própria do Explorador ambicioso, chega muito perto do Sol, que derrete as asas de cera e faz com que ele se precipite no mar.

Todavia, as histórias de Lúcifer e de Ícaro, por si sós, não desencorajam a busca. Elas simplesmente nos advertem para os perigos da presunção e do orgulho – voar mais alto do que nos permitem nossas habilidades ou direitos. A tentativa de subir não é punida nessas histórias e, sim, a presunção e a desatenção para com os limites apropriados.

Transcendência e Morte

O desejo de transcender, que motiva todas as aspirações, parece ser tão permanente quanto a necessidade humana de alimento, de água, de ar e de calor. De fato, em grande número de casos ele é tão forte que muitas pessoas irão colocar em perigo essas necessidades humanas básicas no interesse da transcendência. Os grandes artistas arriscam sua saúde para buscar o sublime na sua arte; os grandes místicos jejuaram, usaram camisas de cilício e submeteram o corpo a outros tipos de maus-tratos ou privações em favor do espírito; alpinistas arriscam a vida para alcançar o topo; atletas ignoram os ferimentos e continuam competindo para alcançar o que, até então, não havia sido atingido; eruditos tornam-se pálidos e adquirem ombros curvados de tanto viver em bibliotecas buscando o conhecimento.

Níveis do Explorador

Aspecto Negativo	Ambição excessiva, perfeccionismo, orgulho, incapacidade para assumir compromissos, propensão para entregar-se a vícios
Chamamento	Alienação, insatisfação, sensação de vazio; surgimento de oportunidades
Nível Um	Exploração, perambulação, experimentação, estudo, tentativa de fazer coisas novas
Nível Dois	Ambição, galgar a escada do sucesso, aperfeiçoar-se ao máximo
Nível Três	Busca espiritual, transformação

Nos dias de hoje, muitas pessoas só experimentam a transcendência por meio do trabalho. Entregar-se totalmente a um trabalho de que você goste pode produzir um estado de excitação. Porém, em muitas atividades e profissões é comum o indivíduo trabalhar muitas horas a mais do que seria aconselhável do ponto de vista físico, psicológico e espiritual.

Numa sociedade materialista e secular, a montanha a ser escalada muitas vezes é o sucesso profissional. Assim como os monges e freiras usavam camisas de cilício, jejuavam e submetiam o corpo a outros tipos de maus-tratos e privação de conforto para alcançar a transcendência, o homem moderno considera normal a necessidade de comprometer a sua própria saúde em favor do graal do sucesso. Embora a dedicação excessiva ao trabalho – tão disseminada na nossa cultura – seja uma atitude indesejável e pouco sadia, a sua motivação não o é; muitas pessoas estão descobrindo maneiras mais satisfatórias de alcançar a transcendência.

À medida que ambicionamos nos tornar cada vez mais bem-sucedidos, mais prósperos e a assumir um controle cada vez maior sobre a nossa existência – viver a vida num nível de abundância material e de liberdade pessoal que antes nunca se julgou possível – nós comprometemos a nossa saúde e a saúde do planeta. Culturalmente, o arquétipo do Explorador está nos possuindo na sua forma negativa.

Depois que somos dominados pelo Explorador, iremos prejudicar o nosso corpo, sacrificar nossos relacionamentos mais queridos e pôr de lado quase que inteiramente a prudência na tentativa de nos tornarmos maiores do que somos. A jornada implica ampliação das fronteiras daquilo que podemos conhecer, vivenciar, ser e fazer. Em resumo, somos como que uma semente em processo de germinação, pronta para se abrir e dar origem a uma nova vida; fazer isso, porém, significa romper o invólucro anterior. Passamos por isso em qualquer grande ruptura em nossa vida e também por ocasião da morte.

Todavia, a ligação entre o arquétipo do Explorador e a morte também existe na forma positiva do mito. O poema de Adrienne Rich, "Fantasia para Elvira Shatayev", por exemplo, foi inspirado por uma equipe de alpinistas russas que pereceu durante uma tempestade no pico Lênin, em agosto de 1974. Ele ilustra o chamamento simultâneo para a transcendência e para a morte. A morte dessas mulheres no topo da montanha não foi um acontecimento trágico. Na verdade, foi o ponto culminante da vida delas. Shatayev diz que se preparou durante meses para essa subida, deixando para trás o mundo de baixo, que ela considerava perigoso porque no mundo comum cada uma delas estava aprisionada no seu isolamento. No topo da montanha elas alcançaram a transcendência.[7]

A morte é um preço baixo a pagar pela total realização do indivíduo e de suas capacidades numa comunidade humana e natural. O objetivo final do Explorador é a realização do *Self* pela transcendência – sermos plenamente o nosso melhor *Self* e estarmos integrados ao cosmos.

Em algumas religiões orientais, a meta da prática espiritual é transcender o corpo e o espírito e, por fim, promover a união com Deus. Isso significa basicamente a eliminação de qualquer sentimento de Ego individual e a completa integração da Unicidade. Isso assemelha-se à meta cristã de alcançar a imortalidade e permanecer eternamente ao lado de Deus. Essa é a meta do Espírito.

A ligação com a morte, portanto, existe não apenas na forma patológica mas também na forma positiva do arquétipo e, virtualmente, em toda a região intermediária entre uma forma e outra. A busca é o chamamento do Espírito para experimentarmos o renascimento e a transformação, para morrermos para o antigo e renascermos para o novo. Assim, em algum ponto da jornada, todo Explorador transforma-se num Iniciado.

Do Explorador ao Iniciado

A transformação da lagarta em borboleta tem sido tradicionalmente o símbolo de uma transformação espiritual tão extrema que parece transformar uma espécie em outra. Ela simboliza o final da vida apenas no nível do Ego e do físico e o renascimento para uma vida fundamentada no Espírito.

Atualmente, muitas pessoas canalizam seu desejo de ascender para diversos tipos de realização – acadêmicas, atléticas e profissionais. Inicialmente, isso é muito positivo e saudável, e exatamente o que os adolescentes e jovens deveriam estar fazendo. Conquistar metas, viajar e conhecer o mundo são necessidades da juventude. Assim, o arquétipo do Explorador contribui para o desenvolvimento do Ego. Mais cedo ou mais tarde, porém, à medida que nos desenvolvemos e amadurecemos, o arquétipo se manifesta novamente num nível mais profundo e mais claramente espiritual. É nesse ponto que o chamamento do Espírito exige que a pessoa tenha a capacidade de transcender o *Self* e de experimentar a unicidade cósmica, uma experiência que traz consigo a capacidade de renascer para a vida na condição de um ser espiritual.

Essa transformação exige mais do que uma busca diligente. Para que uma verdadeira transformação possa ocorrer, temos de morrer para o nosso antigo *Self*. Assim, o capítulo seguinte descreve o arquétipo do Destruidor e o modo como ele promove nossa iniciação na esfera da Alma.

EXERCÍCIOS

Reflita um pouco a respeito de quando, onde, e como a intensidade do Explorador se manifesta na sua vida.

1. Com que intensidade o Explorador se manifesta na sua vida? Ele tem se manifestado mais agora do que no passado? Você acha que ele vai se manifestar mais no futuro? Ele se manifesta mais no trabalho, em casa, quando você está junto de seus amigos, ou em sonhos e fantasias?

2. Você tem algum amigo, parente, colega de trabalho, ou conhece alguma pessoa que pareça estar sob a influência do arquétipo do Explorador?

3. Você gostaria que alguma coisa relacionada com a expressão do Explorador na sua vida fosse diferente?

4. Como cada arquétipo se manifesta de muitas maneiras diferentes, reserve algum tempo para descrever ou representar de alguma outra forma (por exemplo: desenhe, faça uma colagem, use um desenho de você mesmo numa determinada roupa ou postura) o Explorador tal como ele se manifesta ou poderia se manifestar na sua vida. Qual é ou poderia ser a sua aparência? Como ele age ou agiria? Em que ambiente ele se sente ou iria sentir-se mais à vontade?

DEVANEIOS

Permita-se sonhar com pastagens mais verdes, onde você preferiria estar. Talvez elas sejam outro lugar, outro emprego, outro companheiro ou companheira, outro modo de vida. Em seguida, imagine de que maneira você teria de mudar para poder viver a sua fantasia. Você está disposto a realizar essa transformação?

CAPÍTULO 11

O Destruidor

Dispomos de tantas maneiras diferentes de nos "anestesiarmos" em relação às nossas experiências – consumismo, televisão, álcool e drogas – que muitas vezes é preciso que o medo venha nos despertar. Mais cedo ou mais tarde, a perda, o medo ou a dor transformam a nossa jornada numa iniciação. A busca é um processo ativo; sentimo-nos como se tivéssemos optado por ela. Porém, a iniciação especialmente sob o domínio do Destruidor, nos é imposta.

O DESTRUIDOR

Meta: Crescimento, metamorfose
Medo: Estagnação ou aniquilação; morte sem renascimento
Resposta ao Dragão/Problema: Ser destruído por ele ou destruí-lo
Tarefa: Aprender a renunciar, modificar-se, aceitar a mortalidade
Dádiva: Humildade, resignação

A experiência da iniciação pode ser desencadeada pela morte de um filho, de um companheiro, de um ascendente ou pela súbita consciência da mortalidade.[1] Ela pode ser precipitada por um sentimento de impotência ou pela descoberta de que todas as coisas em que você confiou, pelas quais trabalhou ou tentou construir na vida resultaram em nada. Este pode ser um encontro com a injustiça. Você tem sido bom, disciplinado, trabalhador e afetuoso; em troca disso, você recebe um pontapé no estômago.

Nós sofremos um golpe duplo: não apenas temos de reconhecer nossa mortalidade e nossos limites, como também somos forçados a fazê-lo num contexto em que a própria vida não tem nenhum significado intrínseco. Já é bastante ruim saber que você vai morrer. No entanto, tomar consciência disso e ainda sentir que a sua *vida* não tem nenhum significado é algo difícil de suportar. Muitas vezes, porém, a solução para o dilema não é deixar de reconhecer a nossa mortalidade, mas dar significado à sua própria vida exatamente pela aceitação da inevitabilidade da morte.

> Meu escore para o arquétipo do Destruidor no IMH é ____ (alto = 30/baixo = 0).
>
> Este é o meu ____ escore mais elevado (mais alto = 1º/mais baixo = 12º).

Todos nós morremos. Embora possamos ou não acreditar numa vida após a morte, todos temos de tratar de viver esta nossa vida terrena e mortal, com suas belezas e vínculos. A transitoriedade faz com que reconheçamos o quanto ela é preciosa. A consciência da mortalidade pode nos livrar de uma preocupação excessiva com o sucesso, a fama e a fortuna, pois ela nos faz lembrar do que realmente importa.

Quer acreditemos ou não numa vida após a morte, enquanto não pararmos de negar a realidade da morte, ela inevitavelmente nos possuirá. Sigmund Freud compreendeu que, na vida humana, Tânatos é uma força tão poderosa quanto Eros e que, assim como no caso deste, sua existência não pode ser negada. Se isso não acontecesse, por que as pessoas continuariam a fumar sabendo que esse hábito pode apressar-lhes a morte? Por que alguém continuaria num emprego extremamente estressante? Por que uma pessoa manteria um relacionamento no qual é maltratada pelo parceiro? De certo modo, muitos de nós, na verdade, optamos inconscientemente pela nossa própria morte pela maneira como vivemos e pelas nossas maneiras específicas de autodestruição.

Não há nenhuma maneira de escapar da morte e, para a maioria das pessoas que conheço, não existe nem mesmo um jeito de escapar completamente de algum tipo de comportamento autodestrutivo. Mesmo pessoas que proclamam com veemência sua disposição de renunciar a comportamentos manifestamente viciosos geralmente continuam viciadas a algumas de suas formas socialmente aceitáveis, tal como a obesidade, a promiscuidade e a ganância. Os seres humanos parecem incapazes de se dissociarem completamente do Destruidor. A questão acaba resumindo-se em saber quem acaba destruído e por quem.

Os cientistas nos dizem que a entropia, a tendência para um nível de desordem cada vez maior é a ordem natural do universo. A vida impõe ordem a um universo desordenado; a entropia trabalha contra essa ordem, uma ideia aceita por muitas religiões que veneram deuses e deusas tanto destruidores como criadores. Na Índia, por exemplo, a deusa Kali foi adorada como promotora da morte e da destruição. O cristianismo tende a atribuir o poder de morte e destruição ao Diabo, uma entidade espiritual contra a qual deveríamos resistir e que, se possível, deveria ser derrotada e não reverenciada. Todavia, talvez seja o contrato subliminar com a morte que torna tão difícil para as pessoas evitar o contato com aquilo que normalmente consideraríamos um mal – a morte, a destruição, a autodestrutividade.

A Negação da Morte

Tudo o que rejeitamos em nossa mente consciente irá nos possuir. A recusa em enfrentar as maneiras pelas quais todos lidamos com a morte significa apegarmo-nos à inocência – que é, essencialmente, uma posição ditada pelo Ego – e negar a Alma. E isso significa também sermos o agente involuntário daquilo que negamos. Frequentemente, somos possuídos pela morte e pela confusão.

A maioria de nós, individualmente – e a sociedade, coletivamente –, afirma estar comprometida com o ideal de promover a vida e a prosperidade e de transformar este mundo num lugar melhor para se viver. Todavia, nossas taxas de mortalidade infantil são espantosamente altas, o alcoolismo e o uso de drogas atingem proporções epidêmicas e o consumo de gorduras, açúcares e de alimentos com muita caloria e poucos nutrientes representa uma ameaça para a saúde de crianças e adultos. Estamos poluindo o ar que respiramos, a água que bebemos, os alimentos que comemos, e também continuamos a armazenar lixo radioativo e outros materiais tóxicos em recipientes que são menos duráveis do que o seu perigoso conteúdo. A generalizada negação da morte certamente nos transformou em seus aliados involuntários. O nosso Ego gosta de ver Deus como um pai benevolente, poderoso o bastante para tomar conta de nós, de modo que nunca, por mais velhos que fiquemos – tenhamos de nos arranjar sem um Caridoso cósmico. Essa é uma parte importante da religião e da espiritualidade, e essa crença ajuda a nossa criança interior a sentir-se suficientemente segura para crescer. Todavia, quando adotamos uma posição própria de criança diante do mundo, o sagrado frequentemente é visto apenas como um agente que satisfaz as nossas necessidades humanas.

O Ego infantil afirma querer acreditar que Deus irá nos proteger dos muitos perigos que vemos à nossa volta, e nos manter seguros em nossos próprios termos. Entretanto, a ênfase na segurança sempre conduz à negação, que por sua vez resulta na insensibilidade psicológica.

Codificada no interior de nossa Alma há uma atração pela morte que é fundamental para a metamorfose. Todavia, a realidade da morte e da perda suscita questões teológicas difíceis. Annie Dillard, por exemplo, compara a jornada mística a uma mariposa atraída por uma chama. Ela descreve o modo como, numa determinada noite, uma mariposa voou para dentro da chama de sua vela. Tratava-se de uma linda mariposa fêmea, grande e dourada, com cerca de cinco centímetros de envergadura de uma ponta a outra das asas. Primeiro, o abdômen da mariposa ficou preso na cera e, depois, o fogo começou a consumir o seu corpo, restando apenas a casca, que começou e passou a funcionar como um pavio. Dillard observou-a queimar durante duas horas, até que "a apaguei soprando... sem tirá-la do lugar – ela apenas continuou a queimar por dentro, como um fogo vislumbrado através de buracos numa parede, como um santo oco, como uma virgem sacrificada numa fogueira em homenagem a um Deus".

Dillard prossegue relatando a história de Julie Norwich, uma adorável garota que ficou horrivelmente queimada num acidente e que estava tentando conciliar essa tragédia com o conceito de um Deus amoroso. Deus, observa ela, "é maluco... Quem sabe o que Deus ama?".[2] Não obstante, a resposta de Dillard ao reconhecimento da crueldade que existe na raiz da existência humana não significa renunciar a Deus ou considerá-lo morto, mas sim afirmar o sagrado em toda a sua integridade – incluindo os horrores que ela relata.

Julie Norwich, conjectura ela, será submetida a uma cirurgia plástica e, certamente, deverá levar uma vida normal. "Eu serei freira no seu lugar", disse ela a Julie; "É o que sou". Para a consciência do Ego, essa afirmação chega a ser quase masoquista; todavia, a Alma conhece o seu significado, pois ela deseja amar a vida, Deus, o *Self* e os outros em sua plena realidade, e não simplesmente a versão embelezada da vida, feita pelo Ego.

Entender os mistérios quase sempre requer um encontro com o medo e o reconhecimento de que a realidade última do universo não é assim tao bonita, bem arrumada e sob o controle humano. Quer a experiência seja uma paixão sexual ou o mistério do nascimento ou da morte, ela é parte do ciclo da natureza e, para o Ego, é algo caracteristicamente complexo, profundo e ameaçador.

Cada um de nós tem dentro de si um Destruidor que está aliado à morte, que ama a morte. É esse aspecto negativo do Destruidor que, no mundo moderno, tenta destruir a Alma tendo em vista os objetivos do Ego. O Destruidor tenta salvar o nosso Ego atacando a Alma para defender a nossa identidade. Em última análise, o Destruidor também irá atacar as nossas defesas, abrindo as portas para encontrarmos o nosso *Self* mais profundo.

SOFRIMENTO: SEU SIGNIFICADO E FUNÇÃO

O Destruidor é fundamental para a metamorfose. Se esse fosse o único papel do Destruidor, ele pareceria razoavelmente benigno, e poderíamos nos pôr à vontade diante da beneficência básica do universo. Todavia, o Destruidor frequentemente ataca de maneiras que parecem simplesmente irracionais e despropositadas.

Algumas pessoas acham que a crença no karma e na reencarnação explica satisfatoriamente o sofrimento e a injustiça, defendendo a ideia de que, na verdade, não haveria nenhuma injustiça visto que as dificuldades desta vida seriam resultado de crimes cometidos numa vida passada. John Sanford, em *Evil: The Shadow Side of Reality*, discorda dessa tese: "Para aquele que já contemplou os horrores cometidos em Dachau e Auschwitz... parece um insulto à sensibilidade humana sugerir que as vítimas dessas barbaridades estavam sofrendo o karma que mereciam em decorrência de suas vidas anteriores."[3]

Muitos aspectos da vida humana, tal como os conhecemos, desafiam qualquer senso de justiça em termos de sentimento humano. Quer se trate de bebês subnutridos, de crianças violentadas, de pessoas submetidas a torturas brutais ou vítimas dos assim chamados "atos de Deus", tais como erupções vulcânicas, terremotos, secas, inundações ou fome coletiva aguda, o senso de irracionalidade continua o mesmo. Qualquer justiça kármica existente nessas experiências não será encontrada num nível racional, mas sim num nível mais profundo do mistério cósmico.

O vazio que o Destruidor deixa em sua esteira é mais profundo e debilitante do que o abandono experimentado pelo Órfão. *No auge da vida o Destruidor ataca as pessoas que têm uma identidade plenamente desenvolvida e confiança na sua capacidade de lidar com os problemas.* Ele não se manifesta como um castigo por mau procedimento; na verdade, a história bíblica de Jó representa um caso típico desses infortúnios aparentemente injustos e não provocados.

Jó era um homem bem-sucedido – em termos pessoais, sociais, econômicos e éticos. Era um homem rico, generoso e bom; no entanto, tudo lhe foi subtraído – seus bens, seus filhos e até mesmo o seu bom nome. O Destruidor ataca a bem-sucedida *persona* que criamos (não cabe aqui discutir se ela é ou não bem-sucedida socialmente) e, na melhor das hipóteses, abre caminho para a criação de alguma coisa nova. No caso de alguns místicos, a destruição abre caminho para o sagrado, e eles nunca retornam para nada parecido com a vida que levavam antes. No caso de Jó, depois do esvaziamento veio a recriação de sua *persona* social, que foi completada com novas riquezas e filhos. Jó não retornou para a sua vida antiga, como se jamais tivesse experimentado um senso injustificado de perda e mutilação; ele foi permanentemente modificado pelo seu encontro com os mistérios.

Na história de Jó, muitas pessoas tentam explicar o que aconteceu a ele em termos de causalidade. Ele deve ter feito alguma coisa errada, argumentam eles, ou ainda, conforme sugere sua esposa, Deus de algum modo cometeu um erro e Jó deveria amaldiçoá-lo e morrer. A questão é que os mistérios nunca são culpa de ninguém. Isso significaria que, se pudéssemos imaginar a resposta, poderíamos controlar o resultado e eliminar a morte, a dor, a injustiça e o sofrimento. A aceitação de sua existência como um fato da vida e a nossa aversão humana a essa realidade nos permite conhecer os mistérios e seguir em frente, procurando tanto quanto possível combater a injustiça e o sofrimento.

O ciclo do mistério pode ser interpretado, não em termos do argumento causal (quem é o culpado?), mas sim de um argumento utilitário (para que serve o sofrimento?). Talvez cada um de nós seja encarnado – e viva os mistérios do amor, do nascimento e da morte – como uma iniciação a um nível mais elevado da existência, no qual sejam criadas as oportunidades para que o potencial sagrado do inconsciente molde uma expressão individual do divino na forma humana.

Embora não esteja entre os objetivos deste livro fazer considerações a respeito da natureza de Deus ou da imortalidade da Alma, é fundamental reconhecer que frequentemente a experiência do infortúnio é sentida como se fosse um desmembramento. Pode-se começar com os sobreviventes do Holocausto, com membros de famílias desajustadas, especialmente aquelas pessoas que foram violentadas ou espancadas na infância, pessoas que têm Aids ou sérios problemas com o câncer, necessitando de tratamentos penosos, e com pessoas que se viram no fundo do poço por causa do uso de drogas. Existem pessoas que perderam um filho querido; um cônjuge com quem dividiram a vida durante muitos anos; o acesso a uma carreira que lhes proporcionava alento e um sentimento de identidade. Além disso, há o curso "normal" da vida, o qual vai da saúde e vitalidade da juventude até as enfermidades e fraquezas da velhice.

O Ego frequentemente protege a criança que está em processo de desenvolvimento, evitando que ela tenha de lidar prematuramente com acontecimentos demasiado terríveis para serem enfrentados pela consciência de uma criança. Ele reprime as experiências em que a criança foi negligenciada, sofreu maus-tratos físicos ou emocionais, estupro, incesto e assim por diante. Em algum momento da vida, quando o adulto tiver alcançado um desenvolvimento do Ego suficientemente avançado para não ser destruído ao enfrentar a realidade desses acontecimentos, as lembranças começam a vir à tona. As lembranças excessivamente destruidoras podem causar uma disfunção temporária.

Se o trauma for relativamente brando, ele pode ser facilmente assimilado num processo terapêutico.

O Destruidor está em ação quando estamos levando a nossa vida normal e, subitamente, embora os atos continuem sendo os mesmos, seu significado desaparece. De repente tudo parece desprovido de sentido.

Quando a destruição provém de forças externas, sentimos a nossa impotência – somos capturados pela mão do destino. Se temos câncer ou Aids, talvez venhamos a sentir que o nosso corpo ou desejo juntou-se ao outro lado. Isso nos leva a perceber que não somos apenas vítimas inocentes, e que a morte, o mal e a crueldade vivem dentro do *Self*. Para o indivíduo, o conhecimento de que a sua morte vive dentro dele constitui uma poderosa experiência do lado negativo do arquétipo.

Essa experiência tanto pode ser transformadora como frustrante. Às vezes, nossas muralhas desmoronam e nós sucumbimos à loucura ou ao cinismo; todavia, quando conseguimos fixar a experiência, podemos renunciar ao antigo e nos abrir para o novo. As pessoas que revivem os traumas da infância durante a terapia, por exemplo, ficam livres do entorpecimento emocional causado pela negação e renascem para uma nova vida de autenticidade. Pessoas que sofrem de doenças que podem levar à morte quase sempre abrem mão dos vínculos que não lhes são essenciais. Às vezes o sofrimento, a dor e a doença fazem com que nos abramos para o poder de cura da graça divina. Embora muitas religiões reclamem o monopólio dessa experiência, a iluminação e a cura não são privilégio de uma única religião ou mesmo da religião. Se fosse fundamental pertencer a uma determinada religião para receber essa graça ou cura, os programas de Doze Passos não funcionariam. Na verdade, em todas as partes do país existem usuários de drogas, alcoólatras e pessoas presas a outros vícios que experimentam a graça e a cura quando entregam a vida a um "poder superior", mesmo se não tiverem uma clara compreensão a respeito do que ou de quem esse poder superior possa ser.

Com frequência, o sofrimento nos faz abrir mão dos vínculos do Ego. Estamos presos à nossa saúde, às nossas riquezas, lares, atitudes e às pessoas a quem amamos. Às vezes precisamos renunciar ao antigo para nos abrirmos a fim de aprender alguma coisa nova. Embora possamos fazer isso de bom grado, relutantemente ou contra a nossa vontade, o resultado é o mesmo. A entrega ao amor frequentemente significa experimentar uma sensação de perda e impotência. Cada vez que nos comprometemos com algo, estamos simultaneamente abrindo mão de outras opções e nos deslocando do universo infinito das possibilidades para o mundo finito da vida mortal. Aí não temos mais a nossa liberdade. Uma mulher que conheço e respeito apaixonou-se por um homem apenas para descobrir que ele era um alcoólatra. Boa parte da sua vida, a partir de então, passou a ser dedicada à recuperação dos dois, ele entrando para os Alcoólicos Anônimos e ela para a Al-Anon. Isso fez com que uma parcela do tempo dos dois tivesse de ser desviado das preocupações com o sucesso e a realização profissional, e ela teve de renunciar a uma parte de sua ambição. Um homem que conheço casou-se com uma mulher que, pouco depois do casamento, descobriu que tinha um câncer terminal. Em vez de fazer muitas das coisas que tinha planejado, ele ficou ao lado dela durante o processo da sua morte.

As pessoas reagem de maneira diferente diante da sensação de impotência que se manifesta nessas situações. Algumas pessoas simplesmente se privam do renascimento que ocorre depois da morte porque ficam repisando sua amargura. É importante sentir plenamente a raiva e o desgosto causados pelo sofrimento e, depois, deixar transcorrer um tempo suficientemente longo para podermos ver a nova realidade de outro ângulo. As crenças que nos reasseguram de que tudo está sob controle podem ser úteis.

Em determinado momento da nossa vida, o Destruidor interior ou exterior nos ataca e nos deixa completamente vazios e humilhados. Ele nos "fere" e, através dessa abertura, conseguimos ter a capacidade de experimentar novas realidades.

A maioria das religiões nos ensina a acreditar que Deus detém o controle dos acontecimentos e tem em vista os nossos melhores interesses. Muitas pessoas acreditam que cada um de nós, num nível mais profundo (talvez no nível da Alma), escolhe tudo o que nos acontece, e que fazemos isso com sabedoria, tendo em vista o nosso crescimento e desenvolvimento (muito embora nossa mente consciente, o nosso Ego, talvez não possa compreender por que razão escolheríamos alguns dos mais difíceis desafios da vida). Ambas as crenças ajudam o Ego a reduzir a sua própria influência; elas lhe reasseguram que, muito embora ele possa sentir que perdeu o controle sobre os acontecimentos, alguma força benevolente se encarregou disso. Essas crenças nos permitem experimentar os mistérios com menos medo e sofrimento.

Ironicamente, o grau de visão, de espírito ou de graça que recebemos parece estar relacionado com o quanto nos tornamos vazios. É por isso que a maioria das religiões considera que o sucesso terreno (no nível da *persona*) e o sucesso do Espírito estão em campos opostos, e que os místicos e ascetas fazem votos de castidade, pobreza e obediência. A virtude associada ao Destruidor é a humildade.

O Mito e suas Funções

A chave para a jornada do herói é a disposição do indivíduo para sacrificar e ser sacrificado em favor do aperfeiçoamento do mundo. Cristo, Dioniso e Osíris se sacrificaram para que outros pudessem ter uma vida melhor. Esse sacrifício é necessário por diversas razões: ao enfrentar nossos piores temores, nós nos libertamos de nossos vínculos; quando nos dispomos a passar por uma transformação, despertamos um sentimento de compaixão por nós mesmos e pelos outros.

O livro de Sylvia Brinton Perera, *Descent to the Goddess: A Way of Iniciation for Women*, relata o mito da deusa Inanna, que renunciou espontaneamente a todo o seu poder para descer aos infernos e passar pela iniciação. Durante a descida ela é despojada de todos os seus pertences, joias e roupas, chegando ao destino completamente nua. Ela então é destituída de sua própria vida e seu corpo é pendurado para apodrecer.

Tal como acontece a todos nós quando o Destruidor desce, Inanna está indefesa. Ela não pode salvar a si mesma, cabendo a outra pessoa fazer isso por ela. Ela é salva pelas boas graças de Enki, o deus da terra, que cria e envia em seu socorro duas criaturas (feitas a partir da sujeira de suas unhas) cujo principal atributo é a empatia. Essas criaturas demonstram simpatia e compaixão pela rainha dos infernos, Ereshkigal (que está sofrendo as dores do parto) e são recompensadas com o cadáver de Inanna, um processo que Perera compara ao renascimento por meio da empatia, um fenômeno típico da terapia. Inanna finalmente renasce quando são espargidos sobre ela o alimento e a água da vida.[4]

O herói (Cristo, Inanna), indo à frente e mostrando-nos que precisamos morrer, mas que a morte sempre é seguida pelo renascimento, nos proporciona a coragem necessária para prosseguirmos em nossa jornada mesmo quando isso significa ter de penetrar nos infernos.

O Destruidor com Mil Faces

Embora o herói tenha o propósito de promover o equilíbrio entre o Ego, o *Self* e a Alma, muitas pessoas, em diferentes épocas e lugares, procuraram desenvolver a Alma à custa do Ego e do *Self*. Isso frequentemente significou a renúncia aos bens e relacionamentos terrenos em favor de uma vida espiritual monástica.

Porém, para a maioria de nós a renúncia não é assim tão completa. Nós queremos uma vida equilibrada, que inclua tanto o sucesso mundano quanto o desenvolvimento da alma ou do espírito. Mesmo assim, nós podemos nos beneficiar das técnicas de meditação, aperfeiçoadas por místicos e ascetas, as quais nos ajudam a nos esvaziar e nos abrir sem precisar passar por uma experiência de perda. O esvaziamento nos liberta dos arrependimentos do passado e das ambições ou temores do futuro.

Aqui o Destruidor transforma-se em nosso aliado. Aprendemos a renunciar a todas as coisas que não contribuem mais para a nossa jornada. Além do mais, conforme Stephen Levine explica em *Who Dies?*, todas as perdas da vida, grandes e pequenas, são ensaios da morte. Em outras épocas e lugares, a prova de uma vida bem vivida era a capacidade de morrer com dignidade. A meditação e outras técnicas espirituais ajudam-nos a nos preparar para a morte ensinando-nos a renunciar ao desejo e a vivenciar o momento pelo seu significado intrínseco.

Aprendemos a morrer bem adquirindo a capacidade de aceitar todas as perdas e desapontamentos da vida e reconhecendo a perda inerente a todas as mudanças. Todas as mudanças pelas quais passamos na vida constituem um exercício para a transição última representada pela morte.

O Destruidor começa a se transformar no nosso aliado quando reconhecemos a necessidade de mudar ou de renunciar a alguma coisa sem negar a dor ou o desgosto que sentimos. O Destruidor também pode se transformar no nosso conselheiro, pois podemos aprender a consultar a nossa morte toda vez que temos de tomar uma decisão importante. Se permitirmos que a morte nos guie – em vez dos temores e ambições – tomaremos menos decisões frívolas. Se você fosse morrer amanhã, o que você faria hoje?

O Destruidor é também um transformador. Os mistérios sagrados das religiões da natureza sempre nos lembram que depois da morte vem o renascimento. Isso é literalmente verdadeiro para as estações. Por mais frio e escuro que seja o inverno, depois dele vem a primavera. Essas religiões sempre nos ensinaram que o deus que foi crucificado ou esquartejado no inverno, por exemplo, nasce novamente na primavera. Embora as religiões tenham definido de modo diferente os detalhes desse renascimento, a reafirmação básica é a mesma: a morte sempre leva a uma nova vida.

Nossos encontros com os mistérios tendem a remover camadas de nós mesmos até que a nossa essência seja revelada, do mesmo modo que a falsidade e a ilusão são eliminadas para podermos ver a essência do cosmos. Esse elemento de verdade inclui toda uma gama de experiências, desde a mais sublime à mais corrompida. Todas são, obviamente, parte da Alma de cada pessoa – pelo menos de forma potencial – e do mundo que nos rodeia.

A Aceitação da Qualidade de Mortal e do Sofrimento

A parte dessa realidade que se torna visível quando essas camadas são removidas depende da direção do nosso olhar e do alcance da nossa visão. Como fez Kurtz, no livro *The Heart of Darkness*, de Joseph Conrad, ela pode nos levar a confrontar a humanidade no seu aspecto mais maligno e dizer: "Ó Horror, ó Horror"; ou então, como fez a sra. Ramsey, em *To the Lighthouse*, de Virginia Woolf, a sermos dominados pelo esplendor e beleza de tudo, sem necessidade de negar os elementos mais penosos da vida, e dizer: "Já basta! Já basta!". Nenhuma das respostas representa uma parte da experiência mais importante que a outra, visto que os extremos nos enchem de admiração porque nos ajudam a enxergar alguma verdade profunda acerca da realidade.

Todas as religiões de mistério chamam a nossa atenção para a reverência em relação à vida e à morte, para a graça divina e para a privação espiritual. A paixão de Cristo incluiu o momento, durante a crucificação, em que ele gritou: "Meu Deus, meu Deus, por que me abandonaste?". O poeta Theodore Roethke escreve: "Em ocasiões sombrias, os olhos começam a enxergar".

A história de Dioniso nos ensina as interconexões entre o êxtase e uma grande dor. Dioniso – o deus do vinho, da alegria e do êxtase – era não apenas adorado mas também esquartejado pelos seus seguidores nos festejos orgíacos. Conforme observa Robert Johnson, a história de

Dioniso e o ritual cristão da comunhão seguem a mesma estrutura mítica básica: "traição, assassinato, crucificação; o deus transforma-se em vinho". Johnson prossegue discorrendo sobre o deus Shiva, na Índia, que representa a energia de Dioniso naquele país. Numa visita à Índia, Johnson viu um jovem segurando um chicote e dançando ao som de tambores tocados por dois acompanhantes. Em determinado momento, ele começou a se flagelar, retirando grandes pedaços de carne do seu corpo.

Enquanto o sangue escorria e o sofrimento manifestava-se em seu rosto, "ele transformou sua dor num estado de êxtase, dançando com fúria e energia, e isso se refletia na expressão do seu rosto". As pessoas da comunidade proviam o sustento do dançarino, o qual na opinião delas transmutava em alegria a dor e o sofrimento de seus membros.[5]

Num sentido psicológico, só podemos experimentar a alegria quando também estamos dispostos a enfrentar a nossa própria dor. Somente quando estamos dispostos a enfrentar nossa ignorância é que temos a oportunidade de adquirir sabedoria. Somente quando sentimos a nossa solidão é que teremos uma chance de conhecer o amor. Por fim, somente quando estamos dispostos a experimentar a nossa inautenticidade é que nos tornamos capazes de nos abrir para a nossa Alma.

Aspectos Negativos do Arquétipo Transformados em nossos Aliados

Tal como todos os arquétipos, o Destruidor tem uma forma positiva e uma forma negativa. Podemos ficar literalmente possuídos pelo arquétipo e nos transformar em criminosos, ou podemos nos tornar revolucionários e canalizar essa energia para subverter, destruir ou modificar sistemas repressivos ou perniciosos. Atos destrutivos, tais como assassinato, estupro, abusos sexuais praticados contra crianças e assaltos a mão armada, são obra do Destruidor em sua forma patológica, assim como as atitudes autodestrutivas.

Até mesmo as pessoas mais corretas irão fazer ou dizer coisas que magoam as outras pessoas. O Destruidor faz com que nos tornemos humildes, não apenas porque cada um de nós é impotente diante do Destruidor, mas também porque, ocasionalmente, não conseguimos evitar a manifestação de comportamentos destrutivos em relação a nós mesmos e aos outros.

James Hillman considera que os momentos em que magoamos ou traímos os outros constituem também uma autotraição. Segundo ele, o confronto com nós mesmos, produzido pelo ato de reconhecer e de assumir a responsabilidade pelo mal que causamos, faz com que nos abramos para a nossa Alma. No judaísmo, entre o Rosh Hashanah e o Yom Kippur, espera-se que cada pessoa expie os males cometidos não apenas contra Deus mas também contra o próximo. Isso nos torna receptivos em relação às oportunidades do novo ano. Os cristãos confessam seus pecados diretamente a Deus ou por intermédio de um sacerdote e, pela "graça" divina, são perdoados. Em ambas as religiões considera-se que o processo de erro e expiação tem um efeito positivo, do mesmo modo que Hillman – a partir de um ponto de vista psicológico – descobriu que acontece uma transformação na nossa psique quando enfrentamos e reparamos as nossas "traições".

O Destruidor nos transforma em vilões quando nos recusamos a reconhecer e a assumir a responsabilidade pelo mal que causamos – e todos nós causamos algum tipo de mal. Na pior das hipóteses, algumas pessoas que deixaram de desenvolver um senso de moralidade e caráter ou são incapazes de controlar os impulsos do Ego ficam totalmente dominados pelo Destruidor e não têm a capacidade ou o desejo de pôr um fim a esse comportamento destrutivo.

Sob um aspecto mais positivo, o arquétipo do Destruidor nos ajuda a fazer as mudanças necessárias. Na esfera emocional, ele nos ajuda a romper os relacionamentos que não estão dando certo. Na esfera psicológica, ele nos ajuda a eliminar comportamentos e maneiras de pensar que não nos servem mais. Todavia, quando o Destruidor atua por nosso intermédio – mesmo que seja para o bem – quase sempre nos sentimos culpados pela destruição produzida.

Ao empreender a jornada, adquirimos a capacidade de experimentar o nosso próprio poder, tanto para a destruição como para a criação. Muitas pessoas evitam afirmar seus poderes porque temem assumir a responsabilidade pelos relacionamentos aos quais possam ser obrigados a renunciar, pelas pessoas que possam vir a magoar e pelos danos ao *status quo* que o herói, enquanto transformador, inevitavelmente acaba infligindo. Quando nos sentimos impotentes, nós não temos de assumir a responsabilidade pelo mal que venhamos a causar aos outros.

Se a energia do Explorador nos convoca para subir, o Destruidor nos convoca para descer até os níveis mais profundos do nosso ser e a desenvolver nossa capacidade de criação e destruição.

Níveis do Destruidor

Aspectos Negativos	Autodestrutividade (incluindo o uso abusivo de álcool e drogas, o suicídio) e/ou a destruição de outras pessoas (incluindo assassinato, estupro, difamação)
Chamamento	Experiência de dor, sofrimento, tragédia e perda
Nível Um	Confusão, luta contra o significado da morte, da perda e da dor
Nível Dois	Aceitação da mortalidade, da perda e da impotência relativa
Nível Três	Capacidade de optar por abrir mão de tudo aquilo que não contribua mais para os seus valores, para a sua vida e para o seu desenvolvimento e o das outras pessoas

Segundo a versão espiritual do mito de Colombo, é possível cair pela borda da Terra e não mais estar nas mãos de Deus. Não é o impulso de descer aos níveis mais profundos que nos impede de experimentar o divino. Ficamos isolados do sagrado quando estamos demasiado preocupados em ser bonzinhos ou em ter um comportamento socialmente aceitável e, por isso, não enfrentamos a verdade da nossa totalidade.

Penetrar nos mistérios nos conduz à morte. Se tivermos sorte, porém, isso também nos conduz ao amor – tanto humano como divino – e, por meio dessa experiência, surge o *Self*.

EXERCÍCIOS

Reflita um pouco a respeito de quando, onde, e como a intensidade do Destruidor se manifesta na sua vida.

1. Com que intensidade o Destruidor se manifesta na sua vida? Ele tem se manifestado mais agora do que no passado? Você acha que ele vai se manifestar mais no futuro? Ele se manifesta mais no trabalho, em casa, quando você está junto de seus amigos ou em sonhos e fantasias?

2. Você tem algum amigo, parente, colega de trabalho, ou conhece alguma pessoa que pareça estar sob a influência do arquétipo do Destruidor?

3. Você gostaria que alguma coisa relacionada com a expressão do Destruidor na sua vida fosse diferente?

4. Como cada arquétipo se manifesta de muitas maneiras diferentes, reserve algum tempo para descrever ou representar de alguma outra forma (por exemplo: desenhe, faça uma colagem, use um desenho de você mesmo numa determinada roupa ou postura) o Destruidor tal como ele se manifesta na sua vida. Qual é ou poderia ser a sua aparência? Como ele age ou agiria? Em que ambiente ele se sente ou iria se sentir mais à vontade?

DEVANEIOS

Concentre-se, fique em silêncio e depois comece a respirar profundamente. Observe os acontecimentos de sua vida como se estivesse assistindo às principais cenas de um filme em câmera acelerada. Sinta, ouça ou veja os principais acontecimentos da sua infância, juventude, meia-idade, velhice e, finalmente, da sua morte. Nesse devaneio, permita-se "relembrar" eventos que ainda não aconteceram. Quando chegar ao momento da sua morte, gaste algum tempo despedindo-se de todas as coisas que lhe proporcionam um prazer especial – de pessoas, lugares e atividades das quais você gosta até coisas comuns, como o calor do sol sobre a sua pele, a sensação proporcionada por um rápido banho matinal, o perfume de uma rosa. Depois, observe o seu corpo sendo enterrado ou cremado. Em seguida, depois de uma pausa, permita-se experimentar algum tipo de renascimento que seja compatível com a sua filosofia ou teologia.

CAPÍTULO 12

O Amante

Sem amor, a Alma não se compromete com a vida. A primeira tarefa da criança é ligar-se a alguém ou a alguma coisa – inicialmente, a um dos pais ou a quem esteja ocupando o lugar deles e, mais tarde, ao cobertor ou brinquedo favoritos. À medida que a criança cresce, a rede de vínculos se desenvolve de modo a incluir muitas outras coisas e pessoas: a casa, o quarto, os brinquedos, os amigos, os irmãos, os parentes e determinados jogos e atividades.

O AMANTE

Meta: Felicidade, uniformidade, unidade
Medo: Perda do amor, separação
Resposta ao Dragão/Problema: Amá-lo
Tarefa: Buscar a felicidade, comprometer-se com aquilo que você ama
Dádiva: Compromisso, paixão, êxtase

O espectro de problemas produzidos pela incapacidade de formar vínculos vai do autismo e do narcisismo até os problemas mais "normais" e cotidianos daquelas pessoas que são incapazes de se comprometerem consigo mesmas, com as pessoas amadas, com seu trabalho ou com um senso de ética e valores.

<small>Meu escore para o arquétipo do Amante no IMH é ____ (alto = 30/baixo = 0).
Este é o meu ____ escore mais elevado (mais alto = 1º/mais baixo = 12º).</small>

A formação de vínculos ocorre sob a proteção de Eros. Esses vínculos são profundamente primitivos, sensuais e físicos. O vínculo inicial entre a mãe e a criança envolve a função fundamental da amamentação, que sacia as necessidades físicas e emocionais da criança e alivia o seu desconforto. Mais tarde, as relações sexuais dos amantes apresentam alguns desses atributos de extrema fisicalidade, vulnerabilidade, confiança e a satisfação de desejos – desejo de intimidade, de expressão e liberação sexual, de conhecer e ser conhecido.

Conhecemos Eros quando experimentamos uma ligação passional com uma determinada paisagem, com o nosso trabalho, com uma atividade, uma causa, uma religião ou com um meio de vida. Sabemos que Eros está atuando quando estamos tão ligados a alguma coisa que a ideia de perdê-la produz um sofrimento insuportável. Sem Eros, nunca chegamos realmente a viver: nossa Alma simplesmente nunca vem para a Terra. É Eros – a paixão, a afeição, o desejo e, até mesmo, a luxúria – que nos torna realmente vivos.

As escolhas feitas sob a influência de Eros são muito profundas. O nosso corpo está ligado a uma pessoa, mas reflete o que acontece numa outra. Pensamos numa determinada atividade ou ideia e isso faz com que o nosso corpo se excite, ficando energizado e pronto para agir. Pensamos outra coisa e nosso corpo fica pesado, vagaroso, inerte. Se nossa mente e nosso corpo não se entendem, podemos tentar mobilizar o corpo para fazer o que a mente deseja e, assim, a vida para nós transforma-se numa luta. Se nossa mente e nosso corpo estão em harmonia, podemos facilmente usar as indicações do nosso corpo para tornar decisões e, dessa maneira, a vida passa a fluir com mais tranquilidade.

O Domínio de Eros

As crianças operam inicialmente fora de Eros, sem a ligação dominante com a mente. Nossas paixões são simples; começamos com um caso de amor – feliz ou trágico – com os nossos pais. Se somos como a maioria das crianças, queiramos ou não nós nos ligamos até mesmo aos pais mais terríveis pelo simples fato de que eles são nossos pais. Interiorizamos suas atitudes a nosso respeito sem que sejamos capazes de analisá-las e avaliá-las e, por isso, às vezes passamos anos fazendo terapia para desenvolver um senso independente do *Self*. Além disso, são os nossos pais e outras figuras paternais que nos ensinam a reprimir nossas paixões e a mantê-las sob controle. Paradoxalmente, aprendemos a reprimir nossas paixões, porque o vínculo passional que temos com os nossos pais faz com que queiramos agradá-los.

À medida que vamos nos tornando adultos, começamos a fazer uma série de escolhas e a estabelecer diversos compromissos. Trata-se das previsíveis decisões que os adultos precisam tomar: se iremos casar e com quem, em que iremos trabalhar, quais serão nossas distrações ou *hobbies*, onde e como iremos viver, quais serão as nossas posições políticas, filosóficas e, talvez, religiosas. Obviamente, podemos tomar todas essas decisões acerca da nossa vida baseando-nos apenas na nossa mente ou Ego; embora esse tipo de atitude seja prudente e prático, ela geralmente requer a supressão de Eros.

Eros diz respeito à Alma, não ao Ego. Como a nossa cultura tem operado basicamente no nível dos cinco primeiros arquétipos descritos neste livro, há poderosas proibições culturais contra Eros. Se tivermos sorte, porém, algumas de nossas escolhas são feitas a partir da sua intervenção. Elas podem não guardar nenhuma semelhança com uma escolha. Nós nos sentimos prisioneiros – tal como acontece quando ficamos apaixonados – especialmente quando alimentamos esse sentimento pela pessoa "errada" – ou quando há um preço a ser pago. Isso também pode acontecer quando o que está em jogo é a profissão à qual iremos dedicar nossa vida. Algumas pessoas sentem que foram "chamadas" para executar um determinado trabalho, mesmo quando a atividade não é bem remunerada (o ensino e o sacerdócio, por exemplo), ou quando a chance de se alcançar o sucesso material é muito pequena (como acontece nas artes). Nós frequentemente reconhecemos um chamamento da Alma porque ele está em desacordo com aquilo que o nosso Ego, mais prudente, escolheria para nós.

O Caminho da Mão Esquerda

Joseph Campbell disse que na vida existem dois caminhos principais. O "caminho da mão direita" – o caminho descrito neste livro como o caminho do Ego – é prudente e prático. Todavia, Campbell advertiu que você pode seguir esse caminho, subir pela escada do sucesso e descobrir que essa escada está apoiada na "parede errada".

O "caminho da mão esquerda" – que eu chamo de caminho da Alma – é mais arriscado. Ele é o caminho em que a pessoa, na frase famosa de Campbell, busca a sua própria "felicidade", o seu entusiasmo, o seu êxtase. Embora a cultura talvez não compreenda essa escolha e não haja nenhuma garantia a respeito da parede à qual este caminho irá conduzir, a escolha do caminho da mão esquerda vale a pena porque a própria jornada é a sua recompensa.

Eros é digno de nota pela sua falta de prudência. Para os antigos, uma maldição cósmica deveria ser lançada pelas flechas de Cupido enquanto a pessoa contempla um objeto totalmente inadequado. Frequentemente temos mais consciência de Eros quando nos apaixonamos por alguém que o nosso Ego não iria escolher – talvez alguém que não tivesse boa aparência, que não fosse uma pessoa culta e educada, ou que não tivesse uma boa situação financeira. Quando continuamos apaixonados a despeito do que nos diz a nossa razão, descobrimos que não temos o controle que pensávamos ter sobre a nossa vida.

Com frequência, os grandes e nobres amores também são impróprios ou, simplesmente, estão fora dos domínios da praticabilidade e da racionalidade. O culto do amor cortesão, por exemplo, era inteiramente adúltero, presumindo-se que Eros nada tinha a ver com o casamento. O amor cortesão era uma paixão tão profunda que o cavaleiro apaixonado poderia estiolar-se e morrer se o seu amor não fosse correspondido. Embora o poder desse amor não fosse o de uma simples afeição – a intensidade do desejo era demasiado grande – não se tratava tampouco de sensualidade. O cavaleiro frequentemente provava o seu amor pela dama demonstrando o quanto ele poderia suportar por amor a ela e quanto tempo poderia esperar até que ela se apiedasse dele e o tomasse em seus braços. A sensualidade é simplesmente uma questão de corpo. *Eros é a paixão que surge quando Alma e corpo estão em harmonia.*

Além do mais, as grandes histórias de amor dos mitos e lendas foram trágicas simplesmente porque os outros não as aprovavam (pense em Romeu e Julieta, em Tristão e Isolda, em Lancelot e Guinevere). As maiores histórias de amor sempre terminam em morte, conforme demonstra a obra clássica de Denis de Rougemont, *Love in the Western World*. O autor desse livro argumenta que as histórias de amor românticas representam o modo pelo qual as antigas religiões pagãs, que celebravam a morte e o renascimento de um deus, chegaram até a consciência ocidental moderna.

O entendimento elisabetano de que o orgasmo representava uma "pequena morte" também faz essa ligação, talvez porque o orgasmo implique a rendição dos controles e uma temporária suspensão do Ego – uma suspensão que o Ego pode simultaneamente desejar e considerar algo ameaçador. O comprometimento com outra pessoa ou com um determinado trabalho também limitam a nossa capacidade de escolha, acarretando uma morte ou perda de opções. *Sempre que nos vemos inteiramente fascinados por um objeto de amor erótico, perdemos o controle sobre o Ego* – um fato que provoca um pânico quase incontrolável em muitos homens e em boa parte das mulheres.

A solução aqui é não ignorar o Ego. O pânico que sentimos quando não estamos inteiramente sob o seu controle deve-se à existência de um Ego cujo grau de desenvolvimento é demasiado fraco para conter a paixão. Shirley Luthman considera isso como o sintoma de uma psique insuficientemente estruturada. Os amantes se afastam porque um deles ou ambos carecem da estrutura do Ego necessária para conter a intensidade da ligação sem que um deles perca o seu *Self*.[1] Uma forte identidade é necessária para conter uma intensa paixão. Os amantes precisam criar ligações em seus relacionamentos cotidianos, nos níveis do Ego concreto, para poderem suportar suas paixões. É por isso que eles precisam ficar um bom tempo juntos, precisam se conhecer em muitos níveis e formar tanto laços de amizade como de amor, de modo que as estruturas mais profundas do *Self* e dos relacionamentos possam comportar a intensidade da sua paixão.

O amor é o alimento espiritual da Alma e é a Alma que dá origem ao Ego. Sem amor, o recipiente que contém o Ego começa a secar e se desagrega. Todavia, quando estamos em contato com os nossos mais profundos sentimentos nós não conseguimos deixar de nos comover quando passamos perto de uma pessoa que não tem onde morar; não conseguimos ver imagens de crianças morrendo de fome nos telejornais noturnos sem sofrer; não conseguimos ver um colega de trabalho ser maltratado sem nos importarmos com isso. Além disso, não podemos desconsiderar a parte de nós mesmos que se sente rejeitada e anseia por um contato humano mais íntimo e sincero.

Se não pudermos fazer nada a respeito dessas coisas, Eros gera um profundo sentimento de impotência, o qual está associado à experiência da morte. Se houver algo que possamos ou estejamos dispostos a fazer, Eros pode ser apoiado pelo Guerreiro, pelo Caridoso, ou então nós mesmos podemos intervir e ajudá-lo. Nesse caso, Eros traz, não a morte, mas mais vida. Ao contrário do que afirmou Rougemont, nem todas as histórias de amor terminam em morte. Embora isso seja verdadeiro nas tragédias, todas as grandes comédias terminam em casamento. Beatrice e Benedict (de *Muito Barulho por Nada*, de Shakespeare) e Elizabeth e Darcy (de *Orgulho e Preconceito*, de Jane Austen) são amantes tão grandiosos quanto Romeu e Julieta, de Shakespeare. O casamento significa a capacidade de combinar prudência e respeitabilidade com paixão, e o chamamento de Eros com as exigências da família e da sociedade. O ciclo da fertilidade diz respeito ao amor, à morte e ao renascimento. É o amor que nos instila um maior entusiasmo pela vida. Para isso, porém, muitas vezes temos de renunciar ao passado e às maneiras como costumávamos agir e pensar para nos abrirmos para o renascimento.

Numa história de amor típica, duas pessoas se apaixonam uma pela outra, mas encontram algum obstáculo à sua união. Num drama clássico, elas talvez acreditassem que eram irmão e irmã – e que, portanto, estariam violando o tabu do incesto – ou, então, poderia haver uma inimizade tradicional entre suas famílias. Em épocas mais modernas, elas poderiam ser vítimas de preconceitos culturais contra amantes do mesmo sexo ou de raças e religiões diferentes ou, simplesmente, vítimas de algum mal-entendido. As histórias de amor são chamadas de tragédias quando os amantes e as pessoas de sua comunidade não conseguem encontrar um jeito de fazer com que o amor floresça e se espalhe pela comunidade. A história é uma comédia se termina num casamento que, na maioria das vezes, une não apenas os amantes, mas toda a comunidade.

Em última análise, Eros é quem nos desperta para podermos sentir o sofrimento da Terra. A negação de Eros produziu uma cultura em que a nossa interação fundamental é negada e na qual somos incapazes de estabelecer a ligação entre a derrubada das florestas tropicais e a nossa própria capacidade, enquanto espécie, não apenas de sobreviver como também de viver de maneira agradável e vibrante.

Hoje, o desafio de Eros é, literalmente, a chave para a sobrevivência da nossa espécie e para a nossa recuperação cultural de uma época caracterizada por uma verdadeira epidemia de casos de pessoas viciadas no trabalho, consumistas, dependentes do uso de álcool e de drogas e também por uma generalizada negação tanto do Espírito como da Alma.

Tipos e Estágios do Amor

O amor materno, o amor erótico e os mais elevados níveis de compaixão espiritual são todos aspectos do amor. Todavia, Ágape difere de Eros no sentido de que a união amorosa inicialmente é estabelecida com a própria pessoa e não com um amante, um amigo ou um filho. É essa união interior que nos permite desenvolver a capacidade de amar, não apenas aqueles que estão mais próximos de nós, mas também a humanidade e o universo.

Quer o amor venha até nós na forma de um amor romântico, de um amor pelo trabalho, pela justiça, pela humanidade ou por Deus, trata-se sempre de um chamamento feito pela nossa alma para que nos afastemos de um modo de vida incoerente. Isso exige que abandonemos o nosso ceticismo e voltemos a acreditar. Ao fazer isso, muitas vezes abrimos os olhos o bastante para começarmos a temer pela nossa Alma em razão do quanto a nossa vida se tornou superficial, insensível e destituída de amor. Não podemos continuar levando a vida que tínhamos antigamente, pois fazê-lo seria perder a nossa Alma. Entretanto, junto com a própria consciência dessa insipidez, vêm a vergonha e o sentimento de culpa; quer sejamos ou não culpados de grandes crimes, podemos lamentar a insipidez da nossa vida. Quer estejamos nos convertendo a uma nova religião ou iniciando um novo relacionamento ou começando um novo tipo de trabalho, podemos nos sentir literalmente renascidos.

O amor também ocorre na forma de compaixão, de perdão e de clemência. Na maioria das tradições religiosas, o perdão vem de Deus. Num sentido psicológico, o perdão deve vir de nós mesmos. Paradoxalmente, é o amor que nos convida a viver e a ter sentimentos mais profundos e que avalia a insipidez e a falta de amor da vida que tínhamos antes. É o amor que nos deixa perdoar a nós mesmos para que possamos dar início a um novo modo de vida. E é o amor compassivo que permite que perdoemos as pessoas que amamos por não estarem à altura da imagem que fazemos delas e por sua inevitável incapacidade de satisfazer todas as nossas necessidades.

O amor também sempre exige que firmemos um compromisso e que tenhamos fé nessa decisão. Num relacionamento com um companheiro ou companheira, depois de algum tempo nem sempre sentimos que estamos apaixonados. Precisamos ter confiança de que esse sentimento irá retornar. Agir de outra maneira significa praticar uma violência contra o objeto do nosso amor. Enquanto trabalhamos em favor do aperfeiçoamento dos outros, por exemplo, às vezes somos inspirados pelo nosso amor e capacidade de visão. Outras vezes, porém, basta que continuemos a colocar um pé adiante do outro e ter confiança.

Viver por amor significa aceitar a ideia de que todo amor – seja ele profano ou espiritual – é uma dádiva. Embora nem sempre optemos por aceitar essa dádiva – o Ego tem esse poder – não podemos fazer com que o amor aconteça ou permaneça. Se optarmos por aceitar a dádiva, tudo o que podemos fazer é permanecer abertos e confiantes, de modo que estejamos presentes para recebê-lo quando ele vier. Depois de um determinado tempo, passamos a reconhecer o ritmo de chegada e partida do amor. Cada relacionamento terá o seu próprio ritmo. Até começarmos a reconhecer esse ritmo, quando o amor parece ir embora poderemos entrar em pânico e tentar fazê-lo voltar. Podemos até mesmo chegar a pensar que tudo está acabado logo antes de uma reviravolta que precede um amor mais íntimo e ardoroso do que jamais havíamos experimentado.

Quando somos vencidos pelo amor já não estamos mais livres para atender apenas aos nossos próprios desejos e interesses. Em vez disso, tomamos as nossas decisões tendo em vista tanto aquilo que desejamos fazer no momento quanto o bem daquilo ou de quem amamos – uma criança, um amante, um emprego. Essa jornada pode ser bastante complexa. No inicio, nós nos ligamos a pouquíssimas coisas ou pessoas e, geralmente, acreditamos que não podemos viver sem elas. Nessa altura da jornada, é fundamental conceder a nós mesmos a liberdade de amar a quem amamos e de sentir plenamente a vulnerabilidade que isso provoca. Todavia, se o nosso Ego for insuficientemente desenvolvido, há o perigo de que nos tornemos viciados no amor, porém incapazes de ajudar a nós mesmos.

Quatro processos ajudam-nos aqui. Primeiro, o Destruidor pode nos privar de muitas coisas às quais estávamos ligados ou mesmo viciados; embora achemos isso doloroso, nós conseguimos sobreviver. Segundo, nós, gradualmente, deixamos que mais pessoas e coisas penetrem no nosso círculo de amor e começamos a ver esse sentimento como algo abundante e não como algo escasso; quanto mais amor demonstramos, mais amor recebemos. Podemos também receber o amor vindo de uma fonte espiritual. Em terceiro lugar, muitas pessoas nas quais predomina o arquétipo do Amante são deficientes em relação ao Guerreiro; elas não conseguem impor limites aos outros e acabam sendo exploradas ou contribuindo para tornar possíveis os vícios dessas pessoas. Quando desenvolvemos o nosso Guerreiro podemos praticar um "amor exigente" tendo em vista o bem de todos. Por fim, quando realmente aprendemos a amar a nós mesmos, estamos livres para amar sem vícios ou vínculos porque o amor não é mais, de modo algum, uma coisa escassa. Nós sempre temos a nós mesmos e, portanto, sempre somos amados.

A PERVERSÃO E A RECUPERAÇÃO DE EROS: A PAIXÃO E SEUS ASPECTOS NEGATIVOS

Muitas religiões antigas veem o universo como uma consequência do grande amor entre os membros de um casal sagrado, os quais algumas vezes são descritos (como no caso de Shiva e Shakti) a dançar um com o outro. O amor, seja ele sagrado ou profano, era visto como uma mesma unidade: Eros, Ágape, Shakti e a graça divina são aspectos da mesma realidade. Somente numa fase posterior – com o surgimento de religiões tão patriarcais que nelas não havia lugar para nenhuma imagem divina da mulher – é que o aspecto erótico do amor passou a ser visto como algo pecaminoso ou degradante.

Embora virtualmente todas as religiões nos ensinem que, de uma maneira ou de outra, "Deus é amor", as religiões que não têm uma imagem do aspecto feminino do divino (ao menos na sua tradição dominante) apressam-se a dissociar Eros de Deus. Mesmo assim, a maioria das religiões patriarcais modernas tem dentro de si uma tradição mística que reverencia Eros e o elemento feminino.

Em *The Way of Splendor: Jewish Mysticism and Modern Psychology*, Edward Hoffman descreve de que modo a tradição mística judaica da Cabala reverencia um casal divino e não apenas Deus, o Criador. Ele observa que, desde o início da tradição cabalística, Deus, o Criador, tem sido contrabalançado por uma mãe divina, Shekinah (a Sabedoria). "Apenas quando os dois estão unidos – em termos explicitamente sexuais – a harmonia governa realmente o universo." Embora na era industrial todos os traços dessa crença tenham desaparecido das orações e rituais, observa Hoffman, durante um determinado período esse foi um importante ponto de vista. Os principais textos cabalistas, tais como o Bahir, sugerem que Shekinah "aproxima-se desta nossa esfera sempre que um intercurso sexual ocorre" e, consequentemente, dentro dos laços do matrimônio, os fiéis são encorajados a transformar o intercurso sexual numa meditação espiritual regular, a ser praticada especialmente no sábado.

Analogamente, o teólogo católico Matthew Fox lamenta que a Igreja tenha negado Eros ao longo da sua história, mas também cita outra tradição da criação espiritual que também reverencia a sexualidade, as mulheres e o corpo – tanto Eros como Ágape. Ele chama a nossa atenção para o lindo erotismo do Cântico dos Cânticos, frequentemente interpretado como uma metáfora do amor de Deus pela humanidade, o qual descreve a união sexual em belos, sensuais e extáticos detalhes. Ele exorta a Igreja a reconhecer o intercurso sexual como um sacramento, ao mesmo tempo em que critica os perniciosos efeitos do seu tradicional antierotismo.[2]

O que aconteceu a Eros e à cultura e religião modernas, que parecem inexplicavelmente hostis a ele? Audre Lorde argumenta que a ascensão da pornografia deu-se depois da depreciação do erotismo. Quando Eros é banido, ele torna-se clandestino e é visto apenas em suas formas negativas, que são mais corrompidas e destruidoras do que estimulantes e construtivas. Banido para o inconsciente, onde reina em suas formas negativas, Eros, agora teologicamente colocado em oposição a Ágape, é projetado por uma cultura cristã sobre a imagem do Diabo, o qual reina num inferno que é visto como um castigo pela identificação com o corpo.

> *"Todo ato de amor (considerado como algo distinto de "fazer sexo") é Cristo encontrando Cristo. Os leitos de amor são altares. As pessoas são templos encontrando templos, o santuário recebendo o santuário... Não se limite a "estar apaixonado" e seja a presença do amor cósmico personificado e refletido em dois amantes humanos."* (Matthew Fox.)

Ironicamente, as pessoas que desprezam Eros muitas vezes são possuídas por ele: pregadores fundamentalistas que aparentemente não conseguem deixar de ter relações extraconjugais, lideres religiosos que torturaram ou mataram milhões de mulheres, considerando-as feiticeiras e temendo que elas estivessem próximas do diabo, visto que o "desejo delas era insaciável". A grande maldição dos que detestam a própria sexualidade é serem possuídos pela luxúria, mas acharem o sexo vazio porque ele proporciona um alívio físico mas nenhum benefício psicológico. Esse é o destino daquelas pessoas que estupram, que molestam crianças e que assediam sexualmente as mulheres – pessoas nas quais a sensualidade é o embrião de uma necessidade de poder e dominação em vez de uma reverência à própria força da vida.

Em *Truth or Dare* Starhawk escreve a respeito do trágico resultado do que há de pior na socialização masculina numa sociedade que teme e despreza Eros. Ela cita uma cantilena comum entre os soldados norte-americanos no Vietnã, os quais batiam de leve primeiro em suas armas e depois na virilha enquanto diziam: "This is my rifle/this is my gun/One is for fighting/one is for fun".* A mentalidade estupradora muitas vezes está presente entre homens que foram educados para considerar a si mesmos como máquinas, as mulheres como presas e seus pênis como armas.

Lembrando que isso seria impensável numa época ou lugar em que os órgãos sexuais femininos e masculinos eram símbolos da deusa e do deus, Starhawk lamenta a existência de um homem tão afastado de sua própria Alma e do poder vivificante de Eros a ponto de molestar sexualmente sua própria filha. Esse homem, observa ela, "nunca fez contato com os mananciais de amparo e sustento existentes dentro dele mesmo. Seus valores foram destruídos. Ninguém jamais fará versos em louvor ao seu pênis por sua ereção ter feito o deserto encher-se de verde e os grãos brotarem nos campos. Ele vive num mundo dividido... e transformou-se ele próprio numa arma sem nenhuma necessidade além de uma limpeza periódica e que acaba sendo descartável, algo cujo valor é o mesmo de uma coisa, de um objeto ou de um bem".[3]

Eros favorece os que o consideram sagrado.

Essa desumanização também é o destino das mulheres às quais foi ensinado que o corpo delas é sujo ou impuro, que não têm orgulho de sua menstruação, que não veem nenhuma alegria genuína na sexualidade e nenhum milagre no ato de dar à luz uma criança. Isso é verdadeiro para as mulheres que temem perder o seu "valor de mercado" sem a sua virgindade, ou para aquelas que acham necessário se exibir

---

* *Este é meu fuzil/este é meu "canhão"/Um é pra luta/o outro pra distração.* (N. do T.)

para que os homens as amem. Isso é verdadeiro para as mulheres que se sentem inferiores aos homens, não importando se elas atribuem a "culpa" dessa inferioridade aos seus órgãos sexuais.

A Negação de Eros

A negação de Eros provoca doença, violência, ciúme, a objetificação do próprio indivíduo e de outras pessoas e, em última análise, uma diminuição da força vital. É possível que em determinada etapa da evolução da espécie humana não fosse possível controlar os impulsos eróticos sem reprimi-las e denegri-los. Houve também uma época em que as pessoas pensavam de modo linear e dualista. A maneira de ascender na hierarquia espiritual, passando de Eros para Ágape, consistia em renunciar a Eros em favor de Ágape, daí a importância da castidade na vida religiosa. Embora alguns indivíduos altamente desenvolvidos tenham sido capazes de sublimar sua energia sexual – tendo em vista propósitos espirituais – ao mesmo tempo que mantinham o respeito por Eros, tem sido mais comum as pessoas tentarem matar Eros para poderem aceitar Ágape.

Esse último caminho é por demais perigoso para a nossa época. A projeção dos aspectos negativos do erotismo resultou na opressão das mulheres (visto que os homens projetaram a sua própria sensualidade sobre elas) e dos negros (lembre-se dos linchamentos de negros no sul dos Estados Unidos e da associação do termo "estuprador" a homens de cor), na opressão de *gays* e lésbicas e também na generalizada alienação no que diz respeito ao nosso próprio corpo.

Um maior conhecimento da psicologia humana nos diz que, para chegarmos até Ágape, não é necessário reprimir Eros, mas sim aceitar as suas dádivas, aprendendo a amar de maneira plena e apaixonada ao mesmo tempo que mantemos o nosso senso de ética e moralidade. Além do mais – conforme Irene Caremont de Castillejo, a grande teórica do amor e de seus significados, ajudou-nos a compreender –, nós alcançamos Ágape, não por meio de uma guerra com nós mesmos e, sim, por meio da harmonia e da totalidade interiores, o que só pode ser alcançado pela total aceitação de nós mesmos.[4]

A dádiva de Eros não é apenas o amor erótico e os laços de amor que nos unem à terra em que vivemos, ao nosso lar, às nossas principais instituições, aos nossos amigos e à própria Terra, embora todas essas coisas representem uma grande dádiva. Eros é também a origem de um poder pessoal que não é resultado da posição da pessoa ou do lugar que ela ocupa numa determinada instituição. Trata-se de um poder interior e não de um poder a ser exercido sobre as outras pessoas. Ainda que às vezes ele seja chamado de *carisma*, mesmo essa palavra não consegue captar a essência do seu significado. Trata-se do poder de alguém cuja Alma está empenhada em viver, de alguém que não tem medo de ser fiel à sua natureza interior, pois Eros provém diretamente da Alma.

Nós reverenciamos Eros e, ao fazê-lo, colocamos o centro da consciência na nossa Alma, amando e reverenciando a nós mesmos, uns aos outros e a própria Terra. Nós o fazemos cultivando uma atitude de respeito em relação ao nosso corpo, à nossa sexualidade e à imanência do espírito na natureza. Quando reconhecemos que o que quer que haja de sagrado no universo não está separado, distante e acima de nós, mas sim abaixo de nós, na Terra, e dentro de nós mesmos, então poderemos nos comprometer com nossa própria jornada, nos comprometendo com o que quer que nos pareça realmente belo. Não importa se alguma outra pessoa também considera isso belo e digno de ser amado. O importante é o que nós achamos. É assim que descobrimos quem somos – com base nas coisas e pessoas que amamos o suficiente para nos comprometermos com elas.

Amor e Nascimento

O Amor diz respeito à alegria e ao prazer, e também ao nascimento. No nível físico, a paixão sexual frequentemente tem como consequência a concepção e o nascimento de uma criança. Todavia, o sexo não produz apenas um nascimento físico. Eros amiúde participa do processo criativo. Dois colegas que trabalham juntos estão conscientes de uma carga erótica. Eles talvez confundam esse sentimento com uma atração romântica ou sexual quando na verdade ele está relacionado com o nascimento do projeto ao qual estão se dedicando. Quando o projeto é concluído, o sentimento muitas vezes desaparece. Se eles ficam confusos e cedem à sua atração erótica, podem acabar descobrindo que o seu relacionamento subitamente torna-se problemático, complicado, geralmente insatisfatório, e que o projeto em que estavam trabalhando fracassa.

Níveis do Amante

Aspectos Negativos	Ciúme, inveja, fixação obsessiva no objeto ou pessoa amada, necessidade compulsiva de fazer sexo, complexo de Don Juan, promiscuidade, obsessão por sexo e pornografia, ou (inversamente) puritanismo
Chamamento	Paixão cega, sedução, desejo ardente, fascinação (por uma pessoa, uma ideia, uma causa, um trabalho)
Nível Um	Buscar a felicidade, aquilo que você ama
Nível Dois	Formar vínculos e estabelecer compromissos com quem ou com aquilo que você ama
Nível Três	Radical autoaceitação, dando origem ao *Self* e ligando o pessoal ao transpessoal, o individual ao coletivo

A energia erótica muitas vezes também está presente nos relacionamentos do tipo mentor e pupilo, entre uma pessoa mais velha e poderosa e outra mais jovem e relativamente menos poderosa – entre pais e filhos, entre professor e estudante, entre terapeuta e paciente, entre pastor e fiel. A consciência dessa energia erótica muitas vezes pode confundir as pessoas, tentando-as a passar à ação. Isso, no entanto, causa um extraordinário mal à pessoa menos poderosa. O tabu do incesto serve de proteção contra isso dentro das famílias, e as normas profissionais definem relacionamentos sexuais como tabu no caso de professores, terapeutas e clérigos. As leis contra o assédio sexual desencorajam esse tipo de comportamento no ambiente de trabalho.

Os prejuízos em parte ocorrem porque a pessoa menos poderosa pode submeter-se a um relacionamento sexual indesejado sob coação, por temer as consequências de uma recusa. Mesmo que a pessoa mais vulnerável esteja disposta a ceder ao impulso, isso geralmente provoca malefícios porque desperdiça a energia que deveria ser utilizada no relacionamento mentor/pupilo. O resultado desse vínculo erótico deveria ser um novo senso do *Self* (renascimento) para a pessoa que está recebendo ensinamentos ou orientação. Quando o relacionamento adquire um caráter sexual, isso retarda ou frustra o processo de crescimento.

Os adultos que traem a confiança neles depositada e investem sexualmente contra crianças produzem um efeito devastador sobre o crescimento psicológico e o desenvolvimento de suas vítimas. Para crescer e desenvolver-se, a criança precisa de uma atmosfera em que se sinta segura para confiar e ser, como de fato é, Inocente, ingênua. Uma cruel e flagrante quebra de confiança sabota de tal modo o desenvolvimento da criança que muitas nunca chegam a se recuperar totalmente disso, embora o prognóstico para a atual geração de sobreviventes de incesto seja muito melhor do que o da anterior.

O dano torna-se ainda mais complexo em virtude da tendência que as crianças têm de considerarem que esses atos, de alguma maneira, aconteceram por sua própria culpa – uma tendência que também se manifesta de maneira atenuada naquelas pessoas que têm uma profunda necessidade psicológica de absolver os seus mentores de qualquer culpa. Além do mais, a interiorização da culpa assume a forma de um profundo sentimento de inadequação, uma crença de que há realmente "alguma coisa de errado comigo" pois, caso contrário, as pessoas não me tratariam assim.

A Transformação Por Meio de Eros

O filme popular *Educating Rita* descreve um relacionamento do tipo mentor/pupilo entre um professor universitário alcoólatra e desiludido e Rita, uma jovem cabeleireira que enfrenta a família, os preconceitos de classe e a sua própria inexperiência para tentar realizar o sonho de se desenvolver e se transformar numa pessoa culta e sofisticada.

O professor, farto do entediante ambiente acadêmico, apaixona-se por ela. A despeito do seu comportamento geralmente indisciplinado em outros aspectos da sua vida, ele consegue canalizar o seu amor para a preparação de Rita para o sucesso acadêmico – um feito duplamente difícil porque ele, na verdade, prefere a energia e sinceridade espontâneas de Rita à mulher mais sofisticada, intelectual e comedida na qual ela pretende se transformar.

O que faz disso uma história a respeito da transformação por meio de Eros, em vez de um projeto na linha de Pigmalião, é o fato de o professor canalizar sua energia erótica no sentido de ajudá-la a se transformar, não no que ele quer para ela, mas sim no que ela deseja para si mesma. Isso também difere de um relacionamento no qual predomina o Caridoso em virtude da intensidade da energia erótica interior, que termina provocando a transformação de ambos os envolvidos.

O nascimento da nova Rita (que agora chama a si mesma de Susan), ocorre como consequência tanto de seu amor e comedimento quanto da sua recusa em ser colocada de lado em favor de um romance. Ela tem consciência de ser uma mulher que está dando origem a si mesma, sabe que Henry é o parteiro nesse processo e não está disposta a desistir de seus objetivos. Ela tampouco deixa realmente de ser Rita. Agora ela tem mais opções. Ela pode ser Rita e Susan.

A transformação de Henry envolve tanto a morte quanto o amor. Seus excessos – basicamente o abuso de bebidas alcoólicas – invocam o Destruidor, e ele é transferido da Inglaterra para a Austrália. Todavia, é a sua experiência com Rita que permite que ele ponha de lado o seu velho ceticismo e passe a ver na Austrália um "novo mundo", cheio de oportunidades para recomeçar a sua vida. Ele não consegue mais ser tão cético porque, ao contribuir para a transformação de Rita, também participou de um "milagre".

Em *The Myth of Analysis*, James Hillman considera que a terapia tem a capacidade potencial de se transformar num desses milagres. Embora seja *a presença de Eros que permite a ocorrência de milagres*, o analista ou terapeuta não pode pretender curar ou transformar o paciente. A função do terapeuta é apenas a de amar o paciente e estar sempre à disposição, não havendo necessidade de se chegar a um determinado resultado. O paciente, é claro, quase sempre tem um forte desejo de se modificar, tendo ido em busca do terapeuta por causa de algum tipo de sofrimento. Todavia, essa transformação não pode verificar-se em decorrência da necessidade do terapeuta. Ela tem de ocorrer em razão da necessidade do paciente. Embora os terapeutas não possam obrigar-se a sentir amor por um paciente, se estiverem sempre disponíveis e demonstrarem empatia em relação a eles, o amor geralmente irá se manifestar, conforme diz Castillejo, na forma de "graça". Quando isso acontece, aí então o amor poderá curar.

Amando a Nós Mesmos

Nós também podemos nos transformar cultivando uma afetuosa aceitação de nós mesmos. Isso significa perdoar a nós mesmos simplesmente como uma questão de hábito. Isso também significa perdoar os outros visto que os aspectos dessas pessoas em relação às quais nos mostramos mais críticos frequentemente são uma projeção negativa daquilo que existe dentro de nós mesmos.

Compreender o inconsciente coletivo significa saber que todos temos a capacidade de pensar e de fazer qualquer coisa – desde a mais sublime realização espiritual até os atos mais bárbaros e degradantes. Embora possamos ser suficientemente honrados para controlar nossos comportamentos menos desejáveis, os impulsos, não obstante, sempre estão presentes. A capacidade de perdoar e de demonstrar empatia em relação a quem quer que tenha ofendido a você ou a outra pessoa é uma maneira de nos sobrepor aos aspectos negativos da nossa própria psique e do inconsciente coletivo da espécie humana. Tal como na história de "A Bela e a Fera", a capacidade de amar a fera (os aspectos negativos) existente dentro de nós e das outras pessoas frequentemente a transforma num príncipe ou princesa. Há aqui dois importantes níveis.

Todavia, isso não significa que você deva condescender com um comportamento bestial! A posse de um Ego suficientemente forte significa que, tanto quanto for possível, não devemos permitir que nós mesmos ou os outros façamos coisas que firam as outras pessoas. No nível da Alma, nossa tarefa consiste em aprender a responder a todas essas coisas – não apenas às partes que nos parecem boas e puras, belas e divertidas, ou às que aprovamos, mas sim vivenciar com um profundo sentimento toda a realidade interligada. Isso pode nos levar a reagir à fera com um grande horror ou um grande amor. Como quer que seja, os sentimentos autênticos e profundos nos transformam.

A maior história de amor que jamais existiu talvez seja a história da busca de cada indivíduo por aquilo que Jean Houston chama de "o Bem-amado de nossa Alma". Isso significa que aquilo que os Exploradores anseiam por encontrar fora de si mesmos, os Amantes inicialmente encontram nas pessoas amadas e acabam por aprender a encontrar dentro de si mesmos.

Em *Beloved of the Soul*, Jean Houston considera o anseio pelo bem-amado da Alma como uma das principais forças do processo de desenvolvimento espiritual ou da Alma. Houston prossegue dizendo que o "Bem-amado está ansiando por nós da mesma maneira como nós estamos ansiando por ele". A essência do que ela chama de "psicologia sagrada", uma psicologia projetada para nos ajudar a desenvolver o elemento transpessoal da psique, baseia-se na identificação do que quer que nos pareça ser o nosso bem-amado – que pode ser um amante, um mentor, um terapeuta, um clérigo ou um arquétipo.

Aquilo que adoramos fora de nós mesmos em geral contém claramente a projeção negativa da profunda sabedoria de nossa própria alma. De fato, à medida que cada arquétipo deste livro se manifesta na consciência, nós podemos nos sentir atraídos por pessoas que demonstram esses atributos antes que possamos vê-los dentro de nós mesmos. Eles podem ser amantes, amigos, professores, colegas de trabalho – qualquer pessoa. Porém, o mais importante para cada um de nós é o arquétipo do *Self*, o qual significa o término do processo de individuação (pelo menos durante algum tempo) e nos proporciona um senso de totalidade que unifica o Ego e a Alma. Muitas vezes isso é experimentado na forma de um Deus ou Deusa interior.

A maioria dos líderes espirituais responsáveis que compreendem este fenômeno reconhece que a adoração de seus seguidores é uma projeção. Os grandes mestres espirituais, quando incorporam o que ensinam, inspiram-nos com uma visão de como pode ser a nossa vida se despertarmos o Deus ou a Deusa interior.

Ao descrever a trajetória dos judeus hassídicos no livro *Coming Home: The Experience of Enlightenment in Sacred Traditions*,* Lex Hixon fala a respeito de uma progressão que vai da espera do Messias até o reconhecimento de que o Messias chegou e está dentro de cada pessoa. Ele

---

* *O Retorno à Origem – A Experiência da Iluminação nas Tradições Sagradas*. São Paulo: Cultrix, 1992 (fora de catálogo).

conta uma famosa história hassídica a respeito de Eizek, um homem pobre, porém devoto que reza pedindo ajuda e é instruído a ir até uma ponte de uma cidade distante onde encontrará um tesouro. Ele vai até lá e não encontra nenhum tesouro. Pior ainda, o guarda da ponte o prende. A história prossegue e o capitão da guarda conta a Eizek que havia sonhado em ir para uma cidade distante para encontrar um tesouro num lugar que se descobre ser a própria casa de Eizek. Este é solto, volta para sua casa e encontra um tesouro debaixo do fogão. A jornada nos "redireciona rumo ao nosso lar original e à inestimável centelha divina da nossa natureza intrínseca". O tesouro, explica Hixon, sempre está "em casa".[5]

O mais satisfatório de todos os tipos de amor manifesta-se quando reconhecemos que nossa Alma está unida a tudo o que é numinoso e divino no universo. Encontrar o sagrado significa unificar a nossa mente consciente com a nossa Alma. Nem todas as pessoas que experimentam esse sentimento de admiração e reconhecem o grande valor daquilo que temos dentro de nós iriam sentir-se à vontade usando uma linguagem religiosa; no entanto, para todas as pessoas – mesmo para aquelas que não acreditam na existência de nenhuma realidade transcendente – surge um senso de reverência pelo próprio indivíduo que é totalmente diferente do egotismo. Na jornada do herói, é isso o que quer dizer encontrar o tesouro.

> *"A crença de que Deus nos orienta a partir do centro do nosso ser pode transformar completamente o conceito de obediência à vontade divina... Quanto mais eu seguir de maneira total e espontânea as orientações desse guia interior, mais eu serei verdadeiro em relação a mim mesmo e capaz de perceber e viver a minha verdade individual. Como diz um conhecido pregador, Deus age meidante total liberdade."* (Christopher Bryant.)

Assim como uma mulher grávida envia mensagens de amor para a criança que ainda não nasceu, nós precisamos enviar mensagens de amor para o nosso maior tesouro, o *Self* que estamos criando. Quanto mais partes da nossa psique contribuem para esse nascimento e, obviamente, quanto maior o número de pessoas à nossa volta que também oferecem apoio a esse nascimento, mais fácil fica nos unirmos à nossa própria Alma e, ao fazê-lo, dar origem a um *Self*.

Muitas vezes, só podemos fazer isso depois de grande esforço e sofrimento, tal como acontece com a jovem de *For Colored Girls who have Considered Suicide When the Rainbow is Enuf*, de Ntozake Shange, que sofreu o que talvez seja a pior dor que uma mãe pode sofrer – a morte de seu filho pelas mãos do homem que ela amava. Porém, depois de muita angústia e sofrimento ocorre um renascimento. Em suas palavras: "Descobri Deus dentro de mim mesma e o amei/o amei intensamente".[6]

Manter nossos sentimentos mais profundos, continuar sentindo a dor inerente à vida e preservar uma atitude de compromisso com ela e de amor por ela nos permite, nas palavras de Parker Palmer, viver as contradições, os paradoxos e o sofrimento da vida humana por uma espécie de aceitação que significa receber e sentir plenamente a imensidade da luta ou da dor necessárias para transformar "uma força de destruição numa energia de criação".[7] Em consequência desse processo, surge o verdadeiro *Self*.

EXERCÍCIOS

Reflita um pouco a respeito de quando, onde, e como a intensidade do Amante se manifesta na sua vida.

1. Com que intensidade o Amante se manifesta em sua vida? Ele tem se manifestado mais agora do que no passado? Você acha que ele vai se manifestar mais no futuro? Ele se manifesta mais no trabalho, em casa, quando você está junto de seus amigos ou em sonhos e fantasias?

2. Você tem algum amigo, parente, colega de trabalho, ou conhece alguma pessoa que pareça estar sob a influência do arquétipo do Amante?
3. Você gostaria que alguma coisa relacionada com a expressão do Amante na sua vida fosse diferente?
4. Como cada arquétipo se manifesta de muitas maneiras diferentes, reserve algum tempo para descrever ou representar de alguma outra forma (por exemplo: desenhe, faça uma colagem, use um desenho de você mesmo numa determinada roupa ou postura) o Amante tal como ele se manifesta ou poderia se manifestar na sua vida. Qual é ou poderia ser a sua aparência? Como ele age ou agiria? Em que ambiente ele se sente ou iria se sentir mais à vontade?

DEVANEIOS

Respirando de maneira lenta e profunda, a fim de entrar num estado de meditação, concentre-se no seu coração, imaginando um pequeno foco de luz dourada e resplandecente no centro do seu peito, na região do coração. Imagine a luz dourada e resplandecente tornando-se lentamente maior até ficar do tamanho do seu coração, e depois de seus pulmões, de toda a região do peito e, por fim, de todo o seu corpo. Em seguida, imagine essa luz enchendo a sala e depois a sua comunidade, o seu país, o mundo e, finalmente, o sistema solar.

Depois disso, atente para os filetes de luz multicoloridos e mais intensos ligando você, em particular, a todas as coisas que você ama e com as quais se preocupa ou está envolvido sentimentalmente. Esses filetes podem ligá-lo às estrelas, ao céu da noite, a uma determinada paisagem, a certos animais ou espécies de animais, a lugares e coisas e, obviamente, a pessoas do seu passado ou do seu presente. Passe algum tempo reconstituindo os caminhos traçados por esses filetes até se sentir no centro de uma teia formada por vínculos amorosos.

Quando estiver pronto, retorne à sua consciência a partir dos filetes de luz dourada e permita que essa luz diminua de tamanho, passando do sistema solar para a Terra, da Terra para o seu país, do seu país para a sua comunidade, da sua comunidade para a sala na qual você se encontra e, por fim, para o seu corpo, a região do peito, os pulmões, e para o seu coração.

CAPÍTULO 13

O Criador

Quando descobrimos ou damos origem ao nosso verdadeiro *Self*, o Criador também penetra em nossa vida. Quando tomamos consciência da nossa ligação com o princípio criador do universo, nós também começamos a nos tornar conscientes do nosso papel na criação.

James Hillman já afirmou que o fundamento da psicologia arquetípica é a construção da Alma. Cada pessoa que cria a sua própria Alma também está contribuindo para a criação da Alma universal. À medida que criamos a nossa própria vida, portanto, também estamos participando da criação do universo.

CRIATIVIDADE

Todavia, é a nossa Alma e não o nosso Ego que cria a nossa vida. Por exemplo: nossa Alma pode optar por conhecer a doença ou algum outro tipo de perda e sofrimento como uma maneira de ser iniciada numa sabedoria mais profunda e podem se desenvolver. Essas escolhas são detestadas pelo Ego, cuja função é manter-nos sadios e operando perfeitamente; assim, o Ego se sente prejudicado quando essas coisas acontecem (do mesmo modo como a Alma se sente prejudicada quando o Ego faz da segurança e do *status* as suas principais prioridades).

A maioria dos pensadores modernos enfatiza as maneiras pelas quais estamos sendo criados pelo ambiente em que vivemos. Todavia, muitos líderes contemporâneos da Nova Era afirmam que no nível mais profundo da Alma nós escolhemos tudo o que nos acontece e, assim, somos os autores do nosso destino, inclusive de suas partes mais trágicas e dolorosas. Shirley Luthman e Hugh Prather, por exemplo, dizem que cada um de nós tem a capacidade potencial de criar a sua própria vida – incluindo a nossa saúde física – "tornando o inconsciente consciente" ou, para usar a terminologia deste livro, desenvolvendo uma parceria entre o Ego e a Alma de modo que, em vez de estar em campos opostos, eles possam trabalhar juntos.[1]

O CRIADOR

Meta: Criação de uma vida, de uma atividade profissional ou de uma nova realidade de qualquer espécie

Medo: Inautenticidade, deformação, falta de imaginação

Resposta ao Dragão/Problema: Aceitar que isso é um componente do *Self*, parte do qual foi criado pelo próprio indivíduo; estar disposto a criar uma outra realidade

Tarefa: Autocriação, Autoaceitação

Dádiva: Criatividade, Identidade, Vocação

Meu escore para o arquétipo do Criador no IMH é ____ (alto = 30/baixo = 0).

Este é o meu ____ escore mais elevado (mais alto = 1º/mais baixo = 12º).

Quanto mais íntimo o nosso contato com a nossa Alma e, portanto, com a ordem natural do universo, mais íntimo poderá ser o nosso contato com essa parte criativa e transformadora de nós mesmos. Conforme Hugh Prather escreve em *A Book of Games: A Course in Spiritual Play*, não é preciso sequer acreditar que temos esse poder de criar, de transformar e de curar. Precisamos apenas imaginar que o temos – agir como se o tivéssemos – e nós o teremos.[2] O segredo aqui é o indivíduo não fazer nenhuma distinção entre si mesmo e o grande princípio espiritual criador do universo. A essência da afirmação do Criador interior consiste em reconhecer que o grande princípio espiritual do universo não está separado de nós mesmos. Somos parte desse princípio criador e, portanto, também participamos da criação de nossa vida – com Deus e uns com os outros. O reconhecimento da nossa capacidade de contribuir para o processo de criação pode ser uma realização inacreditável, que aumenta o nosso poder.

Podemos fazer isso imaginando conscientemente o futuro que desejamos para nós. Em *Wishcraft: How to Get What You Really Want*, por exemplo, Barbara Sher fala sobre a importância de se ter uma visão do futuro que realmente amplie o nosso senso de possibilidades e que esteja tão próximo quanto possível da vida de nossos sonhos. Essa fantasia deve ser muito concreta, de modo que se torne real para nós. Devemos também tentar contrapor nossas visões com a verdadeira natureza de nossa Alma e com a realidade de pelo menos algumas regras do mundo exterior. Caso contrário, nossas visões podem ser apenas devaneios escapistas. Por exemplo: se uma mulher tem 40 anos de idade e nunca dançou antes, não adianta alimentar a ilusão de um dia tornar-se uma bailarina profissional.

Uma projeção positiva, porém realista do futuro nos liberta para gozar a vida presente e fazer com que nossos sonhos se transformem em realidade. As visões são mais poderosas quando compartilhadas consensualmente. Se um grupo de pessoas apoiar aquilo que você deseja para si mesmo (ou para o grupo) e se concentrar conscientemente nessa visão, os resultados geralmente são muito mais eficazes. Todavia, o mais importante é que a sua visão esteja de acordo com o que você é num nível mais profundo e com o que a sua vida, se tudo corresse bem, deveria realmente ser.

CONDICIONAMENTO E ASPECTOS NEGATIVOS DO CRIADOR

Por mais unificada que se torne a nossa consciência e por mais verdadeiros que sejamos em relação a nós mesmos, a maioria de nós ainda está limitada pelas nossas circunstâncias, pelas normas de comportamento impostas pela sociedade e pelas leis naturais. Se ainda não empreendemos nossa jornada, não desenvolvemos um Ego vigoroso e não nos ligamos à nossa Alma, não estamos criando conscientemente. Vivemos a vida tal qual ela é criada; assim, nós nos sentimos, e talvez realmente sejamos, o produto de nosso ambiente e de nossas circunstâncias. Esse é o aspecto negativo do Criador, o qual cria coisas sem nenhum senso de responsabilidade a respeito do que estamos fazendo.

Nem toda impotência é resultado dos aspectos negativos do Criador. Às vezes, nós sentimos justificadamente que não estamos tendo controle sobre o que acontece conosco – no caso de um sistema social opressivo e discriminatório, por exemplo, ou de uma família problemática. E, embora você possa ter criado a experiência de ir para a cadeia por ter infringido uma lei, isso não significa que você tenha criado a realidade atual do sistema penitenciário! Boa parte do que acontece em nossa vida é produto da criação coletiva, e não individual.

> *"Viver uma vida é como fazer uma colcha de retalhos... O Senhor nos envia os pedaços; nós podemos cortá-los e reuni-los de acordo com a nossa conveniência".* (Eliza Calvert Hall, *Aunt Jane of Kentucky*.)

Ainda que a maioria das condições básicas da vida de uma pessoa esteja determinada, não obstante há uma maneira única pela qual a pessoa organiza a sua vida, se ela estiver consciente disso. No século XIX, quando as pessoas falavam a respeito das maneiras pelas quais nossa vida parecia predefinida elas se expressavam mais em termos de predestinação do que de condicionamento. Como quer que seja, elas estavam descrevendo a mesma coisa – o equilíbrio entre criar e ser criado.

Além do Autoaperfeiçoamento

Quer sejamos ou não os criadores absolutos de nossa vida, somos os responsáveis pela maximização do nosso poder. Esse poder certamente varia de acordo com as circunstâncias sociais e econômicas e com o nível do nosso desenvolvimento espiritual e psicológico.

A criatividade é o fundamento de qualquer vida bem vivida. Todos nós criamos a nossa vida a partir das oportunidades de escolha que temos em relação à maneira de vivê-la, não importando o quanto essas opções possam ser limitadas. Algumas dessas escolhas parecem ter sido feitas livremente, sob o nosso controle, e outras parecem ter sido impostas a nós e seus processos vivem dentro de nosso ser. Apesar disso, nós efetivamente criamos a nossa vida pela maneira como a vivemos.

É a imaginação que nos ajuda a encontrar beleza e significado em nossa vida. Essa é a razão pela qual Hillman pôde dizer: "Estamos vivos ou mortos de acordo com as condições de nossa Alma".[3] A alienação e o tédio, tão comuns na vida moderna, não são o resultado inevitável de alguma realidade exterior, mas sim o reflexo do subdesenvolvimento da nossa capacidade de imaginação.

Cabe à imaginação interpretar de uma maneira artística o mundo à nossa volta. A contribuição dos grandes gênios da pintura e da literatura consiste em mostrar-nos – pelo exemplo de sua arte – de que modo é possível olhar até mesmo para os aspectos mais terríveis da vida humana e encontrar beleza e significado. Sófocles consegue isso em suas peças utilizando o incesto e o parricídio!

A contribuição das metáforas transformadoras muitas vezes se resume em ajudar-nos a enxergar a beleza e o significado na vida, seja na nossa própria vida ou na de outras pessoas. Os psicólogos da linha arquetípica, por exemplo, podem fazer isso por meio da identificação do mito, do arquétipo ou do deus ou deusa que indicam uma experiência – mesmo se essa experiência for patológica. Muitas vezes nossos amigos conseguem isso enxergando algum significado e valor, não apenas nas nossas realizações, mas no nosso próprio esforço (mesmo quando fracassamos). O artista que existe dentro de cada um de nós é a parte que enxerga a verdade ou o *Self* "subjacente" por baixo da superfície e nos revela essa verdade. Essas verdades humanas fundamentais sempre são profundamente belas, significativas e emocionantes.

Criar uma vida significa exaltar honestamente a nossa experiência como algo importante e valioso. Isso significa aceitar a sua vida como a vida apropriada para você, para o seu corpo e para a sua mente como aqueles apropriados para você e, até mesmo, as suas doenças e maus hábitos (embora, nesse caso, talvez seja o processo de superá-los e de lidar com eles que irá ensinar-lhe a lição que você precisa aprender). Isso significa reconhecer a forma pela qual se manifesta a sua própria beleza, seja ela a beleza do corpo, da mente ou do caráter.

Ironicamente, na nossa cultura, é difícil o indivíduo pensar o que pensa e sentir o que sente sem se preocupar com o que supostamente "deveria" sentir ou pensar. Isso é um problema numa cultura dominada pelo Guerreiro/Explorador, na qual estamos cercados de métodos de autoaperfeiçoamento, todos eles criados para nos ajudar a viver de acordo com outro padrão. A maioria de nós aprendeu a julgar todas as nossas ações e pensamentos: É bom? É mau? É suficientemente viril? É suficientemente feminino? O que os outros irão pensar? A opção por sermos simplesmente nós mesmos pode nos dar a impressão de estarmos infringindo todas as normas e suscita um sentimento de libertação e um vago temor de represálias. *Quando o arquétipo do Criador começa a se mostrar ativo em nossa vida, nós frequentemente oscilamos entre a exultação e o medo potencialmente paralisante.*

Quando a pessoa se encontra no estado de Inocente, o melhor é aprender a adaptar-se ao mundo tal como ele é, começando pela família e estendendo essa adaptação de modo a incluir a escola, o ambiente de trabalho e a comunidade. Assumimos papéis preestabelecidos e, em larga medida, somos definidos por esses papéis.

O renascimento da Alma coloca-nos num caminho totalmente diferente e nós começamos a nos mostrar sinceros e autênticos onde quer que estejamos. Porém, o processo sempre acarreta algum sofrimento. Quando permitimos que nosso verdadeiro *Self* saia para a luz do dia depois de uma longa incubação, o grande mundo lá fora pode nos assustar – e nós podemos assustá-lo! O restante do mundo costuma interagir com o Ego e pode ficar muito confuso quando este novo ser se manifesta e declara ter os seus próprios pontos de vista, especialmente porque a maioria de nós inicialmente não é muito diplomática quando se trata de reivindicar a satisfação de nossos desejos diante do mundo.

É preciso grande coragem para nos tornarmos coparticipantes da criação do mundo em que vivemos. Essa não é a coragem do Guerreiro, que geralmente cavalga armado até os dentes. Essa é a coragem que o indivíduo precisa ter para ficar vulnerável, aberto e solitário – não como um Inocente, mas com plena consciência de quem é e do que está fazendo.

Embora os heróis frequentemente acabem conseguindo ser fiéis a si mesmos e amados pela comunidade, isso só acontece depois de eles terem demonstrado ter a coragem e a imaginação necessárias para modificar ligeiramente este mundo a fim de adaptá-lo a si próprios. No livro *A Desobediência Civil*, Thoreau discorre acerca da nossa obrigação de não apenas votar nas eleições como também de fazê-lo de maneira completa, o que significa manifestar nossa opinião a respeito do mundo em que queremos viver pela maneira como vivemos a nossa própria vida. É deste modo que o mundo é formado: pelo resultado conjunto de todas as decisões – grandes e pequenas – que cada um de nós toma em relação à nossa própria vida.

Audição Interior

Algumas dessas escolhas são feitas conscientemente, outras inconscientemente e outras ainda assemelham-se mais a descobertas do que a escolhas. Uma das habilidades mais importantes que temos na vida é a capacidade de ouvir com a imaginação receptiva para podermos descobrir o que fazer em seguida. Algumas pessoas fazem isso enquanto oram ou meditam, e outras quando estão caminhando ou trabalhando num jardim. Muitas pessoas descobrem o que pensam e o que sentem por meio de alguma atividade artística – elas talvez escrevam num jornal, pintem ou trabalhem com cerâmica.

As pessoas que não se consideram criativas ou que não conseguem ouvir o seu próprio conhecimento intuitivo interior ainda não aprenderam a ouvir esse processo. Na verdade, elas podem ter aprendido desde pequenas a eliminar as interferências produzidas pelo conhecimento da imaginação. Embora nem todo mundo desenhe, escreva ou pinte, todos nós sonhamos, fantasiamos e fazemos rabiscos. A criação de histórias em sonhos e fantasias e a criação de imagens enquanto fazemos rabiscos são basicamente atividades da imaginação.

Quando paramos de tentar controlar a imaginação e deixamos que ela se manifeste espontaneamente – na forma de um turbilhão de palavras, imagens e símbolos – descobrimos as profundezas da nossa sabedoria interior. Do mesmo modo, se somos honestos, podemos notar muitas discrepâncias entre o que pensamos estar criando e o que estamos realmente criando.

No mundo cotidiano da consciência, por exemplo, eu poderia pensar que quero ser amiga de uma determinada mulher e passar algum tempo com ela. No entanto, eu nunca arranjo esse tempo e, na verdade, faço coisas que a ofendem. Inconscientemente, talvez, eu não desejo realmente essa amizade – pelo menos na sua forma atual – e estou criando uma situação que irá abalá-la e, assim, fazer com que ela possa ser encerrada, redefinida ou renegociada.

Por meio da crítica e da censura, o Ego muitas vezes interrompe o que naturalmente seria um fluxo criativo virtualmente infinito e espontâneo. O Ego, especialmente quando está sob a influência do Guerreiro, é crítico e não quer que criemos nada a não ser que sejamos "bons nisso". A imaginação, porém, originária da Alma, tem apenas dois critérios de excelência: que nossas criações sejam "verdadeiras" e "bonitas". Para a Alma, porém, qualquer coisa que seja autêntica e real é também bonita. *Se o que criamos na arte-final de nossa vida provém realmente de nossa Alma, o resultado será inevitavelmente belo.*

OS ESTÁGIOS DA CRIAÇÃO

No início, criamos inconscientemente e não sabemos que de fato estamos criando o que acontece conosco. Quando, tal como um aprendiz de feiticeiro, criamos confusão e dificuldades, geralmente culpamos as circunstâncias. Se ouvimos alguém dizer que somos nós que criamos a nossa vida, a impressão que temos é a de que essa pessoa está nos culpando. Nessa altura, nós simplesmente não somos capazes de entender a diferença entre os conceitos de bom da Alma e do Ego, e não conseguimos nos imaginar assumindo a responsabilidade por nossas criações sem que esse encargo recaia sobre nós.

No nível seguinte, conscientemente "assumimos o controle sobre a nossa vida" com o nosso Ego e nos esforçamos para agir de maneira correta e fazer com que aquilo que desejamos aconteça. Embora amiúde sejamos contrariados e tenhamos de lutar, tentamos forçar a passagem e continuar avançando. Ainda que muitas vezes fiquemos cansados, nós efetivamente criamos os nossos sucessos e, assim, começamos a nos orgulhar realmente dos nossos esforços.

Todavia, depois das nossas experiências iniciatórias com o Destruidor e com o Amante, passamos a ter mais humildade e reconhecemos que não podemos controlar o universo. Na verdade, muitas vezes nem sequer estamos controlando conscientemente os acontecimentos. Uma vez que tenhamos renunciado à ilusão de podermos controlar nosso destino pela nossa vontade, começamos a aprender a confiar na nossa imaginação e a compreender as maneiras pelas quais nossa Alma está criando a nossa vida. Embora nossa Alma seja notoriamente pouco interessada no sucesso material, ela está buscando o nosso crescimento e desenvolvimento num nível mais profundo. Nessa altura, podemos reconhecer que, no nível da Alma, nós efetivamente escolhemos todas as perdas, dores e sofrimentos da nossa vida. Não obstante, poderíamos desejar que as coisas não fossem tão difíceis e que nossa mente consciente tivesse mais voz nesse processo de tomada de decisões.

A criação como obra conjunta tanto do Ego como da Alma é algo satisfatório por si mesmo. Por um lado, a criação do Ego tem o estilo do Guerreiro. Ela diz respeito ao domínio e à supremacia e é uma tarefa muito difícil, cheia de lutas e conflitos. Por outro lado, especialmente quando começamos a permitir que a realidade mais profunda da nossa Alma crie a nossa vida, nós o fazemos reprimindo conscientemente as críticas e os conselhos do Ego a respeito desse processo. Ao suprimir a sabedoria do Ego, frequentemente deixamos de satisfazer adequadamente as preocupações humanas normais, tais como a de ter uma renda razoável ou de prestar atenção no modo como os outros estão reagindo a nós.

Depois de tentarmos criar uma vida apenas a partir do Ego e apenas a partir da Alma, descobrimos que a maneira mais eficaz consiste em reverenciar e ouvir a sabedoria de ambos. Talvez seja isso o que Jesus tinha em mente ao dizer: "Dai a César o que é de César e a Deus o que é de Deus". No nível mais elevado, vivenciamos o "casamento sagrado" entre a consciência do Ego e a consciência da Alma, o qual torna possível a criação de uma vida que satisfaça tanto o Ego quanto a Alma. Assim, podemos ter ao mesmo tempo profundidade espiritual e sucesso na vida, no trabalho e no amor.

Níveis do Criador

Aspectos Negativos	Criação de circunstâncias negativas e de oportunidades limitadas; obsessão por criar, dedicação excessiva ao trabalho
Chamamento	Devaneios, fantasias, imagens ou lampejos de inspiração
Nível Um	Abertura para a recepção de visões, imagens, palpites e inspirações
Nível Dois	Permitir a si mesmo saber o que você realmente quer ter, fazer ou criar
Nível Três	Experiências com a criação daquilo que você imagina – permitindo que você deixe os seus sonhos se transformarem em realidade

Ao moldar a nossa vida, precisamos nos manter fiéis à realidade mais profunda de nossa Alma e permitir que essa realidade se manifeste e seja o tesouro que revitaliza o reino. Todavia, nós também precisamos que o Ego seja o guarda desse tesouro para nos certificarmos de que ele não será depredado, profanado, nem será de alguma outra maneira desrespeitado ou maltratado.

O maior nível de domínio – o nível descrito por Luthman, no qual as pessoas podem literalmente escolher o que lhes acontece a partir da mente consciente – requer um nível de consciência realmente incomum. Em outras palavras, requer a existência de poucas ou de nenhuma barreira entre o Ego e a Alma, de modo que ambos possam ativamente escolher juntos tudo o que nos acontece. Na nossa época, isso é relativamente raro. A maioria de nós procura tirar o melhor proveito possível do limitado poder de a consciência influenciar o rumo da nossa vida.

Criação e Consciência

O processo de coparticipar da criação do nosso mundo é, de certo modo, algo que compartilhamos com todos os outros seres humanos, plantas, animais, árvores, estrelas e galáxias. Todos os seres vivos contribuem para o processo de evolução cósmica pelo simples fato de existirem. Todos nós estamos o tempo todo criando o nosso mundo; o importante é fazê-lo de modo consciente.

O livro *The Ages of Gaia: A Biography of Our Living Earth*, de James Lovelock, abalou a comunidade científica com a sua premissa cuidadosamente desenvolvida de que a Terra é um sistema vivo e autorregulado.[4] Lovelock, porém, não chegou a dizer que a Terra tem consciência. É verdade que o planeta está vivo. A Terra regula a sua temperatura e outras condições para assegurar a sua sobrevivência, o que significa que, tal como nós, ela está sempre coparticipando da criação do seu mundo; porém, isso não significa que ela tenha consciência.

Embora muitas outras culturas – os índios norte-americanos, por exemplo – atribuam consciência à Mãe Terra, os norte-americanos e europeus consideram a consciência um atributo privativo da espécie humana. Jean Houston combina esses pontos de vista ao considerar a humanidade como o sistema sensorial da Mãe Terra, o órgão da Mãe Terra que é sede da consciência.

Embora as diferentes culturas divirjam entre si quanto à possibilidade de que a Terra, as estrelas ou as galáxias sejam dotadas de consciência, todas estão de acordo quanto ao fato de que as pessoas têm consciência e, com ela, a capacidade de criar coisas de muitas maneiras especiais. No nível mais básico, nós criamos por meio da atribuição de nomes, isto é, do poder que a linguagem tem de predeterminar o pensamento.

O modo pelo qual ordenamos as nossas experiências – pelo som, pelas palavras e pelas imagens – dá significado ao nosso mundo. Os psicólogos há muito tempo compreenderam que o desenvolvimento das pessoas muitas vezes é prejudicado porque tudo o que elas conseguem enxergar na vida é o significado original das coisas que viram. Se essas pessoas foram espancadas quando crianças, por exemplo, elas passam a ver os outros como potenciais agressores e a si mesmas como vítimas. Elas talvez não enxerguem nada que não esteja de acordo com esse padrão básico. Porém, seus atos tendem a perpetuar esse enredo, e elas repetidas vezes acabam sendo maltratadas.

Os analistas transacionais chamam a isso de roteiro e procuram ajudar as pessoas a se libertarem de seus roteiro restritivos. Os terapeutas de todas as correntes procuram ajudar as pessoas a verem o mundo de diferentes perspectivas.

O poder da atribuição de nomes é muito grande. Quando eu era professora universitária, certa vez pedi a três alunas que refizessem um trabalho importante. Uma delas imediatamente se transformou numa vítima, compadecendo-se de si mesma e queixando-se de que isso sempre acontecia com ela. Outra passou imediatamente para o modo de ação do Guerreiro, planejando a campanha de modo a superar o obstáculo. A terceira aluna (Inocente) parecia ignorar totalmente seus problemas de redação, mas reescreveu o trabalho apenas para me agradar. Todas as três moças pareciam dirigidas pelas histórias de seus arquétipos.

Essa experiência intrigou-me e foi um dos principais fatores que me levaram a trabalhar com os arquétipos, pois percebi que boa parte das nossas percepções a respeito da vida não são simplesmente o resultado daquilo que aconteceu conosco no passado. Elas são o resultado do modo como interpretamos o que acontece conosco e, por conseguinte, do que fazemos. Ironicamente, tanto a aluna que optou pela negação como a que mobilizou suas tropas se saíram melhor do que aquela que se sentiu na posição de vítima.

A consciência pode nos ajudar a evitar que a nossa história seja escrita por nós dessa maneira, de sorte que, ao menos em parte, possamos escrever a nossa própria história. Educada pela iniciação na saudade, no sofrimento e no amor, nossa imaginação pode criar imagens a respeito da nossa verdadeira tarefa no mundo. Se o nosso Ego também for forte, poderemos usar nossa habilidade e capacidade de controle para entrar em contato com um nível mais elevado de cada arquétipo e ajudar a transformar nossas fantasias em realidade. Com a ajuda do Ego, podemos detalhar melhor nossas fantasias e imaginar de que maneira podemos realizar o nosso potencial numa determinada época e lugar. Se a Alma não for suficientemente desenvolvida, não haverá nenhuma visão. Se o Ego não for suficientemente desenvolvido, a visão não será realizada – a não ser mediante acontecimentos sincrônicos extraordinários.

O CRIADOR DESPERTO

Quando o arquétipo do Criador está ativo na nossa vida, temos consciência de um senso de destino e da responsabilidade de desenvolver uma visão para nossa vida e de transformá-la em realidade. Talvez cheguemos a sentir que, se não fizermos isso, perderemos a nossa Alma. Essa certamente parece ser uma situação na qual temos de optar entre fazer ou morrer (não estamos falando aqui de morte física, mas da morte da Alma).

O Criador nos impele a deixar de lado nossos papéis inautênticos para afirmarmos a nossa identidade. Quando esse arquétipo está ativo, as pessoas são devoradas pela necessidade de criar uma vida, do mesmo modo que um artista é devorado pela necessidade de pintar ou um poeta pela necessidade de escrever. Assim como os grandes pintores e poetas se dispõem a renunciar ao dinheiro, ao poder e ao *status* para poderem criar sua arte, quando o Criador está ativo na nossa vida somos impelidos a ser nós mesmos, ainda que isso nos leve a morrer mergulhados na obscuridade, na pobreza e na solidão. Obviamente, as pessoas que começam a se comportar de acordo com seu autêntico *Self* em geral não pagam esse preço – na verdade, muitas são famosas, ricas e vivem cercadas de amigos e de pessoas queridas. Todavia, a única maneira de o indivíduo adquirir a capacidade de ser verdadeiro consigo mesmo é saber que irá agir assim, não importando o quanto isso venha a lhe custar.

Para o arquétipo do Criador também é essencial a sensação de que existe alguma coisa codificada em suas células que você precisa fazer, alguma coisa que é a razão fundamental da sua existência. Talvez seja uma determinada vocação, uma contribuição para a sociedade, uma pessoa que você deva amar, a realização de algum tipo de cura ou o aprendizado de uma importante lição; ao mesmo tempo, porém, isto diz respeito à sua própria evolução.

Cada um de nós tem um papel a desempenhar na solução dos grandes problemas mundiais da nossa época e na criação de um mundo mais justo, mais humano e mais bonito. Sabemos qual é a parte que nos cabe executar com base naquelas coisas que fazemos e que não apenas nos parecem familiares, mas também profundamente verdadeiras e corretas. Sabemos isso com base naquilo que amamos e faz com que nos sintamos completos. Sabemos isso com base naquilo a que nos apegamos quando tudo o mais em torno e, algumas vezes dentro de nós, está desabando.

> *"A semente de Deus está dentro de nós... Ora, a semente de pera transforma-se numa pereira, a semente de avelã numa aveleira, a semente de Deus em Deus."* (Meister Eckhart.)

Se todas as pessoas que gostam de criar coisas belas o fizessem, viveríamos num mundo lindo. Se todos os que gostam de ordem e limpeza dessem a sua contribuição, viveríamos num mundo limpo e ordenado. Se todos os que anseiam por curar os doentes o fizessem, viveríamos num mundo mais sadio. Se todas as pessoas que se preocupam com a fome no mundo compartilhassem suas ideias criativas e agissem para amenizar o problema, todas as pessoas estariam alimentadas.

Se pudéssemos aprender que a sabedoria do *Self* – codificada dentro de cada um de nós – nunca está errada e que aquilo que ansiamos por fazer é o que devemos fazer, seríamos todos coparticipantes da criação de um mundo melhor. Todavia, isso não significa que a sua mente consciente saiba as respostas. Certamente foram poucos aqueles dentre nós que receberam um mapa. Na medida em que confiamos em nossos próprios processos no nosso dia a dia, fazendo aquilo que nos parece correto e autêntico, nós nos transformaremos naquilo que devemos ser.

DEUSES, DEUSAS E O PROCESSO CRIATIVO

As tradições religiosas do mundo estão cheias de imagens de deuses e deusas no papel de Criadores. A primeira imagem do Criador foi a da Deusa clássica, reverenciada no ato de dar origem ao universo. Em todas as partes do mundo, as obras de arte sagradas mais antigas celebram o poder feminino de produzir não apenas filhos mas também obras artísticas e literárias, invenções e, na verdade, o universo. Nessas civilizações antigas a feminilidade era venerada não apenas em razão de seu poder de dar à luz mas também devido à sua capacidade de produzir leite para alimentar o bebê e, pela menstruação, de sangrar e não morrer.

O filho e o amante da Deusa também eram adorados como seres divinos, constituindo-se numa outra imagem do casal procriador divino. A imagem do casal procriador divino, empenhado em criar a vida por meio de sua cópula extática, enfatiza a natureza enlevada, alegre e agradável da vida e da criação. Em outras palavras, a criação é como o sexo em sua melhor forma – cheia de alegria, de amor e de satisfação mútua. Imagine como seria viver numa cultura em que essa imagem servisse de base para a compreensão da natureza da vida!

Posteriormente, a criação do universo passou a ser vista, não como um processo físico e natural de nascimento a partir do corpo de uma mãe, ou como o produto da bem-aventurada união do casal divino, mas sim como um processo mental: Jeová, o Deus da Torá hebraica e do Antigo Testamento cristão, criou o mundo por uma frase mágica, dizendo: "Faça-se a luz!". Esse é o poder da palavra, o poder do Logos – a criação por meio da palavra e da compreensão. Analogamente, considerava-se que Atena teria nascido, já completamente desenvolvida, da cabeça de Zeus.

Se cada um de nós tem um deus interior, resta saber que deus é esse. Se o deus interior cria mediante um processo semelhante ao nascimento, então essa criação começa com amor e prazer, mas abre mão do controle do processo logo que ocorre a concepção e até o nascimento da criança. Essa visão proporciona o potencial para uma vida cheia de experiências e sentimentos, mas sobre a qual temos pouco controle. Se o deus interior é crucificado ou esquartejado, como Cristo ou Dioniso, a criação consistirá basicamente em sofrimento até que chegue a hora do renascimento e da libertação, quando a nova realidade estará completa. Se o deus interior for um Rei e um Pai, criando por um comando que emana da sua cabeça, haverá então controle absoluto, mas pouca paixão.

Se houver um deus ou deusa dentro de cada um de nós, então será útil formar uma imagem mental desse deus ou deusa a fim de encontrarmos no mundo exterior um equivalente do seu próprio *Self* interior sagrado. Nós também podemos conseguir uma melhor compreensão a respeito do nosso processo de criação ou de dar origem a uma nova vida aprendendo com os artistas e com o que eles pensam sobre o processo da criação.

A Vida como uma Forma de Arte

Em *Retrato do Artista Quando Jovem*, por exemplo, James Joyce imagina o artista como um Deus sentado acima dos acontecimentos, imparcial, objetivo e controlando totalmente a situação. Alice Walker, por outro lado, descreve de que modo Celie e Shug, as personagens principais de *A Cor Púrpura*, apareceram e lhe pediram que contasse a história delas. Elas lhe fizeram um relato cheio de emoção enquanto a escritora se esforçava por criar um romance adequado às suas histórias.

Ao criar a nossa vida, podemos tirar proveito igualmente dos pontos de vista clássico e romântico a respeito da arte, um enfatizando a habilidade e o controle e o outro a inspiração e a paixão. Tal como a criação, a experiência do devaneio é um ato de imaginação receptiva. Sem ela, a criatividade não acontece. Existem períodos áridos nos quais, por mais criativos e inteligentes que possamos ser (ou que tenhamos sido), não conseguimos criar nada que preste.

Por outro lado, é possível que a visita da Musa nos proporcione inspiração, mas o processo de transformá-la em realidade pode ser negligente e indisciplinado. A habilidade, o controle e o distanciamento, enfatizados pela tradição clássica, são fundamentais para a execução. A criação de uma grande obra de arte é quase sempre o resultado conjunto de trabalho duro e inspiração. Em condições ideais, iniciamos projetos criativos com a imaginação receptiva e os concluímos utilizando as habilidades criativas que estão voltadas para a obtenção de um controle formal.

O mesmo acontece com a vida. É o Ego que trabalha duro para aprender a arte de viver. A compreensão dos mistérios da Alma, por meio do esforço, do amor e da renúncia, deixam-nos abertos para receber a inspiração. O resultado da integração entre inspiração e habilidade pode ser uma vida vivida como se fosse uma grande obra de arte.

Tanto os artistas quanto os místicos aprendem a pensar como crianças – a ter o que os budistas chamam de "mente de iniciante". Isso significa limitar ou eliminar os preconceitos acerca da realidade, os quais obstruem nossa capacidade de criar. As crianças são criativas de uma maneira espontânea e natural. Quando nós, adultos, não somos criativos, isso acontece apenas porque nossa criatividade foi bloqueada. Estamos preocupados demais com o passado ou com o futuro para estar plenamente receptivos e espontâneos no presente. Precisamos apenas recuperar o que era natural em cada um de nós na nossa infância.

Algumas pessoas criam sua vida espontaneamente – da mesma maneira que as crianças criam arte – e essa espontaneidade e receptividade infantis em relação à experiência está presente em todo ato criativo. Todos nós viveríamos mais plenamente se pudéssemos reagir de maneira nova e criativa a cada nova experiência. Todavia, a maior de todas as artes também requer maturidade, habilidade e sabedoria.

Para outras pessoas, esse processo combina controle e espontaneidade. Embora elas tenham uma ideia geral do rumo que devem tomar, muitos dos detalhes surgem na forma de um processo criativo inconsciente que completa o processo mais consciente. Não é raro os escultores se referirem às suas obras como a libertação de uma figura que estava aprisionada num bloco de madeira ou de pedra. Os psicólogos, terapeutas, professores e clérigos frequentemente também consideram que seu trabalho consiste em revelar o *Self* ou o potencial oculto da pessoa, utilizando os primeiros vislumbres a respeito desse potencial como base para futuras intervenções.

A capacidade de detectar e de especificar esse potencial, em si mesmo ou nas outras pessoas, é o que constitui o ato primário da libertação. Somente quando começamos a descobrir quem realmente somos – por baixo do véu formado pela insegurança e a afetação, por condições sociais e costumes arraigados, pela nossa aparência e por nossa *persona* – é que podemos ter alguma confiança de que nossos atos estão contribuindo para expandir e não para reduzir a nossa Alma individual, coletiva e universal. Em segundo lugar, depois que isso acontece, aprendemos técnicas para viver e trabalhar com elegância e cortesia, técnicas que permitem que contribuamos de modo efetivo para o bem maior.

Algumas pessoas criativas concentram-se no processo de invenção científica. Para elas, o terceiro estágio, o estágio empírico (que deveria ser parte de todos os empreendimentos criativos) é o mais importante. Elas têm uma ideia e começam a fazer experiências a fim de verificar o que acontece quando agem de acordo com essa ideia. Elas analisam os dados obtidos e modificam sua ideia a partir desses resultados. Essa alça de retroalimentação é tão importante para a vida das pessoas quanto para cientistas, inventores e matemáticos, visto que, se você age de uma determinada maneira e o resultado é muito diferente do esperado, isso significa que você deve reexaminar suas hipóteses e reformular suas ideias.

Embora as habilidades do Ego não possam ser deixadas de lado, sua arrogância e superficialidade devem ser eliminadas para podermos criar e viver uma vida significativa. O próprio processo artístico pode ser um modo de descoberta. Esse processo deixa de lado as questões do Ego – até mesmo a busca da eternidade e da imortalidade, pois o *Self* vive em harmonia com o cosmos. Aquilo que criamos não está separado de nós. Nós criamos como um meio de exprimir a nossa verdadeira identidade e de descobrir quem somos, o que pensamos e o que sabemos. Fazemos isso por amor aos objetos que estão em torno de nós e ao ato da criação propriamente dito.

Criar uma vida, portanto, não diz respeito à criação de um produto, mas sim ao prazer que se obtém durante o processo da criação. Não é preciso que o indivíduo tenha atingido o último estágio – ter criado uma vida maravilhosa, que tenha contribuído para o bem maior – para gozar uma grande sensação de alegria. A alegria provém do processo propriamente dito.

A Dança do Ego e da Alma

As formas mais elevadas de arte nos ensinam o que pode acontecer quando criamos a nossa vida não a partir da verdade de nossa Alma mas sim mediante um processo no qual a Alma e o Ego estão de tal modo integrados que se assemelham a duas pessoas dançando em perfeita harmonia, ou a diferentes energias integradas dentro do corpo de um dançarino que realiza uma linda apresentação artística. Os esforços criativos não precisam assemelhar-se a um trabalho duro ou a uma luta; eles podem se parecer com uma "dança".

É perigoso criar apenas a partir da Alma porque ela é notória pela sua insensibilidade às necessidades do corpo e irá nos manter criando, trabalhando e dançando até o corpo entrar em colapso. O Ego precisa ser acionado para cuidar da saúde do organismo. Todos os que assistiram ao filme *Amadeus* irão se lembrar da vívida e dolorosa cena no leito de morte de Mozart: ele faz um derradeiro esforço para terminar o grande *Réquiem* e logo em seguida morre. Mozart, pelo menos de acordo com o que foi apresentado nesse filme, criou a partir da Alma algumas das composições mais lindas de todos os tempos. Entretanto, faltava-lhe a sabedoria do Ego, de que precisava para aprender a cuidar da saúde e das finanças, e faltava-lhe a força do Ego necessária para contrabalançar as pressões para continuar compondo, de maneira que pudesse descansar o suficiente para conseguir recuperar-se de uma doença grave. Por isso, Mozart morreu jovem, privando a si mesmo de uma vida longa e plena e o mundo da música que ele teria criado.

Do mesmo modo, muitos de nós atualmente temos tantas ideias grandiosas a respeito de coisas a criar, a fazer ou a comprar que acabamos esgotados e assoberbados pela complexidade da nossa vida. Em vez de pensar em tentar empreender novas atividades, deveríamos usar o nosso bom senso para fazer economia e reduzir o nosso ritmo.

> *Oh! Corpo dominado pela música! Oh! Vislumbre resplandecente! Como podemos conhecer, pela dança, o dançarino?* (William Butler Yeats.)

Se considerarmos metaforicamente a atividade criativa como uma espécie de dança, fica mais fácil compreender de que modo a criação de uma vida como uma obra de arte depende da nossa capacidade de tomar conta do nosso corpo, da nossa mente e do nosso coração. Sem um corpo forte e sadio, um dançarino não pode dançar bem. A dança sempre é melhor quando o dançarino ou dançarina sente, não que está dançando, mas que algo está levando o seu corpo a dançar. Embora a dança, a música ou a Alma assumam o controle, o corpo ou o Ego estão de tal modo preparados que conseguem dançar sem errar o passo nem se esgotarem. Quando há uma boa integração entre o Ego e a Alma, a criatividade é vivenciada, não como sofrimento produzido quando as necessidades do corpo são ignoradas – em favor do chamamento da Alma no sentido de se criar uma vida ou uma obra de arte – mas sim, nas palavras de William Butler Yeats, como um "florescimento" do organismo.[5]

Ao experimentar essa alegria da perícia e da maestria, estamos preparados para retornar da nossa jornada e trazer nosso tesouro, contribuindo para a transformação do reino. Para fazer isso, precisamos ter consciência de que somos os donos de nossa própria vida.

EXERCÍCIOS

Reflita um pouco a respeito de quando, onde, e como a intensidade do Criador se manifesta na sua vida.

1. Com que intensidade o Criador se manifesta em sua vida? Ele tem se manifestado mais agora do que no passado? Você acha que ele vai se manifestar mais no futuro? Ele se manifesta mais no trabalho, em casa, quando você está junto de seus amigos ou em sonhos e fantasias?
2. Você tem algum amigo, parente, colega de trabalho, ou conhece alguma pessoa que pareça estar sob a influência do arquétipo do Criador?
3. Você gostaria que alguma coisa relacionada com a expressão do Criador na sua vida fosse diferente?
4. Como cada arquétipo se manifesta de muitas maneiras diferentes, reserve algum tempo para descrever ou representar de alguma outra forma (por exemplo: desenhe, faça uma colagem, use um desenho de você mesmo numa determinada roupa ou postura) o Criador tal como ele se manifesta ou poderia se manifestar na sua vida. Qual é ou poderia ser a sua aparência? Como ele age ou agiria? Em que ambiente ele se sente ou iria se sentir mais à vontade?

DEVANEIOS

Imagine um dia, hora ou semana perfeitos em algum momento do futuro, quando você estiver fazendo tudo o que adoraria fazer. Imagine o ambiente, as companhias e suas atividades. Imagine qual é a sua aparência, como são as suas roupas e o que você sente. Seja tão específico quanto puder e inclua tantos dados sensoriais quantos for possível (o que você está vendo, o que está sentindo, que gosto tem, como é o seu cheiro, que sons você está ouvindo?).

Imagine que você tivesse uma varinha mágica e pudesse modificar qualquer coisa no mundo para agradar a si mesmo ou às outras pessoas. Imagine o que você iria modificar no mundo e, continuando a devanear, deixe que os acontecimentos se desenrolem na sua mente de modo que você testemunhe o resultado do seu trabalho. Conceda a si mesmo algum tempo para processar os resultados – gozar os seus êxitos e lamentar quaisquer criações equivocadas.

PARTE IV

A Volta – Tornando-se Livre

CAPÍTULO 14

O Governante

Muitas histórias, contos de fadas e lendas terminam com a descoberta de que o personagem principal – aparentemente uma pessoa do povo que superou muitos obstáculos e passou por inúmeras aventuras – é na verdade o filho ou a filha do Rei, cujo desaparecimento ocorrera havia muito tempo. Os heróis clássicos eram muitas vezes órfãos criados por pessoas do povo. Essa experiência de viver como as pessoas mais simples do reino era obviamente fundamental para o desenvolvimento da humildade, da empatia e do conhecimento a respeito dos desafios enfrentados pelas pessoas comuns, atributos necessários a um líder realmente grande.

O GOVERNANTE

Meta: Um reino próspero e harmonioso (vida)

Medo: Caos, perda do controle

Resposta ao Dragão/Problema: Utilizá-lo de maneira construtiva

Tarefa: Assumir total responsabilidade pela própria vida; encontrar maneiras de expressar no mundo o seu *Self* mais profundo

Dádiva: Soberania, responsabilidade, competência

Meu escore para o arquétipo do Governante no IMH é ___ (alto = 30/baixo = 0).

Este é o meu ___ escore mais elevado (mais alto = 1º/mais baixo = 12º).

Com frequência, a jornada do herói é vista como uma preparação para a liderança. Como vimos nos clássicos mitos do Rei Fisher, por exemplo, o reino é concebido como uma terra decadente porque o rei está ferido ou doente. O jovem herói empreende uma busca, mata o dragão e encontra um tesouro que traz nova vida a uma cultura agonizante. Após o retorno do herói, o reino é transformado e readquire sua antiga prosperidade quando o jovem herói torna-se o novo governante. Quando ignoramos esse padrão e passamos a ver a preparação para a liderança como uma simples maneira de desenvolver nossas habilidades, a qualidade dos líderes do nosso reino será prejudicada. Ninguém pode transformar-se realmente num grande líder sem empreender a jornada.

Na vida moderna, nós nos transformamos no Governante ao assumirmos total responsabilidade pela nossa vida – não apenas pela nossa realidade interior, mas também pela maneira como o nosso mundo exterior reflete essa realidade. Isso inclui as maneiras pelas quais a nossa vida individual afeta nossa família, comunidade e sociedade. Quando nós nos acomodamos e paramos de nos desenvolver, nosso reino parece decadente; precisamos permitir o surgimento de uma nova vida dentro de nós – o novo herói – para podermos empreender uma nova jornada.

O Governante é um símbolo de totalidade e realização do *Self*, não apenas em seus estágios de formação e experimentação, mas também como uma expressão de nosso *Self* no mundo, uma expressão suficientemente forte para transformar a nossa vida, interna e externamente. O Governante é integral porque o arquétipo unifica a sabedoria da juventude e da idade avançada, mantendo-as juntas num estado de tensão dinâmica. Quando essa tensão se desarranja e surge um desequilíbrio, é preciso empreender uma nova jornada e encontrar um novo tesouro para que o reino possa ser mais uma vez transformado.

O arquétipo do Governante engloba não apenas os extremos de juventude e maturidade como também o masculino e o feminino. O soberano andrógino é um símbolo da conclusão do processo transformador alquímico. Conforme vimos, os vários procedimentos alquímicos que separam a essência do ouro (ou espírito) dos elementos inferiores (matéria) correspondem aos estágios da jornada espiritual do herói, inicialmente passando da realidade consensual dominada pelo Ego para o domínio transmutável do espírito. O estágio final – simbolizado pela realeza, pelo ouro e pelo Sol – significa a capacidade de expressar eficazmente uma verdade da Alma por meio da manifestação dessa verdade na realidade física.

O Governante cria um reino de paz e harmonia, tornando-se interiormente pacífico e harmonioso. O sistema de crenças – aqueles mundos interior e exterior que se espelham um no outro – também informam que a alquimia está codificada nos mitos do graal, especialmente no que tange ao relacionamento do Rei com o reino.

Os Deveres e Prerrogativas da Realeza

Quando o Governante está ativo na nossa vida somos integrados e estamos prontos para assumir a responsabilidade sobre ela. Não nos furtamos a reconhecer que o nosso reino reflete o que se passa dentro de nós e que podemos nos ver olhando à nossa volta. Por exemplo: se nosso reino é estéril, isso reflete alguma esterilidade dentro de nós mesmos. Se nosso reino está sempre sendo atacado e dominado, isso significa que o nosso Guerreiro não está protegendo as fronteiras e o Governante precisa mobilizar as tropas. Se o nosso reino é rude e nada amistoso, o nosso Caridoso não está atuando num nível suficientemente alto e o Governante precisa estar atento a isso. E assim por diante.

Inversamente, quando nosso reino prospera, isso indica um período de relativa totalidade interior.

O tradicional casamento do Governante com a terra demonstra simbolicamente a união erótica entre o Governante e sua vida exterior. Isso também pode ser considerado como a união da Alma com o aspecto físico da vida, pois o Governante é o arquétipo da prosperidade material. Portanto, o Governante precisa estar pronto e capacitado para lidar com o mundo tal como ele é. Cabe a ele promover a ordem, a paz, a prosperidade e a abundância. Isso significa uma economia saudável, leis justas (que sejam aceitas e obedecidas), um ambiente que promova o desenvolvimento de cada pessoa e o uso racional dos recursos humanos e materiais.

O Governante é o arquétipo reinante pela sua capacidade de operar o nível físico, já que os Governantes não podem se melindrar com as realidades do mundo material. Quando o arquétipo do Governante está ativo na nossa vida, ficamos à vontade no mundo físico e sentimos que temos o controle sobre o nosso *Self*. Apreciamos o processo de nos expressarmos nos domínios físicos do trabalho, do lar, do dinheiro e dos bens materiais, e temos alguma segurança de que sabemos como atender às nossas necessidades.

Responsabilidade

Os Governantes são pessoas realistas que não têm tempo para cultivar ilusões. Na verdade, eles precisam compreender o poder político e, em certa medida, pelo menos, jogar com ele. Eles não podem ter ilusões a respeito das ameaças dos inimigos ou sobre a realidade do mal. Como os bons governantes também compreendem que o exterior reflete o interior e o reino reflete o Rei, eles tampouco podem ter alguma ilusão a respeito de si mesmos. Eles precisam conhecer os aspectos negativos de seu próprio *Self* e estarem dispostos a assumir a responsabilidade por ele.

Do mesmo modo, cada um de nós é totalmente responsável pela própria vida. Isso não significa que devemos nos culpar pelo que nos acontece e, sim, que temos soberania e somos responsáveis pela adoção das medidas apropriadas em qualquer situação com que nos defrontemos.

Assim como as nações, alguns de nossos reinos são pobres e outros ricos; alguns possuem grandes recursos naturais e outros não; alguns são abençoados com a paz e outros estão cercados de invasores hostis por todos os lados. Todavia, se somos o soberano de nosso reino, assumimos a responsabilidade sobre tudo isso. Às vezes isso significa até mesmo assumir a responsabilidade de compreender que nos transformamos em pessoas dogmáticas, em tiranos teimosos e inflexíveis ou em adoentados Reis Fisher e que, na verdade, o nosso reino tornou-se decadente porque nós precisamos de renovação ou de cura. Em qualquer dos casos, precisamos eliminar a influência repressora sobre o nosso reino e a nossa própria psique e permitir que uma nova voz se manifeste.

Poder e Sabedoria

O Governante, enquanto arquétipo, tem o objetivo de afirmar o nosso próprio poder, para o bem ou para o mal. Muitas pessoas temem os arquétipos mais poderosos – especialmente o Governante e o Mago – porque a capacidade delas de fazer o mal é tão grande quanto a de fazer o bem. Quando começamos a admitir que criamos a nossa própria realidade, nós também passamos a saber que aquilo que criamos não pode ser melhor do que a consciência que inspira os nossos atos.

A não ser que tenhamos alcançado algum estado de perfeição, nosso reino será inevitavelmente imperfeito. Se, porém, você não agir com base na sua sabedoria e intuição, a alternativa será renunciar ao seu poder e deixar que os outros determinem o seu destino. Como o conhecimento arquetípico a respeito do processo de transformação está codificado de diversas formas – em mitos como os da busca do graal, nas cartas do tarô, em sistemas como a alquimia e a astrologia e em versões mais místicas das principais religiões – supõe-se que poucas pessoas tenham percorrido o caminho do herói e se transformado em Governantes de sua própria vida.

Na verdade, frequentemente foram tomados cuidados para garantir que as pessoas comuns – que não estavam preparadas para a jornada mística – não compreendessem o que tinham de fazer. Os textos dos alquimistas, por exemplo, eram deliberadamente escritos de modo que só pudessem ser compreendidos por aqueles que já tivessem sido treinados na tradição alquímica oral.

Acreditava-se que apenas umas poucas pessoas tinham a capacidade de empreender a jornada e se transformar em Governantes de sua própria vida. Assim, na Idade Média as pessoas acreditavam no direito divino dos reis. Presumia-se que reis e rainhas haviam aprendido os mistérios e poderiam ouvir Deus e falar com ele. Os outros deveriam simplesmente obedecer a eles.

Obviamente, embora os Governantes que não experimentaram esse contato com a sabedoria divina, ou cujo egotismo ou arrogância tiveram procedência sobre esse canal de comunicação tenham sido responsáveis por grandes abusos de poder, se nos guiarmos pelo exemplo dos antigos Governantes – que também eram graduados nas grandes escolas de mistérios – nós não tomaremos decisões baseadas simplesmente nas necessidades ou caprichos do nosso Ego. Sempre iremos consultar a nossa Alma. Quando aprendemos a viver de uma maneira que reflita a maior profundidade de nossos conhecimentos, começamos a viver de maneira diferente; quando isso acontece, nossa vida produz influências que afetam todos os outros reinos à nossa volta.

Quando o Governante predomina, essa é a nossa oportunidade de ver a nós mesmos como soberanos em nosso reino e de agir no sentido de fazer com que a nossa vida seja aquilo que gostaríamos que fosse. Isso difere do arquétipo do Criador em magnitude e escala. Quando o Criador é dominante em nós, vivemos a experiência de permitir a expressão de novas forças e impulsos na nossa vida – geralmente sem pensarmos muito (a não ser por um ocasional sentimento de pânico!) no impacto de nossos atos sobre as outras pessoas ou sobre o nosso futuro. É como se tivéssemos renunciado temporariamente a algumas das preocupações e responsabilidades normais da nossa vida cotidiana.

O papel do Governante está menos relacionado com o ato de criar uma vida do que de mantê-la e ter controle sobre ela. Todos os bons monarcas ou líderes políticos se identificam com o bem da coletividade e conseguem equilibrar os desejos e aspirações pessoais com as necessidades das outras pessoas. Ao resolverem o que querem para si mesmos, eles também levam em conta os interesses da sociedade como um todo. A menos que queiramos ser tiranos insignificantes, demagogos, políticos mercenários ou oportunistas, precisamos alargar nossa mente e nosso coração para termos uma visão mais ampla da nossa esfera de influência. Assim, ao agirmos para criar a vida que desejamos, também estaremos contribuindo para dar uma vida melhor às nossas famílias, aos nossos amigos, colegas de trabalho e para a sociedade como um todo.

Isto muitas vezes significa fazer uma grande prestação de contas da vida que temos levado até o momento e da espécie de reino que estivemos criando. Significa assumir a responsabilidade pelos nossos sucessos e pelos nossos fracassos. Significa reservar algum tempo para criar uma fantasia a respeito do que desejamos para o nosso reino e para pensar em maneiras de transformar a nossa fantasia em realidade. (Um Governante sábio sempre envolverá o Mago nessa tarefa, pois os Magos são as mais perfeitas pessoas de visão.) Nenhum bom Governante governa sem um plano! E isso frequentemente também significa fazer alianças com outras pessoas – as quais são reconhecidas como Governantes de seus próprios reinos e podem ter expectativas e desejos diferentes.

Quando o Governante predomina na sua vida, você também não deve se esquecer de confiar na sincronicidade. Como o nosso reino na realidade espelha o que acontece conosco, nós não precisamos fazer acontecer todas as mudanças que desejamos. Quando temos uma fantasia e passamos a agir com base nela, muitas vezes os outros pedaços simplesmente começam a se encaixar.

Vitórias e Limitações

O surgimento do arquétipo positivo do Governante na psique indica alguma realização vitoriosa no mundo. Isso muitas vezes significa algum tipo de proficiência profissional, dinheiro, bens materiais e detalhes da vida comum. Isso não significa necessariamente que a pessoa seja rica ou que tenha alcançado uma situação financeira confortável. Ela tanto pode viver em meio a um luxo extravagante quanto com simplicidade espartana. O importante é que, para o Governante, deve haver a possibilidade de escolha.

O arquétipo do Governante nos ajuda a encontrar uma maneira de gerar a prosperidade necessária para dar apoio à plena expressão de nosso ser. Isso poderia significar tanto uma grande riqueza quanto a capacidade de nos sentirmos um rei com quase nada. Basta pensarmos em grandes figuras como Gandhi, por exemplo, para compreender que a presença majestosa e a capacidade de liderar e de inspirar as pessoas não dependem da posse de bens ou de grandes contas bancárias.

O arquétipo do Governante na maioria das vezes força um confronto entre o poder e os limites do poder da pessoa. Nem mesmo um monarca tem poder absoluto – seu poder é limitado pelos recursos financeiros do reino, pelo estado do seu exército, pelo povo e pelo seu próprio nível de habilidade. Somos confrontados com as nossas próprias limitações quando o Governante predomina e percebemos que o nosso reino realmente reflete a nossa realidade interior e o nível de apoio que conseguimos reunir no mundo exterior.

Se nossos cofres estão vazios, se as nossas fronteiras não estão bem defendidas, se os inimigos estão invadindo o nosso castelo, se a nossa corte carece de alegria, se as nossas contas ou porões estão em desordem, ou se não temos o respeito dos que estão à nossa volta, ficamos cara a cara diante de nós mesmos. *O arquétipo do Governante nos ajuda a compreender que gastar o nosso tempo imputando aos outros a culpa pelos nossos problemas compromete a nossa própria dignidade.* Há mais dignidade em confrontar e fazer algo a respeito de nossas deficiências, disfunções e pontos fracos do que em negar a existência desses problemas.

Os Governantes compreendem o seu dever, sabem o que se espera da realeza e não lutam contra isso. Em termos psicológicos individuais, isso significa que aceitamos as nossas limitações e também as nossas dádivas, e que aceitamos também as limitações da vida humana mortal. Se o arquétipo do Governante está ativo num nível relativamente alto, não desperdiçamos energia lastimando-nos por aquilo que gostaríamos que fosse verdadeiro. Agimos de maneira tão nobre quanto possível para fazer o melhor que pudermos para todos os envolvidos.

O Governante que existe dentro de nós tem plena consciência de que nem sempre os problemas podem ser resolvidos. Às vezes, os desafios que enfrentamos não podem ser solucionados com o nosso atual nível de habilidade, e nós somos simplesmente derrotados por eles. Ainda que derrotado pelas circunstâncias, porém, o grande Governante raramente se entrega a lamúrias. Em vez disso, ele ou ela se pergunta o que poderia fazer para poder aprender a lição para uso futuro.

Quando o Governante está ativo na nossa vida, essa é a hora de exercermos a responsabilidade de escolher uma nova vida, em vez de manter e desenvolver a vida que já tínhamos escolhido, ou de permitir que ela seja determinada pelas outras pessoas. Esse é o momento apropriado para você se certificar de que está fazendo o que gosta e ganhando o suficiente; de equilibrar o estilo de vida que você gostaria de levar com as suas habilidades; equilibrar entre o modo como você gostaria de se vestir e de se comportar e aquilo que é recompensado e valorizado pela cultura (e, ao fazê-lo, assumir a responsabilidade pelo impacto que isso irá produzir sobre as outras pessoas); e de determinar que espécie de contribuição você gostaria de fazer para o bem da sociedade como um todo.

Os grandes Governantes são realistas e fazem escolhas que equilibram suas predileções, esperanças e sonhos com o contexto em que estão inseridos. Além disso, eles são benevolentes. Eles não apenas consideram o impacto de seus atos sobre as outras pessoas, para se precaverem contra possíveis consequências negativas ou imprevistas – embora isso seja uma coisa muito importante – como também procuram equilibrar o seu próprio bem com o bem dos outros. Em níveis mais elevados, eles também compreendem que não há nenhum conflito obrigatório ou inerente entre o meu bem e o seu, visto que todos perdemos se eu ganho à sua custa e você, ou se torna meu inimigo, ou um recurso desperdiçado e um peso para o reino. Se eu me apego aos meus altos ideais ou a uma imagem excessivamente ambiciosa daquilo que quero na vida, recusando-me a lidar com o mundo tal como ele é, todos perdemos, pois meus talentos são desperdiçados (tal com aconteceria se eu comprometesse o que é essencial na minha vida, pois nesse caso eu não poderia oferecer a minha dádiva). É inevitável que todos nós fracassemos na função de reis. É por isso que o principal mito do Governante é a história da cura do Rei (ou Rainha) ferido.

O Aspecto Negativo do Governante

Sempre que sentimos uma necessidade compulsiva de controlar a nós mesmos e aos outros e uma incapacidade de confiar no processo, isso significa que os aspectos negativos do Governante nos têm sob o seu domínio. Queremos ter o controle dos acontecimentos para conseguir poder, *status* ou por uma questão de vaidade pessoal, em vez de utilizá-lo para manifestar o reino que iria nos gratificar num nível mais profundo. Quando estamos sob o domínio do aspecto negativo do

Governante, perderemos inevitavelmente nossos impulsos mais autênticos, humanos e saudáveis. De fato, podemos nos sentir privados de qualquer senso de realidade interior ou tão obcecados com a realidade da nossa Alma que recusamos qualquer tipo de compromisso com as necessidades dos outros ou com as exigências da época e do lugar em que vivemos.

Os aspectos negativos do Governante são como tiranos operando com base numa mentalidade de escassez e acreditando que, como não existe o suficiente para todos, o meu ganho deve representar a perda de terceiros. Eles também querem forçar os outros a fazer as coisas à sua própria maneira e têm acessos de ira quando fracassam. Se são contrariados, eles tentam punir alguém. O Rei que diz: "Cortem-lhe a cabeça!" está dominado pelo aspecto negativo do Governante.

Os tiranos malignos apresentam todas as características de quem se acha dominado pelos aspectos negativos do Governante. São egoístas, intolerantes e vingativos – e geralmente também são pouco criativos ou inteligentes e propensos ou à indolência e à autoindulgência ou à rigidez espartana e à intolerância. Características semelhantes se manifestam em qualquer de nós quando não conseguimos encontrar um equilíbrio entre a complacente fruição da vida e a disciplina necessária para levar as coisas a cabo, entre as nossas próprias necessidades e as das outras pessoas, ou entre as exigências da nossa Alma e nossa responsabilidade no mundo real.

Os aspectos negativos do Governante também podem ter passado "para o lado escuro", como se dizia de Darth Vader nos filmes da série *Guerra nas Estrelas*. Isso, obviamente, é uma coisa séria. Você inicia a jornada para encontrar a sua Alma mas alguma coisa acontece, algo tão traumático que você encontra não o seu próprio poder e potencial, mas sim o poder do mal.

Na vida da maioria das pessoas e, certamente, na vida das pessoas que se desenvolveram o suficiente para terem a capacidade de manifestar o seu poder no mundo, há um momento em que a pessoa se sente tentada a usar esse poder apenas para o enaltecimento do Ego ou para sua satisfação pessoal. As tentações análogas nas vidas de Cristo e de Buda constituem exemplos desse momento fundamental na jornada do herói.

Ficamos diante dessa tentação quando adquirimos suficiente poder para descobrir que podemos realmente fazer mal ou bem ao mundo. Sabemos que fizemos a opção errada quando começamos a nos sentir vazios e quando nossa vida começa a parecer estéril, morta e, talvez, até mesmo infernal.

Os aspectos negativos do Governante nos têm sob o seu domínio quando usamos o nosso poder de maneira errada ou somos privados dele. Como quer que seja, o que se necessita é de arrependimento. O Destruidor pode ser invocado para eliminar esse novo hábito, abordagem ou caminho pernicioso e o Amante para transformar essa experiência inicialmente maléfica numa lição transformadora que possa orientar seus atos no futuro e ajudá-lo a manter sua vida no rumo que lhe é mais apropriado.

Também é importante nos lembrarmos de que *os aspectos negativos do Governante se fazem sentir na nossa vida não porque estamos manifestando demasiado poder e, sim, o contrário*. Frequentemente, substituímos o poder que vem de dentro de nós mesmos pelo poder exercido sobre as outras pessoas. Assim como o Guerreiro precisa aprender a lutar pelo que realmente interessa (em vez de simplesmente vencer) e o Caridoso a se sacrificar apenas pelo que é essencial (e não ser simplesmente "bom"), o Governante precisa aprender a usar o seu poder, não apenas para obter fama e fortuna, mas também para criar um reino farto e generoso para todos nós.

Optar por ser um pequeno ditador (ou ficar dando ordens aos filhos ou empregados), pelo consumismo ostensivo, ou pela criação de um estilo de vida faustoso em vez de vida mais plena é fazer um convite para a ocorrência de uma revolução interior que pode começar com a dominação por parte dos aspectos negativos do Governante.

Estes irão inevitavelmente ferir você e as outras pessoas e, assim, se você tiver sorte, chamar sua atenção para a necessidade de afirmar a sua vida e o seu poder.

Em *Even Cowgirls Get the Blues*, de Tom Robbins, Bonanza Jellybean fala sobre o modo como os conceitos de céu e inferno (sejam eles verdadeiros ou não) refletem com precisão as nossas experiências neste mundo. As coisas que vivenciamos determinam quem somos e as escolhas que fazemos diariamente: "O céu e o inferno existem aqui na Terra. O inferno é viver os nossos medos, o céu é viver os nossos sonhos".[1] Quando estamos sob o domínio dos aspectos negativos do Governante, ficamos demasiado céticos ou medrosos para usar o nosso poder de manifestar os nossos mais elevados sonhos e aspirações, de maneira que optamos pelos prazeres de ordem inferior ou, pior ainda, pelo consumismo, pelo *status* e pelo poder. No entanto, nunca é tarde demais para mudar de rumo. Embora o inferno possa existir dentro de nós, o mesmo acontece com o céu.

Rumo a um Reino Harmonioso: Os Estágios da Jornada do Governante

Os bons Governantes preocupam-se com a ecologia. Eles encontram o melhor uso para todos os recursos do reino – humanos ou materiais. De fato, é assim que o reino torna-se próspero e forte, pois nada é realmente desperdiçado. Numa de minhas histórias infantis preferidas, *Jerome the Frog*, o povo de um vilarejo pede a uma rã que pensa ser um príncipe para matar o dragão que continua a assustá-los e a queimar suas casas. Ela acaba conversando com o dragão e este lhe explica que é de sua natureza queimar coisas. A rã demonstra sua natureza principesca (e potencialmente régia) ao convencer o dragão a queimar o lixo da cidade em vez das casas dos camponeses. O resultado do acordo é bom para todos os envolvidos.

Níveis do Governante

Aspectos Negativos	Comportamentos dominadores, rígidos, tirânicos e manipulativos; o temível tirano
Chamamento	Falta de recursos, de harmonia, de apoio ou de ordem na sua vida
Nível Um	Assumir a responsabilidade pelo estado da nossa vida; procurar curar as feridas ou áreas de impotência que se refletem na carência da nossa vida exterior; preocupado basicamente com a nossa própria vida e a de nossa família
Nível Dois	Desenvolvimento de habilidades e criação de estruturas para a manifestação de seus próprios sonhos no mundo real, conforme ele é; a pessoa se preocupa com o bem do grupo ou da comunidade a que pertence
Nível Três	Utilização plena de todos os seus recursos, tanto internos quanto externos; preocupação com o bem-estar da sociedade ou do planeta

O Governante que existe dentro de cada um de nós está sempre atento para as maneiras de descobrir o potencial das pessoas sobre as quais temos influência, de modo que elas possam utilizar os seus dons de maneira produtiva. O Governante está igualmente preocupado com a questão da ordem. O reino só pode ser plenamente produtivo se houver alguma harmonia e se os conflitos, em vez de reprimidos, forem administrados de maneira produtiva. Isso exige que ajudemos diferentes pessoas a compreenderem e a apreciarem as dádivas de pessoas muito diferentes delas mesmas. O Governante também é muito ecológico e compreende que, para se obter níveis mais elevados de produtividade, os recursos não devem ser desperdiçados. E o mais triste desperdício de recursos é o de uma vida humana.

Todavia, nos primeiros níveis (quando os arquétipos do Ego são dominantes na nossa vida) o Governante não é assim tão sábio.

Precisamos nos lembrar de que éramos realmente os Governantes de nossa própria vida antes de nos tornarmos conscientes da necessidade de empreender uma jornada. Nós simplesmente pensamos que as outras pessoas têm todo o poder.

No segundo nível, quando o Ego está mais maduro, nós talvez nos sintamos mais responsáveis pela nossa vida e pela vida das outras pessoas, mas exercemos essa responsabilidade aprendendo a sacrificar partes de nós mesmos para o bem do reino. Na opereta *The Student Prince*, o jovem príncipe apaixona-se por uma camponesa, mas para aceitar a coroa, sabe que precisa deixá-la e casar-se com alguém do seu nível social. Como rei, ele tem um dever a cumprir e precisa comportar-se de acordo com a sua condição.

Num nível simbólico, isso sugere a exigência de renunciarmos a muitas de nossas paixões quando assumimos a responsabilidade de viver o nosso verdadeiro caminho real. O Governante, na verdade, aprende a distinguir entre a felicidade superficial e a grande felicidade de viver de acordo com o seu verdadeiro *Self* régio. Isso exige que aceitemos os deveres junto com os prazeres, e também requer que a pessoa esteja disposta a renunciar a muitas oportunidades que, por mais atraentes que pareçam ser, na realidade não são adequadas para ela. A questão colocada diante de cada um de nós quando afirmamos o nosso poder régio, é a necessidade de abrirmos mão de alguma liberdade para sermos fiéis às necessidades da nossa Alma.

O *Rei Lear*, de Shakespeare, serve, entre outras coisas, como uma advertência acerca do que acontece se um Governante pensa que pode escapar desse dever enquanto ainda está vivo ou em tornar-se autoindulgente e começar a enganar-se a si próprio. Ainda que a vida do Governante seja opulenta e privilegiada, ela também exige fidelidade à tarefa de governar a sua própria vida. Esse dever não pode ser negligenciado e requer uma mente lúcida e a disposição de enfrentar a realidade tal como ela é.

Embora nesse segundo nível você possa ter promovido a integração entre os arquétipos do Caridoso e do Guerreiro, a vida pode lhe dar a impressão de ser dura, e cumprir o seu dever talvez lhe pareça uma luta ou sacrifício. Assim, você tende a culpar e a rejeitar as pessoas fracas, egoístas ou vis. Estamos mais interessados em nos vermos livres delas do que em descobrirmos o propósito da vida delas ou quais são os seus dons. Há também pouco ou nenhum senso de sincronismo com o reino e, por conseguinte, tudo o que efetivamente tentamos fazer para melhorar o mundo exige uma grande luta.

No terceiro nível – o nível da jornada e da iniciação da Alma – deixamos novamente de nos sentir poderosos e responsáveis, seja porque renunciamos a uma posição de responsabilidade para "buscar a felicidade" ou porque fomos iniciados pelo amor, pelo sofrimento ou por ambos, e nos sentimos temporariamente fora de controle. Nesse estágio, talvez fiquemos mais interessados em simplesmente consolidar a nossa posição do que em afirmar o nosso poder sobre o mundo. Paradoxalmente, é esse confronto com a nossa impotência, especialmente em contraste com os grandes poderes do cosmos, que nos prepara para afirmarmos o nosso poder de uma maneira saudável, por meio da cura de nossas feridas e da renovação do nosso Espírito.

Nesse nível, as pessoas perdem a vontade de mandar nos outros, em parte porque reconhecem sua falibilidade humana, em parte porque compreendem que os outros também são Governantes e também – o que é ainda mais importante – porque pararam de agir isoladamente. Em vez disso, elas procuram alinhar-se com essas forças cósmicas. Para muitas pessoas, isso significa que elas buscam sempre realizar o desejo de Deus. Para outras, significa que juraram fidelidade à sua mais profunda sabedoria interior. Qualquer que seja o nome que se dê a isso, é a rendição ao poder numinoso interior que transforma o seu sofrimento em alegria. De fato, nessa altura, as pessoas muitas vezes se sentem tão poderosas que as coisas parecem dar certo quase que por milagre.

Isso talvez aconteça porque elas estão tão identificadas com o bem do cosmos, do mundo, da sua comunidade, da sua família e do lugar em que trabalham que os seus próprios desejos não são mais narcisistas e voltados exclusivamente para os seus próprios interesses, podendo ser satisfeitos plenamente.

No melhor dos casos, sabemos que somente é possível promover o bem do reino como um todo quando os outros já tiverem afirmado o seu poder e não se mostrem mais competitivos. Eles confiam na ação da sincronicidade e reconhecem que não há necessidade de fazer tudo do jeito mais difícil quando têm harmonia interior e encontram o uso apropriado para cada recurso de seus reinos.

O Governante, a Corte e a Contínua Renovação

O Governante está sob o permanente risco de tornar-se rígido ou de tornar-se prisioneiro dos velhos hábitos e, assim, prejudicar o reino. Para não nos transformarmos em tiranos malignos, precisamos continuar a empreender nossa jornada ao longo da vida para estarmos engajados num constante processo de renovação. Além do mais, é importante complementar o Governante com outras figuras arquetípicas que ajudam a promover equilíbrio. Na corte clássica esses personagens eram o Mago, o Sábio e o Bobo (ou Bufão). Eles não diferem muito das principais figuras das tribos primitivas, além do Chefe: o Xamã, o Ancião Sábio e o Trapaceiro. Eles também se manifestam na nossa vida e são encontrados em nossos sonhos. Embora o fato de nos transformarmos no Governante da nossa vida seja por si só um grande triunfo, ele não representa o fim da jornada. Para permanecermos fortes e eficazes na nossa vida e nas nossas atividades profissionais, precisamos afirmar e expressar o Mago, o Sábio e o Bobo interiores.

EXERCÍCIOS

Reflita um pouco a respeito de quando, onde, e como a intensidade do Governante se manifesta na sua vida.

1. Com que intensidade o Governante se manifesta na sua vida? Ele tem se manifestado mais agora do que no passado? Você acha que ele vai se manifestar mais no futuro? Ele se manifesta mais no trabalho, em casa, quando você está junto de seus amigos ou em sonhos e fantasias?
2. Você tem algum amigo, parente, colega de trabalho, ou conhece alguma pessoa que pareça estar sob a influência do arquétipo do Governante?
3. Você gostaria que alguma coisa relacionada com a expressão do Governante na sua vida fosse diferente?
4. Como cada arquétipo se manifesta de muitas maneiras diferentes, reserve algum tempo para descrever ou representar de alguma outra forma (por exemplo: desenhe, faça uma colagem, use um desenho de você mesmo numa determinada roupa ou postura) o Governante tal como ele se manifesta ou poderia se manifestar na sua vida. Qual é ou poderia ser a sua aparência? Como ele age ou agiria? Em que ambiente ele se sente ou iria se sentir mais à vontade?

DEVANEIOS

Imagine que você é literalmente o Rei ou a Rainha do Reino (a sua vida). Permita-se imaginar que você pode modificar virtualmente qualquer coisa que queira, pois você tem total controle sobre os acontecimentos. Embora obviamente haja um processo político a ser considerado (você talvez precise convencer os seus "súditos" do acerto das suas ordens), comece simplesmente pensando no que você mais gostaria de decretar. Comece pelos seus domínios – com a sua casa, a sua vida particular, com a parte da sua vida profissional que está dentro da sua esfera de controle. Depois disso, imagine-se redigindo as novas leis, escrevendo um discurso explicando as novas medidas aos seus "súditos" e negociando com os Governantes dos reinos vizinhos para obter a cooperação deles.

CAPÍTULO 15

O Mago

O poder do Governante tem a função de criar e de manter um reino próspero e pacífico. O poder do Mago tem por objetivo transformar a realidade por meio de uma modificação da consciência. Embora o bom Governante assuma a responsabilidade pelos seus relacionamentos simbólicos com o reino, sabendo que o estado de sua vida reflete e influencia o estado de sua Alma, ele geralmente não pode curar a si mesmo. Sem o Mago, que cura o Governante ferido, o reino não pode ser transformado.

O MAGO

Meta: Transformação da realidade para melhor

Medo: Magia Negra (transformação num sentido negativo)

Resposta ao Dragão/Problema: Transformá-lo ou curá-lo

Tarefa: Sintoma do *Self* com o cosmos

Dádiva: Poder pessoal

Embora os Magos da corte frequentemente atuem como conselheiros dos Governantes – tal como Merlin serviu ao Rei Arthur –, quando o reino é hostil eles muitas vezes trabalham sozinhos. As pessoas que desempenham o papel de Mago na sociedade têm sido chamadas de nomes tão diversos como xamãs, feiticeiros, bruxos, curandeiros, videntes e sacerdotes. No mundo moderno elas podem ser chamadas de médicos, psicólogos, consultores de desenvolvimento organizacional e, até mesmo, de magos do marketing.[1]

Meu escore para o arquétipo do Mago no IMH é ____ (alto = 30/baixo = 0).

Este é o meu ____ escore mais elevado (mais alto = 1º/mais baixo = 12º).

Starhawk, escrevendo sobre a tradição de Wicca – a religião pagã nativa, feminista e xamanista que adorava uma deusa –, define magia como "a arte de modificar a consciência de acordo com a vontade".[2] Ela explica que a magia pode ser "prosaica" (tal como "um folheto, uma ação judicial ou uma descoberta") ou esotérica, "englobando todas as técnicas antigas de aprofundamento da consciência, de desenvolvimento psíquico e de aperfeiçoamento da intuição". Porém, em qualquer dos casos a magia acarreta uma modificação da realidade – frequentemente mais rápida do que se poderia esperar se tivéssemos de efetuá-la com esforço e trabalho duro.

Para muitas pessoas no mundo moderno a magia parece ser algo esotérico. No entanto, é importante lembrar que Jesus, Moisés e Buda – na verdade, todos os fundadores das grandes religiões – realizaram milagres regularmente. Se seguirmos os seus passos, nós também poderemos fazê-los. Em todas essas religiões é fundamental a recomendação: "Pede e receberás, procura e encontrarás, bate à porta e ela se abrirá para ti". Precisamos pedir aquilo que queremos e de que necessitamos.

O Mago Interior

O arquétipo do Mago pode manifestar-se na nossa vida de maneiras bem simples e corriqueiras. Em *Knowing Woman: A Feminine Psychology*,

Claremont de Castillejo fala sobre o costume indiano de se chamar um fazedor de chuva quando uma região está sofrendo uma seca. Os fazedores de chuva não tomam nenhuma providência para fazer a chuva cair; eles simplesmente vão até o vilarejo e ficam lá – e a chuva cai. Eles não fazem a chuva cair; permitem que ela caia ou, mais exatamente, é a sua atmosfera interior de tolerância e afirmação que cria um clima no qual aquilo que precisa acontecer acontece.[3]

De modo semelhante, a personagem Shug, de *A Cor Púrpura*, escrito por Alice Walker, transforma todas as pessoas que encontra simplesmente por ser uma mulher que afirmou o seu poder; essa simples decisão faz com que a sua influência se propague pelo mundo. Ela não tomou a decisão de sair por aí modificando as pessoas, nem tampouco estava empenhada em um projeto tipo Pigmalião. Shug simplesmente se comportava de maneira autêntica e as mudanças aconteciam.

É comum as pessoas utilizarem inconscientemente os princípios básicos da magia. Os pais que procuram acalmar uma criança excessivamente excitada ficando eles próprios muito calmos interiormente estão agindo da mesma maneira que um fazedor de chuva ou curandeiro. Tal como a histeria, a tranquilidade também é contagiosa. Todos nós provavelmente conhecemos pessoas que transmitem uma sensação de paz e, às vezes, nos sentimos melhor simplesmente pelo fato de estarmos ao lado de alguém assim. Inversamente, todos nós também conhecemos pessoas cujo mundo interior é caótico e desesperado, e percebemos que esse estado interior afeta todos os que estão em torno delas. Nesse sentido, todos nós somos Magos.

Para assumir a responsabilidade pelo poder de influenciar o nosso mundo, precisamos ter um Ego muito forte e um senso do Self *que tem origem na nossa Alma.*

Os que fazem jus aos seus dons tendem a criar soluções vantajosas para todos os envolvidos. Isso torna-se mais evidente, é claro, no caso de pessoas que ficaram famosas pela sua contribuição ao mundo. A afirmação de nosso poder pessoal e de nossas vocações resulta no tipo mais básico de magia: nós nos modificamos e nos desenvolvemos e, com isso, enriquecemos o mundo à nossa volta. Numa sociedade democrática, não são apenas os famosos "grandes homens e mulheres" que fazem isso. Todos nós temos essa necessidade.

Nós também podemos influenciar o mundo de muitas maneiras diferentes quando exploramos conscientemente o relacionamento simbiótico entre o nosso mundo interior e o nosso mundo exterior. Quando colocamos ordem no nosso mundo interior, torna-se simples ordenar o mundo exterior. (Inversamente, às vezes a limpeza de uma geladeira, de um armário ou de uma escrivaninha ajuda a desanuviar a mente.) De modo semelhante, se queremos um mundo de paz, precisamos começar tornando-nos nós mesmos pessoas de paz. (Inversamente, agir de maneira mais pacífica pode nos ajudar a nos sentirmos mais pacíficos.) Se queremos amor, começamos nos tornando amorosos. (Inversamente, receber amor nos ajuda a nos tornarmos mais amorosos.)

A influência mútua entre o mundo interior e o exterior não é um simples relacionamento de causa e efeito. Ele funciona pela sincronicidade, aquilo que Carl Jung chamava de "coincidências significativas". Isso funciona como se fosse um campo magnético, atraindo para nós experiências que correspondem às nossa realidade interior.

Para o Mago, o sagrado não é algo que está acima de nós, julgando-nos (tal como ele é visto da perspectiva do Ego), e sim algo imanente a nós mesmos, à natureza, à sociedade, à Terra e ao cosmos. Assim, o Mago que existe dentro de cada um de nós nos proporciona um senso de ligação com o todo e uma compreensão de que aquilo que está dentro de nós contém tudo o que está fora de nós mesmos. Ou ainda, para dizer isso em termos mais mágicos e esotéricos, o macrocosmo e o microcosmo se espelham um no outro. Todos nós estamos ligados uns aos outros em algum nível, talvez no nível que Jung chamou de inconsciente coletivo. O papel do Mago é aprender a tornar consciente esse nível.

Na tradição havaiana, conforme explica Serge King, os xamãs veem a si mesmos como aranhas numa grande teia "que se estende em todas as direções e alcança todas as partes do universo... Tal como as aranhas, eles podem se deslocar pela teia sem ficarem presos nela. Ao contrário de uma aranha, um xamã também pode enviar vibrações através da teia e influenciar conscientemente qualquer coisa que exista no universo, dependendo da força do seu *manna*".[4] São essas vibrações que efetuam a cura. À medida que nos tornamos mais saudáveis e ativos, cada um de nós põe em movimento forças que afetam as outras pessoas. De modo contrário, se nos reprimimos e nos tornamos menos ativos, isso também produz uma influência sobre os outros.

A confiança nessa interligação também pode nos proporcionar um poderoso resultado para a nossa jornada. Por exemplo: quando a correnteza parece estar a nosso favor e aquilo que desejamos é facilmente alcançado – tão facilmente que temos a impressão de que as águas estão se abrindo diante de nós – isso frequentemente indica que estamos integrados no propósito da nossa Alma. Por outro lado, quando estamos indo na direção errada, com frequência encontramos obstáculos no nosso caminho.[5]

Além disso, quando o Mago está atuante na nossa vida, começamos a notar a ocorrência de acontecimentos sincrônicos – isto é, coincidências significativas, tal como acontece quando temos de saber alguma coisa e um livro contendo o que precisamos praticamente cai no nosso colo, ou quando topamos justamente com a pessoa que precisávamos encontrar.

JORNADEANDO ENTRE OS MUNDOS

Todo tipo de xamanismo envolve uma jornada para outro mundo, o que significa trocar o estado normal da nossa consciência, caracterizado pelas ondas beta, por outros padrões de ondas cerebrais (alfa, teta etc.), ou simplesmente pela fantasia ou pelo sono. As técnicas usadas para se entrar nesses estados mentais alterados incluem tamborilamento dos dedos, meditação, hipnotismo, dança em estado de transe e respiração profunda.[6]

Os magos penetram nesses estados mentais e exploram essas realidades sem se importarem se elas são os seus próprios devaneios, os seus sonhos, uma realidade imaginária numa fantasia orientada, a sabedoria e a perspectiva obtidas por meio da meditação, ou "outro mundo" vivenciado num transe xamanístico. Embora todos entremos nesses estados alterados, a maioria de nós prefere não ter consciência deles.

Podemos despertar o Mago interior simplesmente tornando-nos conscientes ao penetrarmos nesses outros planos da realidade. Podemos optar por conhecer a sua geografia, suas leis físicas e psicológicas, e as pessoas e animais que vivem lá. Muitas pessoas fazem isso em sonhos "lúcidos", nos quais interagem conscientemente com os personagens do sonho, ou em exercícios ativos de imaginação, em estado de vigília, durante os quais elas se entregam a fantasias ou, até mesmo, penetram conscientemente em estados semelhantes a um transe. Qualquer pessoa que já tenha vivenciado uma fantasia orientada que lhe proporcionou alguma descoberta sobre a sua vida sabe alguma coisa a respeito do que os Magos fazem. O mesmo é verdadeiro para qualquer praticante habitual de meditação que tenha aprendido que o contato com uma sabedoria mais profunda e uma ligação com o transpessoal melhoraram sensivelmente a qualidade do restante da vida do indivíduo. Isso também se aplica a qualquer pessoa dotada de uma forte fé religiosa, que ore diariamente e saiba que é possível conversar com Deus.

Experiências tais como a meditação, a oração e as fantasias orientadas ajudam pessoas que talvez nunca chegassem a ver a si mesmas como Magos a se tornarem receptivas para conhecer coisas que talvez não soubessem que poderiam conhecer – coisas que, de fato, elas possivelmente jamais chegariam a conhecer por meio da consciência beta normal do hemisfério esquerdo do cérebro. Em termos modernos, viajar para esses outros mundos ou comunicar-se com eles faz com que as pessoas mergulhem nas coisas contidas no subconsciente, no conhecimento do hemisfério cerebral direito e naquilo que Jung chamou de "inconsciente coletivo". Para muitos, isso também os liga às realidades espirituais que estão além deles mesmos.

No outro mundo da imaginação ativa – talvez numa fantasia orientada – poderíamos ter a experiência de enfrentar um dragão e matá-lo. Na vida consciente normal, essa experiência pode nos dar confiança para vencer um grande desafio. Podemos usar a experiência na fantasia para evitar passar pela experiência na nossa vida interior, trabalhando com a imagem da fantasia até encontrar uma maneira mais eficaz de nos relacionarmos com esse dragão, em vez de matá-lo ou sermos mortos por ele!

Quando o Mago é dominante na nossa consciência, frequentemente experimentamos na vida prenúncios de acontecimentos futuros – em sonhos, fantasias e momentos de percepção intuitiva. Algumas pessoas descobrem de maneira dramática e surpreendente que o seu subconsciente conhece realidades das quais elas não têm consciência. Uma mulher contou-me que estava dirigindo numa rodovia quando subitamente ouviu uma voz vinda do nada dizendo-lhe para sair da estrada. Ela atendeu à recomendação e alguns segundos depois houve um acidente do qual ela não teria conseguido escapar se não tivesse dado ouvidos a essa voz interior. Ela não conseguia imaginar nenhuma explicação para o acontecido, embora isso a tivesse afetado profundamente. Se o tempo for realmente relativo, como Einstein afirmou, e se todos estivermos ligados uns aos outros, não é de surpreender que possamos ter a capacidade de intuir diretamente realidades passadas e futuras.

Algumas pessoas desenvolvem conscientemente tanto suas habilidades psíquicas ou intuitivas quanto sua capacidade de discernimento, tornando-se famosas pela sua excepcional perícia em fazer "adivinhações corretas". Uma pessoa assim tanto poderia ser uma pessoa sensível a forças psíquicas quanto um empresário cujos palpites geralmente se revelam corretos. Tudo o que você precisa fazer é prestar atenção às vozes interiores que lhe parecem dignas de confiança. Mantenha um registro dos tipos de pensamentos, imagens e sentimentos que você tem e que lhe parecem ser originários de experiências futuras.

O Mago como Designador

O Mago que existe dentro de nós também tem o poder de atribuir nomes às coisas. Se não atribuímos nomes objetivos e precisos a nós mesmos e às nossas próprias histórias, ficamos à mercê do modo como os outros nos veem e de toda voz exterior que penetre na nossa mente. Nós afirmamos pela primeira vez o nosso poder de atribuir nomes quando o Criador está ativo em nossa vida e começamos a contar nossa história com a nossa própria voz. Esse processo, porém, é permanente. Se interiorizamos as vozes dos outros e damos ouvidos a vozes ofensivas (presentes na mente de todas as pessoas), ficamos "anônimos" por obra de seu (inadvertido) "feitiço maligno".

Os Magos contam tradicionalmente a história da tribo em forma de lendas, que ajudam os seus membros a saber quem são. O Mago que existe dentro de cada um de nós ajuda a encontrar a história que representa de modo honesto e realmente dignifica tanto nossa vida individual quanto coletiva. Essas histórias têm a capacidade de curar e também nos ajudam a transmitir às gerações seguintes os conhecimentos relativos à nossa verdadeira identidade, de modo que os nossos filhos e netos possam construir seu futuro a partir de nossos erros e acertos.

Atribuir nomes à realidade da perspectiva da Alma pode conferir poderes a nós mesmos e aos outros. O modo como atribuímos um nome a determinada coisa determina a nossa experiência de vida. É negativo e aviltante chamar uma criança de "estúpida" por ter feito algo errado. Se em vez disso você lhe ensinar o que deveria ter feito, isso a fará sentir-se mais poderosa. É destrutivo chamar de "louco" alguém que esteja tendo alucinações. Se dissermos a esse indivíduo que ele tem a oportunidade de fortalecer o Ego o suficiente para conter essas imagens, ele poderá aprender a fazer distinção entre as maneiras positiva e negativa de afirmar o seu potencial como Mago.

Todas as vezes que atribuímos nomes à realidade de uma maneira que diminui as pessoas e suas possibilidades, nós, ainda que inadvertidamente, estamos fazendo um feitiço maligno. Estamos atribuindo nomes às pessoas de uma maneira que reduz sua confiança nas suas próprias possibilidades, na sua autoestima e na sua capacidade de ter esperança no futuro. O ideal é que os Magos aprendam a utilizar o poder da atribuição de nomes para conferir mais poder aos outros e para transformar em oportunidades situações que de outro modo seriam restritivas e desencorajadoras.

O fato de nos recusarmos a ser um feiticeiro maligno em relação a nós mesmos não significa que temos de ser desonestos ou rejeitar qualquer tipo de responsabilidade moral ou de outra natureza. Ao cometer um erro, por exemplo, você pode reformular as críticas originárias de você mesmo ou das outras pessoas lembrando-se que: "Todos nós cometemos erros. Como aprendo com os meus erros, estou sempre me desenvolvendo e me transformando". Ou então você até pode dizer a si mesmo que não há realmente erros e começar a se perguntar por que você fez o que fez e o que estava tentando aprender.

Em *Energy and Personal Power*, Shirley Luthman explica de modo especialmente claro como isso funciona. Ela fala de uma mulher que permanecia ao lado de um homem particularmente difícil e que se criticava por agir assim. Luthman perguntou à mulher se ela estava ganhando alguma coisa ao continuar com esse relacionamento. Refletindo sobre a pergunta, ela reconheceu que o caráter desagradável do relacionamento a motivara a se abrir mais para o mundo, a voltar a estudar e a dedicar-se a diversas atividades. Paradoxalmente, só quando a mulher conseguiu respeitar os seus motivos subjacentes e parar de hostilizar a si mesma é que ela se tornou capaz de renunciar a esse relacionamento e de encontrar uma maneira mais saudável de encorajar os novos comportamentos que ela tanto valorizava.

Uma maneira eficiente de transformar a sua vida é modificar a maneira de atribuir nomes às suas experiências. A tendência de acusar os outros está profundamente entranhada nesta cultura. Em lugar de ver a si mesmo como uma pessoa doente, inepta ou desajeitada ou de viver pensando nos erros do passado ou do futuro, você pode simplesmente confiar em si mesmo de modo absoluto e saber que você escolhe e escolherá tudo o que lhe acontece tendo em vista o seu próprio crescimento e desenvolvimento. Essa linha de ação devolve dignidade e aventura à vida e transforma até mesmo as circunstâncias mais negativas em oportunidades para o crescimento individual. Agir com base na crença de que escolhemos a nossa própria realidade – e de que o fazemos por boas razões – aumenta o nosso poder porque atribui novos nomes às nossas experiências de uma maneira que nos permite receber as suas dádivas, quaisquer que elas possam ser.[8]

Atualmente dispomos de muitos livros de afirmações sugerindo a substituição de frases negativas por outras positivas em nossos diálogos internos e externos. Todos esses livros dizem que as palavras influenciam o nosso inconsciente e que o inconsciente influencia os nossos atos – tanto conscientes quanto inconscientes. Podemos penetrar no "outro mundo" dos nossos próprios diálogos internos e, transformando-os, modificar a nossa vida exterior. Para os leitores que desejem fazer a experiência, o fundamental é usar apenas o tempo presente e expressões positivas: "Eu sou inteligente" e não "Estou me esforçando para não ser um idiota". Os especialistas no assunto dizem que o subconsciente se prende muito ao significado literal das palavras. Se você diz que está se esforçando para fazer alguma coisa, o subconsciente continuará a se esforçar durante um longo tempo e você nunca chegará realmente a alcançar o seu objetivo! E o subconsciente não ouvirá o "não", embora vá ouvir o "idiota".

Todavia, é fundamental que essas afirmações não sejam usadas para negar a existência de problemas reais. As afirmações atuam no nível mental e a mente influencia a matéria. Se não cuidarmos do nível emocional, ele pode ficar bloqueado e provocar o desenvolvimento de uma monstruosa Sombra. Assim, precisamos sentir e expressar as nossas emoções e permitir que elas fluam livremente através de nós. Muitas vezes não conseguimos simplesmente eliminar toda a nossa negatividade utilizando apenas a determinação; algumas vezes ela precisa ser exorcizada e transformada.

O pensamento positivo nunca deve ser usado para evitar a responsabilidade pelo mal que você faz a si mesmo ou aos outros. Quando fazemos algo de mal devemos pedir perdão a nós mesmos, a Deus e, em alguns casos, à pessoa ofendida. Quando conseguimos fazer isso com sinceridade, devemos também reparar o mal cometido e nos corrigirmos de alguma maneira. Por mais transformadoras que as afirmações possam ser, o perdão é ainda mais poderoso e reduz o perigo da rejeição.

Exorcismo e Transformação

Os antigos xamãs exorcizavam regularmente os "demônios" e as entidades negativas presentes na pessoa. Atualmente, a moderna psicologia nos diz que boa parte da nossa negatividade interior, senão toda ela, é na verdade produto da repressão. A questão não é eliminar a negatividade, mas sim transformá-la, permitindo que ela se expresse de uma maneira segura.

Essas transformações também podem acontecer quando expressamos emoções aparentemente negativas. Se soluçamos ou esmurramos travesseiros até a emoção passar, nós inevitavelmente penetramos num novo campo emocional. As lágrimas podem dar lugar à raiva, a raiva ao riso e o riso a uma experiência mística.

Uma mulher que expressou plenamente a sua raiva dessa maneira começou a rir durante alguns momentos e logo depois passou a cantar uma canção extraordinariamente bela. Embora ao término do processo ela dissesse jamais ter ouvido aquela canção, à medida que a música crescia dentro do seu corpo a mulher sentiu como se estivesse cantando com as estrelas. Ao expressar plenamente a dor e a raiva que tinha dentro de si, ela transmutou essa dor numa aceitação e alegria místicas.[9]

Uma vez que tenhamos aprendido a sentir plenamente os nossos sentimentos, podemos aprender a transmutar a energia emocional sem uma catarse ativa. Eles podem simplesmente passar através de nós, um por um, até completarmos a transição do sofrimento para a alegria. Esse fenômeno também se manifesta em nossos relacionamentos pessoais quando manifestamos nossa raiva e mágoa ou quando o outro lado revela-se mais íntimo e amoroso do que antes.

Algumas pessoas também podem transmutar as energias das outras, absorvendo suas energias negativas e enviando de volta energias amorosas e curativas. Uma meditação budista nos diz para inspirarmos a dor do mundo e expirarmos amor. A ideia é não apegar-se a essa dor nem manter a sua experiência em segredo, mas transformá-la, por meio da compaixão, e enviá-la de volta numa nova forma. Os outros fazem isso naturalmente, apenas deixando-se levar pelo fluxo dos acontecimentos. Eles se abrem de maneira natural e empática para sentir os sofrimentos da outra pessoa e, ao término do processo, ambos se sentem melhor.

Assim como a dor pode ser aprisionada no nosso corpo, causando bloqueios que limitam a nossa vivacidade e podem acabar nos deixando doentes, a sabedoria que não respeitamos também pode ficar aprisionada. Quando libertamos essa sabedoria oculta – por meio de movimentos, da catarse, da dança ou de qualquer outro modo de liberação física – precisamos arranjar alguma maneira de expressá-la. Todavia, nada beneficia mais o corpo e a mente do que os atos baseados no nosso conhecimento interior. Muito frequentemente o nosso corpo é bloqueado porque não permitimos que os nossos processos se manifestem na nossa vida. Agir de acordo com o que sabemos ou queremos é o ato curativo mais poderoso à nossa disposição.

O Mago como Curandeiro

Assumir a responsabilidade de sermos Governantes de nossa própria vida e compreender que o estado de nosso reino reflete a nossa realidade interior pode ser algo muito doloroso quando nos sentimos totalmente incapazes de curar a nós mesmos. Por isso nós sofremos. Embora saibamos que os problemas da nossa vida exterior refletem o nosso estado interior, não conseguimos fazer nada a respeito sem a ajuda de um curandeiro. A maioria de nós precisa encontrar curandeiros fora de nós mesmos e, eventualmente, despertar o curandeiro interior.

Ainda que a cura *possa* ser iniciada em qualquer dos quatro centros de poder e energia – corpo, coração, mente e espírito – atualmente a maioria dos terapeutas trabalha apenas numa área. Todavia, nossa influência sobre o mundo é mais eficaz quando todos os quatro centros estão sintonizados.[10] O grande xamã índio norte-americano Sun Bear enfatiza a necessidade de fortalecermos o nosso corpo por meio do exercício e de uma boa alimentação; as nossas emoções, sendo sinceros e aceitando os nossos sentimentos; a nossa mente, sendo precisos e rigorosos em nossos pensamentos; e o nosso espírito ligando-nos ao nosso princípio espiritual. Só podemos nos ligar a essa fonte espiritual encontrando o nosso próprio caminho espiritual.

Uma imagem clássica do Mago no baralho de tarô mostra um Mago captando energia da Terra e do Céu. O Céu – inspiração, sonhos, visão – é equilibrado pelos fatos terrenos da nossa existência cotidiana; ambos são igualmente importantes. Assim, o Mago torna-se capaz de transformar a realidade.

Na prática, a maioria de nós não consegue curar sozinho o nosso Governante ferido. Buscamos ajuda em diversos lugares – pessoas que se especializam na cura do corpo, das emoções, da mente e do espírito. Em alguma parte do caminho, o nosso Mago interior desperta e nós assumimos maior responsabilidade pela nossa própria cura à medida que aprendemos a fazer exercícios e a ter uma alimentação saudável; a ser sinceros e profundos em nossos relacionamentos pessoais; a pensar com mais clareza e rigor lógico; e a desenvolver estratégias para permanecermos fiéis às nossas fontes espirituais.

Invocando a Ajuda de um Mentor, Guru ou Deus/Deusa

É também possível "tomar emprestada" ou invocar a ajuda de outras forças no processo de cura, da mesma maneira que os católicos às vezes rezam pedindo as bênçãos ou invocando os poderes de um santo. Uma pessoa torna-se capaz de contribuir para o processo de cura em virtude dos poderes de um guru ou mestre, de uma pessoa poderosa e espiritualmente desenvolvida do passado, ou de um deus ou deusa. Nessa situação, a cura torna-se possível, não em virtude do poder pessoal do indivíduo mas, sim, por causa do seu relacionamento com um ser mais poderoso. Esse relacionamento é inerente às orações cristãs que terminam com a afirmação "em nome de Jesus Cristo, nosso Senhor", ou em qualquer invocação da graça de Deus, do poder de Cristo, de Maria, de um santo, de um guru ou de um mestre.

Em muitas tradições nativas, os xamãs se relacionam com espíritos-guia que assumem a forma de animais. Encontrar o animal que simboliza a pessoa é essencial para se obter o poder necessário para transformar ou curar. Os xamãs executam regularmente a dança do seu animal sagrado – ou melhor, deixam que o espírito do animal dance por intermédio deles – para que o animal tenha um motivo para permanecer com eles (a oportunidade de se manifestar no plano físico).[11]

A manutenção de um relacionamento respeitoso com a fonte de seu poder é muito importante para manter o Mago interior vivo e ativo. Obviamente, também é fundamental certificar-se de que essa fonte está identificada com as energias positivas, de modo que você não esteja convidando o mal para interferir na sua vida ou na de outra pessoa.

Os Magos também precisam encontrar o seu próprio círculo ou grupo de cura – pessoas com as quais eles têm uma ligação especial. Para o Mago, isso é parte da descoberta da rede de relacionamentos que liga cada um de nós a pessoas, objetos e animais muito especiais, bem como ao caminho espiritual do próprio indivíduo.

Por mais insistentes que sejam as tentativas, nada o fará ligar-se a alguém, a alguma coisa ou a alguma instituição com a qual você não tiver uma ligação autêntica, e nada poderá romper realmente uma ligação verdadeira. O processo assemelha-se à remoção da casca de uma cebola. Embora mais cedo ou mais tarde possamos experimentar uma ligação mais profunda com todo o cosmos, não é recomendável forçar as coisas. No início, basta retirar umas poucas camadas e simplesmente reconhecer aquelas ligações especiais – pessoas, lugares, épocas, objetos, trabalho, um caminho espiritual – que nos conferem o nosso poder (e nos fazem felizes).

Para ser um Mago eficaz a pessoa precisa estar física, emocional e espiritualmente ligada à grande teia da vida. Paradoxalmente, o poder real origina-se do reconhecimento da nossa dependência – em relação à Terra, às outras pessoas e à nossa fonte espiritual. Assim, muitos xamãs tradicionais iniciam o seu trabalho ligando-se conscientemente e agradecendo à terra, aos quatro pontos cardeais, às pessoas que mais amam (incluindo o mestre espiritual) e, por fim, ao poder espiritual a que servem.

Quando a nossa vida carece de magia, um de seus elementos frequentemente está desequilibrado.

Muitas vezes a magia é tão simples como uma oração. Muitos magos simplesmente pedem aquilo de que precisam – saúde, perdão, transformação, recursos – e aceitam a resposta a essa prece, seja ela positiva ou negativa, como originária da sabedoria de um poder maior que o deles.

A Transformação Por Meio de um Ato Ritualístico

Com frequência, os Magos usam rituais para alterar a consciência ou transmutar realidades. É o Mago que tradicionalmente cria cerimônias que mantêm a união da tribo e reforçam sua ligação com o espírito. Os rituais também podem ser usados na cura ou na transformação como um meio de concentrar a atenção das pessoas na modificação desejada e de fazer com que a consciência de todos os envolvidos se concentre em eliminar a realidade antiga e saudar a chegada de uma realidade nova e bem-vinda.

Os rituais nos ajudam a direcionar o poder da mente para, nas palavras de Starhawk, "modificar a consciência de acordo com a vontade". Embora os atos ritualísticos possam ser extremamente elaborados ou muito simples, eles sempre expressam uma mudança no compromisso. Se o ritual cumprir o seu papel, a formatura numa escola de segundo grau ou numa faculdade pode representar um acontecimento marcante que promove modificações na consciência dos formandos e faz com que os estudantes se transformem em adultos. As cerimônias de casamento, quando cumprem o seu papel, ajudam todos os envolvidos a começarem a ver o casal como uma unidade e não mais como indivíduos independentes. Os funerais ajudam-nos a chorar a pessoa que morreu e a aceitar a sua perda; assim, depois de um intervalo apropriado, podemos dar prosseguimento à nossa vida.

Apesar de existirem poucos rituais coletivos definidos na nossa cultura, há uma clara tendência para as pessoas criarem os seus próprios rituais. Nas últimas décadas, um número razoável de pessoas foram rebatizadas com um novo nome, que se pretendia que significasse uma nova identidade. Algumas mulheres estão promovendo cerimônias de "encarquilhamento" quando ficam mais velhas (geralmente entre os 50 e os 65 anos), para celebrar o fato de terem se transformado em mulheres sábias. Essa cerimônia assimila uma importante transição e se contrapõe ao pernicioso preconceito contra os idosos que se manifesta numa cultura em que existem poucas imagens positivas de mulheres mais velhas.

Nas religiões organizadas, há também uma crescente tendência para se criarem rituais e cultos mais espontâneos e igualitários, os quais seriam resultado das verdadeiras necessidades dos participantes, em vez de simples legados da tradição. Os melhores organizadores sabem que uma reunião eficaz precisa ter um ritual e unir as pessoas em torno de pontos de vista e metas compartilhados pelos frequentadores.

Os rituais também estão sendo utilizados para a cura. Uma terapeuta, por exemplo, ocasionalmente faz com que seus pacientes visualizem seus problemas sendo colocados numa mesa. Ela lhes passa uma varinha mágica e pede a eles que imaginem os seus problemas desaparecendo num passe de mágica. Outras pessoas organizam um ritual simples de exorcismo para se livrarem de um relacionamento, de um mau hábito ou de um problema mental. Embora esses atos ritualísticos não eliminem "milagrosamente" os problemas dos clientes, se forem bem realizados e tiverem uma preparação, eles podem permitir que o paciente sintonize o corpo, a mente e o coração em torno de um compromisso de realmente se libertar de um padrão psicológico e, consequentemente, realizar o trabalho terapêutico com menos resistência, mais à vontade e com mais otimismo.

Atualmente, até mesmo os médicos ocidentais estão reconhecendo o poder de a mente deixar o corpo enfermo ou fazê-lo sentir-se bem. Em muitos casos, o tratamento para o câncer inclui visualizações nas quais o paciente imagina as células cancerígenas sendo mortas ou deixando o corpo. Os rituais que fazem a mente se concentrar num resultado desejado – particularmente se também dirigem as energias do grupo para esse fim – podem produzir esse efeito placebo. Esse é um fator importante quando as cerimônias de cura conseguem operar milagres.

Os rituais ajudam os membros do grupo a experimentar um sentimento de intimidade e de pertencerem a algo. Se os mesmos atos rituais são repetidos ao longo do tempo, eles nos proporcionam um sentimento de ligação com a história. Se os rituais se modificam para atender às necessidades da época, eles ajudam as pessoas a viver de maneira mais espontânea e criativa. Os rituais também são usados para sintonizar indivíduos e grupos com as energias cósmicas/a vontade de Deus/o fluxo/a força. Quando numerosas pessoas se unem para apoiar uma meta, uma transição ou uma cura, essa energia coletiva pode ser transformadora. Os rituais ajudam a manter as pessoas unidas e a emprestar o apoio do grupo a transformações e metas individuais e grupais.

Os rituais privados muitas vezes são essenciais para manter o Mago ligado aos aspectos mais profundos de sua própria natureza e, portanto, do cosmos. A oração ritualística e os exercícios de meditação nos ajudam a unificar a consciência para que possamos realizar uma atividade sem sermos perturbados pela estática interior. Embora os detalhes dessas técnicas de concentração variem de pessoa para pessoa e de tradição para tradição, a meta é fazer com que sua consciência fique sintonizada com o seu inconsciente, com o seu corpo e emoções, com a sua Alma e que se mantenha fiel a um profundo poder espiritual. Se a consciência estiver sintonizada com o tempo, com o trabalho a ser executado e com as forças positivas do universo, o trabalho geralmente será feito com facilidade. Se isso não acontecer, geralmente é um sinal de que vale a pena mudar de rumo e seguir por outro caminho.

OS ESTÁGIOS NA JORNADA DO MAGO

A Magia sempre se inicia com algum tipo de ferimento ou problema de saúde. Muitas vezes, trata-se de uma verdadeira doença. É somente pela cura do *Self* que o Mago aprende a curar os outros. No mundo moderno, é a doença – física, mental ou emocional – que muitas vezes promove a abertura inicial do Mago para as realidades espirituais.

Embora nem todos os Magos efetuem curas, todos aprendem a ouvir a própria intuição, quer ela se manifeste na forma de um sentimento, de um desejo de mudança, de uma voz ou visão interior ou de uma voz oracular. No filme *Campo dos Sonhos*, o personagem principal ouve uma voz dizendo: "Se você construir, eles virão". Ele constrói um campo de beisebol e os grandes jogadores do passado aparecem – e, o que é mais importante, o seu próprio pai (que morrera havia muito tempo) aparece de uma maneira que permite a cura do relacionamento entre eles.

Embora tenhamos consciência de que os outros podem pensar que estamos loucos, quando começamos a agir com base no nosso senso intuitivo a respeito do que é correto, despertamos o nosso Mago interior. Muitos Magos dizem que tiveram experiências mediúnicas ou místicas no início da vida, mas se sentiam confusos pelo fato de as outras pessoas não compartilharem essas realidades; assim, eles reprimiam as experiências ou simplesmente guardavam segredo a respeito. Muitas vezes é necessário uma doença grave ou algum tipo de desespero interior para permitir que essas experiências e perspectivas voltem a se manifestar na vida do indivíduo.

Muitas vezes nós evitamos ou rejeitamos o Mago interior durante um longo período. Algumas pessoas talvez achem que ser um Mago parece algo por demais grandioso e procuram evitar isso por medo da grandiosidade. Outras talvez tenham medo de contrariar as tendências de uma cultura que teme ou nega a existência do miraculoso. Outras podem ter medo do isolamento, pois acham que o caminho do Mago é necessariamente solitário, e outras ainda podem recear justificadamente sua incapacidade para extrair uma intuição positiva a partir de um pensamento louco ou autodestruidor. Em muitos casos, deixamos de lado uma atitude negativista em relação a esse arquétipo quando conhecemos ou tornamos conhecimento da existência de um Mago que é humilde, que goza de aceitação, que trabalha numa comunidade lado a lado com outras pessoas e que sabe como diferenciar um caminho correto de um falso. Às vezes, procuramos ativamente professores e lemos qualquer material útil que conseguimos encontrar.

Essa fase de espera funciona também como um período de incubação enquanto o Mago nascente torna-se suficientemente forte e sábio para iniciar-se. Como o processo de se tornar Mago implica grande força do Ego, os Magos estão propensos a apresentar tanto os aspectos positivos como os aspectos negativos do Ego. Eles precisam da força do Ego para fazer com que a sua magia funcione sobre si mesmos e sobre os outros. Todavia, no início do trabalho eles também podem ser dominados por algum tipo de arrogância ou egotismo. O Sparrowhawk de Ursula Le Guin, em *A Wizard of Earthsea*, é um exemplo disso. Exibindo-se num determinado dia, esse aprendiz de feiticeiro trouxe um demônio dos infernos quando estava tentando ressuscitar os mortos. Cabia a ele, portanto, livrar o mundo dessa presença maligna. Quando finalmente o capturou, verificou que se tratava da sua própria Sombra.

Quando Sparrowhawk reconhece que o demônio é a sua Sombra, esta é integrada à sua personalidade e, assim, transforma-se numa fonte positiva de energia. Conforme explica Le Guin, "embora ele não tivesse perdido nem ganhado, ao chamar a sombra da sua morte por seu próprio nome ele se transformara num ser humano integral; um homem que, conhecendo o seu verdadeiro e integral *Self*, não pode ser usado ou possuído por qualquer outro poder além de si mesmo e cuja vida, portanto, é vivida em seu próprio benefício e nunca a serviço da decadência, da dor, do ódio ou da escuridão".[12]

Níveis do Mago

Aspecto Negativo	Feiticeiro maligno ou bruxa malvada, ocorrências negativas sincrônicas, atraindo negatividade para a pessoa ou transformando ocorrências positivas em negativas
Chamamento	Doença física ou emocional ou experiências extrassensoriais ou sincrônicas

Nível Um	Experimentar a cura ou optar por vivenciar experiências extrassensoriais ou sincrônicas
Nível Dois	Inspiração para agir com base nas suas visões e torná-las reais; transformação dos sonhos em realidade
Nível Três	Uso consciente do conhecimento de que cada coisa está ligada a todas as outras; desenvolvimento da arte de transformar realidades físicas mediante a prévia modificação das realidades mentais, emocionais e espirituais

Para despertar o Mago interior com segurança, é importante que você tenha empreendido a sua própria jornada. Embora o Ego esteja desenvolvido, não é ele que está conduzindo o espetáculo. Ele precisa proporcionar um recipiente resistente, mas é o *Self* – com sua forte ligação com a Alma e o Espírito – que deve ter o controle da situação.

Como o poder do Mago que existe dentro de cada um de nós é potencialmente muito grande, a integração da Sombra é fundamental para que inadvertidamente (ou conscientemente) não usemos o nosso poder para fazer o mal. A Sombra, obviamente, é constituída de partes da nossa psique que foram reprimidas e, por isso, nos possuem na forma de monstros. A integração da nossa Sombra confere uma maior unidade à psique e também reduz o grau em que a nossa vida é regida por forças inconscientes. Embora o reconhecimento da Sombra e de nossa própria tendência para trair a nós mesmos e aos outros represente muitas vezes um grande golpe para o Ego do Mago, a maior humildade assim produzida permite que recebamos mais amor. A partir daí, diminui a probabilidade de que as curas efetuadas pelo Mago sejam motivadas pela vaidade pessoal ou por outras preocupações relacionadas com o Ego e aumentem as chances de elas serem inspiradas por um autêntico sentimento de amor e de afeição.

A maior sombra que os Magos precisam enfrentar é a realidade de sua própria morte. Quando essa realidade é enfrentada sem medo, o resultado é uma espécie de milagrosa libertação que nos proporciona a capacidade de viver e de reagir aos acontecimentos do presente sem grandes preocupações a respeito do futuro. De fato, o ideal é que a morte se transforme numa aliada do Mago e numa conselheira em todas as suas decisões importantes. É isso o que permite ao Mago resistir à tentação de usar seu poder para conseguir riqueza, fama, mais poder ou prazeres terrenos. Isso obviamente não significa que o Mago não possa ser rico, famoso, poderoso e gozar a vida e, sim, que seus poderes não podem ser prostituídos para esses fins.

O crescimento também torna-se mais fácil quando o Mago encontra pessoas que compartilham de seus pontos de vista, compreendem o aspecto miraculoso da vida e podem ajudar umas às outras a permanecerem humildes, amorosas e ligadas à Terra. Quando esse círculo é descoberto, o caminho do Mago fica mais fácil e menos solitário. Ao passo que antes o Mago estava curando ou sendo curado, o padrão agora é recíproco: o Mago cura e é curado continuamente por essa revigorante confraria ou associação, e o seu desenvolvimento pode acelerar-se exponencialmente. Os Magos mais poderosos conhecem o seu lugar na grande teia da vida e também compreendem que, com todo o poder desse arquétipo, eles são tão interdependentes quanto qualquer um de nós. Quando eles estão dispostos a serem guiados pelos seus pares, pela sua própria sabedoria mais profunda e pela sua fonte espiritual, é maior a probabilidade de que eles possam evitar a vaidade ou o mau uso do seu poder.

O Mago Sombra

Na sua forma negativa, os Magos são feiticeiros malignos que usam o poder para fazer o mal em vez de curar. Na verdade, todos os que negam o poder interior que permite que transformemos a nós mesmos e aos outros têm um feiticeiro maligno dentro de si.

Um Mago sombra tende a nos possuir: com todas as melhores intenções de fazer o bem, pode ser que nos vejamos agindo de maneira hostil e nociva. Em vez de atribuir nomes de modo a favorecer as pessoas, nós nos dedicamos a conferir nomes que fazem-nas se sentirem menores do que na realidade são. Quando nos deparamos com uma energia positiva, nós a transformamos em energia negativa. (Alguém nos dá um presente e deduzimos que isso foi feito com segundas intenções, ou nos sentimos culpados porque não pensamos em também lhe dar alguma coisa.)

Em nossos devaneios, imaginamos coisas ruins acontecendo a nós mesmos ou aos outros. Nós nos deleitamos secretamente quando alguma coisa ruim acontece aos outros e tendemos a agir de maneira autodestruidora, transformando num acontecimento desagradável o que poderia ser uma oportunidade positiva.

Os Magos saudáveis sabem como usar o carisma para ajudar seus filhos, alunos e pacientes. Porém, o feiticeiro maligno ou a bruxa malvada procuram apenas controlar os outros. Em sua forma mais extrema, em vez de usar essa energia para transformar a outra pessoa ou ajudá-la a crescer, eles a utilizam para aumentar o seu próprio poder.

O poder do Mago de atribuir nomes é também o poder de atribuir nomes equivocadamente. Na área da educação, se um aluno nos pergunta "Quem eu sou?" e recebe como resposta "Você é uma nota A/B/C/D", estamos fazendo inadvertidamente um tipo de feitiçaria maligna e ajudando-o a ver a si mesmo apenas em termos de um melhor ou pior desempenho acadêmico em relação aos demais. Na medicina, quando um paciente vem até nós em busca de cura e nós o vemos apenas como o rim do Quarto[3], nós o desumanizamos e reduzimos suas chances de se curar. Quando um paciente vem até nós em busca de uma terapia e nós lhe dizemos "Você é esquizofrênico", como se isso definisse toda a sua identidade, estamos empenhados em atribuir um nome de uma maneira profundamente maléfica e equivocada.

No marketing e na publicidade, é comum o uso de poderosas imagens simbólicas e de sugestões para induzir as pessoas a comprarem produtos de que não precisam ou (caso do álcool, dos cigarros e do açúcar) que, até mesmo, poderão ser prejudiciais. Pela publicidade, as pessoas aprendem a ser inseguras e preocupadas (Eu tenho caspa? Mau hálito?) e a se entregarem compulsivamente às compras para tentar superar essas deficiências. Na verdade, o uso da publicidade para afastar as pessoas de suas jornadas e atraí-las para o consumismo inconsequente é uma das principais feitiçarias malignas da nossa época.

Quando não exercemos plenamente o nosso poder de transformar, aumentam as chances de sermos possuídos por essa energia em sua forma negativa e de utilizá-la, inconscientemente, para propósitos menos nobres. O poder não deve ser negado. Esse poder nunca é neutro; ele ou cura ou prejudica, ainda que em diferentes graus.

Embora muitos de nós tenhamos medo de reconhecer e despertar o poder mágico que possuímos, por causa do nosso poder de fazer o mal, a solução geralmente é mais e não menos mágica. O Mago (tal como outros arquétipos associados ao retorno) nos proporciona uma ligação com o numinoso – especialmente com o poder divino de conferir sabedoria, de redimir e de perdoar. Talvez o poder mais transformativo do Mago seja o poder de transformar pela capacidade de perdoar a si mesmo e aos outros. Ao agir assim, ele transforma situações negativas em possibilidades de maior crescimento e intimidade.

O fato de usarmos nossos poderes para o bem ou para o mal depende principalmente do nível da nossa sabedoria e honestidade – da nossa capacidade para enxergar e para lidar com a verdade da matéria diante e dentro de nós. Para desenvolvermos plenamente a capacidade de saber se e quando a transformação que procuramos é aconselhável, é necessário desenvolver a sabedoria e o desprendimento do Sábio.

EXERCÍCIOS

Reflita um pouco a respeito de quando, onde, e como a intensidade do Mago se manifesta na sua vida.

1. Com que intensidade o Mago se manifesta na sua vida? Ele tem se manifestado mais agora do que no passado? Você acha que ele vai se manifestar mais no futuro? Ele se manifesta mais no trabalho, em casa, quando você está junto de seus amigos ou em sonhos e fantasias?
2. Você tem algum amigo, parente, colega de trabalho ou conhece alguma pessoa que pareça estar sob a influência do arquétipo do Mago?
3. Você gostaria que alguma coisa relacionada com a expressão do Mago na sua vida fosse diferente?
4. Como cada arquétipo se manifesta de muitas maneiras diferentes, reserve algum tempo para descrever ou representar de alguma outra forma (por exemplo: desenhe, faça uma colagem, use um desenho de você mesmo numa determinada roupa ou postura) o Mago tal como ele se manifesta ou poderia se manifestar na sua vida. Qual é ou poderia ser a sua aparência? Como ele age ou agiria? Em que ambiente ele se sente ou iria se sentir mais à vontade?

DEVANEIOS

Pense em alguém com quem você tem alguma dificuldade de relacionamento. Em seus devaneios, entre em contato com o seu *Self* mais sábio, mais elevado ou mais profundo. Em sua imaginação, converse com o *Self* mais sábio, mais elevado ou mais profundo dessa pessoa. Resolva o problema nesse nível. Ao retornar ao seu nível normal de consciência, observe simplesmente se houve alguma modificação no seu relacionamento com essa pessoa na próxima vez que você a encontrar.

    Comece ouvindo a sua conversação interior. Se você observar que está fazendo um comentário negativo a respeito de si mesmo, dos outros ou acerca dos acontecimentos, pare e transforme o comentário numa declaração positiva. Por exemplo: se você se surpreender dizendo a si mesmo: "Nunca conseguirei atrair o tipo de pessoa que desejo amar; sou baixo, gordo e nada brilhante", transforme a declaração na seguinte frase: "Sou atraente de corpo e de espírito, e atraio pessoas igualmente atraentes". Sinta as emoções positivas que envolvem a segunda afirmação. Se no começo você estiver demasiado cético para ter bons sentimentos acerca da sua afirmação positiva, continue pensando nela até encontrar uma forma que realmente o faça se sentir bem. Por exemplo: caso ainda não esteja pronto para ver a si mesmo como uma pessoa atraente, você poderia dizer: "Como alimentos saudáveis em pequenas quantidades e leio bons livros; assim, estou atraindo o amor de pessoas que se preocupam com a saúde e com a inteligência". Observe como as mudanças no seu pensamento modificam a sua vida.

CAPÍTULO 16

O Sábio

Tanto os Governantes quanto os Magos querem controlar a realidade e transformar circunstâncias negativas em positivas. O Sábio tem pouca ou nenhuma necessidade de controlar ou de modificar o mundo; ele simplesmente quer entendê-lo. O caminho do Sábio é a jornada para encontrar a verdade – a respeito de nós mesmos, do nosso mundo e do universo. Em seus níveis mais elevados, isso não significa simplesmente encontrar o conhecimento, mas sim tornar-se sábio. É o Sábio interior que recita o provérbio: "Conhecei a verdade e ela vos libertará".

O SÁBIO

Meta: Verdade, entendimento

Medo: Fraude, ilusão

Resposta ao Dragão/Problema: Estudá-lo, compreendê-lo ou transcendê-lo

Tarefa: Alcançar o conhecimento, a sabedoria e a iluminação

Dádiva: Ceticismo, sabedoria, desprendimento

Nos assuntos do cotidiano, a pergunta mais importante para o Sábio é "Qual é a verdade aqui?". Dessa maneira, todos os Sábios são detetives em busca da realidade que está por trás das aparências. Os médicos, os psicólogos e todos os verdadeiros terapeutas precisam do conselho de um Sábio interior ou exterior para que o diagnóstico e o tratamento sejam apropriados à condição do paciente. Consultores e diretores agem como Sábios quando se esforçam para identificar as causas reais das dificuldades de uma organização ou para descobrir suas verdadeiras oportunidades ou pontos fortes. Os eruditos são os Sábios clássicos no sentido de que a vida deles é dedicada a promover a busca do conhecimento.

> Meu escore para o arquétipo do Sábio no IMH é ____ (alto = 30/baixo = 0).
>
> Este é o meu ____ escore mais elevado (mais alto = 1º/mais baixo = 12º).

Talvez o momento mais libertador da vida seja o "momento da verdade" que ilumina a nossa vida, dispersa a confusão e esclarece aquilo que deve ser feito. Esse é o momento, por exemplo, em que um alcoólatra atinge o "fundo do poço" e toma consciência de que precisa de ajuda para se recuperar, ou quando um homem percebe que seu esforço para atingir uma determinada meta o impediu de conhecer o amor e a intimidade.

Muitas vezes, essas verdades profundas tornam patentes o nosso próprio egoísmo e o modo como ele tem limitado a nossa vida e a nossa liberdade. O Sábio nos ajuda a nos livrarmos das preocupações do Ego e a nos abrirmos para uma verdade mais profunda acerca da vida. Enfrentar essas questões essenciais nos dignifica e nos torna mais humildes.

O Sábio como Detetive

O desafio do Sábio, como em qualquer história policial, é interpretar as pistas e solucionar o mistério que está por trás da existência, seja o da sua própria existência, o da outra pessoa ou do universo. Todavia, se nossa mente consciente e o nosso Ego forem excessivamente racionais e puderem compreender apenas alguns poucos tipos de pistas, o nosso Sábio ou Oráculo interior fica diante do dilema enfrentado por muitos homens e mulheres sábios que, como Cassandra, podiam profetizar a verdade, mas que não eram compreendidos e ninguém lhes dava crédito. Muito frequentemente, os Sábios se expressam em forma de enigmas oraculares (a Esfinge, mestres sufi como Nasrudin, ou mestres zen que apresentam suas disciplinas junto com um aparentemente insolúvel koan); de parábolas (como Cristo e a maioria dos grandes líderes espirituais); ou por meio de imagens simbólicas (como os artistas, os poetas e os visionários).

Há muitas maneiras de expressar a verdade, e o Sábio aprende qual é a reação apropriada a cada uma delas. É por essa razão que na escola aprendemos a fazer distinção entre os diferentes modos de entendimento e investigação apropriados para as ciências naturais e sociais, as artes e as humanidades, a filosofia e a religião. É por isso também que, quando possível, aprendemos a compreender de que modo funciona a nossa mente e como podemos utilizar diferentes aspectos do nosso ser para os diferentes modos de aprendizado.

Todo Sábio sabe como é importante adequar a metodologia à tarefa que se tem em mãos. Não podemos aprender coisas sobre Deus por meio de métodos quantitativos. Não compreendemos padrões demográficos por meio das orações e da introspecção. A ciência nos ensina coisas a respeito das realidades físicas do mundo exterior e interior, mas é inútil na investigação das verdades do coração humano.

Todo Sábio também tem consciência de que o método de investigação frequentemente predetermina os resultados: as respostas que encontramos dependem das perguntas que fazemos e de nossos métodos de investigação. É muito difícil eliminar a nossa subjetividade. Muitas vezes, quanto mais nos esforçamos para eliminar as influências subjetivas, mais elas nos possuem.

De modo geral, somente quando o Sábio começa a predominar em nossa vida é que reconhecemos que raramente vemos as coisas como elas realmente são, se é que algum dia chegamos a fazê-lo. De um ou de outro modo, sempre somos prisioneiros de nossas projeções. De fato, a principal contribuição da psicoterapia é aumentar a probabilidade de ultrapassar essas projeções durante um tempo suficientemente longo para vivermos algum tipo de experiência autêntica.

Os exploradores espirituais esforçam-se incessantemente para *cultivar uma atitude de reflexão imparcial e por se livrarem da influência do Ego a fim de poderem conhecer de algum modo a verdade absoluta.* Quer nos dediquemos ao estudo, a uma busca espiritual ou a tomar decisões a respeito do que fazer a seguir, na vida ou no trabalho, o Sábio interior procura alcançar algum tipo de verdade objetiva situada além dos limites da nossa verdade pessoal.

Quando estamos empenhados numa busca espiritual, a parte de nós que deseja experimentar diretamente a verdade absoluta muitas vezes se sente desencorajada. Várias práticas espirituais associadas aos caminhos espirituais da cabala, da ioga siddha e do sufismo, para citar apenas algumas, estimulam as pessoas a progredir lentamente. Na realidade, em todos esses caminhos são tomados cuidados para que as mentes despreparadas não sofram uma ruptura ao sentirem o êxtase associado à experiência da verdade eterna.

Durante a meditação, o Sábio é a parte do nosso ser que permanece além do nosso pensamento, dos nossos sentimentos e desejos, simplesmente observando os acontecimentos. As práticas de meditação fortalecem a parte de nós que é realmente objetiva, imparcial e capaz de observar sem ser afastada nem mesmo pelas nossas necessidades e desejos mais prementes. Elas também nos permitem descobrir que não somos os nossos pensamentos nem sentimentos e, portanto, não ficamos mais à disposição de cada um de nossos medos e desejos. Algumas vezes, esse observador interior pode nos libertar completamente dos pensamentos e dos sentimentos durante vários segundos, de modo que mergulhamos em alguma realidade mais fundamental situada além daquela da mente e do coração humanos.

Essas práticas ajudam as pessoas a entrar em contato com mais realidades – sejam externas, internas ou cósmicas – reconhecendo e aceitando inicialmente a radical subjetividade da vida humana. Não podemos enxergar a verdade que está além de nós mesmos antes de nos familiarizarmos com os nossos preconceitos e predisposições. Essa é uma razão pela qual é difícil, senão impossível, o indivíduo ser um Sábio em qualquer sentido verdadeiro sem antes ter empreendido a sua própria jornada, pois é nela que o indivíduo encontra a sua identidade e, conscientemente, descobre quem realmente ele é.

Até essa altura da jornada, a questão tem sido encontrar a verdade subjetiva da pessoa e expressá-la no mundo. Doravante, o Sábio precisa ligar-se a verdades situadas além de si mesmo.

Num *talk show* de que participei recentemente, numa estação de rádio, eu estava descrevendo a responsabilidade do herói no sentido de empreender a jornada e encontrar a sua própria verdade quando um homem telefonou para dizer que não queria encontrar a "sua verdade" e sim "A Verdade". Isso é exatamente o que o Sábio interior quer. Os Sábios jovens e ingênuos sempre acreditam que esse é um problema de fácil solução: encontrar o mestre certo, a tradição sagrada correta, e acreditar no que eles lhe disserem. Esse é o sentimento expresso nesta deplorável filosofia: "Deus disse isso. Eu acredito nisso. E isso encerra a questão".

Porém, à medida que prossegue a jornada do Sábio a questão de encontrar a verdade começa a ficar mais complicada. Por conseguinte, os Sábios tendem a desenvolver um senso de humildade que resulta do reconhecimento de sua radical subjetividade. Cada um de nós é apenas uma pequena parte de uma realidade maior; embora possamos ter a aspiração de conhecer o todo, essa ambição nunca será realmente satisfeita, pois individualmente nenhum de nós consegue enxergar o suficiente para fazê-lo.

Os Estágios da Jornada

O desenvolvimento do Sábio é descrito pelo modelo do desenvolvimento cognitivo em nove estágios, elaborado por William Perry com base na observação de estudantes universitários. Os dois primeiros estágios são variações daquilo que chamamos de "dualismo". Queremos encontrar a verdade com V maiúsculo e acreditamos que é possível conseguir isso. Pressupondo a existência de um universo dualista, no qual algumas respostas são certas e outras erradas, acreditamos que a verdade está em poder das autoridades, e as condenamos se elas não a têm ou não a compartilham conosco.

Níveis do Sábio

Aspecto Negativo	Isolamento, ausência de sentimentos, "torre de marfim", "ficar acima do mundo"; atitudes e comportamentos críticos, superiores e pomposos
Chamamento	Confusão, dúvidas, profundo desejo de encontrar a verdade
Nível Um	Busca da "Verdade" ou da objetividade
Nível Dois	Ceticismo, consciência da multiplicidade e da complexidade da verdade; toda a verdade é vista como relativa; aceitação da subjetividade como parte da condição humana
Nível Três	Experiência da verdade ou verdades definitivas; sabedoria

Se continuamos a procurar a verdade, essa confiança vai se reduzindo quando começamos a descobrir que os especialistas nem sempre estão de acordo entre si. Podemos aprender isso na escola, nos meios de comunicação ou por causa das ocasiões em que Mamãe e Papai brigavam; seja como for, mais cedo ou mais tarde a maioria de nós compreende essa mensagem. Depois disso, queremos que as autoridades nos ensinem o processo correto de encontrar a verdade para que nós mesmos possamos decidir qual verdade é a correta.

Não demora muito para começar a haver certa desilusão. Na verdade, esta é a perda da inocência na versão do Sábio. Começamos a perceber que, se até os especialistas divergem entre si, então talvez não haja uma verdade absoluta. Nos estágios três e quatro do modelo de Perry (versões da "multiplicidade"), talvez cheguemos à conclusão de que a verdade de qualquer pessoa é tão boa quanto a de qualquer outra. Pode ser ainda que nós simplesmente imaginemos modos de oferecer aos especialistas as respostas que eles desejam.

Se a nossa ansiedade for suficientemente grande, podemos encontrar alguma "nova verdade" e nos apegarmos dogmaticamente a ela durante algum tempo, até que a nossa fé nessa verdade também seja corroída. Por exemplo: jovens que perderam suas convicções religiosas em consequência de um confronto com a multiplicidade da verdade podem descobrir uma filosofia política e apegarem-se a ela tão dogmaticamente quanto o fizeram no caso de suas antigas convicções religiosas. Mais cedo ou mais tarde, porém, essa fé também acaba sendo destruída.

Se continuamos a crescer, em algum momento experimentamos uma verdadeira resolução em nossas opiniões, quando realmente compreendemos que não existem verdades absolutas. Isso é algo tão difícil que poucas pessoas conseguem renunciar à crença de que existe uma Verdade a ser encontrada. Se realmente abandonamos a busca pela verdade final, aceitamos o fato de que todo conhecimento é relativo. Embora não existam verdades ou processos corretos absolutos, no estágio cinco do modelo de Perry começamos a compreender que algumas verdades e processos são melhores do que outros. E há maneiras de avaliar o quanto alguma coisa poderia ser melhor do que outras, não com referência a uma verdade com V maiúsculo, mas sim em relação ao seu próprio contexto.

Nessa altura, compreendemos que alguém de uma cultura diferente também tem o direito de ver o mundo de uma perspectiva diferente da nossa. Aprendemos a avaliar uma obra literária levando em conta os objetivos do autor, o seu gênero, o contexto cultural em que foi escrita, e assim por diante, em vez de compará-la com os "padrões eternos" da "grande literatura". Percebemos que muitas religiões podem nos oferecer verdades espirituais e imaginamos meios de decidir o que nos parece mais ou menos verdadeiro nelas.

Nos estágios finais do modelo de Perry – seis, sete, oito e nove – enfrentamos o problema do compromisso no contexto do relativismo. No nível seis, compreendemos que temos a possibilidade de nos orientar dentro de um contexto relativístico por meio de alguma espécie de compromisso pessoal. Nesse momento, nós já entendemos a necessidade de escolher um curso ou algum tipo de profissão, um companheiro ou, até mesmo, um caminho espiritual sem precisarmos acreditar que o curso que fazemos ou que a nossa atividade profissional é a "melhor", que o nosso companheiro ou companheira é a nossa metade "cósmica" perfeita, ou que o nosso caminho espiritual é o correto e todos os outros são "errados". Comprometer-se num contexto de relatividade significa que a pessoa faz escolhas porque elas são certas para ela, sem presumir que elas também seriam certas para outras pessoas; assim, ela também pode apoiar alguém que tenha feito uma escolha diferente.

No estágio sete, fazemos um compromisso inicial; no estágio oito, começamos a descobrir o que esse compromisso significa. Em outras palavras, descobrimos como é fazer o curso ou seguir a profissão pela qual optamos, conviver com o companheiro ou companheira que escolhemos ou explorar o nosso caminho espiritual. Obviamente, nesse ponto podemos reconsiderar e tentar algumas outras escolhas. Mais cedo ou mais tarde, acabamos estabelecendo um conjunto mais sólido de compromissos (estágio nove) e, além disso, percebemos que é o próprio ato do comprometimento, num contexto de relatividade, que nos permite expressarmo-nos no mundo.[1]

Um Estágio Final

Creio que há um último estágio que não foi detectado nos estudos de Perry (em parte porque está além da nossa capacidade de aprendizado na época dos estudos universitários) e que é um retorno à busca do absoluto – se bem que num contexto místico ou espiritual. Conforme Jung observou, essa é uma tarefa para ser executada a partir da meia-idade, e não na juventude. Uma vez mais, há níveis de verdade. Aqui a busca das verdades eternas difere da ingênua procura pela "Verdade" porque o explorador tem uma poderosa compreensão a respeito do quanto é difícil conhecer alguma coisa situada além de sua própria e limitada experiência. Nesse estágio, aprendemos com os grandes Sábios e gurus das diferentes tradições.

O caminho espiritual do sufismo, por exemplo, baseia-se quase que inteiramente em ajudar as pessoas a compreenderem que a verdade última não é necessariamente algo "distante ou complicado". Ela só parece ser assim porque as pessoas não têm consciência de seus preconceitos acerca da realidade.

Os sufis nos ensinam que a compreensão da relatividade do conhecimento é a tarefa mais elevada do intelecto racional. No entanto, há algo mais além disso. Essa compreensão exige que nos desliguemos de nossos pensamentos e sentimentos e que os observemos de maneira descomprometida. Essa atitude de afastamento nos permite saber que não somos os nossos pensamentos preconcebidos (por mais arraigados que possam ser), nem as nossas emoções (por mais belas que sejam). Embora essa atitude de afastamento – na qual não precisamos que o universo seja alguma coisa de uma maneira específica – nos permita experimentar a verdade suprema, devemos também observar que eles estão falando a respeito de uma "verdade" que apenas pode ser experimentada, mas não medida ou modificada.

Idries Shah explica que o intelecto "é na verdade uma série de ideias que se alternam na posse da sua consciência". Assim, o intelecto nunca pode ser suficiente, do mesmo modo como os nossos sentimentos não o são – pois os sentimentos estão inevitavelmente ligados a certos resultados e atitudes. Ele explica que na tradição sufi há um nível situado além do intelecto ou da emoção, o qual ele chama de "verdadeiro intelecto... o órgão de entendimento que existe em todo ser humano".[2] Esse intelecto verdadeiro é responsável pelas experiências místicas ou transcendentes que nos permitem vislumbrar a "Unidade" do cosmos – uma unidade que, tal como todos os caminhos espirituais, nos ensina que é também o amor que nos liga ao Todo.

Todavia, o Sábio nos ensina que não alcançamos esse senso místico de unidade nem a virtude suprema do amor por meio da rejeição do pensamento ou da racionalidade. De fato, precisamos primeiramente desenvolver o máximo possível tanto a mente quanto o coração – para aprendermos a compreender o caráter relativo da verdade, tanto racionalmente, com o nosso intelecto, como empaticamente, com o nosso coração – para que possamos nos soltar e simplesmente permanecer em silêncio dentro de nós mesmos, abertos para experimentar uma nova realidade. Paradoxalmente, só depois de compreendermos a impossibilidade de conhecer alguma coisa com certeza absoluta – visto que cada um de nós se acha tão completamente preso à nossa própria subjetividade num universo de relativismo contextual – é que conseguimos nos soltar, parar de perseguir o conhecimento e deixar que a verdade penetre em nossa vida como se fosse uma dádiva.

Em algum momento, o sábio para de buscar o conhecimento e alcança a sabedoria, que é o objetivo do seu caminho. Além disso, o *Sábio nos ensina que nunca poderemos ser livres até que estejamos dispostos a renunciar completamente às nossas ilusões e vínculos e procuremos sintonizar os nossos próprios desejos com a verdade.* Embora o Sábio nunca lute contra a verdade, ele procura aprofundar o seu conhecimento a respeito do que essa verdade poderia ser.

Essa é a sabedoria presente em livros como *The Tao of Leadership*,[*] de John Heider, o qual reduz a ênfase no esforço, na ação, e mesmo na transformação em favor de simplesmente compreendermos e nos adaptarmos à verdade a respeito de qualquer situação. Ela também está presente nos modernos ensinamentos relativos à saúde mental e emocional, ensinamentos que enfatizam a importância de se eliminar o fingimento e de sermos completamente sinceros acerca do que é verdadeiro num dado momento – nossas esperanças, temores, vulnerabilidades e feridas. Enquanto estivermos usando máscaras e tentando aparentar ser mais do que realmente somos, nunca nos tornaremos sábios.

A questão para o Sábio não é tanto a possibilidade de se alcançar a verdade suprema, mas sim a nossa capacidade de compreendê-la. Se uma câmera for ruim, ela não poderá tirar uma boa foto nem mesmo do mais perfeito pôr do sol. Do mesmo modo, se não desenvolvermos a nossa mente e o nosso coração e abrirmos a nossa alma, nunca conheceremos a verdade suprema mesmo que ela esteja ao alcance de nossas mãos. De fato, é por isso que Sócrates recomendou: "Conhece-te a ti mesmo". Se não compreendermos o funcionamento do filtro através do qual a verdade se manifesta, nunca teremos uma pista a respeito do modo como estamos distorcendo essa verdade pela nossa visão subjetiva.

Precisamos uns dos outros porque, enquanto estamos sozinhos, podemos apenas experimentar as nossas próprias percepções subjetivas do universo. Quando o arquétipo do Guerreiro está ativo na nossa vida, podemos debater, discutir e, até mesmo, ir à guerra por nossas diferentes verdades. Quando o Sábio é dominante na nossa vida, porém, iremos reconhecer que precisamos ouvir uns aos outros e que só depois disso poderemos formular uma verdade relativa.

---

[*] *O Tao e a Realização Pessoal.* São Paulo: Cultrix, São Paulo, 1991 (fora de catálogo).

Além do mais, sabemos que é uma dádiva experimentar qualquer verdade além daquelas proporcionadas pelos nossos cinco sentidos. Não podemos conquistar essas verdades; tudo o que podemos fazer é aprimorar os instrumentos da nossa mente, do nosso coração e da nossa Alma e, então, esperar por um milagre. Os grandes Sábios estão cientes de que é apenas por meio de milagres que podemos conhecer de algum modo a realidade suprema – ou mesmo experimentar uma nova ideia!

O Sábio Negativo

Quando somos capturados pelos aspectos negativos do Sábio, ficamos mais isolados do que desligados da realidade. Coisas que acontecem à nossa volta, ou mesmo dentro de nós, parecem estar ocorrendo a quilômetros de distância. Percebemos os acontecimentos, mas não temos nenhuma sensação relacionada com eles. Sentimo-nos bastante entorpecidos.

Ficamos tão obcecados com a necessidade de evitar a formação de vínculos que não podemos nos comprometer com pessoas, projetos ou ideias. Embora às vezes alimentemos a ilusão de que isso nos dá liberdade, o fato é que não somos realmente livres. Estamos simplesmente com muito medo de firmar um compromisso e, portanto, não podemos nos ligar realmente a alguém ou a alguma coisa.

De mais a mais, o Sábio negativo frequentemente se esforça em excesso para ser perfeito, sincero e estar sempre certo, não demonstrando nenhuma tolerância em relação aos ensinamentos e vulnerabilidades humanas normais. Esse Sábio muitas vezes é propenso a práticas ascéticas e está sempre pronto a criticar a si mesmo e aos outros por qualquer sinal de imperfeição. Nada lhe parece suficientemente bom.

Pode ser ainda que o Sábio negativo se sinta tão dominado pela relatividade que lhe seja impossível realmente agir. Como posso fazer alguma coisa, diz esse Sábio negativo, quando é impossível saber o que é a verdade? Uma pessoa assim não pode comprometer-se com um companheiro ou companheira porque não sabe como descobrir se essa é a pessoa certa para ela. Também não pode se comprometer com algum tipo de trabalho porque não sabe se essa é a coisa certa a fazer. Essas pessoas tendem a adotar uma atitude de ceticismo por causa de uma elevada consciência da imperfeição de todo tipo de vida e de sua incapacidade para conhecer alguma coisa com segurança.

Quando o Sábio negativo está atuando na nossa vida, nós muitas vezes nos tornamos prisioneiros de pensamentos obsessivos, tentando entender tudo por meio de processos racionais. Se não conseguimos fazer isso, ficamos paralisados. Como as principais decisões da vida não podem ser tomadas de maneira científica e racional, quando continuamos tentando isso, o Sábio negativo pode apoderar-se de nós e o nosso raciocínio torna-se circular.

Os Sábios Sombra também tendem a tentar fazer o mundo parecer menos misterioso limitando o número de maneiras aceitáveis para se perceber essa realidade. No mundo acadêmico, por exemplo, pessoas dominadas por um Sábio negativo ficam furiosas com a ideia de se utilizar qualquer modo de percepção que não seja o método científico. Essas pessoas em geral são totalmente incapazes de reconhecer as maneiras pelas quais as suas próprias predisposições subjetivas influenciam os seus resultados supostamente científicos e racionais. Em movimentos de cunho espiritual e em terapias fundamentadas nas emoções, os Sábios Sombra podem tornar-se anti-intelectuais e buscar uma experiência mística emocional mesmo que o preço seja renunciar ao uso do próprio cérebro.

Os Sábios Sombra geralmente desejam controlar o conhecimento para que ele não represente uma ameaça para eles. Na maior parte das vezes, eles apenas irão reconhecer o método que corresponde ao seu próprio estilo de aprendizado e, então, aquele no qual eles se distinguem. Portanto, o conhecimento seja de modo sutil ou clamoroso, transforma-se numa maneira de demonstrar superioridade em relação aos outros.

Seu principal objetivo não é mais a obtenção da sabedoria e, sim, o juízo que os outros possam fazer dele. Qualquer verdade relativa que tenham descoberto é considerada uma verdade absoluta, e o seu principal objetivo, então, passa a ser a defesa dessa verdade contra os ataques dos bárbaros. Isso resulta numa mentalidade corporativa que não apenas se protege contra a competição por parte de outras verdades como também considera ingênua, incompetente ou perigosa qualquer pessoa que ofereça uma dessas verdades alternativas. O objetivo deixa de ser a busca da verdade e passa a ser a defesa, por parte do indivíduo, de sua própria posição privilegiada.

Quando somos escravizados por essa Sombra, nos sentimos-nos frios, vazios, defensivos e ameaçados pelos outros. Com frequência, também somos mal-compreendidos pelos outros que, por alguma razão desconhecida, consideram-nos dogmáticos e conservadores. Muitas vezes nós nos sentimos superiores a essas pessoas e não compreendemos por que os outros também não nos veem assim. Podemos até mesmo chegar a sentir pena de nós, que tanto nos sacrificamos para proteger o modelo. Sentimo-nos como se estivéssemos defendendo a chama sagrada da verdade contra aqueles que desejam apagá-la.

O Sábio e a Libertação dos Vínculos

A maior conquista do Sábio é a libertação dos vínculos e ilusões. Quando estamos vinculados ou mesmo viciados a determinadas coisas, nosso julgamento será distorcido porque não estamos livres e, portanto, não podemos enxergar com clareza. Quando sinto que preciso de uma determinada pessoa para ser feliz, eu só enxergo essa pessoa através das lentes da minha necessidade. Eu observo apenas se ela está ou não comprometida comigo – e posso deixar de perceber qualquer outra parte da sua vida. Além disso, se estivermos muito ligados e essa pessoa partir, passamos por um grande sofrimento.

O mesmo é verdadeiro em relação a qualquer trabalho, ideia, acontecimento, hábito ou autoimagem aos quais estejamos ligados. Se acontece alguma coisa que retira isso de nós, experimentamos um grande sofrimento e desespero. Sofremos porque acreditamos precisar de determinadas coisas para sermos verdadeiros. Se não temos essas coisas, desmoronamos.

O caminho para o nível mais elevado do Sábio consiste em aprender a não nos ligarmos às coisas – conforme Ken Keyes diz em *The Handbook of Higher Consciousness*,[*] aprender a transformar em preferências os nossos vícios e ligações. Isso não significa que você não queira nada. Significa, isto sim, que você identifica aquilo que quer simplesmente como preferências e não como necessidades. Você gostaria de se casar com um certo homem ou mulher. Você gostaria de ter um determinado emprego. Você gostaria de ter saúde. Você gostaria de ter uma quantidade razoável de dinheiro e um certo *status*.

Porém, se alguma coisa acontecer e a pessoa que você ama for embora, se você perder o emprego, ficar seriamente adoentado ou se vir na pobreza, isso não será nenhuma tragédia – talvez não seja a sua primeira preferência, mas ainda será uma situação tolerável. Em *Addiction and Grace*, Gerald May observa que sozinhos nunca poderemos nos libertar completamente de nossos vícios, obsessões ou vínculos; sempre que reconhecemos que não somos livres e pensamos que precisamos de alguma coisa para ser felizes, isso nos proporciona uma oportunidade de nos abrirmos para a "graça" para nos curarmos. Ken Keyes salienta a importância do "*self* observador" para a cura, pois somente nos libertamos de nossos vínculos quando observamos o sofrimento que eles nos causam.

---

[*] *Guia para uma Consciência Superior*. São Paulo: Pensamento, 1990 (fora de catálogo).

Quando damos demasiada importância à aprovação dos outros, a realizações ou a qualquer tipo de resultado, não estamos livres e, normalmente, iremos sofrer. O único caminho seguro para a verdadeira liberdade e alegria é o indivíduo transferir o controle de sua vida para um poder mais sábio e transcendente do que ele próprio. Para pessoas de muitas tradições religiosas, isso significa transferir o controle para Deus. Nos programas de Doze Passos isso é chamado de transferir o controle para um poder superior. Num contexto mais secular e psicológico, a pessoa confiaria na sua sabedoria profunda.

Isso não exige que deixemos de querer as coisas. De fato, é sempre destrutivo alguém optar pela ausência de vínculos do Sábio se ainda não aprendeu a formar esses vínculos – amar o seu trabalho e as outras pessoas, comprometer-se com valores e ideias, sentir plenamente desapontamentos e perdas. Tentar evitar a formação de vínculos antes de haver aprendido a tarefa do Amante (estabelecer vínculos e comprometer-se) produzirá apenas entorpecimento e desespero.

Tendo aprendido a formar vínculos, porém, aprender a amar e a comprometer-se sem ficar preso traz liberdade. Isso significa que podemos amar as pessoas sem ficar dependentes delas ou de sua aprovação, de maneira que não precisamos mantê-las conosco se elas não quiserem isso. Significa que podemos nos entregar totalmente ao nosso trabalho sem ficar presos ao resultado desse trabalho. Significa encontrar a nossa voz e ser capazes de compartilhar a nossa visão e entendimento tendo consciência de que amanhã poderemos deparar com uma verdade mais profunda e sermos forçados a reconhecer que a nossa verdade anterior era ingênua ou ultrapassada.

Em última análise, aprendemos a "renunciar" até mesmo aos nossos vínculos com o sofrimento. O sofrimento nos ensina a nos abrir, a confiar e a nos soltar. Entretanto, a maioria das pessoas e as culturas de maneira geral consideram que há algo intrinsecamente bom no sofrimento – que é virtuoso sofrer, que é melhor não nos sentirmos demasiado bem no que diz respeito à nós mesmos, que a realização é produto do esforço e que todo prazer exige alguma dor.

Quando tivermos aprendido a parar de brigar com a vida e a confiar em seus processos, não precisaremos mais sofrer. De fato, nas palavras de Shirley Luthman, quando nos permitirmos "amar, sermos amados e vivermos de maneira criativa" e, portanto, quando deixamos de tentar nos adaptar uma vida que não nos serve e nos decidimos a viver uma vida que nos faz realmente felizes, a liberdade e a alegria podem ser experiências normais em nossa vida.[3]

É esse radical abandono à alegria e ao bem-estar que nos prepara para a sabedoria do Bobo.

EXERCÍCIOS

Reflita um pouco a respeito de quando, onde, e como a intensidade do Sábio se manifesta na sua vida.

1. Com que intensidade o Sábio se manifesta na sua vida? Ele tem se manifestado mais agora do que no passado? Você acha que ele vai se manifestar no futuro? Ele se manifesta mais no trabalho, em casa, quando você está junto de seus amigos ou em sonhos e fantasias?
2. Você tem algum amigo, parente, colega de trabalho, ou conhece alguma pessoa que pareça estar sob a influência do arquétipo do Sábio?
3. Você gostaria que alguma coisa relacionada com a expressão do Sábio na sua vida fosse diferente?
4. Como cada arquétipo se manifesta de muitas maneiras diferentes, reserve algum tempo para descrever ou representar de alguma outra forma (por exemplo: desenhe, faça uma colagem, use um desenho de você mesmo numa determinada vestimenta ou postura) o Sábio tal como ele se manifesta ou poderia se manifestar na sua vida. Qual é ou poderia ser a sua aparência? Como ele age ou agiria? Em que ambiente ele se sente ou iria se sentir mais à vontade?

DEVANEIOS

Imagine-se junto de uma pessoa mais jovem que o considera uma pessoa muito sábia. Imagine de que modo você conheceu essa pessoa e o que a fez admirá-lo. Na sua fantasia, experimente passar algum tempo com essa pessoa enquanto você lhe mostra ou explica o que ele ou ela precisa saber a respeito da vida. Preste atenção em como você se sente ao assumir o papel de um guia mais velho e mais sábio.

CAPÍTULO 17

O Bobo

Reis e Rainhas sábios não pensariam em governar sem um Bobo da Corte ou Bufão para expressar a alegria da vida e proporcionar divertimento a eles e à corte. Todavia, essa não é a única função do Bobo da Corte. Os Bobos têm autorização para dizer coisas que fariam outras pessoas serem punidas com enforcamento, para espicaçar o Ego do Governante quando ele corre o risco de se tornar arrogante e, de maneira geral, conferir um certo equilíbrio ao reino ao quebrar as regras e, assim, criar uma via de escape para verdades, comportamentos e sentimentos proibidos.

O BOBO

Meta: Fruição, prazer, vivacidade

Medo: Apatia

Resposta ao Dragão/Problema: Brincar com ele ou pregar-lhe peças

Tarefa: Confiar no processo; gozar a jornada pelo seu prazer intrínseco

Dádiva: Alegria, liberdade, liberação

Meu escore para o arquétipo do Bobo no IMH é ____ (alto = 30/baixo = 0).
Este é o meu ____ escore mais elevado (mais alto = 1º/mais baixo = 12º).

Em *The Fool and his Scepter: A Study in Clowns and Jesters and Their Audience*, William Willeford descreve o modo como o Bobo e o Rei formam um par, e não ficamos de maneira alguma abalados quando o Bobo transforma o Rei no objeto de uma piada. Willeford observa que, embora a função do Rei seja a de criar e manter a ordem, isso exige necessariamente a exclusão de algumas forças. O Bobo "proporciona uma ligação institucionalizada" com as forças e energias excluídas e, ao fazê-lo, incorpora "o princípio da inteireza... restaurando de certo modo a condição primeva antes da separação entre o reino e o que dele foi excluído".[1]

Se o Governante representa o Ego, que proporciona uma expressão ordenada da Alma, o Bobo sugere um princípio de totalidade que está inteiramente além do Ego e diz respeito a uma espécie de totalidade psicológica que não é construída com base na exclusão. Assim, o Bobo não apenas precede a criação do Ego como também o suplanta. Portanto, o Bobo é o início e o fim da jornada.

O BOBO INTERIOR

O Bobo interior nunca está muito longe de nós. De fato, ele é o arquétipo que precede até mesmo o Inocente. O Bobo é o aspecto da criança interior que sabe como brincar e ser sensual. Ele está na origem da nossa sensação básica de vitalidade e vivacidade, a qual se manifesta na forma de uma criatividade primitiva, infantil, espontânea e jovial.

Trata-se também de uma energia muito amoral, anarquista e irreverente, que demole categorias e ultrapassa fronteiras. A bondade e a obediência do Inocente e a vulnerabilidade do Órfão constituem apenas parte do que significa ser uma criança. O Bobo é o responsável pelo desejo que as crianças têm de tudo fazer e experimentar – mesmo quando proibido – e pela sua extraordinária capacidade de saber exatamente que mentira contar a seus pais para salvar a própria pele. Nós não tendemos a ver esse comportamento como mau ou reprovável. Embora as crianças que fazem isso sejam chamadas de "travessas", os adultos recebem a classificação de "irresponsáveis". As crianças (e adultos) excessivamente submissas, que nunca rompem as regras, inspiram tanta preocupação quanto aquelas que estão sempre metidas em encrencas.

O Bobo é o início e o fim da jornada.

Há muitas histórias sobre a infância de Krishna. Ele estava sempre pregando peças em sua mãe e fazendo travessuras, ainda que às vezes se apiedasse dela. Ao tentar amarrá-lo, certa vez, por mais corda que usasse esta sempre parecia demasiado curta. Ele acabou percebendo o quanto ela estava ficando exasperada e permitiu que o amarrasse. Embora não haja histórias como essa a respeito de Cristo, podemos lembrar que aos 12 anos de idade ele fugiu de seus pais e eles o encontraram no Templo, pregando sabedoria aos professores da época!

Quando o Bobo é dominante na nossa vida, exploramos o mundo em virtude de uma curiosidade inata, criando pelo simples prazer da criação e vivendo a vida pelo que ela representa, sem pensar no amanhã nem nos preocuparmos muito com as convenções, a moralidade tradicional ou com o que os vizinhos irão dizer. Dentre os doze arquétipos discutidos neste livro, apenas o Bobo sabe "viver o presente".

Quando o Bobo está ativo em nossa vida, somos motivados pela curiosidade e desejamos explorar e experimentar a vida. Essa é uma época em que temos pouco ou nenhum interesse em sermos responsáveis – pelo menos não em relação aos outros – pois o que mais queremos é ser livres. Isso significa não ficar presos a deveres, responsabilidades, prazos finais ou mesmo a relacionamentos nos quais tenhamos de fazer coisas de que não gostamos ou a bens materiais (os quais, afinal de contas, exigem que alguém cuide deles).

Trata-se de uma época em que a pessoa se sente perfeitamente feliz com uma aparência ridícula, experimentando um penteado ou uma maneira de vestir completamente inconvencional, desenvolvendo um relacionamento com alguém que os outros consideram totalmente inapropriado e comportando-se de maneira escandalosa. Embora este seja o arquétipo dos bizarros atavios dos adolescentes, como se pode imaginar, ele às vezes também volta a se manifestar na crise da meia-idade e, é claro, faz parte do nosso lado adolescente, o qual continua ativo em todos os momentos de nossa vida adulta. Tal como o coringa de um baralho, ele pode aparecer em qualquer lugar.

Durante os anos de responsabilidade da vida adulta, o Bobo se manifesta basicamente nos momentos de lazer; todavia, ele pode dar mais colorido ao nosso trabalho e à nossa vida privada se permitirmos que ele se manifeste nessas áreas. Numa idade mais avançada, é o Bobo que nos permite deixar de viver a vida procurando realizar coisas, atingir metas e "influir nos acontecimentos" para, em vez disso, começar a desfrutá-la no dia a dia pelo que ela é. Em todas as etapas da vida o Bobo nos livra do tédio – pois é infinitamente inventivo e divertido – e do desespero existencial – pois está por demais ocupado desfrutando a realidade da vida para desperdiçar energia mortificando-se e ansiando por compreender o significado do universo. Quando o Bobo está ativo na nossa vida, nós nos sentimos mais animados e vigorosos, embora ele também possa nos meter em problemas. Quando há muito pouco de Bobo na nossa vida, podemos nos tornar pedantes, reprimidos, rigidamente convencionais, anoréxicos, cansados, entediados, deprimidos e carentes de curiosidade.

O Bobo muitas vezes se manifesta na nossa vida nos momentos mais dolorosos. Uma pessoa querida morre, perdemos um emprego de que gostamos ou um companheiro ou companheira a quem amamos, perdemos a fé em nós mesmos e subitamente nos vemos rindo: trata-se do Bobo lembrando-nos de que a vida é agradável, até mesmo nos seus piores momentos.

O Bobo toma decisões – sejam elas a escolha de amigos, de um trabalho, de amantes, de crenças e até mesmo de práticas espirituais – baseado quase que exclusivamente no princípio do prazer. Se ele se sente bem, então é bom. Se ele se sente mal, então é mau. O Bobo tem entusiasmo pela vida, por prazeres sensuais, por ideias, experiências e, até mesmo, pela bem-aventurança espiritual. Muitas vezes é a ânsia do Bobo por experiências e aventuras que serve de motivo para a jornada do herói.

O Bobo e o Mundo Moderno

O Bobo é o arquétipo mais útil para se lidar com os absurdos do mundo moderno e com suas burocracias amorfas e destituídas de rosto – lugares em que ninguém assume responsabilidade pessoal, em que se espera que as regras sejam cumpridas à risca, por mais absurdas que possam ser, e as mesas ficam quase que amontoadas umas em cima das outras, prejudicando a eficiência de cada funcionário.

No papel de Trapaceiro, o Bobo deleita-se em quebrar as regras e, exceto em suas formas negativas, ele tem boa vontade e é genial. Embora o humor de Mae West, por exemplo, tenha sido uma escandalosa violação das convenções sexuais de sua época, ela foi aceita e até mesmo recompensada com fama e fortuna precisamente por causa do seu caráter ultrajante. O Bobo tradicional muitas vezes representa um meio de violar normas sociais de maneira bem-humorada e, assim, evitar despertar uma hostilidade indevida. O humor de Bette Midler incorpora a exuberante sexualidade associada ao Trapaceiro ao seu lado prático de gracejadora, proporcionando-nos um excelente modelo de uma mulher contemporânea equivalente à figura do Trapaceiro.

Em matéria de política, o Bobo é anarquista, conforme é exemplificado pelas convicções revolucionárias de uma mulher como Ema Goldman, cujas ideias políticas nunca se dissociaram de um desejo de liberdade e diversão. A frase frequentemente atribuída a ela, "Se não posso dançar, não quero tomar parte na sua revolução", ilustra a presença da energia do Bobo na história política dos anarquistas norte-americanos, desde a Boston Tea Party até os *beats* da década de 1950 e os *hippies* dos anos 1960.

O Bobo, o Herói, a Perspectiva Cômica

Os Bobos algumas vezes obtêm sucesso porque não sabem nada. William Willeford observa que o Herói frequentemente começa como um Bobo. Em "O Pássaro Dourado", dos irmãos Grimm, e em muitos contos de fadas como esse, os dois irmãos mais velhos fracassam na busca porque fazem as coisas do jeito "certo" e convencional, enquanto o irmão mais novo, ingênuo e inexperiente e, portanto, mais receptivo a novas e engenhosas ideias, é bem-sucedido e ganha a mão da princesa.[2]

A contribuição do Bobo para a nossa vida é a resiliência, a capacidade de se levantar e de tentar outra vez. Os personagens de desenhos animados são representações do Bobo. Eles atiram uns nos outros com canhões e se atropelam com escavadeiras apenas pelo prazer da perseguição. Entretanto, ninguém sai realmente machucado.

Se não tivermos o Bobo dentro de nós, não teremos a capacidade de gozar a vida pelo simples prazer de viver. Ele sabe destacar o momento por tudo o que ele representa em termos de prazer e experiência e, até mesmo, apreciar as partes mais negativas da vida pelo que elas têm de dramático e comovente. Essa é a parte de nós que nos dá esperança quando não existe nenhum sinal positivo à vista. Quem desejaria privar-se disso?

Muitos gostariam, pois na nossa sociedade parecemos estar opressivamente presos a uma grande seriedade e, portanto, a uma visão trágica ou (pior ainda) irônica da vida. Enid Welsford encerra sua obra clássica sobre o Bobo, *The Fool: His Social and Literary Story*, com esta observação: "A comédia romântica é literatura séria porque consiste numa prelibação da verdade; o Bobo é mais sábio que o Humanista, e as palhaçadas são menos frívolas do que a divinização da humanidade".[3]

O Bobo como Jogador

Os Bobos, sejam eles divinos ou humanos, são o nosso elo com a espontaneidade da infância. Especialmente na forma de Trapaceiros, eles quebram as regras, pregam peças e, quase sempre, apresentam algum elemento de trapaça. Como Bufões, eles são muito criativos e sempre conseguem pensar em alguma coisa para evitar o tédio.

Wakdjunkaga, o herói Trapaceiro do ciclo Winnebago, convence alguns patos de que cantará para eles se eles dançarem com os olhos fechados. Enquanto os patos estão dançando, ele os estrangula um a um e os coloca num saco, até uns poucos perceberem o que está acontecendo e fugirem voando. Seus atos, embora fatais para os patos, não são apresentados como uma maldade. Ele simplesmente usa a sua infinita esperteza para tirar o melhor proveito dos patos e proporcionar a si mesmo uma boa refeição.

O Bobo aprecia as competições de sagacidade mesmo nas circunstâncias mais perigosas. Talvez como uma consequência do prazer que o Trapaceiro sente em aplicar trotes, logros e em obter o que deseja por meio da fraude, o Bobo é também muito difícil de enganar. Muitas vezes, eles desempenham o papel de Inocentes ou incautos para ludibriar alguém que esteja tentando enganá-los. Por exemplo: eles podem fingir que são novatos no bilhar ou nas cartas para ganhar um bom dinheiro.

No nível inferior, eles jogam apenas pelo prazer que o jogo lhes proporciona. As crianças adoram jogos e detestam ficar entediadas. Se não houver quantidade suficiente de jogos positivos à sua volta, elas irão fazer coisas negativas, como uma boa "algazarra", demonstrando também uma fantástica capacidade de saber o que irá enganar os seus pais ou professores e realmente fazê-los se mexerem.

As crianças se portam de maneira cômica durante a maior parte do tempo, comportamento que está relacionado com o desenvolvimento de seu senso de criatividade. A Mãe Natureza não está errada nisso, como descobrimos ao verificar que fazemos as crianças pequenas ficarem sentadas em suas carteiras estudando com livros escolares tediosos e repetitivos para depois constatarmos que esta geração não é muito criativa! Mais tarde, as grandes corporações têm de gastar grandes quantias para ensinar os executivos a brincar para que possam pensar de maneira criativa.

A maioria dos adultos ocupa-se durante boa parte do tempo com algum tipo de jogo, e não apenas com cartas, tênis ou charadas. Eles praticam jogos políticos – no trabalho, em casa, na comunidade e em organizações políticas. Eles também simulam "algazarras" quando as coisas ficam enfadonhas, criando "dramas" e crises para mantê-los ocupados. A Análise Transacional, em livros como *Games People Play*, de Eric Berne, catalogou esses jogos de adultos, observando que durante o tempo que passamos jogando não estamos sendo verdadeiros e não podemos ser íntimos. O que há de perigoso nesses jogos é que as pessoas são enganadas pelos seus próprios Trapaceiros e nem mesmo têm consciência de que estão jogando. Isso geralmente significa que o Bobo dessas pessoas é reprimido e as está possuindo em sua forma negativa. O elemento inspirador da Análise Transacional é o fato de ela poder alertar as pessoas a respeito dos jogos que estão jogando e, assim, tornar esses jogos conscientes, para que elas possam decidir se querem ou não jogá-los.

Níveis do Bobo

Sombra	Autoindulgência, preguiça, gula, irresponsabilidade
Chamamento	Enfado, tédio, desejo de gozar a vida mais intensamente
Nível Um	A vida é um jogo para ser jogado pelo prazer de fazê-lo (Bobo)

Nível Dois	Esperteza usada para fraudar os outros, para sair de encrencas, para dizer a verdade sem ser castigado por isso (Trapaceiro)
Nível Três	A vida é vivida plenamente no presente; a vida é festejada pelo seu valor intrínseco e vivida no presente, um dia de cada vez (Bobo Sábio ou Bufão)

Quando aprendemos a ter consciência dos jogos que jogamos, eles podem ser usados para propósitos muito mais elevados do que o de nos divertir ou nos proporcionar alguma vantagem ou vingança em relação às outras pessoas. Don Juan, o grande xamã dos romances de iniciação de Carlos Castañeda, literalmente engana Castañeda, levando-o a ver o mundo de uma perspectiva diferente e modificada. A maioria dos grandes mestres aprendeu a enganar seus discípulos para levá-los a aprender. São canais positivos para a energia do Bobo até mesmo os artifícios que as pessoas usam para fazer com que determinadas coisas boas sejam realizadas em estruturas burocráticas excessivamente rígidas.

Como o Bobo está sempre mudando de forma, ele pode observar o mundo de muitas perspectivas e, portanto, adotar ou rejeitar as maneiras tradicionalmente aceitas de ver a realidade. O Trapaceiro pode nos ajudar a enxergar abordagens pouco convencionais para a solução de problemas ou a ter uma visão de mundo inteiramente diferente. Por essa razão, este arquétipo é ativado em épocas de grandes modificações sociais, quando a capacidade de mudar de rumo no meio do caminho é imensamente útil do ponto de vista social.

O Bobo Negativo

Quando a energia do Bobo não é reconhecida, ela simplesmente torna-se clandestina e, ao fazê-lo, transforma-se numa força negativa, debilitando a psique do indivíduo. Quando o nosso Bobo não é favorecido pelo Ego, ele irá manifestar-se menos por meio da exuberância, da jovialidade e da criatividade do que por meio de comportamentos manipuladores, falsos e autodestruidores.

O Bobo negativo pode ser expresso na forma de uma sensualidade desabrida e indisciplinada – preguiça, irresponsabilidade, gula, parasitismo e embriaguez. O Trapaceiro Sombra evidencia-se quando os chamados pilares da comunidade – empresários, pregadores ou parlamentares – são flagrados cometendo um delito, tendo uma relação extraconjugal ou, então, os seus problemas de alcoolismo ou de uso de drogas são tornados públicos. Muitas vezes há uma cisão quase total entre a vida, sob outros aspectos, convencional de uma pessoa e essa obsessiva e aparentemente autodestruidora manifestação de ganância, luxúria e gula.

As duas imagens clássicas do Bobo – como ingênuo e como louco – são imagens sombra primitivas. O Bobo Sombra nos mantém "tolos" e "inconscientes". Quando ele nos tem sob o seu poder, somos incapazes de refletir sobre o que estamos fazendo. Então, podemos ser dominados por um comportamento excessivamente rígido e estreito sem que ao menos tenhamos consciência disso. Somos simplesmente estúpidos.

O Bobo Sombra também se manifesta na loucura, quando o Ego se quebra e o inconsciente irrompe caoticamente na consciência. O Bobo nos induz a sair de um espaço psicológico contínuo, mas quando fazemos isso, somos inundados por uma quantidade demasiado grande de material desordenado da psique. O desafio para o indivíduo consiste em reconstruir o Ego ou arruinar-se.

Todos os Trapaceiros também mudam de forma e usam disfarces. Nunca se sabe onde ou quando iremos topar com eles. Esse fenômeno é visto mais claramente quando o Ego da pessoa se identifica mais intensamente com o Inocente ou o Órfão, em detrimento do Trapaceiro. Embora o seu Trapaceiro arranje-lhe todo tipo de problemas, ele não pode ser identificado por causa do seu disfarce. Às vezes, os disfarces do Trapaceiro são tão bons que ninguém suspeita da sua identidade.

Outras vezes, qualquer um pode ver como os supostos Inocentes são responsáveis pelas dificuldades que se repetem na sua vida, embora os próprios indivíduos estejam completamente enganados e se considerem vítimas das circunstâncias ou de outras pessoas.

A tradição cristã ocidental tem apresentado a tendência de identificar o desejo sexual e os prazeres da carne com o diabo e tem assim incentivado uma grande repressão. Especialmente no caso das mulheres, os atributos do Trapaceiro eram considerados tabu. Por exemplo: a serpente do Jardim do Éden, que tentou Eva a desobedecer a Deus para conseguir o conhecimento, tem os atributos do Trapaceiro (o diabo é representado como um Trapaceiro Sombra), do mesmo modo que Eva. É a curiosidade de Eva – um atributo do Trapaceiro – que é considerada a responsável pela expulsão da humanidade do Paraíso.

Obviamente, é o Trapaceiro interior que irá desobedecer às regras, mesmo as divinas; assim, é apropriado que o nosso "pecado original" seja de responsabilidade do Trapaceiro. Talvez por isso alguns teóricos (Jung, por exemplo) associam o Trapaceiro ao Salvador. Se não desobedecermos, não poderemos iniciar a nossa jornada e, portanto, não conseguiremos encontrar a salvação, seja ela definida em termos religiosos (como nas instituições religiosas convencionais) ou psicológicos (como neste livro).

Ao passo que o Trapaceiro bem desenvolvido nos ajuda a saber como fazer o que queremos, o Trapaceiro Sombra nos diz mentiras a respeito do que precisamos para a nossa sobrevivência. Ele diz que não conseguiremos suportar nossos sofrimentos se não nos entorpecermos com drogas ou bebidas alcoólicas. Ele nos diz que os relacionamentos íntimos constituem uma ameaça à nossa identidade e nos convence a romper o melhor relacionamento que já tivemos. Ele nos diz que, para ter sucesso, precisamos trabalhar o tempo todo sem nunca reservar algum tempo para nós mesmos. Esse Bobo Sombra diverte-se à nossa custa.

Também somos mantidos como reféns por um Bobo Sombra sempre que a alegria se ausenta da nossa vida.

Ele também pode criar aquilo que os Analistas Transacionais chamam de um *script* – um roteiro ou história que conta a sua vida e sem a qual você seria levado a pensar que morreria. O Bobo Sombra, por exemplo, pode dizer-lhe que, se quiser sobreviver, você terá de representar algum dos arquétipos deste livro ou um dos diversos roteiros descritos no livro de Berne. Se experimentar outro você terá a impressão de que a sua própria sobrevivência está em jogo.

Ele geralmente deixa de ser autodestruidor, mas é perfeitamente capaz de também recomendar ações imorais, antiéticas e/ou ilegais. Ele pode até mesmo sugerir que você assalte um banco, desvie dinheiro de um empregador ou vá para a cama com a mulher do seu melhor amigo e, não bastasse isso, defender o ponto de vista de que essas sugestões são necessárias para a sua sobrevivência, constituem uma retaliação apropriada ou são a única maneira de fazer com que as suas necessidades sejam atendidas. Além disso, como diz o Trapaceiro, ninguém jamais irá descobrir!

A melhor maneira de a pessoa se libertar de um Trapaceiro Sombra é protegê-lo e, ao fazê-lo, valorizar não apenas o desenvolvimento espiritual mas também a vida instintiva e terrena. Quando ignoramos o nosso Bobo Sombra ele pode ficar "vil e mesquinho" e virar-se contra nós. É melhor engordar um pouco a fera com bom alimento, boa companhia e experiências agradáveis para que ela tenha boa índole.

TRANSFORMANDO-SE NUM BOBO SÁBIO

O Bobo geralmente inicia a jornada divertindo-se em negar ou em evitar as dificuldades da vida. O Bobo quer brincar o tempo todo e tenta evitar fazer qualquer coisa que exija esforço – estudar, pensar, trabalhar ou ter um relacionamento sério com outra pessoa. Sua perambulação é desconexa e aleatória.

A transição do palhaço ou do Trapaceiro para a condição de Bobo Sábio ocorre quando o Bobo experimenta a iniciação por meio do Amor. Embora o Bobo não se assuste muito com a possibilidade de morte ou de perda, ele tende a temer compromissos. Os Bobos conseguem expressar os seus *Selves* transcendentes no mundo quando encontram Eros e aprendem a ligar-se a outras pessoas e a comprometer-se com relacionamentos, projetos profissionais, ideias, valores e com Deus. No nível mais elevado, o Bobo transforma-se no Bobo Sábio e Sagrado, que experimenta a alegria durante toda a vida e torna-se quase diáfano. Não há mais necessidade de ocultar ou de negar qualquer coisa porque algo que é simplesmente natural e humano não pode ser uma coisa ruim ou errada; nesse nível, o Bobo simplesmente existe.

No início da jornada, o Bobo manifesta-se naqueles atributos que caracterizam as crianças pequenas, que são vivas, espontâneas e inteiramente autênticas e voltadas para viver o presente; quando a jornada está chegando ao fim, ele manifesta-se por meio dos grandes Bobos sagrados de muitas tradições espirituais. Willeford fala dos "bobos santos da Igreja cristã", tais como Jocopone Da Todi (1230-1306). Tendo "abandonado a carreira de advogado para levar uma vida de devoção religiosa, ele apareceu certa vez num festival de vilarejo andando de quatro e, a não ser por uma tanga e uma sela de burro, inteiramente nu; estava embriagado e tinha um bocal de freio dentro da boca. Em outra ocasião, ele lambuzou o próprio corpo com um material pegajoso, rolou em penas coloridas e depois irrompeu numa festa de casamento".

O zen-budismo é o caminho do bobo sagrado. Em seu livro *Zen Mind, Beginners Mind*, Shunryu Suzuki defende até mesmo a queima da casa ou do Ego, passando-se a viver completamente no presente. "Ao fazer alguma coisa, você deve queimar-se completamente, como uma boa fogueira, não deixando nenhum traço de si mesmo."[4] A eliminação do Ego permite que a pessoa pare de agir no sentido de se ajustar e de agradar aos outros e cria condições para que a sua sabedoria inata – aquela sabedoria que está associada ao transcendente – se manifeste e seja revelada. Assim, Suzuki adverte: "O mais importante é expressar-se tal como você é, sem nenhuma maneira intencional ou extravagante de se ajustar ao mundo".

A disciplina zen, portanto, determina que a pessoa viva o momento sem sofisticação, astúcia ou premeditação, e que esteja totalmente integrada em si mesma e no cosmos. Ela também deve estar inteiramente consciente de quem é e confiar em seus próprios processos e nos do universo. Desse modo, esse é o caminho da alegria.

O humor, portanto, desempenha um papel importante no processo de iluminação. Em *Coming Home: The Experience of Enlightenment in Sacred Traditions*, Lex Hixon fala de um seguidor do caminho zen que descreveu da seguinte maneira a experiência da iluminação:

> Acordei subitamente à meia-noite. Embora no início a minha mente estivesse enevoada, esta citação de repente apareceu na minha consciência: "Vim para perceber com clareza que a mente não é outra coisa senão as montanhas, os rios e o grande planeta Terra, o Sol, a Lua e as estrelas...". Instantaneamente, em ondas crescentes, um tremendo prazer tomou conta de mim, um verdadeiro furacão de prazer, e eu comecei a rir com espalhafato e selvageria: Ha, ha, ha, ha, aha, ah! Não há nenhuma razão aqui, absolutamente nenhum raciocínio! Ha, ha, ha! O céu vazio partiu-se em dois e então abriu sua enorme boca e começou a rir ruidosamente: Ha, ha, ha![5]

Essa revelação ocorre depois que as fronteiras do Ego se tornaram tão diáfanas que não experimentamos quase nenhuma separação entre nós mesmos e o cosmos.

No caminho tântrico, do mesmo modo, o grande guru Ramakrishna é um caso clássico do Bobo Sábio e Sagrado. Lex Hixon explica que Ramakrishna considerava-se nada mais nada menos do que um filho da deusa Kali, a Mãe Divina do Universo.

> Sendo uma criança que nada sabia nem decidia, ele falava e agia espontaneamente, enquanto Ela falava e agia por intermédio dele. Ele nem sequer se considerava um guru ou mestre. Quando os eruditos sagrados afirmaram que ele era um avatar ou emanação especial do Divino, Ramakrishna sentou-se entre eles perfeitamente à vontade, embriagado pela bênção da presença divina, seminu, mascando especiarias e repetindo: "Se vocês dizem quem sou, então devem estar certos, mas eu nada sei sobre isso". (pp. 25-26.)

No final de sua vida, Ramakrishna olhou em torno de si e só conseguiu ver a Grande Mãe. Todos os tipos de vida, inclusive a sua própria, eram a Deusa. Esse estado, que para ele é extático, é também um estado além do julgamento e do dualismo, situando-se quase que inteiramente além das fronteiras do Ego. Eles simplesmente tinham desaparecido e tudo era sagrado e constituía uma só unidade.

Esse tipo de Bobo Sagrado ou de Bobo Sábio ilustra a sabedoria encontrada no final da jornada: o grande tesouro que procuramos fora de nós mesmos – na busca – e dentro de nós mesmos – pela iniciação – nunca foi escasso nem distante. Na verdade, ele é tudo o que existe. O Bobo ajuda-nos a criar o Ego e, em seguida, este nos ajuda a renunciar a ele para que possamos formar uma unidade junto com o restante do todo e, nessa Unidade, descobrir muita alegria.

Essa perspectiva cósmica da vida é tão diferente das preocupações do Ego com segurança, propriedade e realidade consensual que muitas vezes é difícil distingui-la da loucura. De fato, o Louco ou a Louca sempre foram uma forma de expressão do Bobo. Em *The Search for Signs of Intelligent Life in the Universe*, de Jane Wagner e Lily Tomlin, Trudy nos conta como experimentou o "tipo de loucura à qual Sócrates se referiu, uma libertação divina da Alma do jugo dos costumes e convenções". Trudy é um Bobo Sábio moderno, cuja perda da sanidade promoveu a abertura de sua mente para o cosmos.

Trudy explica que a "realidade" nada mais é que uma espécie de "impressão coletiva", sendo "a principal causa de *stress* entre os que estão em contato com ela". Assim, Trudy, a mulher feia, decide renunciar à realidade. Pensando nas grandes brincadeiras que faz agora, ela afirma: "Jamais eu poderia ter feito coisas como essas em perfeito juízo. Ficaria com medo que as pessoas me considerassem uma louca. Procuro não ficar amargurada quando penso em todo o prazer que deixei de sentir".[6]

Os cômicos de nível mais baixo usam o humor para aviltar. Os cômicos mais nobres e dignificantes ajudam-nos a testar a perspectiva do Bobo fazendo-nos rir – numa fruição e celebração indulgentes dos momentos mais difíceis da vida – e gozar o traço comum da nossa falibilidade humana até mesmo com pessoas que normalmente consideramos serem os "outros", como as mulheres feias. O Bobo nos permite gozar a vida, o momento e uns aos outros sem julgamentos mas também sem ilusões. O tipo de iluminação representado por Trudy – a capacidade de gozar a vida sem precisar de dinheiro, de *status*, de uma casa ou mesmo de bom senso – nos remete à liberdade e inocência perfeitas.

Dessa maneira, o ciclo se completa e nós estamos novamente prontos para passar por ele – só que dessa vez começando num novo nível. Como aprendemos a gozar a vida pelo simples prazer de viver, não precisamos mais proteger a nossa inocência negando verdades ou apegando-nos às convenções para proteger os nossos "espaços sociais". Sabemos que é seguro confiar, não tanto porque as coisas ruins não acontecem e, sim, porque descobrimos que temos uma grande capacidade de recuperação. Não somos apenas o nosso corpo. A nossa Alma e o nosso Espírito não só irão sobreviver ao que quer que aconteça como também encontrarão alguma maneira de apreciar o drama da vida – a vida em si é uma dádiva e cabe a nós aceitar e gozar plenamente essa dádiva. Conforme Annie Dillard escreve em *Pilgrim at Tinker Creek*, "o moribundo não diz 'por favor' e sim 'obrigado', tal como um hóspede agradece a seu anfitrião ao se despedir".[7] É esse sentimento de radical reconhecimento e celebração pelo todo da vida que retém a sabedoria do Bobo e, dessa maneira, torna cada um de nós receptivo à alegria.

EXERCÍCIOS

Reflita um pouco a respeito de quando, onde, e como a intensidade do Bobo se manifesta na sua vida.

1. Com que intensidade o Bobo se manifesta na sua vida? Ele tem se manifestado mais agora do que no passado? Você acha que ele vai se manifestar mais no futuro? Ele se manifesta mais no trabalho, em casa, quando você está junto de seus amigos ou em sonhos e fantasias?
2. Você tem algum amigo, parente, colega de trabalho, ou conhece alguma pessoa que pareça estar sob a influência do arquétipo do Bobo?
3. Você gostaria que alguma coisa relacionada com a expressão do Bobo na sua vida fosse diferente?
4. Como cada arquétipo se manifesta de muitas maneiras diferentes, reserve algum tempo para descrever ou representar de alguma outra forma (por exemplo: desenhe, faça uma colagem, use um desenho de você mesmo numa determinada roupa ou postura) o Bobo tal como ele se manifesta ou poderia se manifestar na sua vida. Qual é ou poderia ser a sua aparência? Como ele age ou agiria? Em que ambiente ele se sente ou iria se sentir mais à vontade?

DEVANEIOS

Medite a respeito das ocasiões mais agradáveis e divertidas da sua vida até o momento. Pense em diversas ocasiões divertidas ou engraçadas, uma de cada vez. Imagine-se contando histórias cômicas sobre esses acontecimentos. Continue a fazer isso até que você comece a rir em voz alta.

PARTE V

Reverenciando a Diversidade – Como Transformar o Seu Mundo

CAPÍTULO 18

Da Dualidade à Totalidade – Um Modelo de Estágios de Vida

O reconhecimento das maneiras pelas quais nossa vida está ligadas aos doze estágios arquetípicos da jornada do herói nos ajuda a dignificar e conferir significado às experiências do cotidiano. Todavia, é igualmente importante respeitar a nossa própria singularidade. Os grupos e indivíduos passam através desses estágios em ordens e de maneiras diferentes. A Parte V foi planejada para ajudar você a investigar de que maneira a sua jornada e as de outras pessoas são *afetadas* (mas não necessariamente *determinadas*) pela fase de vida, sexo, cultura e singularidades pessoais.

Este capítulo considera a duração da vida humana – desde a infância até a velhice – como uma jornada distinta, e oferece uma oportunidade para você registrar a sua própria jornada desde a infância até a percepção de quem você é hoje. Cada estágio da vida afeta os arquétipos que se manifestam na sua vida. Na maioria dos casos, *cada grande fase cronológica evoca dois arquétipos que parecem estar em oposição e que pressionam por uma resolução.*[1] Inicialmente, podemos lidar com esse estágio usando apenas um dos arquétipos e excluindo o outro, uma estratégia que geralmente nos permite passar pelo processo de transição, mas que não é necessariamente um caminho completo ou satisfatório. Chegamos ao fim do caminho, mas nos sentimos um tanto incompletos. Na maioria das vezes, nós nos sentimos mais inteiros e atuamos na vida de maneira mais eficaz quando aprendemos a utilizar os dois arquétipos. Em vez de uma abordagem derrotar ou reprimir a outra, elas simplesmente conduzem uma dança mutuamente respeitosa. Embora inicialmente esses arquétipos sejam experimentados dualisticamente como opostos, o ideal é que as coisas entre eles se assemelhem mais a um relacionamento yin/yang – sendo eles os dois lados de um mesmo fenômeno. Essa importante questão será resolvida quando eles forem experimentados dessa maneira e não na qualidade de dois elementos opostos ou escolhas dualistas. Contudo, quando a dicotomia se transforma numa associação, a maioria das pessoas ainda continua a se deixar conduzir predominantemente por um elemento de cada um dos seis pares.

Se você preencheu o Índice de Mitos Heroicos (IMH) do Apêndice, é uma boa ideia completar os exercícios de análise incluídos neste capítulo. Feito isso, você saberá qual arquétipo de cada par está conduzindo a sua vida, pelo menos no momento. Embora o ideal seja acabar integrando os pares, para chegar até este ponto é igualmente importante você especializar-se e desenvolver um deles à custa do outro. Isso lhe permite alcançar um elevado nível de desenvolvimento nesse arquétipo, e torna mais fácil, numa ocasião posterior, complementá-lo alcançando um nível elevado de desenvolvimento também no outro, à medida que o par se torna integrado à sua vida. Não há necessidade de forçar a integração. Ela vem com o tempo.

A partir dos seus escores no IMH, não é possível dizer se o relativo equilíbrio nos pares significa que eles estejam indiferenciados ou integrados. Você precisa refletir a respeito disso. Você utiliza as duas partes dos pares com a mesma facilidade e eficiência. Em caso positivo, você está integrado. Se você tem escores baixos em ambos e/ou encontra igual dificuldade com os dois arquétipos, então essa área da sua vida está indiferenciada. Lembre-se: se você for jovem, é perfeitamente normal que não tenha um alto nível de desenvolvimento nos pares associados a estágios de vida que você ainda não experimentou.

Antes de examinar os seis principais estágios da vida – infância, adolescência e juventude, vida adulta, meia-idade, maturidade e velhice – lembre-se de que os arquétipos não *pertencem* a essas fases cronológicas da vida. Embora os arquétipos efetivamente contribuam para o nosso crescimento e desenvolvimento, eles também têm suas próprias existências independentes como entidades psíquicas. Eles podem manifestar-se em qualquer época da vida e de muitas maneiras diferentes. Eles constituem a base das grandes obras artísticas, literárias e musicais, e dão muitas contribuições para a nossa vida, além de nos ajudarem por ocasião das grandes transições.

Cada uma dessas fases cronológicas nos leva a aprender certas tarefas de desenvolvimento e, portanto, evocam as energias arquetípicas relacionadas com essas tarefas. Podemos aprender a qualquer hora as lições de quaisquer desses arquétipos. Porém, em determinados trechos ou estágios da vida iremos sentir um desconforto psicológico se não tivermos aprendido ou não aprendermos determinadas tarefas. Em qualquer época da nossa vida, por exemplo, podemos aprender a capacidade do Bobo de viver a vida no presente, sem precisarmos de metas para nos energizarmos. Todavia, se não tivermos desenvolvido essa capacidade antes de chegarmos à velhice – quando provavelmente não poderemos ser tão voltados para a consecução de metas como éramos antes – nós seremos infelizes.

Do mesmo modo, embora possamos nos tornar Caridosos em qualquer etapa do nosso desenvolvimento, se não nos comportarmos assim quando somos responsáveis por outras pessoas (filhos, empregados, pais idosos) ficaremos sem saber como responder a esse desafio, e as pessoas entregues aos nossos cuidados irão sentir-se abandonadas, deprimidas e negligenciadas.

Além disso, *nunca é tarde demais para aprender a lição de um arquétipo*. Atualmente, muitas pessoas só conseguem resolver seus problemas de infância na idade adulta ou mesmo na velhice. Embora o ideal fosse que na altura da adolescência passássemos para um nível relativamente alto do Inocente e do Órfão, na verdade poucas pessoas conseguem isso. Se a infância delas foi demasiado traumática para que elas conseguissem lidar com os seus próprios problemas, talvez essas pessoas não tenham recebido a ajuda de que precisavam para fazê-lo.

A própria identificação das questões não resolvidas exerce um poderoso efeito sobre a nossa vida, permitindo que nos abramos para a energia arquetípica que pode completar o processo para nós. Isso também pode nos ajudar a descobrir o tipo de ajuda de que precisamos. As pessoas cujos problemas giram em torno do arquétipo do Órfão podem querer um tipo de terapia que se concentra na cura de traumas da infância ou entrar para um grupo ou participar de seminários para Adultos Filhos de Alcoólatras, já que qualquer pessoa que tenha tido uma infância infeliz pode se beneficiar com esses seminários e grupos, mesmo que os pais não tenham sido alcoólatras ou viciados em drogas. Do mesmo modo, pessoas que têm problemas com o Guerreiro podem ser mais beneficiadas com um treinamento de afirmação, e assim por diante.

Por fim, embora a maioria dos adultos saudáveis e ajustados consiga desenvolver plenamente pelo menos uma metade de cada par e promover certo desenvolvimento da outra metade – e, assim, encontrar alguma maneira de atravessar com relativo sucesso cada etapa da vida – é relativamente rara a integração completa entre os pares. De fato, a numinosidade dos símbolos de cada estágio dessa travessia – imagens da Criança Divina, de um deus ou deusa, da Terra Prometida – sugere que essa integração é mais característica dos deuses do que de simples mortais. Integrar plenamente os pares de uma única categoria já é um grande feito. Conseguir realizar isso em todas as categorias praticamente significa que você se transformou num ser iluminado. No entanto, as virtudes associadas a cada par indicam uma integração mais comum entre os pares. Embora um dos arquétipos ainda seja dominante, ambos estão suficientemente fortes para que você possa atravessar com sucesso essa etapa da vida.

Emparelhamentos Arquetípicos por Aspecto da Vida

SEGURANÇA	
Inocente	O Inocente é a pessoa que vive – ou tenta viver – no Jardim do Éden. A dádiva do Inocente para o mundo é a confiança, o otimismo e a crença nas coisas tais como são. No nível mais baixo, a crença é preservada pela negação; no nível mais elevado, pela transcendência.
Órfão	Embora o Órfão tenha o mesmo desejo do Inocente – viver num mundo seguro – ele se sente traído, abandonado e vitimizado. No nível mais baixo, o Órfão é uma vítima ou um cínico inveterado. No nível mais elevado, o Órfão simplesmente nos faz lembrar da nossa vulnerabilidade e interdependência.
IDENTIDADE	
Explorador	O Explorador explora as realidades interna e externa, e está disposto a renunciar à segurança, à comunidade e à intimidade em favor da autonomia. Os Exploradores descobrem quem são ao perceberem que são diferentes dos outros. No pior dos casos, eles se tornam apenas intrusos. No melhor, encontram sua identidade e vocação.
Amante	Os Amantes descobrem quem são ao descobrir quem e o que amam. Num nível inferior, o Amante talvez ame apenas umas poucas pessoas, coisas ou atividades. No nível mais elevado, o Amante expande esse amor para desfrutar e respeitar toda a diversidade da vida.
RESPONSABILIDADE	
Guerreiro	Os Guerreiros derrotam os vilões e resgatam as vítimas. Os Guerreiros são corajosos e disciplinados, impondo a si mesmos elevados padrões de conduta. No pior dos casos, pisam sobre

	as pessoas. No melhor, fazem valer seus direitos de maneira apropriada a fim de transformar o mundo num lugar melhor para se viver.
Caridoso	Os Caridosos tomam conta dos outros mesmo quando isso exige algum sacrifício. Eles se doam para fazer do mundo um lugar melhor para os outros. No pior dos casos, o sacrifício do Caridoso é mutilador e manipulador. No melhor, a doação do Caridoso é compassiva, genuína e de grande ajuda para as outras pessoas.

AUTENTICIDADE

Destruidor	Quando o Destruidor está ativo dentro de uma pessoa, aquilo que enxergamos são os efeitos da tragédia e da perda. No melhor dos casos, essa perda inicial resulta numa maior receptividade a novas ideias, em mais empatia e compreensão das outras pessoas e num conhecimento mais profundo da sua própria força e identidade. No pior, ele simplesmente fragmenta uma personalidade, e vemos diante de nós os destroços daquilo que existiu.
Criador	Quando o Criador está ativo dentro de uma pessoa, ela está passando por um processo de descobrir ou de criar um senso mais adequado do *Self*. No melhor dos casos, essa nova identidade é transformadora e conduz a uma vida mais satisfatória e eficaz. No pior, trata-se apenas de um experimento, e a pessoa se retira ou volta para a prancheta de desenho para começar tudo de novo.

PODER

Mago	Os Magos criam novas realidades, transformam realidades antigas, atuam como catalisadores de mudanças, "atribuem nomes" e, assim, criam realidades. No pior dos casos, seus esforços se transformam em alguma espécie de "feitiçaria maligna". No melhor, descobrem soluções que satisfazem todas as partes envolvidas num problema e deixam-nas mais poderosas do que eram antes.

Governante	O Governante que existe dentro de cada um de nós compreende que somos os responsáveis pelas nossas vidas interior e exterior: a responsabilidade é nossa. No pior dos casos, o Governante é um déspota. No melhor, a ordem estabelecida pelo Governante é inclusiva, criando uma totalidade interior e uma comunidade exterior.
LIBERDADE	
Sábio	Os Sábios encontram a liberdade mediante uma compreensão do significado global (cósmico) das coisas e de uma capacidade de desapego. No nível inferior, o Sábio pode ter pouco interesse pelos prazeres comuns e mundanos da vida. No nível superior, porém, o Sábio combina o desapego com amor, sabedoria e com o prazer de viver.
Bobo	O Bobo encontra a liberdade pela inconvencionalidade e pela capacidade de apreciar cada momento da vida. O Bobo nos estimula, descobre maneiras inteligentes, inovadoras e divertidas de contornar os obstáculos – tanto físicos quanto intelectuais. No pior dos casos, os Bobos são irresponsáveis. No melhor, auferem muito prazer da vida porque vivem plenamente cada momento.

Uma Linha Temporal Arquetípica

Construa essa linha temporal indicando os arquétipos que estão ativos para você em diferentes estágios da sua vida. Se o Órfão dominou sua infância, por exemplo, faça um círculo em torno do "Órfão". Se o Inocente teve pouca ou nenhuma participação na sua infância, risque o "Inocente". Preencha também os espaços em branco com os nomes de outros arquétipos que não pertencem ao par, mas que podem ter estado ativos durante um determinado período da sua vida. (Se na sua infância esperava-se que você cuidasse de seus pais ou irmãos, você poderia acrescentar um "Caridoso" à sua lista. Se teve de lutar o tempo todo para se proteger, você poderia acrescentar um "Guerreiro".) Pare no estágio atual da sua vida. (O exemplo abaixo é de uma pessoa de meia-idade.) Para construir a linha no tempo, ligue os nomes dos arquétipos dominantes em cada fase.

Exemplo:

~~Inocente~~ (Explorador) Guerreiro Destruidor Governante Sábio
(Órfão)→ ~~Amante~~ (Caridoso)→(Criador) Mago Bobo
(Caridoso) _____ (Destruidor) (Amante) _____ _____
(Guerreiro) _____ _____ _____ _____ _____

INFÂNCIA	ADOLESCÊNCIA/ JUVENTUDE	IDADE ADULTA	MEIA--IDADE	MATURIDADE	VELHICE
Inocente Órfão ___ ___	Explorador Amante ___ ___	Guerreiro Caridoso ___ ___	Destruidor Criador ___ ___	Governante Mago ___ ___	Sábio Bobo ___ ___

Avaliando os Pares Arquetípicos

Some suas marcas para cada um dos pares, usando os resultados do seu IMH:

Inocente _____ + Órfão _____ = _____ (Segurança)
Explorador _____ + Amante _____ = _____ (Identidade)
Guerreiro _____ + Caridoso _____ = _____ (Responsabilidade)
Criador _____ + Destruidor _____ = _____ (Autenticidade)
Mago _____ + Governante _____ = _____ (Poder)
Sábio _____ + Bobo _____ = _____ (Liberdade)

Siga as instruções fornecidas e considere estas questões:

1. Faça um círculo em torno de quaisquer totais de 44 pontos ou mais, ou do seu maior escore total. O aspecto relacionado com esse par (ou com esses pares) é importante para a sua vida atual? (Por exemplo: se o seu escore mais elevado for para o par Governante/Mago, reflita se atualmente é importante para você afirmar o seu poder no mundo.)

2. Em cada par, faça um círculo em torno do arquétipo dominante na maioria das situações (em geral, o arquétipo com o escore mais elevado). Você também tem algum acesso a outros arquétipos pareados?

3. Observe se você tem escores relativamente iguais em ambos os arquétipos de um par. Veja se os arquétipos atuam de maneira independente (e, talvez, em sentidos

opostos) ou se atuam de maneira integrada. (Por exemplo: se você tem escores iguais para o Guerreiro e para o Caridoso, você poderia exibir alternadamente as qualidades de um e de outro: ou seja, você poderia lutar e se sacrificar. Se os arquétipos estão integrados, você poderia ser um pai arquetípico exemplar, capaz de proteger e alimentar a criança interior e a exterior.)

INFÂNCIA

Na infância, a principal questão é a segurança, e nossa tarefa é passar da dependência para a independência. Somos ajudados nessa tarefa pelo Inocente e pelo Órfão interiores. A resolução bem-sucedida dessas duas energias arquetípicas é demonstrada quando podemos avaliar as situações com precisão e saber quando podemos confiar e quando não é seguro fazê-lo. *Quando o nosso Inocente assume a liderança, tendemos a ser otimistas e podemos confiar excessivamente nos outros e descuidar dos perigos potenciais do ambiente. Quando o Órfão assume a liderança tendemos a ser mais pessimistas, mais conscientes dos perigos e ameaças e um pouco menos propensos a confiar, mesmo quando a confiança for merecida.*

> Coloque o seu escore atual no IMH na casa apropriada e, em seguida, faça um círculo em torno do arquétipo que foi, é ou provavelmente será mais ativo nesse estágio da sua vida.
>
> Inocente ☐   Órfão ☐

Quando a sua criança interior é um Inocente, você tende a ser feliz e a fazer vista grossa para possíveis perigos. Você também poderá se sentir importunado por pessoas negativas, que têm pena de si mesmas e não conseguem enxergar um raio de esperança em nenhum lugar. Mesmo quando coisas terríveis lhe acontecem, você sabe que tudo tem um propósito e que logo as coisas irão melhorar.

Se a sua criança interior é um Órfão, você tende a dar excessiva importância aos problemas da vida. Você muitas vezes se sente impotente ou vitimizado pela vida. Embora deseje que os outros o ajudem mais, mesmo quando eles o fazem essa ajuda nunca lhe parece suficiente. Pode ser também que você sempre dê aos outros a ajuda que você mesmo gostaria de receber, mas essa ajuda nunca parece contribuir para a redução do sofrimento. Se já desenvolveu o seu Guerreiro ou Caridoso, talvez você não admita esse sentimento diante de ninguém – muitas vezes, nem mesmo para você. A verdade – quando você é realmente honesto consigo mesmo – é que você geralmente se sente vitimizado pela vida e vê poucas possibilidades de vir a conseguir aquilo que realmente deseja. Você pode até mesmo ter desistido de perguntar a si mesmo o que é que você realmente quer, porque a consecução dessa meta lhe parece algo totalmente impossível. Você pode ter inveja e, simultaneamente, sentir-se incomodado pelas pessoas do tipo Inocente, as quais você considera que estão perdidas num mundo de sonho mas que – na sua autoilusão – são mais felizes do que você.

Resolução

A resolução das dualidades é expressa miticamente na imagem da Criança Divina, que incorpora a perfeita inocência, mas que também é capaz de enxergar e compreender o mundo tal como ele é e que demonstra muita empatia e compreensão pelas outras pessoas e pelos seus sofrimentos. Embora a Criança Divina tenha surgido em muitos sistemas mitológicos, na nossa cultura ela se mostra mais presente na celebração do Natal.

A imagem do menino Jesus está presente em aspectos do Inocente e do Órfão. O menino Jesus é Inocente no sentido de ser totalmente puro e destituído de culpa. Ele é um Órfão por ser ilegítimo, por ter nascido num estábulo e ser destinado ao sacrifício ("Meu Deus, meu Deus, por que me abandonaste?").

Quando conseguirmos ver dor e sofrimento tanto no nosso interior como em torno de nós, e ainda assim ter esperança e fé para nos inspirar a nos doar uns aos outros, então teremos integrado os nossos Inocente e Órfão interiores. Isso também permite que percebamos as coisas com mais clareza. Na jornada do herói, a integração entre o Inocente e o Órfão torna-se manifesta quando a visão do herói não é distorcida indevidamente, nem pelo otimismo nem pelo pessimismo. Assim, a pessoa pode avaliar corretamente em quem pode ou não pode confiar. A virtude associada à integração bem-sucedida desse par é o discernimento.

Quando somos crianças, confiamos em qualquer pessoa e nossos pais têm de nos dizer que não devemos aceitar doces oferecidos por estranhos! Além disso, como o pensamento das crianças é concreto e dualista, elas tendem a classificar as pessoas em duas categorias. Existem os heróis e existem os vilões; mães boas e mães ruins; bruxas e fadas-madrinha; amigos e inimigos. Se continuamos nesta linha através da adolescência, identificamos duas espécies de mulheres: virgens e prostitutas (ou, dito de outra maneira, aquelas que dormem apenas com os homens que amam e aquelas que "andam por aí"); identificamos duas espécies de homens: os maus (que são predadores ou sedutores) e os bons (que são salvadores e dão bons maridos). Os professores e outras autoridades ou são perfeitamente sábios e bondosos ou não prestam para nada.

A resolução final do dualismo Órfão/Inocente ocorre quando não apenas podemos distinguir uma coisa boa de outra ruim, mas quando os próprios dualismos também começam a ser demolidos e reconhecemos e aceitamos completamente a mistura de bem e de mal que há dentro de cada ser humano, incluindo nós mesmos. Aprendemos, então, que isso é mais complicado do que imaginávamos. O problema não é tanto saber em quem confiar, mas sim quando e em que circunstâncias as pessoas são confiáveis. O seu pai pode ser confiável para pagar a sua fiança e tirá-lo da prisão, mas não para lhe dar apoio moral. Você poderia confiar em si mesmo no que diz respeito a não gastar mais do que ganha, mas não poderia fazer o mesmo quando se tratasse de não comer chocolates guardados em casa. Ademais, quando seguimos o elemento dominante da dualidade, qualquer que seja ele, tendemos a ir para cima e para baixo, como numa gangorra, até que eles estejam integrados. Nós nos deslocamos para o extremo do Inocente e confiamos indiscriminadamente; depois, sentimos um inevitável desapontamento quando alguém não se mostra à altura de nossas expectativas. Nós nos deslocamos para o extremo do Órfão e nos sentimos muito desesperançados. Todavia, alguém estende a mão para nos oferecer ajuda e nós imediatamente idolatramos essa pessoa – apenas para nos desapontarmos mais uma vez. E assim vai. O desenvolvimento de um conjunto mais equilibrado de expectativas a respeito da vida – no qual se reconheça que todas as pessoas e experiências irão nos trazer tanto alegria como sofrimento – ajuda a integrar o Inocente e o Órfão e permite que paremos de oscilar entre um e outro.

Até experimentar essa integração, a nossa criança interior será sempre irrequieta. Ou viveremos numa negação parcial ou iremos experimentar um constante desapontamento. A aceitação da vida em sua multiplicidade é o que confere à Criança Divina um aspecto de paz e satisfação. Não há nenhum momento na vida em que não temos uma criança interior. Quando o Inocente e o Órfão estão integrados, porém, essa criança se sente uma Criança Divina e não tem medo de encarar as dificuldades e os sofrimentos da vida, nem tampouco fica desapontada por causa disso. Temos um senso subjacente de segurança mesmo quando reconhecemos e nos defrontamos com realidades externas difíceis. Quando isso acontece, a nossa criança interior se transforma numa fonte de paz e de equanimidade, em vez de vulnerabilidade.

ADOLESCÊNCIA E JUVENTUDE

Da adolescência até os vinte e poucos anos de idade o Explorador e o Amante tomam a frente – cada um deles nos ajudando a descobrir as nossa identidade, porém de maneiras diferentes. Os Exploradores se preocupam mais com a autonomia e a interdependência e tendem a temer a influência da comunidade e da intimidade, com medo de que tenham de sacrificar a identidade em favor dos relacionamentos. Os Amantes, porém, encontram sua identidade descobrindo o que amam. A resolução dessa dualidade proporciona à pessoa a capacidade de amar e de se comprometer sem perder o seu senso de individualidade.

Se o explorador predomina ao longo da vida, tendemos a descobrir nossa identidade nos diferenciando das outras pessoas. Se o Amante predomina, descobrimos quem somos a partir das coisas que amamos. Esses dois arquétipos geralmente estão ativos na adolescência e na juventude. O Explorador nos ajuda a nos afastarmos de nossos pais e a explorar o mundo por nós mesmos. Nós não queremos que ninguém nos diga o que fazer ou o que pensar. Exploramos as diversas opções e não queremos ficar presos a nada. Também exploramos identidades provisórias, usando roupas ou penteados que os pais consideram extravagantes. Podemos até mesmo ter prazer em chocar a geração mais velha e achamos que estamos expressando a nossa individualidade mesmo quando o fazemos basicamente da mesma maneira que os nossos amigos.

Coloque o seu escore atual no IMH na casa apropriada e, em seguida, faça um círculo em torno do arquétipo que foi, é ou provavelmente será mais ativo nesse estágio da sua vida.

Explorador ☐   Amante ☐

Essa é também uma época em que estamos muito interessados em romance, amor e sexo. Além disso, no início da vida adulta começamos a ser pressionados a firmar compromissos – com um curso, um emprego, uma profissão, um cônjuge. Todavia, essa ativação da energia do Amante frequentemente está em oposição à nossa contínua busca. Muitas vezes nos casamos ou começamos algum tipo de relacionamento mais sério e acabamos nos sentindo tolhidos pela outra pessoa. Podemos nos comprometer com um emprego ou profissão e sentir uma ambivalência semelhante a respeito disso, uma vez que ainda estamos tentando descobrir quem somos. Nós nos sentimos manietados e tolhidos.

Se, por outro lado, o nosso Explorador predomina, podemos rejeitar um compromisso com um trabalho ou um cônjuge, continuando a explorar as opções. Pode ser que trabalhemos em diversos empregos, apenas para ver como são. Nós nos ligamos a diversas pessoas ou a nenhuma. Embora possamos nos sentir livres, há também certa sensação de solidão e desgarramento.

Podemos optar por uma modalidade de ação num determinado momento e depois passar para outra. Por exemplo: você pode comprometer-se precocemente com um cônjuge ou com uma carreira profissional e, mais tarde, quando o Explorador vem à tona, abandonar tudo. Talvez você tenha passado a vida toda indo de um lugar para outro, sem nunca se fixar a nada, e de repente sente vontade de se comprometer e de criar raízes. O pior dos casos, porém, é quando as pessoas não fazem uma coisa nem outra. Elas podem ter-se casado ou arrumado um emprego não por amor mas porque era isso o que era esperado que fizessem. Embora talvez se comportem de maneira iconoclasta, elas nunca procuraram realmente a própria identidade. Tanto o Explorador como o Amante podem surgir subitamente numa etapa posterior da vida, quando elas abandonam existências inautênticas para descobrirem o que e a quem poderiam realmente amar. Nesse ponto, como os adolescentes, elas podem fazer experiências com a vida e agir com um inusitado desinteresse pelas opiniões das outras pessoas: compram carros esportivos, envolvem-se com uma pessoa mais jovem ou então seguem as orientações de um guru e adotam práticas espirituais exóticas.

Resolução

Na jornada do herói, nós descobrimos que a dualidade Explorador/Amante é inerente ao chamamento heroico para a pessoa buscar a sua felicidade. A pessoa está em busca e a serviço do amor. Também encontramos uma resolução simbólica nos tesouros que o herói encontra. Esses tesouros – o graal ou o peixe sagrado dos mitos do deserto, por exemplo – simbolizam a descoberta da verdadeira identidade e a ligação com o amor transcendente. Os heróis muitas vezes empreendem a busca para encontrar suas verdadeiras famílias, ou seja, os lugares nos quais eles se sentem realmente autênticos e à vontade. No início, eles sentem que, de algum modo, estão na família e no lugar errados: eles não conseguem ajustar-se ou ser verdadeiros consigo mesmos. O sucesso na conclusão da jornada permite que eles encontrem ou formem uma unidade familiar na qual eles possam ser quem realmente são e ter amor. A virtude associada a esse emparelhamento é a "identidade" – um sentimento de autonomia que se manifesta na forma de compromissos reais com pessoas, com um trabalho, com um lugar ou com um sistema de crenças.

A resolução da dualidade é representada simbolicamente pela imagem da Terra Prometida, que é um arquétipo mais amplo da verdadeira família. Se pensarmos na história do êxodo, vemos que Moisés e os hebreus precisavam deixar o Egito por duas razões. Em primeiro lugar, eles eram escravos no Egito e queriam ser livres. Essa é a motivação do Explorador: livrar-se do confinamento e das estruturas restritivas. Em segundo lugar, eles precisavam ter a possibilidade de serem honestos consigo mesmos, servindo ao Deus que amavam. Essa é a motivação do Amante.

Na vida cotidiana, a Terra Prometida é aquele lugar onde poderíamos ser livres – o que significa que poderíamos expressar os nossos verdadeiros *Selves* sem sermos tolhidos por um determinado papel ou conjunto de expectativas – e amar e ser amados. Quando há um conflito interno entre o Explorador e o Amante, nós não conseguimos chegar à Terra Prometida. A liberdade sempre nos parecerá vazia e o Amor, restritivo. É por isso que os israelitas tiveram de passar quarenta anos no deserto. Em primeiro lugar, eles precisavam de tempo para superar os hábitos da escravidão, para que pudessem ser livres. Em segundo lugar, eles tinham de parar de procurar outros deuses e aprender a serem fiéis ao compromisso com o caminho que escolheram. Quando os israelitas aprenderam a ser livres e a estabelecer compromissos, eles entraram na Terra Prometida – tal como cada um de nós pode fazer. *Nós só encontramos a Terra Prometida quando conseguimos ser verdadeiros com nós mesmos e nos comprometemos com as coisas e pessoas que amamos.* Encontrar a Terra Prometida tanto pode significar fixarmo-nos num lugar, com as pessoas que amamos, como conquistar um estado interior que nos acompanha onde quer que estejamos.

Vida Adulta

Os anos entre o início da vida adulta e a transição para a meia-idade nos proporcionam o desafio de aprendermos a ser suficientemente fortes para aceitar os desafios e as responsabilidades da vida e deixar a nossa marca no mundo. O Guerreiro e o Caridoso nos proporcionam duas maneiras de agir assim. Tanto o Guerreiro como o Caridoso são responsáveis, trabalham duro e se preocupam com a proteção do reino. Isso significa proteger particularmente as crianças interior e exterior. O Guerreiro consegue isso lutando e fazendo valer seus direitos, e o Caridoso por meio da proteção e do autossacrifício.

Juntos, eles nos ensinam a virtude da responsabilidade. Ao longo da vida, porém, um dos dois inevitavelmente irá predominar. Se o seu Guerreiro tomar a frente, você irá preferir atuar no mundo pela competição, pela afirmação de seus direitos e por meio das realizações. Se o seu Caridoso predominar, sua maneira preferida de atuação será doar-se, cuidar dos outros e contribuir para aumentar-lhes o poder. *Se a predominância do seu Guerreiro for por demais acentuada, você poderá "vencer" à custa das outras pessoas. Se o predomínio do seu Caridoso for excessivo, você poderá ajudar os outros em detrimento de si mesmo.* Assim, a virtude da responsabilidade – para com os outros e para com nós mesmos – requer um cuidadoso equilíbrio.

Nas sociedades relativamente tradicionais, o arquétipo dominante nessa fase da vida é fortemente influenciado pelos papéis sexuais. O Caridoso frequentemente desempenha o papel nutridor da mãe, e o Guerreiro o papel protetor do pai. Atualmente, espera-se que a maioria de nós desempenhe os dois papéis. Cada vez mais espera-se que tanto os homens quanto as mulheres sejam Guerreiros no mundo exterior e Caridosos em casa e com os amigos.

> Coloque o seu escore atual no IMH na casa apropriada e, em seguida, faça um círculo em torno do arquétipo que foi, é ou provavelmente será mais ativo nesse estágio da sua vida.
>
> Guerreiro ☐   Caridoso ☐

Nós desenvolvemos esses arquétipos sendo responsáveis por outras pessoas. De fato, os melhores pais, terapeutas e administradores juntam elementos de ambos os arquétipos. Eles conseguem contribuir para o desenvolvimento individual e também estabelecer limites. Quando um dos aspectos torna-se demasiado forte, a pessoa sob os nossos cuidados não é a única prejudicada; nós também nos sentimos injustos. Se tendemos excessivamente para o Caridoso, frequentemente não conseguimos proteger adequadamente a nós mesmos ou àqueles a quem amamos, embora possamos sentir muito amor e compaixão. Se tendemos excessivamente para o lado do Guerreiro, em detrimento do Caridoso, podemos ter sucesso na defesa de nossas fronteiras, mas sacrificar o aspecto humano da nossa vida. Muitas vezes, somos excessivamente duros e magoamos as outras pessoas. Visto que também não sabemos como nutrir a nós mesmos, nós nos brutalizamos para atingir nossas metas; trabalhamos com tanto afinco e de maneira tão inflexível que acabamos tendo um problema cardíaco ou então perdemos os relacionamentos que nos são mais caros porque estamos sempre competindo, lutando e realizando coisas e, por isso, não conseguimos espaço para os sentimentos e a intimidade.

Resolução

Na jornada do herói, esse dilema é solucionado quando o herói mata o dragão, não para obter algum proveito pessoal, mas para salvar a donzela em perigo ou alguma outra vítima. A solução desse dilema pela disposição de lutar pelos outros com algum sacrifício para nós mesmos é o que a nossa cultura geralmente entende por heroísmo.

A resolução dessa dicotomia é vista nas imagens arquetípicas de Deus, o Pai – que destacam tanto o poder de Deus quanto o seu lado bondoso e protetor – e da Deusa Mãe – que dá origem a toda a vida, nutre essa vida mas também provoca o seu fim. Além de Caridosas, as deusas são também extremamente poderosas. Elas são a origem de toda a vida e também de toda morte e destruição. A resolução dessas duas energias arquetípicas permite que sejamos pais ideais – para nossos filhos, para a nossa criança interior e para qualquer outra pessoa que esteja sob os nossos cuidados. No início da vida confiamos em nossos pais para cuidarem de nós. Depois, interiorizamos o papel paternal e cuidamos e protegemos a nós mesmos tal como eles fariam. Por fim, podemos ter acesso a energias arquetípicas que estão além do pai ou da mãe e que nos ajudam a aprender a proteger e a cuidar de nós mesmos e das outras pessoas de maneiras que podem ir muito além dessas habilidades.

A Transição da Meia-idade

A transição da meia-idade é auxiliada pelos arquétipos do Destruidor e do Criador. *Juntos, eles nos ajudam a renunciar às identidades que passamos metade da vida criando (a identidade do nosso Ego) e a nos abrirmos para um sentido mais profundo e autentico do* Self. Nesse meio-tempo, descobrimos que precisamos renunciar a boa parte daquilo que pensávamos ser e começar a recriar a nossa vida. Essa transformação ou renascimento, que produz a virtude da autenticidade, exige que a pessoa encontre e expresse o seu verdadeiro *Self* num nível mais profundo do que a identidade provisória encontrada pelo Explorador e pelo Amante. Ao passo que a identidade definida pelo Explorador e pelo Amante nos diz com o que e com quem devemos nos comprometer, o Criador e o Destruidor nos ajudam a descobrir como esses compromissos irão se manifestar na vida diária e, assim, nos proporcionam uma oportunidade para manifestar a nossa identidade em compromissos de uma maneira singular, porém não predeterminada pela cultura.

Coloque o seu escore atual no IMH na casa apropriada e, em seguida, faça um círculo em torno do arquétipo que foi, é ou provavelmente será mais ativo nesse estágio da sua vida.

Destruidor ☐   Criador ☐

Por exemplo: logo no começo da vida, você pode ter descoberto sua identidade e vocação como professor e encontrado uma companheira apropriada, que você realmente amou, com a qual se casou e ao lado da qual sossegou. Na meia-idade, você pode ter descoberto uma manifestação menos tradicional da sua vocação como professor, talvez desenvolvendo um conteúdo próprio de ensinamentos ou atuando como consultor ou instrutor. Você também poderia desenvolver uma maneira diferente de se relacionar com o seu cônjuge ou com sua família, a qual seria menos determinada pelo modo que você acha que ela deveria ser e mais influenciada por aquilo que é realmente adequado a você (e, obviamente, para aquelas pessoas com as quais você se relaciona).

Você pode subitamente descobrir que nada daquilo continua sendo adequado. Talvez você precise encontrar uma nova vocação. Talvez você precise deixar o seu cônjuge ou negociar um relacionamento radicalmente diverso. Talvez seja a hora de promover uma grande mudança em seus hábitos e estilo de vida.

Se o seu Destruidor predomina, você irá achar relativamente fácil renunciar ao que não contribui mais para o seu crescimento, embora possa ter problemas para recriar o seu *Self* e encontrar um novo senso de identidade. Ao enfrentar o vazio da sua vida, você corre o risco de perder o ânimo. Se o seu Criador predomina, você pode ter uma grande capacidade de imaginar novas identidades possíveis, mas não tendo a capacidade de saber o que eliminar, ficar assoberbado pelas possibilidades.

Por exemplo: quando o Destruidor predomina e bate a crise da meia-idade, você pode deixar o emprego, romper o casamento, livrar-se de seus bens, renunciar ao sistema de crenças que norteou a sua vida até então e ver-se quase que completamente perdido. (Isso pode ser um acontecimento benigno caso a sua vida até esse momento tenha sido inautêntica e completamente inadequada.) Se o Criador predominar, você não irá renunciar a nada. Você simplesmente continuará acumulando coisas na esperança de se sentir melhor. Assim, você acabará naquela situação que Buckminster Fuller chamou de "complexidade extravagante". (Isso também pode ser uma coisa positiva, durante algum tempo, caso aquilo de que precisa abrir mão ainda exerça uma forte atração sobre você. Há a possibilidade de manter isso ao mesmo tempo em que explora novas opções, embora a sua vida vá ser muito complicada.)

Resolução

Quando se consegue uma parceria satisfatória entre o Destruidor e o Criador interiores, o resultado é a capacidade de produzir uma "elegante simplicidade", a criação de uma vida que tem tudo aquilo de que você necessita e nada mais. Você renuncia às coisas que não lhe servem mais e acumula outras – não de maneira indiscriminada, mas apenas aquelas coisas que realmente são adequadas a você. Isso também significa redefinir relacionamentos com pessoas, trabalho e instituições, de modo que eles lhe sejam mais satisfatórios nesse novo estágio da sua vida.

Essa integração está presente nos mitos dos deuses da fertilidade – Cristo, Osíris, Inanna, Dioniso e Koré – que incorporam o processo de morte e renascimento e em todas as outras formas do arquétipo do renascimento. Uma influência excessivamente forte do Destruidor acarreta perda e morte, mas não a ressurreição. Uma influência excessivamente grande do Criador faz com que continuemos a nos oferecer mais opções sem que tenhamos alguma maneira de renunciar ao que não é essencial. Há um contínuo nascimento, mas nenhuma morte.

Vivemos numa cultura que reverencia o nascimento, mas não a morte. A negação da morte é encontrada em todos os lugares. Porém, se nada morresse todas as novas formas de vida seriam sufocadas. É como o caso de famílias que continuam produzindo filhos sem dispor dos recursos necessários para cuidar deles – que são atirados ao mundo mal-alimentados e mal-preparados para a vida – ou das pessoas que nunca encontram uma maneira de se livrar de um emprego, de um amigo ou de um sistema de crenças e, assim, nunca conseguem progredir. Em todos os casos, a negação da morte produz um tipo de morto-vivo.

A sabedoria das religiões da fertilidade consiste em compreender a importância tanto do nascimento como da morte, e em reverenciar ambos os elementos na nossa vida. Se fizermos isso, poderemos equilibrar essas energias e experimentar uma espécie de renovação à medida que renunciamos ao que não nos serve mais a fim de criar condições para um novo crescimento.

Na jornada do herói, o Destruidor e o Criador se manifestam na jornada para o além, onde o herói encontra a morte, e no retorno ao mundo dos vivos. A virtude da autenticidade exige que todos nós nos defrontemos com a nossa mortalidade porque só depois de reconhecer realmente a inevitabilidade da nossa morte é que iremos sentir a necessidade de sermos efetivamente nós mesmos. Para muitas pessoas, a decisão de serem elas mesmas e de terem o que realmente desejam – e não o que a sociedade, as instituições religiosas, a família ou os amigos dizem que devemos querer – surge com o reconhecimento de que metade da vida se foi e não há muito tempo a perder.

MATURIDADE

Os arquétipos da transição da meia-idade nos ajudam a afirmar o nosso poder e a expressá-lo no mundo. O Governante consegue isso assumindo o controle, estabelecendo orientações e mantendo a ordem de uma maneira que leva em consideração o melhor uso de todos os recursos do reino (recursos internos, povo, dinheiro, bens materiais). O poder do mago combina visão, criatividade e o desejo de transformar a realidade existente ou de criar algo que nunca tenha existido antes, tendo também em mente o bem geral.

A virtude que o Mago e o Governante nos ensinam é a da transformação, a capacidade de contribuir para a cura ou para a evolução do mundo. Se o seu Governante predominar, você poderá conseguir manter a ordem em detrimento da inovação. Se o Mago predominar, você poderá procurar pelo que é novo em detrimento da harmonia e do equilíbrio. *Uma predominância excessiva do Governante leva à estagnação. Uma influência exagerada do Mago produz o caos. Juntos, porém, eles ajudam a renovar o reino.*

A maturidade é a época de afirmar o seu próprio poder. Muitas pessoas, todavia, não o fazem. De fato, em vez de se transformarem em Magos ou em Governantes, elas simplesmente começam a se fechar e a renunciar à vida. Muitas estão apenas passando o tempo enquanto esperam a chegada da aposentadoria e, em seguida, da morte, ou estão levando a vida como sempre fizeram, o que também é um modo de estagnação e morte.

Porém, os que fizerem bom uso da metamorfose da meia-idade irão afirmar o seu poder de criar uma nova vida – orientada quer pela ênfase do Governante no controle sobre a vida e sobre as outras pessoas ou pela ênfase do Mago na transformação. Tanto o Governante quanto o Mago aprendem a entender a sincronicidade e a compreender que o mundo exterior espelha o mundo interior: atraímos para nós aquilo que somos.

Se o seu Governante predomina, você perceberá isso basicamente em termos de responsabilidade e irá reconhecer sua responsabilidade pelo estado do seu reino. Se o seu reino for um deserto, você começará a lidar com ele assumindo o controle das coisas. Conforme disse Harry Truman, todos os Governantes têm a compreensão de que "A responsabilidade é nossa". Quando a energia do Mago predomina, contudo, o espelhamento entre interior e exterior é uma ferramenta de transformação. O Mago está mais interessado em curar e transformar do que em ter poder e responsabilidade.

Coloque o seu escore atual no IMH na casa apropriada e, em seguida, faça um círculo em torno do arquétipo que foi, é ou provavelmente será mais ativo nesse estágio da sua vida.

Mago ☐   Governante ☐

Se a influência do Governante for demasiado forte, você terá excessiva consciência da sua total responsabilidade pela sua vida mas não terá a capacidade de curar a si mesmo ou de transformar o mundo. Você se sente responsável, mas não consegue fazer nada a respeito disso. Se a influência do Mago for demasiada, você terá a capacidade de curar e transformar a si mesmo e aos outros, mas carecerá de um senso de responsabilidade e, assim, suas ações – tal como as de um aprendiz de feiticeiro – poderão criar devastação à sua volta.

Resolução

Tanto o Governante como o Mago criam reinos saudáveis, – pacíficos e prósperos e, quando atuam em conjunto, podem contribuir para a cura do planeta. O arquétipo que melhor incorpora a integração dessas qualidades é o Redentor do Mundo. Por exemplo: pense em Cristo realizando milagres no auge do seu poder e no modo como, ao longo da história, ele tem sido visto como "Senhor" e "Redentor". Pense também na tradição budista de Bodhisatva, um ser totalmente realizado, que poderia fugir da obrigação de voltar à Terra, mas retorna voluntariamente para servir e ajudar os outros. Pense também na importância que os judeus atribuem aos "atos cotidianos", a responsabilidade que cada um de nós tem de agir de maneiras que ajudem a redimir o mundo.

Depois da sua volta, os heróis obviamente se transformam em "Redentores do Mundo". Tendo empreendido suas jornadas, eles retornam ao reino para efetuar a sua transformação. Qualquer um de nós pode se transformar num redentor do mundo quando nos permitimos exercer plenamente o poder de influenciar o mundo em que vivemos e onde atuamos de maneira coerente com todo o nosso ser, sabendo que nossa atividade terá um efeito multiplicador que projetará a nossa influência para além de nós mesmos.

A Velhice

Na velhice, por fim, o Sábio e o Bobo nos ajudam a renunciar à necessidade de controlar ou de modificar o mundo e, dessa maneira, podemos nos tornar realmente livres. Muitas das imagens estereotipadas da velhice, as quais aparentemente são contraditórias, provêm desses arquétipos. Por um lado, os idosos são retratados como homens e mulheres cheios de sabedoria. Por outro lado, os mais velhos frequentemente não são levados a sério porque são vistos como pessoas senis ou se considera que estão passando por uma segunda infância. A verdade é que na velhice precisamos tanto do Sábio como do Bobo na nossa vida. De fato, precisamos deles não apenas na velhice, mas em qualquer momento depois de termos deixado de ver o nosso trabalho em termos de realização, seja essa realização na esfera profissional, na criação de filhos ou em ambas essas áreas. Demos os nossos dons ao mundo, servimos, aceitamos a liderança em nossa família, em nossa comunidade e/ou locais de trabalho. Subitamente, chega a hora de aprender a ser livres num contexto que inclui uma crescente aceitação da morte, tanto em termos do fim da vida da pessoa como das perdas mais imediatas dos sonhos, ilusões e oportunidades.

> Coloque o seu escore atual no IMH na casa apropriada e, em seguida, faça um círculo em torno do arquétipo que foi, é ou provavelmente será mais ativo nesse estágio da sua vida.
>
> Sábio ☐   Bobo ☐

Quando o Sábio predomina, talvez seja mais importante para você ter uma visão de mundo que dê significado à sua vida, embora possa ficar desligado dos seus aspectos cotidianos. Se a influência do Bobo for excessiva, você pode ser capaz de viver o presente e apreciar a vida, mas tornar-se um pouco frívolo e negligenciar a tarefa de enfrentar as "grandes questões", especialmente a questão de encontrar, em retrospecto, um significado para a sua própria vida. Juntos, eles nos permitem compreender a nossa vida dentro de um contexto maior e afirmar essa vida de modo que possamos enfrentar com fé e otimismo a transição da morte.

Na velhice, nós nos vemos recordando menos o que aconteceu ontem do que os acontecimentos de muitos anos atrás. O nosso desafio consiste em analisar a nossa vida e compreender o seu significado. Também começamos a perder a força e, às vezes, a saúde. Nossos amigos começam a morrer. Assim, somos forçados a renunciar aos nossos vínculos – amigos, lugares, saúde e, até mesmo, à própria vida. Essas tarefas exigem uma abertura para a sabedoria do Sábio.

O Sábio encontra a liberdade servindo à Verdade; o Bobo, conhecendo a alegria. Juntos eles nos trazem a liberdade.

Na velhice, também somos desafiados a superar a nossa necessidade de encontrar um significado na vida, cuidando dos outros, realizando coisas, transformando o mundo ou influindo sobre os acontecimentos. Precisamos simplesmente aprender a amar a vida pelo prazer de vivê-la dia a dia. Essa é também uma época em que, se quisermos, temos permissão para ser excêntricos, irracionais e até mesmo um pouco infantis. Na verdade, podemos nos sentir tolos porque a nossa memória falha, nosso raciocínio não é mais tão claro como antes e nos sentimos à mercê do nosso corpo, cuja fragilidade e incapacidade nos causam problemas. Este é o desafio do Bobo – amar a vida pelo simples prazer de viver e a nós mesmos pelo que somos.

Resolução

Se a influência do Bobo for excessiva, podemos agir de maneira imprudente e negligenciar as grandes questões ou, então, procurar a paz interior e nos preparar para morrer. Se o predomínio do Sábio for marcante, poderemos nos tornar enfadonhos e demasiado sisudos. *Se transformarmos a dualidade do Sábio e do Bobo numa parceria, nós nos transformamos em Bobos Sábios.* Não seria impróprio recordar as histórias de Krishna ou de Buda, que alcançava um estado de tanta sabedoria e deleite que frequentemente ficava perdido durante dias num êxtase jubiloso. O estado em que se alcança a iluminação ultrapassa a jornada do herói – na verdade, até mesmo o heroísmo – e penetra no terreno da iluminação. O mito do herói encontra seu complemento no retorno do herói para transformar o reino. Quando alcançamos a iluminação nós ultrapassamos o heroísmo e alcançamos a transcendência e a verdadeira liberdade.

De modo bastante apropriado, nesse sistema em espiral, o final da jornada nos leva de volta à inocência, onde começamos, se bem que num nível mais alto. O ciclo cósmico continua.

Uma Espiral de Desenvolvimento

Quando reconhecemos a afinidade entre os arquétipos da velhice e da infância, a ideia de espiral é enfatizada; todavia, isso também ilustra outra realidade importante. Ao descrever essa progressão previsível, não pretendo sugerir que os arquétipos não possam se manifestar em qualquer época na vida do indivíduo. Por exemplo: sempre que nos apaixonamos, o arquétipo do Amante está presente. A jovialidade espontânea do Inocente e, às vezes, as travessuras das crianças certamente refletem o arquétipo do Bobo. De modo geral, porém, somente nos últimos anos da vida o Bobo não é apenas um palhaço e, sim, o Bobo Sábio – como os Bobos da corte clássica, os quais estavam habilitados a aconselhar e a divertir o Rei.

Embora as questões citadas aqui tendam a se manifestar em determinados estágios da vida, elas continuam vindo à tona até que nós as solucionemos de modo satisfatório. Quando o fazemos adquirimos um conjunto de habilidades e perspectivas que dão apoio à nossa vida. Por exemplo: embora o Inocente e o Órfão sejam arquétipos associados à infância, eles permanecerão ativos na nossa vida até que possamos desenvolver a capacidade de equilibrar confiança com cautela. Assim, aquelas pessoas que perderam tanto da sua inocência que não conseguem resolver essa dualidade ainda agem como Órfãos ou até como vítimas mesmo na meia-idade. Se elas também não desenvolveram a disciplina e a responsabilidade do Caridoso ou do Guerreiro, e não aprenderam a se comprometer consigo mesmas (o Explorador) ou com os outros (o Amante), elas podem realmente ter muitos problemas com a vida. Não tendo conseguido aprender as tarefas da primeira metade da vida, elas frequentemente são incapazes de lidar com a transição da meia-idade. Em vez de nos impelir a uma ação transformadora, a experiência de perda na meia-idade inicialmente reforça o senso de orfandade. O ideal é que essa intensificação da Orfandade possa motivar a pessoa a desistir de resolver o problema por si mesma e empenhar-se seriamente em procurar ajuda. Essa atitude irá permitir a integração do Inocente (confiança).

Quando a principal questão pendente é resolvida, as pessoas muitas vezes aprendem rapidamente as lições e recebem as dádivas dos outros arquétipos associados aos estágios anteriores porque, obviamente, eles já fizeram parte do trabalho.

Em resumo, uma pessoa pode passar pelas diversas tarefas da vida sem haver resolvido completamente as tarefas anteriores. De fato, quase todos fazemos isso, pois somente uma pessoa muito sadia consegue resolver completamente cada questão na devida ordem e no momento mais apropriado. De fato, isso indicaria um nível de desenvolvimento extremamente elevado. Todavia, se o acúmulo de questões não resolvidas for demasiado grande, torna-se difícil prosseguir sem cuidar dos problemas anteriores.

Embora haja uma progressão nessas questões e nesses arquétipos, nenhum é mais importante do que qualquer outro. Embora possamos começar desenvolvendo arquétipos de nível aparentemente mais elevado, tais como o Mago ou o Sábio, sempre acabamos prejudicados por algum dos arquétipos anteriores que ainda não encontrou um meio de se manifestar na nossa vida. O mais importante é que reverenciemos o arquétipo que num determinado momento estiver mais ativo. Se nos vemos como Órfãos, precisamos parar e experimentar completamente a dor de nos sentirmos abandonados e impotentes e, depois disso, nos voltarmos para os outros em busca de ajuda. Se fizermos isso, receberemos a dádiva e poderemos prosseguir.

Embora num determinado momento da vida talvez seja importante nos "especializarmos" e nos concentrarmos quase que exclusivamente numa parte da dualidade, se a outra permanecer realmente subdesenvolvida o resultado é uma vida destituída de equilíbrio. Se uma pessoa desenvolveu exageradamente o seu Caridoso, por exemplo, ela pode precisar interromper quase que completamente esse aspecto a fim de desenvolver a capacidade – característica do Guerreiro – de estabelecer fronteiras. Nesse caso, procurar desenvolver apenas um lado é uma coisa saudável. Todavia, se ao longo de uma vida desenvolvemos apenas o Guerreiro e nunca o Caridoso (e vice-versa), isso chega a ser quase um comportamento patológico e, no mundo moderno, pelo menos, seria claramente desajustado. O mesmo acontece no caso dos outros pares.

Porém, você não deve se avaliar em relação aos outros. A vida de cada pessoa é única. Se você descobrir diferenças entre o que está acontecendo num determinado estágio e o que está descrito aqui, não tente ajustar-se ao padrão geral; respeite aquilo que está acontecendo na sua vida e conquiste a sua dádiva.

Apesar dessa advertência, é importante reconhecer que a jornada do herói geralmente passa da dualidade para a união através do processo de tese, antítese e síntese. O atingimento dos níveis mais elevados dos arquétipos associados ao *Self* – o Governante, o Mago, o Sábio e o Bobo – depende de uma resolução razoavelmente bem-sucedida de uma dualidade anterior; é necessário apenas integrar os pares de maneira suficientemente adequada para que se possa seguir em frente.

Uma síntese bem-sucedida do Caridoso e do Guerreiro é um pré-requisito para a pessoa se tornar um grande Governante, que possa proteger as fronteiras do reino enquanto também protege e fortalece quem estiver dentro delas. A síntese bem-sucedida do Criador e do Destruidor providencia as bases para a pessoa se tornar um Mago que pode ser um reformador e um líder.

Analogamente, a síntese bem-sucedida do Inocente e do Órfão prepara o caminho para o Bobo tornar-se o Bobo Sábio que, com a mais absoluta inocência, e destituído de ilusões, encontra prazer na vida tal como ela é. Finalmente, é a síntese do Explorador e do Amante que nos dá os Sábios de nível mais elevado – aqueles que sabem e honram perfeitamente quem são e, por esse motivo, podem aceitar e afirmar qualquer outra pessoa.

A ilustração que se segue integra as principais ideias deste capítulo. Ela mostra o relacionamento desses seis pares com o desenvolvimento do Ego, da Alma e do *Self*, e os três estágios da jornada do herói (preparativos, jornada, retorno), usando a estrela de seis pontas de Davi para representar visualmente uma dupla integração.

O processo de desenvolvimento do Ego inclui os processos dialéticos do Inocente, do Órfão e da Criança Divina, e também os do Guerreiro, do Caridoso e dos Pais Arquetípicos. O terreno psicológico, nesse caso, é a família interiorizada. Quando temos a capacidade de nos tornarmos bons pais para nós mesmos, geralmente a criança interior também é curada. O processo da jornada inclui a resolução dialética dos processos do Explorador, do Amante, da Terra Prometida, do Criador, do Destruidor e do Renascimento. Também aqui o sucesso na conclusão de uma tarefa de desenvolvimento posterior nos permite completar uma anterior, pois só podemos entrar na Terra Prometida e descobrir os nossos verdadeiros lares depois de termos renascido e nos transformado. Por fim, os processos dialéticos do Retorno incluem o

Governante e o Mago, que juntos promovem a redenção, e o Sábio e o Bobo, que promovem a iluminação. Uma vez mais, só podemos nos tornar efetivamente redentores quando deixamos para trás qualquer necessidade de transformar o reino, e podemos fazê-lo livremente, sem preocupação com o resultado. Assim, ao nos tornarmos livres, também ajudamos a curar o planeta.

Preparação, Jornada e Retorno

Se integramos os estágios de vida, os pares e os arquétipos de suas resoluções com as categorias do Ego, da Alma e do *Self* ou (na jornada do herói) com a preparação, a jornada e o retorno, a melhor maneira de visualizar o padrão é usando uma Estrela de Davi.

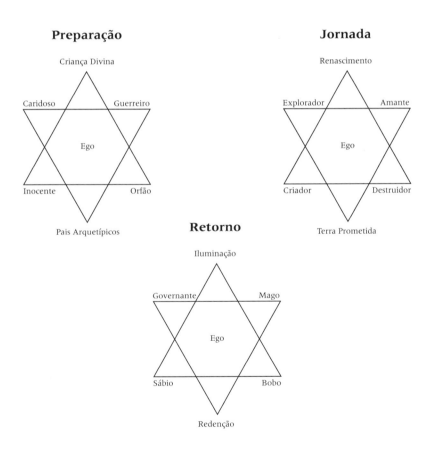

Os Arquétipos de Realização

Quais dos arquétipos de realização são expressos na sua vida? Que forma eles assumem?

- [ ] A Criança Divina (você tem a inocência sábia, sem ingenuidade, negação ou ilusões)
- [ ] Os Pais Arquetípicos (que podem proteger e amparar a criança interior e a exterior)
- [ ] A Terra Prometida (você pode ser verdadeiro consigo mesmo numa comunidade que lhe dá apoio)
- [ ] Renascimento (você passou por uma metamorfose, abandonou uma antiga identidade e criou ou permitiu o surgimento de uma nova)
- [ ] Redenção (você assumiu a responsabilidade de transformar a si mesmo e ao seu reino)
- [ ] Iluminação (você pode viver o presente com liberdade e alegria, sem prender-se a vínculos)

A descoberta de nós mesmos e a transformação do mundo envolve todos esses processos e mais alguns. Para sermos completamente íntegros, precisamos também confrontar o nosso sexo, a nossa herança cultural e a nossa singularidade pessoal – questões que constituem o tema básico dos capítulos seguintes.

CAPÍTULO 19

Sexo e Desenvolvimento Humano ao Longo da Vida

A identidade sexual é inicialmente estabelecida quando estamos no estado de inocência. Antes dos 3 anos de idade, cada um de nós sabe o que significa ser menino ou menina, e geralmente aprendeu a se comportar de maneira compatível com esses papéis sexuais consagrados pela tradição. *O fato de numa patriarquia nenhum dos sexos ter uma real compreensão da sua identidade sexual a não ser dentro de um sistema de hierarquia e de predomínio (no qual os homens são melhores e as mulheres ou se rendem ou s*ão *obrigadas a redobrar seus esforços para conseguir sucesso) representa um problema para ambos*; esse é o principal elemento da experiência da orfandade (embora os meninos *inicialmente* não considerem isso um problema, visto que lhes é ensinado – de modo explícito ou sutil – que eles são superiores). Todavia, diferenças sexuais de natureza não cultural também são responsáveis pelas dádivas igualmente importantes que a "feminilidade" e a "masculinidade" oferecem ao mundo.

As diferenças entre os problemas em parte são produzidas pelas variações nas maneiras pelas quais os homens e as mulheres vivenciam a jornada. Os homens e os meninos que não conseguem mostrar-se à altura de um padrão de masculinidade são vistos como maricas e, portanto, perdem poder e *status* no mundo. Não se pode subestimar a dificuldade que os meninos pequenos enfrentam para se distanciarem de suas mães, especialmente se esse foi o relacionamento mais importante da vida deles, e ocultarem suas emoções mais vulneráveis – não chorar, nem se mostrar demasiado sensíveis, mesmo quando estão se sentindo totalmente impotentes, vulneráveis e carentes.

Se os seus pais não estão disponíveis durante boa parte do tempo (porque estão ausentes ou simplesmente envolvidos com o trabalho ou com outras atividades do mundo exterior), então eles acabam tentando mostrar-se à altura de um papel que eles realmente não veem à sua volta. Consequentemente, um garoto pode tentar igualar-se à imagem de um machão em vez de ter a oportunidade de mirar-se no exemplo de um homem realmente terno, carinhoso e vulnerável. Muitas vezes toda uma família procura agir como se o pai representasse a imagem masculina idealizada, mesmo quando ele fica muito aquém disso. Essa também é uma situação terrivelmente confusa aos olhos do filho.

O estabelecimento de uma identidade feminina numa sociedade patriarcal pode ser algo profundamente problemático para uma mulher se ela acreditar que a condição feminina é, se não inferior, ao menos limitada em suas opções de vida. Em todos os lados para onde olha, ela vê homens ocupando posições de poder e autoridade; quando as mulheres também chegam lá ela aprende que são pioneiras ou casos especiais. Seja de maneira sutil ou flagrante, ela aprende pela cultura – ou até mesmo pela sua própria família – que ser homem é melhor. De fato, ela é aconselhada a ser feminina porque agir de maneira masculina (ter um Ego e uma boa imagem de si mesma), é uma atitude antinatural (ou presunçosa).

A mulher tem permissão para manifestar sentimentos suaves e vulneráveis, mas a não ser que receba fortes mensagens para contrabalançar essas dominantes na sociedade, ela aprende a controlar a agressão, a cólera e o desejo de poder.

No mundo moderno, uma mulher pode aprender a desenvolver algumas qualidades tipicamente masculinas (como a ambição) para complementar as femininas, visto que sem elas suas opções na sociedade serão limitadas e ela terá pouco ou nenhum *status* ("Sou apenas uma dona de casa"). Isso pode resultar na síndrome da supermulher: ela tenta ser uma mulher e um homem perfeitos – e geralmente acaba esgotada e exausta.

Para muitos homens e mulheres, porém, a ferida mais profunda – que é basicamente resultado do seu condicionamento social – está associada aos órgãos genitais. Assim como os meninos temem a perda do pênis (que lhes confere *status*) e associam a ameaça representada por essa perda ao seu permanente amor pela mãe e ao desejo de se ligarem a ela, para as mulheres a ferida é a ausência de uma valorização cultural semelhante do poder da vulva, da vagina e do útero.

Freud não tinha consciência da numinosidade e do poder que os órgãos genitais femininos detinham nas culturas que veneravam a Deusa. Ele era obviamente um produto de sua época e, assim, via os órgãos genitais femininos apenas em termos da sua ausência; as mulheres eram machos castrados.[1] Ele via a feminilidade, não como uma fonte positiva de força, sabedoria e poder, mas apenas em termos daquilo que está faltando. Assim, ele argumentou que o poder da mulher teria sua origem a partir do seu relacionamento com um homem. Essas atitudes criam uma espécie de castração psicológica feminina, uma dominação patriarcal das mulheres, alienando-as de sua identidade feminina. Essa depreciação das mulheres, além disso, impede que os homens se abram para experimentar sua própria feminilidade interior e contribui para manter a cultura desequilibrada, com os valores masculinos dominando os femininos.

A ferida de uma garota resulta parcialmente de mensagens interiorizadas para reprimir seus anseios de autonomia e de afirmação e, em parte, da falta de modelos adequados. Na vida de uma mulher, é mais provável que a mãe, e não o pai, esteja presente e disponível. Todavia, quando a mãe tiver interiorizado um senso de inferioridade ou limitação, ou se for menosprezada pelas outras pessoas (especialmente pelo pai), é improvável que a jovem queira ser igual a ela. Realisticamente, porém, ela não pode ser igual ao pai.

Se na escola ou nos jornais ela está sempre aprendendo coisas a respeito das opiniões e das obras, não apenas dos "grandes homens" mas também de homens ignóbeis e, até mesmo, de homens medíocres, ao passo que o poder numa mulher é apresentado como algo incomum, ameaçador ou destrutivo (como na imagem da bruxa), suas aspirações serão tolhidas ou então ela se esforçará demasiadamente, acreditando que só terá sucesso se for perfeita.

As jornadas dos homens e das mulheres frequentemente se originam de diferentes dilemas e são influenciadas por diferentes problemas psicológicos e espirituais. *O típico padrão masculino – que fomos ensinados a ver como o padrão heroico clássico – começa com arrogância ou excesso de confiança e, portanto, exige um sacrifício do Ego para que se possa alcançar a humanidade necessária para se encontrar o tesouro representado pela verdadeira identidade do indivíduo.* O padrão feminino geralmente começa com humildade e submissão; o problema não é o excesso de confiança, mas sim a sua falta. Sem que tenha suficiente confiança em si mesma uma mulher não consegue encontrar-se a si mesma nem dar a sua contribuição para o mundo.[2]

Condicionamento do Papel Sexual

---

1. Quais foram algumas das mensagens que você recebeu quando criança a respeito do comportamento apropriado para pessoas do seu sexo? Elas foram provenientes do seu pai? Da sua mãe? De outros parentes? Da escola, dos meios de comunicação de massa, de instituições religiosas, de amigos?
2. Quais dessas mensagens se revelaram úteis ou contribuíram para aumentar o seu poder?
3. Quais limitaram o seu desenvolvimento?

A mulher tende a dar excessiva importância aos relacionamentos e a subestimar o seu próprio papel nesses relacionamentos. O homem tende a valorizar excessivamente a si mesmo e as suas realizações, e a subestimar as maneiras pelas quais ele depende das outras pessoas e necessita de ajuda e apoio delas. Assim, a mulher subestima a si mesma, enquanto o homem subestima o valor dos relacionamentos. Essas diferenças influenciam os arquétipos inicialmente dominantes na adolescência e na idade adulta.

Todavia, nem todas as diferenças entre os sexos são necessariamente resultado dessa ferida. Há versões mais femininas ou mais masculinas de cada arquétipo e, portanto, as diferenças entre os sexos formam uma rede complexa, consistindo em diferenças não apenas na sequência, mas também na verdadeira manifestação de cada arquétipo numa determinada vida humana. A masculinidade e a feminilidade são afetadas pelos arquétipos e por uma complicada combinação de condicionamentos sociais e influências genéticas; todavia, essas condições são muito mais do que isso, tendo tanto a ver com um padrão energético subjacente quanto com a estrutura narrativa do modo como extraímos o significado das coisas.

DIFERENÇAS SEXUAIS NOS PADRÕES DAS JORNADAS

Atualmente, muitos homens e mulheres não se ajustam aos padrões típicos do seu sexo – os quais, a propósito, estão constantemente se modificando. Não obstante, pode-se dizer com razoável segurança que o sexo influencia a nossa postura básica a respeito da vida, e o fato de vermos a nós mesmos – como a psicóloga Nancy Chodorow afirmou em *Reproduction of Mothering* – basicamente como "*Selves* ligados" ou "*Selves* isolados", sendo que a primeira é uma postura tipicamente feminina e a segunda mais característica dos indivíduos do sexo masculino.

Na progressão através dos estágios da vida adulta, as diferenças entre os sexos tendem a se concentrar em torno de quatro arquétipos. As mulheres tradicionalmente têm sido socializadas para os papéis do Caridoso e os homens para os do Guerreiro. Os cuidados dispensados pelas mulheres e as guerras realizadas pelos homens podem parecer atividades profundamente satisfatórias quando se manifestam a partir de profundas raízes instintivas que remontam às antigas divisões de trabalho por sexo na época em que os seres humanos viviam da caça e da coleta de alimentos. O Explorador e o Amante estão associados respectivamente às *energias* masculina e feminina. A típica postura "masculina" é procurar encontrar a identidade e a verdade pela separação; a postura "feminina" consiste em encontrar isso pela identificação e pela formação de vínculos. Embora tanto os homens quanto as mulheres tenham acesso aos elementos "masculino" e "feminino" interiores, as energias "masculinas" tendem a predominar nos homens e as energias "femininas" nas mulheres – pelo menos desde a infância até a meia-idade, depois do que a androginia torna-se cada vez mais prevalecente.[3]

Vemos nas preferências masculinas as influências do Guerreiro e do Explorador, e nas preferências femininas as influências do Caridoso e do Amante. Assim, se – e no mundo moderno esse é um enorme *se* – uma mulher segue um caminho feminino razoavelmente tradicional, inicialmente irão predominar os arquétipos do Caridoso e do Amante, ao passo que num caminho masculino igualmente tradicional predominam inicialmente os arquétipos do Guerreiro e do Explorador. As mulheres tendem a preferir os arquétipos mais íntimos e atenciosos, e os homens os arquétipos mais isolados e independentes, preferência esta que tem sido fortemente reforçada (se não completamente determinada) pela cultura.

Isso significa que as mulheres inicialmente têm maior probabilidade de procurar identidade num relacionamento e de atribuir muito valor aos cuidados dispensados a outras pessoas. Portanto, um grande desafio para as mulheres, como Carol Gilligan demonstrou em *In a Different Voice: Psychological Theory and Women's Development*, é desenvolver fronteiras e, tomar conta de nós mesmos e das outras pessoas. Assim, no início do desenvolvimento, com frequência as mulheres enfrentam problemas porque elas não se afirmam adequadamente nem diferenciam suas próprias necessidades daquelas dos outros; elas acabam martirizadas, temerosas ou dependentes de relacionamentos. (Às vezes isso é incorretamente diagnosticado como uma "dependência de relacionamentos", quando na verdade trata-se apenas de uma maneira de ser tipicamente feminina na nossa cultura, até que a mulher desenvolva plenamente o seu próprio senso de identidade.)

Quando as mulheres desenvolvem o Explorador e o Guerreiro como aliados dos arquétipos do Amante e do Caridoso, mais dominantes, elas sabem quem são, independentemente de seus relacionamentos, e têm a capacidade de dividir as suas próprias necessidades entre uma rede de relacionamentos solícitos e amistosos. Embora ainda enfatizem a associação e as redes de relacionamentos protetores, elas agora encontram maneiras de fazer com que as suas necessidades sejam atendidas sem o sacrifício da sua autonomia em favor de relacionamentos.

Inversamente, é maior a quantidade de homens nos quais predominam o Explorador e o Guerreiro e que, portanto, desde cedo valorizam a autonomia, a tenacidade e a capacidade de competir. Eles tendem a ter problemas na área dos relacionamentos, nos quais podem demonstrar falta de intimidade e de empatia e, assim, se distanciarem das outras pessoas. Ainda que talvez não reconheçam que precisam dos outros, eles sabem que não demonstram adequadamente amor e interesse por eles e, no fundo, têm medo de ser abandonados por causa da sua falta de profundidade e da incapacidade de demonstrarem o seu amor. Eles podem procurar compensar isso trabalhando com mais afinco na esperança de que sejam amados em razão de suas realizações. Frequentemente, porém, eles talvez nem saibam o que sentem ou o que desejam sentir. No pior dos casos, até mesmo o sexo transforma-se numa questão de conquista e o relacionamento em mais uma maneira de demonstrar poder sobre outra pessoa. Tudo isso faz com que os homens se sintam cada vez mais vazios por dentro (até empreenderem suas próprias jornadas interiores).

Essas diferenças também provocam frustração e descontentamento em relacionamentos entre pessoas do mesmo sexo. Ao passo que as mulheres frequentemente se sentem aprisionadas num mundo cheio de vínculos, os homens às vezes sentem-se completamente isolados. Muitas vezes os homens e as mulheres têm problemas de relacionamento porque esperam coisas diferentes. Os relacionamentos entre mulheres podem se transformar numa simbiose, com a consequente perda de fronteiras. Os relacionamentos entre homens podem degenerar em disputas pelo poder e por dominância.

Na maturidade, os homens frequentemente desenvolvem o Amante e o Caridoso como aliados do Explorador e do Guerreiro e, assim, tornam-se mais genuinamente interessados em cuidar de outras pessoas e em ter um relacionamento de maior intimidade. Quando isso acontece, eles podem querer orientar os filhos ou algum outro protegido e transmitir conhecimentos que irão conferir maior poder a outras pessoas. Eles querem se comportar de maneiras que sejam boas para os outros e para si mesmos. Todavia, ainda que os homens e mulheres fiquem mais parecidos à medida que ambos vão se desenvolvendo, geralmente subsiste uma diferença de ênfase e de valor. Por exemplo: na maioria das vezes, os homens ainda veem a conquista da autonomia como o resultado desejável de um processo de desenvolvimento, ainda que possam considerar o interesse e a empatia em relação aos outros como algo importante. Do mesmo modo, a maioria das mulheres vê o estabelecimento de uma interdependência como o resultado desejado desse processo, muito embora considerem a autonomia um pré-requisito necessário para se viver de maneira responsável numa comunidade interdependente.

Carol Gilligan mostra como os homens tendem a pensar em termos de escadas, sendo seu objetivo chegar ao degrau mais alto (pense na compulsão do Explorador para ascender). As mulheres, por outro lado, tendem a pensar em termos de redes ou teias de ligações. A meta é o bem coletivo ou o bem de todas as pessoas que fazem parte dessa rede (pense na importância que o Amante atribui às ligações). Os homens tendem a ter dificuldade para se deixarem envolver profundamente num relacionamento, temendo ser tragados pela rede ou teia. As mulheres tendem a ter dificuldade para defender seus direitos, temendo o isolamento no topo da escada. Para uma mulher, portanto, o ato transformador pode ser a busca do seu próprio bem e desenvolvimento e o confronto com o seu medo de ficar sozinha. O ato transformador, para um homem, frequentemente consiste em pôr de lado o seu medo de ser engolido por um relacionamento feminino e arriscar-se a uma verdadeira intimidade. Em resumo, o desafio para as mulheres é abrirem-se para o Explorador; para os homens, é abrirem-se para o Amante.[4]

O Sexo e o Ego, a Alma e o *Self*

As jornadas feminina e masculina também diferem quanto ao seu relacionamento com os três aspectos da psique: o Ego, a Alma e o *Self*. Os homens geralmente tendem a ter um Ego tão grande que impede a manifestação da Alma; assim, são necessárias enérgicas providências para encontrar o equilíbrio necessário para que a Alma possa emergir. As mulheres, ao contrário, podem ter inicialmente um maior envolvimento com a Alma, mas um desenvolvimento do Ego ainda insuficiente para que elas possam se expressar de maneira produtiva no mundo.

Na meia-idade os homens e as mulheres frequentemente demonstram, na vida exterior, padrões antes identificados com o outro sexo.

As mulheres muitas vezes têm mais facilidade para compreender os mistérios porque apresentam menos resistências e podem, provavelmente, ser atraídas pelo arquétipo do Amante, não apenas em virtude do condicionamento cultural (ou predileção inata) mas também porque o sexismo já fez boa parte do trabalho do Destruidor. No entanto, a mulher muitas vezes precisa voltar aos arquétipos do Ego e fortalecê-lo, antes que possa manifestar o seu verdadeiro *Self* e suas dádivas no mundo. Se não fizer isso, ela poderá encontrar a sua verdadeira alma mas será incapaz de utilizar em benefício do mundo a sabedoria que obteve em sua jornada interior.

Inversamente, o sucesso do homem na jornada depende de sua disposição para se livrar do seu orgulho ou egotismo (o qual, obviamente, também é resultado do condicionamento social) e ele pode demorar-se muito tempo no estágio do Explorador até que o Destruidor realize o seu trabalho. Para os homens, isso geralmente só acontece depois da meia-idade – a não ser que uma grande catástrofe tenha ocorrido anteriormente (tal como a morte de uma criança, um ataque cardíaco ou algum grande malogro). Mesmo quando acontecem esses eventos, o condicionamento e as pressões da sociedade frequentemente desencorajam os homens de explorar o significado deles, levando-os simplesmente a procurar suportá-los com estoicismo. A abordagem tradicional do desenvolvimento da Alma enfatiza a conquista ou a demolição do Ego. Creio que essas abordagens derivam da necessidade de se subjugar um Ego excessivamente dominante e que elas podem ser extremamente destruidoras para qualquer pessoa – homem ou mulher – cuja força do Ego seja inadequada.

Quer o indivíduo seja homem ou mulher, a jornada pede equilíbrio. Nem a arrogância nem a subserviência irão servir. Além do mais, essas generalizações não são absolutas. Algumas mulheres tendem a demonstrar uma confiança excessiva em si mesmas e alguns homens a subestimar suas dádivas. Apesar dos condicionamentos culturais, algumas mulheres tendem naturalmente a ser Guerreiras ou Exploradoras, e alguns homens a ser Caridosos e Amantes. O importante para ambos é empreender a jornada de modo a descobrir suas próprias maneiras de serem homens ou mulheres e, por fim, alcançar algum tipo positivo de androginia que, sem ser absolutamente um comportamento neutro ou unissex, lhes permita manifestar as dádivas que as energias e as experiências de ambos os sexos têm para nos oferecer.

Separando as coisas no Mundo Contemporâneo

No mundo contemporâneo, em que os papéis sexuais estão em processo de transição, o padrão de desenvolvimento para cada sexo, através dos seis principais estágios da vida, é muito complicado e varia muito de pessoa para pessoa. As prescrições de papéis sexuais são menos rígidas do que costumavam ser e as pessoas estão mais conscientes acerca dos efeitos do condicionamento dos papéis sexuais sobre a vida delas. Em muitas mulheres, portanto, predomina o arquétipo do Explorador em virtude do grau de alienação da cultura e de muitos homens nela inseridos. Além disso, essa cultura tende a valorizar exageradamente a autonomia e a competição, e a subestimar os relacionamentos e o interesse pelo bem-estar das outras pessoas. Há um grande reforço social no sentido de fazer com que as mulheres atuem como Exploradoras ou Guerreiras, quer esses arquétipos tenham ou não emergido organicamente de dentro delas.

As mulheres recebem mensagens ambíguas porque lhes é dito que, para ter sucesso, precisam agir como se fossem homens. Se elas o fazem, seu comportamento muitas vezes é considerado pouco feminino ou, até mesmo, antinatural. Assim, as recomendações voltadas para o sucesso profissional contrariam as recomendações voltadas para o sucesso pessoal. Muitas vezes as mulheres deixam o Guerreiro dominar sua vida profissional, o Caridoso ou o Amante a sua vida particular e o Explorador sua vida interior, enquanto tentam separar todas essas coisas e descobrir quem realmente são.

No caso das mulheres, há também uma proibição relativamente forte contra a afirmação do poder do Governante por qualquer meio exterior – a não ser que esse poder seja fortemente diluído e filtrado através das lentes do Caridoso/Amante. Essa proibição reflete-se no "teto invisível" que exclui a esmagadora maioria das mulheres dos cargos de liderança de níveis mais elevados e no medo que os colegas de trabalho têm das mulheres que parecem "ameaçadoras" para os homens.

Arquétipos e Sexo

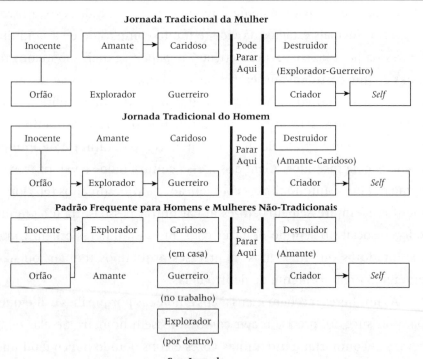

Para os homens, as coisas também são complicadas. Os homens são fortemente pressionados para serem Guerreiros, Exploradores e Governantes, em detrimento de tudo o mais. Essa é a definição de masculinidade e de sucesso na nossa cultura. Essa pressão prejudica a integridade psicológica e priva esses homens e as pessoas à sua volta de um relacionamento realmente profundo. Assim, muitos homens se sentem confusos. Alguns, como as mulheres, dividem-se e comportam-se como Guerreiros no trabalho, Caridosos em casa e como Exploradores dentro de si mesmos ou nas horas de folga.

O Desenvolvimento de sua Identidade Sexual

1. Além do papel sexual condicionado pela sociedade, o que significa para você a sua feminilidade básica? E a sua masculinidade básica?
2. De que modo o seu desenvolvimento foi influenciado pelo seu sexo?

A vida dos homens também se ressente da confusão provocada pelas mensagens dúbias emitidas pelas mulheres; elas dizem querer que os homens sejam sensíveis, vulneráveis e íntimos, mas quando eles se comportam assim, muitas vezes acham que lhes falta masculinidade. Se adotam comportamentos que acreditam ser masculinos, por outro lado, os homens são reprimidos e isolados.

Apesar de todas as dificuldades, o padrão contemporâneo é mais propício para a saúde e para a integridade psicológica do que o modelo mais tradicional – e também para um relacionamento mais pleno e profundo entre os sexos (ou entre pessoas do mesmo sexo), à medida que compartilhamos uma quantidade de experiências suficientemente grande para nos capacitar a nos compreendermos mutuamente. Todavia, isso exige muito de nós. Nas gerações anteriores, os homens carregavam a maior parte da energia masculina da cultura e as mulheres carregavam a energia feminina. Isolados, ambos eram incompletos. Os homens e as mulheres dotados da capacidade de fazer mais do que isso sofriam muito. Os outros simplesmente achavam ser algo normal uma pessoa sentir-se como um ser humano pela metade.[5]

Um Inventário da Androginia

1. Cite alguns dos comportamentos, características, sentimentos ou energias andróginas que você está exibindo ou experimentando atualmente.
2. O quanto você é andrógino?

A Falsa Androginia: Supermulher/ Super-homem

As imagens de super-homem e de supermulher veiculadas atualmente pelos meios de comunicação não constituem uma verdadeira androginia. Acreditar na promessa de que podemos ter tudo isso muitas vezes resulta em algo destituído de autenticidade. Conforme diz Joanna Russ, ao parodiar a imagem da supermulher, para descrever a "mulher perfeita" nós juntamos Kirk Douglas, uma mãe ideal e uma capa de *Playboy*.[6] Tentar mostrar-se à altura desse novo padrão de perfeição feminina é a receita certa para um esgotamento. Todavia, muitas vezes é esse mesmo esgotamento que induz as mulheres a começarem a buscar a integração e a totalidade – e, além disso, buscarem também alguma maneira mais autêntica de tentar ser verdadeiras na sua feminilidade e bem-sucedidas no mundo. As mulheres contemporâneas não querem ser limitadas aos papéis convencionais e tampouco desejam ser homens.

Da mesma maneira, muitos homens estão agora tentando ligar o Caridoso ao Guerreiro – frequentemente porque querem ser bons pais para seus filhos e bons companheiros para suas parceiras. Embora ainda estejam tentando ser Guerreiros no local de trabalho, em casa procuram ser carinhosos, protetores e íntimos. Seus modelos de carinho e intimidade são basicamente femininos. Ainda que não queiram ser estoicos ou reprimir seus sentimentos, também fazem questão de ser homens e não mulheres.

Tendo em vista todas essas variações do padrão básico, a tentativa de ser uma Supermulher ou um Super-homem pode servir apenas para exaurir nossas energias e nos obrigar a um confronto com nós mesmos. Lyn – a mulher que trabalha e faz carreira, a *gourmet* e cozinheira vegetariana, a feminista, a Exploradora da Nova Era e a mãe de gêmeos hiperativos no livro *The Search for Signs of Intelligent Life in the Universe*, de Jane Wagner – inicialmente pensa que ela e o marido "têm tudo". Porém, quando chega ao fim o seu casamento com um homem aparentemente perfeito da Nova Era, ela tem a sabedoria necessária para saber que não se trata de algo pessoal. Enquanto ele presumivelmente continua procurando pela Supermulher, ela começa a vender tudo a fim de se soltar e encontrar a si mesma. Ela fica apenas com duas coisas: um exemplar autografado da primeira edição da revista *Ms.* e a camiseta "Salvem as Baleias" que o marido estava usando quando se conheceram. A sabedoria é profunda. Ela não desiste do seu sonho de uma visão liberada, livre e andrógina, mas para de procurar por ela na forma de algo dotado de extravagante complexidade e a reduz às suas dimensões essenciais. Ela irá conhecer – e talvez já conheça – a mulher forte (representada pelos seus ideais feministas) e o homem sensível às questões ambientais ("Salvem as Baleias") que existem dentro dela. Sua tarefa agora consiste em encontrar alguma forma adequada de expressão dessa realidade interior em escala humana.[7]

COMO ENCONTRAR UM SIGNIFICADO MAIS PROFUNDO DA IDENTIDADE SEXUAL

Uma etapa desse processo – quer cheguemos ao estado de sofrimento seguindo o padrão tradicional ou por um novo padrão de esgotamento

– consiste em descobrir uma maneira feminina de alcançar a autonomia e a realização ou uma maneira masculina de experimentar a intimidade e um sentimento de estar ligado a algo. O resultado disso é um nível de verdadeira androginia. *O nascimento do verdadeiro Self resulta do casamento entre o homem e a mulher interiores.*

Antes que possamos ser andróginos, precisamos descobrir o significado da masculinidade e da feminilidade independentemente das prescrições comportamentais relativas aos papéis sexuais – encontrar o nosso homem ou a nossa mulher interior e descobrir o que ela quer de nós. A maioria das definições culturais de masculinidade e feminilidade é mutuamente excludente. Você prova que é um homem em parte não fazendo coisas femininas; você prova que é uma mulher preferindo as atividades femininas às masculinas. Assim, antes de podermos ser andróginos, precisamos descobrir um significado para a nossa identidade sexual que não exclua a totalidade.

Para que muitos homens e mulheres de hoje possam descobrir quem realmente são, é preciso que eles deixem para trás os papéis sensuais prescritos a fim de poderem descobrir o que significa ser um homem ou uma mulher num nível mais autêntico e profundo. De modo particular, a ligação do Caridoso com as mulheres e do Guerreiro com os homens parece estar menos ligada a um genuíno senso de identidade sexual do que a papéis culturais há muito estabelecidos (remontando, talvez, às sociedades baseadas na caça e na coleta).

Atualmente, pessoas como Mark Gerzon, em *A Choice of Heroes: The Changing Face of American Manhood*, veem a necessidade de os homens da era nuclear superarem essa identificação com o heroismo do Guerreiro e encontrarem um senso de identidade masculina num nível mais profundo e adequado. Além disso, os homens são ameaçados por uma crise profunda quando as qualidades que definiram o seu senso de masculinidade não têm mais utilidade social. De maneira particular, diz ele, os homens precisam ir além de uma definição como guerreiros (de modo que possamos ter um mundo pacifico) e ultrapassar a noção de que eles provam sua masculinidade ao fazerem coisas (batalhas ou realizações) que as mulheres não podem fazer. Quando as mulheres estão na sala da diretoria, como ele acredita que os homens devam fazer, então eles não podem mais provar a sua masculinidade chegando até lá.

Do mesmo modo, em *A Circle of Stones: Woman's Journey to Herself,* Judith Duerk convoca as mulheres a irem além da dispensa de cuidados e dos sacrifícios para encontrar um senso mais inato de feminilidade, o qual ela considera (tal como fez antes dela Anne Wilson Schaef, em *Women's Reality*) uma espécie de capacidade de viver um processo. Quer as mulheres tenham estilo de vida tradicional e se definam como Caridosas, quer estejam atuando no mesmo território que os homens, a questão, observa ela, em última análise, é a mesma: as mulheres aprenderam a não fazer caso de suas necessidades emocionais. "E se uma mulher se permitisse deixar de fazer as coisas de uma maneira que não a satisfaz?", pergunta ela. "Talvez seja preciso que cada uma de nós renove sua ligação com o arquétipo feminino, adquira uma percepção consciente, uma compreensão e a incorpore ao seu próprio ser e à sua própria vida."[8]

Para as mulheres, as questões consistem em saber como assumir papéis tradicionalmente masculinos sem se transformarem em clones de homens, e em como manter os valores femininos mais profundos sem viverem para servir aos outros. É importante que as mulheres passem da modalidade do Caridoso para uma compreensão mais profunda da feminilidade porque, enquanto a vida das mulheres for definida em termos de fazer as coisas para os outros e suprir as necessidades do mundo exterior, elas nunca poderão descobrir o seu verdadeiro ritmo, a sua sabedoria ou a sua compreensão a respeito do que é exclusivamente dela e que só por ela pode ser doado. Para isso, diz Duerk, as mulheres precisam reduzir o ritmo, reservar algum tempo para o descanso e sintonizarem-se consigo mesmas para encontrar o seu próprio ritmo, o seu próprio processo de viver e de existir neste mundo.

Ao descrever a jornada heroica masculina, Gerzon sugere que, enquanto os homens definirem suas relações com as outras pessoas apenas em termos de competição ou de superioridade, eles nunca terão um sentimento genuíno de estarem ligados a algo e, portanto, estarão sempre sozinhos. Em última análise, Gerzon considera que as "masculinidades emergentes" não são inerentemente opostas à feminilidade. Elas constituem modos emergentes da existência humana. Embora ele encerre a discussão nesse ponto, outros (como Robert Bly) vão mais além, buscando um senso mais genuíno de masculinidade que esteja além dos estereótipos patriarcais.

Lidar com a questão da identidade sexual é como descascar uma cebola. Nós o fazemos em camadas. Na primeira camada, a camada mais definida pela cultura, a maioria de nós identifica a feminilidade com o Caridoso e a masculinidade com o Guerreiro. Em algum momento, porém, os homens e mulheres começam a se sentir escravizados por esses papéis. Isso significa que estamos prontos para seguir adiante. Muitas vezes o fazemos nos identificando menos com o nosso sexo e mais com a nossa condição de ser humano. Essa postura nos permite descortinar todo outro aspecto da vida. No início, parece-nos realmente excitante explorar comportamentos que associamos ao sexo oposto ao nosso. Os homens se sentem mais livres ao descobrir que podem ser carinhosos e sensíveis e as mulheres ao perceber que também podem ser duras e realizar as coisas por si mesmas.

Depois de algum tempo, porém, surge um novo tipo de insatisfação, uma necessidade de a pessoa descobrir alguma coisa a respeito de sua própria identidade num nível mais profundo. Nesse ponto, na grande maioria dos casos, o masculino emerge como a busca espiritual da energia do Explorador. Sua tendência é identificar o que poderia ser melhor e lutar para que isso aconteça. O feminino emerge como a busca da energia do Amante. Seu impulso é receptivo e sua tendência é afirmar e celebrar a vida tal como ela é.

Além disso, atualmente alguns homens e mulheres continuam aprofundando suas tentativas de se ligarem num nível ainda mais básico ao que Robert Bly chama de "homem ou mulher naturais", não influenciados pelos papéis sexuais condicionados pela cultura. Se imaginarmos o Amante, o Explorador, o Caridoso e o Guerreiro como os leitos arquetípicos que canalizam o rio, as energias básicas masculina e feminina seriam as próprias águas.

Para chegar a esse nível, quase sempre temos de sofrer a dor da primeira experiência da falta de ligação com a nossa mãe ou pai pessoal e coletivo. Podemos, por exemplo, experimentar um sentimento de orfandade por não termos um pai ou uma mãe que possa nos proporcionar um modelo adequado de identidade sexual e, além disso, podemos também nos sentir órfãos da sociedade em virtude da sua incapacidade de nos proporcionar modelos adequados de papéis sexuais nesta era de rápidas transições.

Por mais penosas que essas feridas possam ser, a ferida subjacente mais profunda é o afastamento da fonte de energia masculina e feminina que existe dentro de nós mesmos. Quando nos ligamos a essa fonte – o homem arquetípico que existe dentro do homem e a mulher arquetípica que existe dentro da mulher – esse sofrimento decorrente de um relacionamento inadequado com o pai ou com a mãe desaparece ou é atenuado. Isso também permite que nos abramos para as energias contrassexuais – a *anima* no homem e o *animus* na mulher – de modo que nos tornemos andróginos, não de uma maneira redutiva e unissex, mas sim de uma maneira que nos torne mais aptos.

Para muitas pessoas, pode-se encontrar um autêntico senso de masculinidade ou de feminilidade por meio da exploração do numinoso, do significado espiritual codificado em nossas características sexuais primárias e secundárias. Por exemplo: os primeiros livros feministas, tais como o *Getting Clear*, de Anne Kent Rush, continham exercícios de meditação para ajudar as mulheres a reaprenderem a amar os seus seios e órgãos genitais, assim como o restante do corpo. Em *The*

Language of the Goddess, Marija Gimbutas nos proporciona uma análise em profundidade das imagens sagradas da vulva e do nascimento, bem como de outras imagens relacionadas com a deusa.

Eugene Monick (em *Phallos: Sacred Image of the Masculine*) explora o falo como uma imagem do poder masculino, feita pela Alma, que não é determinada pelo poder patriarcal. Em *The Horned God: Feminism and Men as Wounding and Healing*, John Rowan encontra um modelo de masculinidade sem machismo no arquétipo do Deus Cornígero – consorte da Deusa – que é um caçador, mas também um ser gentil; que é um deus e, portanto, sagrado e, além disso, também um ser sexual. Ele é um protótipo dos deuses que morrem e renascem, sendo o seu sacrifício sempre em favor da vida. Sua sexualidade é primitiva, mas também sagrada, profunda e eroticamente coerente.[9]

De modo semelhante, algumas mulheres encontram no arquétipo da Deusa uma imagem do que significa ser inteiramente feminina sem ser subserviente ou ocupar uma posição secundária em relação ao homem, e sendo ao mesmo tempo espiritual e sexual de uma maneira feminina – com órgãos genitais, útero e seios como objetos de adoração sagrada, unindo o Amante ao Governante. A transformação do feminino em fonte de poder, e não de subserviência, muitas vezes liberta as mulheres para reverenciarem genuinamente o masculino nos homens que estão à sua volta e dentro delas. Na verdade, ao experimentar a deusa dentro de si mesmas, as mulheres tornam-se livres para experimentar de uma maneira diferente o deus interior.

Há uma história clássica a respeito de uma ocasião em que o deus Krishna chega a um vilarejo para dançar com todas as moças solteiras do lugar; sua presença masculina e seu amor pelo ser feminino eram tão completos que, embora tivesse dançado com todas as mulheres do lugar, cada uma delas se sentiu totalmente amada e acompanhada por ele na dança. Cada mulher recebia a visita do deus de forma tão completa como se ele lhe pertencesse. As mulheres só poderão experimentar o masculino como algo amoroso e protetor depois que tiverem reverenciado plenamente a deusa interior. Até que isso aconteça, o masculino muitas vezes é percebido como uma voz crítica a lhes dizer que elas não são satisfatórias.

Inversamente, até que os homens se abram para o masculino mais primitivo que existe dentro deles, uma masculinidade totalmente desvinculada de padrões de dominância e submissão, eles veem o feminino interior e exterior como uma armadilha perigosa – certamente uma ameaça às suas ilusões de superioridade. Para eles, o feminino precisa ser mantido sempre controlado e escravizado. Como eles se encontram igualmente escravizados por não terem acesso ao feminino, estão sempre tentando controlar as mulheres exteriores a eles para que elas continuem a lhes proporcionar os carinhos femininos pelos quais a alma e o coração deles anseiam, mas que a mente não valoriza. Quando eles experimentam sua fonte primária de energia masculina, eles também podem abrir-se para a fonte feminina interior e não precisam mais controlar as mulheres porque já não dependem tanto delas. Na verdade, quando isso acontece, eles estão livres para amar uma mulher ou para ficar sozinhos, sabendo que em qualquer dos casos a deusa interior irá acalentá-los.

Em *Body Metaphors: Releasing God-Feminine in Us All*, Genia Pauli Haddon corrige a visão estereotipada de que as mulheres são yin e receptivas (conforme demonstra a vagina) e os homens são yang e ativos (conforme demonstra o pênis). Ela também utiliza um argumento de base biológica segundo o qual os homens e as mulheres têm um tipo específico de energia yin e yang. A energia masculina yang é a energia agressiva associada ao pênis. A energia yin masculina, associada aos testículos, proporciona a virtude de uma espécie de tranquilizadora estabilidade. Da mesma maneira, embora admitindo que a vagina é yin e receptiva, ela argumenta que a energia feminina yang se manifesta tanto no clitóris como no útero. A última se manifesta na atividade feminina do nascimento – de bebês, de projetos, de poemas. Para complicar um pouco mais as coisas, todo ser humano tem dentro de si mesmo a capacidade potencial para as versões masculina e feminina de yin e yang.[10]

Androginia Genuína

O desenvolvimento de uma capacidade para a androginia nos permite ter mais plenitude, liberdade e variedade nas maneiras pelas quais nos expressamos no mundo. A androginia é inicialmente definida como uma espécie de estado neutro – evidenciado pelas roupas e penteados unissex – e, na adolescência, é saudável o indivíduo expressar-se dessa maneira. A verdadeira androginia não é simplesmente uma questão de realizar com sucesso algumas tarefas convencionalmente masculinas ou femininas (como combinar a criação dos filhos com uma carreira profissional), embora a capacidade de fazê-lo contribua para a consecução de uma androginia mais genuína.

A androginia genuína é uma experiência vivida por etapas. Na camada exterior, mais influenciada pela cultura, isso significa a integração entre o Caridoso e o Guerreiro. A camada seguinte trata da integração entre o Explorador e o Amante. A camada mais interna está relacionada com a união das energias básicas interiores feminina e masculina. Assim, o estabelecimento da nossa identidade sexual primária (que ultrapassa os arquétipos do Caridoso e do Guerreiro) e a consecução da androginia constituem parte da nossa iniciação à Alma, ou seja: a descoberta de quem somos como homens ou mulheres está relacionada à nossa ligação com nossa Alma. O Caridoso e o Guerreiro também sentem uma profunda satisfação quando isso é feito a partir de nossas profundas raízes instintivas, relacionadas com a programação da espécie para cuidar e proteger a geração seguinte. Os Guerreiros protegem as fronteiras e os Caridosos promovem o desenvolvimento da tribo. Quando o desenvolvimento do Ego é complexo e bem-sucedido, nós aprendemos a fazer as duas coisas.

Antes da iniciação da Alma, é muito difícil e estressante tentar promover a integração entre o Guerreiro e o Caridoso. Depois da iniciação, quando temos um *Self* para captar a energia arquetípica que chega, a integração pode ser mais orgânica e simples e menos forçada. Porém, isto não quer dizer que seja perda de tempo tentar fazer as duas coisas antes, pois efetuar os atos associados a um arquétipo nos proporciona uma maneira ritualística de convidar o arquétipo. Isso significa que, quando queremos que o arquétipo do Guerreiro nos visite, estabelecemos metas, lutamos para atingi-la e demonstramos coragem na adversidade e ao enfrentar os desafios da vida. Quando queremos que o Caridoso nos visite, demonstramos compaixão e interesse pelos outros. Quando o arquétipo se manifesta plenamente na vida de uma pessoa, ela pode fazer essas coisas sem que isso lhe pareça algo demasiado difícil ou forçado.

Lembre-se de que o arquétipo do Governante, que simboliza a conclusão do processo alquímico, resulta da união simbiótica entre o macho e a fêmea, a qual dá origem ao verdadeiro *Self*. Esse *Self* é visto como um monarca andrógino e, no melhor dos casos, indica alguma integração entre as habilidades do Caridoso e do Guerreiro. Na verdade, todos os arquétipos associados ao *Self* são andróginos. Os Magos e os Bobos frequentemente expressam essa androginia pela capacidade de mudar de sexo ou de oscilar entre um sexo e outro. Ambos são arquétipos muito sensuais e utilizam ativamente a energia erótica – no primeiro caso, para promover uma transformação e, no segundo, em favor do êxtase e da alegria. Isso significa que o homem e a mulher interiores precisam ser ativados, se bem que de maneiras suficientemente distintas para que a energia flua entre eles, como numa corrente elétrica alternada.

O Sábio muitas vezes é visto como alguém que superou inteiramente a identificação com um determinado sexo, e os homens e mulheres idosos tornam-se cada vez mais parecidos à medida que as características sexuais secundárias tornam-se menos conspícuas. A sabedoria do Sábio origina-se, em parte, da verdadeira integração entre as perspectivas masculina e feminina, de maneira que deixa de haver quaisquer barreiras entre elas.

Porém, os homens e mulheres idosos são tolhidos pelo fato de haver na nossa cultura tão poucas imagens positivas relacionadas com o envelhecimento. Essa situação é pior para as mulheres porque os homens ao menos têm a oportunidade de serem vistos como pessoas distintas e ilustres – embora para muitos deles seja certamente difícil encontrar uma identidade depois de terem se aposentado, especialmente se a sua identidade básica tiver sido uma consequência do seu trabalho. Na medida em que as mulheres são definidas pela cultura apenas em termos do seu relacionamento com os homens e as crianças, elas podem vir a pensar que não têm nenhuma utilidade cultural na velhice. Outras culturas – a chinesa, por exemplo – reverenciam os idosos pela sua experiência e sabedoria. Na cultura ocidental, a imagem da mulher velha e sábia atualmente está ajudando as mulheres a lidar com a velhice – a afirmar sua liberdade e sabedoria e a expressar no mundo uma modalidade experiente de sabedoria feminina. Do mesmo modo, esta é uma época em que muitos homens se sentem livres da necessidade de se comportarem de acordo com os padrões estabelecidos de masculinidade, e podem demonstrar maior fidelidade, em seus atos e palavras, a uma sabedoria mais profunda.

A verdadeira androginia é uma espécie de integração psicológica vista em pessoas que vivem autenticamente; nesse nível, somos nós mesmos de uma maneira singular e estamos ligados ao pleno potencial humano de todas as pessoas – de ambos os sexos – em todas as épocas e lugares. Isso pode ser uma grande libertação porque não estamos expressando um *Self* em termos de restrições (sou isto, não aquilo) mas sim por meio de um complexo e muitas vezes contraditório conjunto de possibilidades adequadas ao nosso todo. Ao contrário da Supermulher/

Super-homem, porém, isso não significa que tentamos fazer tudo. Especialmente, isso não significa tentarmos preencher inteiramente os tradicionais papéis masculino e feminino. Na verdade, isso significa fazer o que nos agrada e sermos verdadeiros em relação a nós mesmos num nível mais profundo, de modo que possamos nos expressar por meio das polaridades masculina e feminina na medida em que cada uma delas for congruente com aquilo que somos.

Autorretrato

Desenhe ou represente de alguma outra forma a si mesmo (por meio de fotografia, colagem, um símbolo etc.) de uma maneira que reflita a sua própria totalidade e androginia e que atribua uma forma tanto ao homem quanto à mulher que existem dentro de você.

Em última análise, nós aprendemos que a masculinidade e a feminilidade são parte de um *continuum* – e não de uma escolha entre duas alternativas – e que as pessoas fazem diferentes escolhas nesse *continuum*, equilibrando essas energias à sua própria maneira. Já se disse diversas vezes que na verdade existem mais de dois sexos, pois as maneiras de combinar essas energias são muito numerosas e diversificadas.

Em seu livro *Androgyny*, June Singer explica que "androginia é não tentar optar entre dois opostos; significa simplesmente fluir entre eles. Tudo o que a pessoa precisa fazer é fluir entre o masculino e o feminino, entrando em contato com ambos os polos, cedendo a todos os obstáculos e, assim, superando-os à medida que a energia aumenta ao seguir sua tendência natural".[11]

Uma cultura andrógina nos permite ser nós mesmos e viver em consonância com o mundo natural. O capítulo seguinte começa com uma consideração a respeito da importância da emergência do feminino e do desenvolvimento de um potencial cultural mais andrógino para a nossa época.

CAPÍTULO 20

Sexo, Diversidade e a Transformação da Cultura

Muito frequentemente, a jornada do herói tem sido vista como pertencente apenas a algumas pessoas e não a outras. Conforme temos visto, muitas vezes tem se presumido que o heroísmo é masculino e não feminino. Quando acreditamos nisso, enxergamos apenas o heroísmo masculino e não o feminino. As mulheres são vistas como donzelas a serem salvas, como esteios ao longo do caminho, recompensas pelo sucesso na jornada ou como vilãs (no caso das bruxas), mas não como heroínas por seus próprios méritos. Nas culturas europeia e norte-americana, além disso, geralmente presume-se que o herói seja caucasiano. Os homens de pele mais escura fazem o papel de companheiros do herói (lembre-se de Zorro e Tonto) se não de inimigos (como entre os *cowboys* e os índios) ou de vitimas a serem salvas porque não conseguem cuidar de si mesmas.

Se vamos empreender nossa jornada e doar nossas dádivas, precisamos respeitar as muitas variações quanto à jornada resultantes da nossa diversidade. Precisamos também reconhecer que cada uma de nossas jornadas individuais existe num contexto histórico e é influenciada pelas jornadas coletivas do nosso sexo, da nossa família, da nossa nação, da nossa raça ou pela jornada humana comum a todos nós. Analisar nossa jornada individual sem levar em conta o seu contexto e as maneiras pelas quais ela interage com as outras é interpretá-la de modo equivocado. Embora possamos nos sentir muito sozinhos na nossa jornada, na verdade estamos todos empreendendo uma jornada juntos. Influenciamos e somos influenciados pelo mundo em que vivemos.

No ponto culminante da jornada do herói, este retorna ao reino com um objeto sagrado ou com uma nova verdade vivificante que contribui para a sua transformação. Se apenas algumas pessoas são encorajadas a empreender a jornada e a encontrar suas dádivas (ou se apenas as dádivas de algumas pessoas são aceitas e reconhecidas pela cultura), o reino só pode ser renovado parcialmente. Grandes áreas do reino permanecerão desérticas porque nenhum tipo de pessoa tem acesso às novas verdades de que necessitamos.

Por exemplo: o herói branco do sexo masculino trouxe-nos muito progresso, mas não tem sido capaz de nos ajudar a viver em harmonia com a Terra. Todavia, existem culturas – a dos índios norte-americanos, de modo mais destacado – nas quais a sabedoria ecológica atingiu um nível elevado. Enquanto o buraco na camada de ozônio continua a crescer e as chuvas ácidas caem sobre nossas lavouras e cidades, a cultura dominante de modo geral ignora a sabedoria dos muitos antepassados índios que sabiam o que a cultura dominante precisa saber. Do mesmo modo, embora existam inúmeras evidências de que as mulheres são menos violentas do que os homens, num mundo em que o principal problema é encontrar um meio de garantir uma paz permanente, os homens continuam a discutir entre si as possíveis soluções, sem procurar obter a colaboração das mulheres.

Arquétipos, Sexo e Mudança Cultural

A identidade sexual e a androginia são não apenas questões individuais, mas também culturais e políticas. Vivendo numa cultura patriarcal, como é o nosso caso, todos somos prejudicados pela depreciação do feminino e pela maneira como isso impede as mulheres de empreenderem suas jornadas e de dar suas verdadeiras dádivas para a cultura. Não é de admirar que não estejamos conseguindo resolver muitos dos grandes problemas mundiais levando-se em conta que para realizar isso estamos recorrendo predominantemente a apenas um dos sexos e à sua perspectiva.

Jung acreditava que o renascimento do feminino iria salvar a sociedade e inúmeros escritores têm argumentado, a partir de diferentes pontos de vista, que a nossa cultura está passando de uma fase patriarcal para uma fase andrógina. Em *The Chalice and the Blade*, por exemplo, Riane Eisler afirma que as antigas sociedades gimnocêntricas (que giravam em torno das mulheres) operavam com base num modelo de parceria. Sem qualquer necessidade de padrões de predomínio e de submissão, sem guerras ou estruturas de classe, essas sociedades, argumenta ela, floresceram em todo o mundo e foram responsáveis pelas invenções mais importantes – do fogo e a agricultura até a linguagem.

A cultura patriarcal, argumenta ela, criou um modelo social dominador que trouxe consigo a competição, a guerra, o sexismo, o racismo e as divisões de classe. Embora ela pareça não ver nenhum valor positivo no patriarcado, eu acrescentaria que ele provavelmente trouxe-nos o desenvolvimento do Ego, um senso de identidade individual e uma crescente capacidade de nos diferenciarmos das outras pessoas.

Se queremos um reino transformado, precisaremos reconhecer o potencial para o heroísmo e a sabedoria que há em todas as pessoas.

De modo análogo ao desenvolvimento individual humano, as primeiras sociedades gimnocêntricas eram carinhosas, inventivas e pacíficas, mas não conseguiam defender-se das hordas patriarcais invasoras e, portanto, foram conquistadas e escravizadas. As sociedades patriarcais eram fortes e belicosas, mas geravam conflitos internos e externos. As pessoas estavam sempre lutando pelo poder e, dessa maneira, não podiam simplesmente relaxar e ser carinhosas e gentis umas com os outras.[1] As sociedades gimnocêntricas tinham as virtudes dos arquétipos do Inocente, do Caridoso e do Amante. As sociedades patriarcais demonstravam as virtudes do Órfão, do Guerreiro e do Explorador.

Embora o patriarcado tenha nos proporcionado muitas dádivas, sem a atual ascensão das mulheres ele estaria nos levando à beira de um desastre. (Obviamente, temos de receber as dádivas mais importantes do Guerreiro antes que possamos seguir adiante.) O problema não se resume no fato de a excessiva ênfase do patriarcado nos valores do Guerreiro ter mantido o mundo sob a ameaça de uma guerra nuclear. Todos estamos conscientes disso. As pessoas passaram também a justificar a poluição do ambiente no interesse da competitividade. Se os lucros caem ou a saúde financeira de uma empresa fica ameaçada, as preocupações ecológicas frequentemente são esquecidas. Na origem disso está a excessiva ênfase no Ego, que isola todas as pessoas – tanto homens quanto mulheres – da Alma, do Ego e da força vital. A energia do nosso Explorador é então desviada de uma verdadeira busca para a nossa necessidade obsessiva de realizar coisas e, obviamente, leva-nos a cortejar o Destruidor.

Na verdade, provavelmente, não é um exagero dizer que, de uma maneira ou de outra, a nossa cultura tem experimentado os efeitos do Destruidor durante a maior parte do século. Essa iniciação começou com as grandes guerras mundiais e continuou com as guerras da Coreia, do Vietnã e do Iraque. Em muitas partes do mundo, isso se manifesta pela fome generalizada e, em praticamente todos os lugares, pela existência de pessoas pobres e sem teto. O Destruidor também tem estado ativo de outras maneiras, com a grande erosão dos valores e padrões de comportamento tradicionais, culminando na revolucionária década de 1960. Os problemas com o uso de drogas e a consequente degeneração da vida familiar constituem parte dessa iniciação.

Também nos ressentimos da ausência do arquétipo do Caridoso. Nos períodos iniciais da história patriarcal, a importância que os homens atribuíam ao Guerreiro era compensada pelos papéis desempenhados pelas mulheres e mais relacionados com o Caridoso. Os movimentos feministas contemporâneos foram em parte motivados pelo fato de que, embora fosse atribuída às mulheres a maior parte das funções relacionadas com a dispensa de cuidados para a sociedade, essa atividade não era e ainda não é respeitada ou reconhecida. Muitas mulheres não gastam mais o tempo todo alimentando e cuidando das outras pessoas – passando a procurar papéis que proporcionariam maiores recompensas – e os homens não se movimentaram para preencher esse vazio. Assim, temos uma crise. Quem irá cuidar das crianças? Quem irá cuidar das casas? Quem irá cuidar das pessoas idosas? Quem irá criar um espírito de comunidade e fazer com que as pessoas saibam que são importantes?

No momento somos um mundo constituído por Exploradores vivendo numa "fase de transição", enquanto passamos de uma para outra era cultural. Embora vários teóricos tenham se referido a esse fenômeno de diferentes maneiras, o mais comum é dizer-se que estamos saindo da era industrial e ingressando na era da informática. Muitos têm manifestado esperança na possibilidade de entrar numa "Nova Era" de abundância, paz, amor e prosperidade. Assim como acontece em todas as grandes transições culturais, o terreno sob nossos pés nos parece incerto.

Algumas pessoas reagem apegando-se a valores, hábitos e tradições antigas e anacrônicas. Elas podem, por exemplo, ansiar pelo retorno aos antigos padrões de relacionamento entre os sexos ou entre pais e filhos (ou seja, "restabelecer os valores da família"). Outros optam pelo ceticismo e simplesmente passam a viver em função do dinheiro e do poder.

Porém, a maioria das pessoas tem consciência de que temos diante de nós um grande desafio social na tarefa de reconstruir e recriar a nossa sociedade e o mundo. A maioria de nós, todavia, precisa começar por si mesmo e com a própria vida e com o grande desafio de aceitar a ideia de que o nosso antigo mundo está morto ou agonizante e que o novo mundo, se deixarmos que seja criado por si mesmo, poderá não ser um lugar digno de se viver. Precisamos participar conscientemente da transformação.

Isso exige que as pessoas de todo o mundo empreendam as jornadas da Alma. O movimento feminista, o movimento em defesa dos direitos civis, o movimento do potencial humano, o movimento da Nova Era e as lutas de libertação da Europa Oriental, da África do Sul e da América Latina fazem parte dessa grande busca. Embora esse seja o lado positivo do Explorador, o seu lado negativo se manifesta também na excessiva importância atribuída à luta, às realizações e ao autoaperfeiçoamento, mesmo que isso imponha um grande custo ao ambiente e cause o esgotamento dos recursos humanos. Estamos empenhados numa busca enquanto o Destruidor desgasta diariamente tudo o que havíamos presumido ser estável. O conhecimento está se expandindo com uma velocidade inacreditável. A tecnologia está evoluindo muito rapidamente. Os costumes são muito mutáveis e não podemos avaliar o significado dos danos ambientais para a vida no planeta. A derrubada do Muro de Berlim é um poderoso símbolo cultural de que o Destruidor fez o seu trabalho. Não estamos mais no mundo que conhecíamos. O velho mundo acabou e estamos começando a criar o novo. Se não nos abrirmos para o arquétipo do Amante, se não determinarmos o que realmente amamos e valorizamos e não descobrirmos quem somos, o resultado pode ser uma grande devastação. Temos de saber quais os valores e tradições do passado e do presente que precisam ser protegidos e conservados. Precisamos determinar de modo individual e coletivo o que gostaríamos de fazer ou de criar e em que tipo de mundo gostaríamos de viver.

Já faz algum tempo que a ameaça de aniquilação por acidentes nucleares, guerras, desastres ambientais ou colapso econômico tem estimulado todas as culturas e as grandes potências a reduzir a ênfase nos arquétipos do Guerreiro e do Explorador e a dar mais importância ao Caridoso e ao Amante. Sermos convocados pelo Amante significa ser convocado simultaneamente pela nossa Alma para descobrir que as ligações entre as pessoas são mais profundas do que se pensava anteriormente. O arquétipo do Amante nos ensina que as barreiras entre as pessoas e os povos podem ser derrubadas.

No nível da Alma, o arquétipo do Destruidor está nos dizendo que, conforme W. H. Auden escreveu, "Temos de amar uns aos outros ou morrer".

Isso significa que, embora precisemos experimentar o poder dos arquétipos que têm sido depreciados e associados à jornada feminina, não devemos parar por aí. Quando integramos o Guerreiro com o Caridoso e o Explorador com o Amante, alcançamos um novo potencial andrógino. Da mesma maneira que as pessoas passam pela iniciação da Alma para criar uma vida de potencial andrógino – com realização por meio do amor e do trabalho, feitos pessoais e ligação com a Alma – também ajudamos a criar um mundo em que a paz e a harmonia são possíveis num contexto em que a diversidade é realmente valorizada. Enquanto estivermos operando apenas no nível do Ego não teremos possibilidade de enfrentar esses desafios. Quando nos tornamos receptivos em relação à nossa Alma e nos transformamos em quem realmente somos, nossos problemas podem ser abordados de uma maneira global.

Neste exato momento, o arquétipo do Criador está ativo e ajudando diversas pessoas a nos proporcionarem algumas visões a respeito de como o mundo poderia ser. Artistas, escritores e futurólogos desempenham essa função na nossa vida cultural, na nossa imaginação e na nossa vida individual.

O arquétipo do Governante ainda não se manifestou, visto que existem poucos lugares em que uma verdadeira renovação tenha acontecido numa escala macrocósmica. Cada um de nós contribui para concretizar essa possibilidade quando criamos uma fantasia do nosso mundo ideal e depois agimos no sentido de transformar essa fantasia em realidade. Também o fazemos quando simplesmente assumimos a responsabilidade pelas coisas e paramos de colocar a culpa nos outros.

Uma parte transformativa desse processo, tanto para homens como para mulheres, consiste em reafirmar a feminilidade e os valores e arquétipos associados a ela, tanto nas mulheres quanto nos homens. Outra parte consiste em valorizar e afirmar as diversas dádivas de diferentes raças e culturas em vez de simplesmente presumir – ou lutar para provar – a nossa própria superioridade.

Nós transformamos coletivamente o mundo por meio da atividade política, a qual envolve o esforço individual. *Não basta buscar a nossa própria felicidade quando no mundo tantas pessoas são oprimidas pela pobreza, pela ignorância, pelos preconceitos ou pela tirania.* Se acreditamos que as soluções adequadas para os problemas mundiais irão exigir todas as nossas dádivas, faz sentido apoiarmos ou nos engajarmos em atividades políticas que visam estender a todas as pessoas o acesso à educação, aos empregos e também à própria vida, à liberdade e à procura da felicidade. O esforço para ajudar as outras pessoas é certamente algo dignificante e, ao nos dedicarmos a isso, ajudamos a criar um mundo próspero e pacífico.

Cultura e Arquétipo

Vários fatores ambientais, sociais e culturais podem influenciar quaisquer dos pares de arquétipos. Por exemplo: qualquer grupo oprimido – incluindo todas as mulheres e membros de minorias raciais, homossexuais masculinos e femininos, os pobres e os deficientes – são verdadeiramente orfanados pela sua cultura. Isso significa que neles o arquétipo dominante será provavelmente o Órfão e não o Inocente – se as pressões para repudiar essas iniquidades injustas não forem suficientemente fortes, isso pode significar o predomínio de um Inocente imobilizado pela rejeição. À medida que esses grupos começam a lutar pelos seus direitos, o poder das pessoas brancas do sexo masculino é reduzido e elas também se sentem orfanadas.

As culturas são ainda mais dinâmicas dos que as pessoas e por isso incluem todos os doze arquétipos em padrões que se alteram constantemente. Além disso, atualmente todas as principais culturas do mundo são patriarcais, embora a maioria esteja passando por um processo de transformação. Isso significa que o arquétipo do Guerreiro será forte em cada uma delas porque esse é o arquétipo patriarcal.

Os Arquétipos que se Manifestam Atualmente na Cultura

1. Os comentários que acabamos de fazer basearam-se nas condições do mundo quando este livro estava sendo escrito. Com base nas notícias veiculadas pelos meios de comunicação, e em outras informações que você recebe a respeito do mundo, quais os arquétipos que atualmente estão ativos nos acontecimentos locais, nacionais e mundiais?
2. Tendo em mente que você influencia o curso da história pela maneira como vive a sua vida, qual poderia ser a sua contribuição para a saúde e o sucesso coletivo da aventura humana? O que você está disposto a fazer?

Embora cada uma delas incorpore todos os doze arquétipos, muitas das principais culturas do mundo fazem isso de uma maneira peculiar e algumas também desenvolvem acentuadamente arquétipos aos quais foram atribuídos menos importância em outras. É ao mesmo tempo esclarecedor e alarmante observar as diferentes culturas e o que está acontecendo a elas no momento. Por exemplo: as culturas mais alinhadas com a Alma – os índios norte-americanos e outras populações nativas (como os aborígines) e a cultura dos guetos negros nos Estados Unidos – são as que correm o maior risco de serem destruídas. A opressão das culturas da Alma reflete a atual opressão sofrida pela Alma no nosso mundo. Enquanto os fatores ambientais continuarem a deixar órfãs essas culturas, o mundo correrá o risco de perder sua riqueza e sua sabedoria.

Podemos aprender alguma coisa a respeito das peculiaridades dos diversos países e nações identificando os arquétipos que predominam na sua herança cultural. O cristianismo, dominante nas culturas de origem europeia, constitui uma religião baseada num Governante/ Mago ou "Redentor do Mundo". Entretanto, na vida cotidiana, a ênfase é nos valores físicos e quantitativos do Governante, pois considera-se que o arquétipo do Mago pertence apenas ao divino. Assim, a magia – realizada diretamente por Cristo ou com a sua ajuda e, portanto, sendo chamada de milagre e não de magia – é frequentemente vista como algo maligno e associada à bruxaria ou a cultos demoníacos.[2] Dessa maneira, a imagem do Mago muitas vezes inspira temor, a não ser que os milagres invocados sejam de natureza tecnológica.

No pior dos casos, o arquétipo do Governante (combinado ao do Guerreiro) resultou num "destino manifesto". No melhor, teve como consequência um genuíno interesse pelo bem de todo o mundo (como é exemplificado pelo Plano Marshall ou pelo Corpo da Paz). A cultura dominante nos Estados Unidos é um subconjunto da cultura ocidental que se diferencia pela sua simultânea inclinação para o Explorador, tornando-a mais preocupada com a liberdade das pessoas do que com a coesão do grupo ou a proteção às pessoas.

Apesar da influência ocidental, as culturas orientais (muitas das quais também desenvolveram muito o Governante) ainda mantêm a ênfase do budismo na mente e no espírito, aspirando pelo desapego do Sábio. Essas, obviamente, são culturas que desenvolveram o budismo em todas as suas formas e que buscam a iluminação. Embora elas também sejam culturas guerreiras, o arquétipo do Guerreiro serve ao grupo e não às pessoas. Conforme expressou um empresário japonês, "Qualquer prego saliente é rebaixado a martelo". Doa mesmo modo como as culturas ocidentais desenvolveram as virtudes do idealismo, as culturas orientais desenvolveram as da solidariedade de grupo.

Tanto a cultura dos índios norte-americanos como a dos nativos da África têm uma melhor compreensão e uma maior apreciação pelos arquétipos do Mago e do Bobo do que as culturas europeia ou oriental, conforme é evidenciado no destaque dado em suas mitologias aos papéis do Trapaceiro e do xamã. Com o Bobo, aprendemos a capacidade de ter alegria e viver o momento. Com o Mago adquirimos um forte sentimento de ligação entre a vida humana e a natureza e, assim, um respeito pelo equilíbrio ecológico de que as culturas do Explorador geralmente carecem.

Todas as principais culturas, raças e nações se especializaram de alguma maneira no desenvolvimento dos diferentes tipos de potencial humano. Juntos, eles nos dão a sabedoria que pode proporcionar totalidade à cultura *humana* e uma compreensão adequada do mundo em que vivemos.[3]

O Respeito às Nossas Tradições Culturais

Não chega absolutamente a constituir um problema o fato de os mitos de nossa vida serem influenciados pelos mitos da nossa família e de nossa herança étnica visto que, embora não queiramos ser totalmente definidos por essas tradições (pois queremos ser nós mesmos), é importante que nossa vida transcorra dentro de uma tradição cultural e que assumamos a responsabilidade pelas forças e fraquezas dessa tradição.

Em qualquer família, tanto os atributos positivos como os negativos são passados de geração para geração. Sabemos, por exemplo, que as crianças que cresceram em lares em que eram maltratadas têm maior probabilidade de também virem a maltratar os seus próprios filhos. As crianças cujo pai ou mãe era alcoólatra ou viciado em drogas têm maior probabilidade de virem a sucumbir ao vício do que as crianças cujos pais têm estilos de vida mais sadios. As crianças que foram tratadas com bondade pelos pais têm maior probabilidade de tratar igualmente bem os seus próprios filhos.

Uma grande responsabilidade que todos nós compartilhamos é a de transmitir as melhores tradições da nossa família e não passar adiante aquelas que são nocivas. Todas as pessoas que sofreram maus-tratos praticados por seus país e não fizeram o mesmo com seus filhos realizaram um grande ato heroico – quebraram uma corrente de sofrimento que pode remontar a várias gerações. Elas estarão transmitindo às gerações futuras uma tradição nova e mais positiva. Muitos de nós fazemos isso de maneiras menos espetaculares, simplesmente tentando ser um pouco mais bondosos, um pouco mais sábios e um pouco mais eficientes do que os nossos pais. Embora nem todos tenhamos sucesso nisso, quando o conseguimos teremos ajudado a transformar o mundo num lugar melhor.

Da mesma maneira, cada um de nós é parte de outras tradições e tem responsabilidades dentro delas. Pertencemos a um grupo sexual, racial, a uma região, uma comunidade, uma nação e, se formos imigrantes, ao nosso país de origem. Temos com cada um desses grupos o mesmo relacionamento que temos com a nossa família. Nosso desafio é manter o que há de melhor na nossa herança sexual, racial ou étnica e modificar, pelo menos em nossa vida, aquilo que não é tão bom.

Realizamos essa mudança empreendendo a nossa jornada e nos tornando diferentes. Assim, não só transformamos a nossa própria vida como também fazemos uma contribuição – embora pequena – para transformar os grupos de que fazemos parte. Um exemplo disso é a religião. Você pode ter sido criado como um fundamentalista cristão e abandonado essa posição por discordar de muitas de suas crenças. Você talvez não acredite que os budistas ou hindus vão para o inferno, a não ser que aceitem Jesus como o seu salvador. Você pode achar que isso o coloca fora do grupo.

Sua Herança Cultural

1. Que parte de sua herança familiar, étnica, racial, política e/ou religiosa você quer continuar a respeitar na sua vida e transmitir às gerações futuras?
2. O que você poderia querer mudar? O que você quer maneira de forma diferente?

Na verdade, porém, você está tão inserido na tradição cristã quanto os protestantes fundamentalistas. Você pode fazer parte dessa tradição e acreditar em quaisquer outras coisas. Quer você se considere ou não parte da tradição cristã, uma mudança na sua teologia representa, em última análise, um voto em favor de uma mudança na teologia coletiva. Se compreender isso, você também irá se sentir livre para reverenciar e cuidar carinhosamente do que ainda lhe parece ser positivo na sua tradição.

O mesmo é válido para o judaísmo, o budismo, o hinduísmo e para qualquer outra religião. O mesmo é verdadeiro para o ateísmo e também para o socialismo, o capitalismo ou o liberalismo ou, ainda, para a nossa participação na tradição norte-americana, na tradição russa, na afro-americana, na tradição da sua região ou bairro ou do lugar em que você trabalha. Isso é válido para heterossexuais, para os bissexuais, para as lésbicas e os *gays*. Isso é verdadeiro para homens e mulheres.

Quando empreendemos a nossa jornada e retornamos para compartilhar aquilo que aprendemos, ajudamos a transformar muitas outras coisas além da nossa própria vida. É inevitável que encontremos outras pessoas que, como nós, encontraram verdades semelhantes. Somos solitários apenas quando nos conformamos, quando nos escondemos ou nos recusamos a compartilhar com outras pessoas aquilo que sabemos. Quando temos a coragem de ser nós mesmos – ver aquilo que vemos, saber o que sabemos e agir com base nesse conhecimento – podemos encontrar outras pessoas na mesma situação que a nossa. E então, juntos, poderemos criar novos mundos.

Mantendo Sabedorias e Valores Ameaçados

Se formos espertos, também aprenderemos coisas a partir de outras tradições e das jornadas das outras pessoas, em vez de desperdiçar tempo precioso tentando provar a nossa superioridade sobre elas ou hostilizando-as pelo modo como veem o mundo. No presente momento, nossa incapacidade de apreciar as diversas tradições culturais ameaça aniquilar importantes "verdades" humanas. Em *Women's Reality*, por exemplo, Anne Wilson Schaef escreve a respeito do modo como o que ela chama de "sociedade branca e masculina" valoriza a pontualidade. Ela observa que quanto mais um determinado grupo se distancia desse valor, mais ele é punido pela cultura dominante.

As mulheres, observa ela, tendem a entender melhor do que os homens o processo do tempo, em parte porque a criação dos filhos requer uma compreensão desse processo: qualquer mãe que trabalha fora de casa e tiver interiorizado a ideia de que precisa ter a comida pronta para a família às seis horas da tarde continuará passando pela experiência de tentar preparar o jantar com uma criança de 2 anos agarrada à sua saia até finalmente aprender a cuidar primeiro das necessidades emocionais de seus filhos e, depois, no devido tempo, da sua alimentação.

Schaef prossegue dizendo que os índios norte-americanos são, nos Estados Unidos, o grupo que apresenta atitudes mais discrepantes em relação ao tempo e também o grupo mais castigado pelas autoridades masculinas da raça branca. Ela conta como o Departamento de Assuntos Indígenas poderia marcar um encontro com alguma tribo indígena num determinado dia e chegar lá "na hora combinada". Os índios, por outro lado, poderiam chegar vários dias "atrasados". Em sua perspectiva de tempo, porém, eles estavam sendo perfeitamente "pontuais". Eles ficaram rezando e dançando durante vários dias, aguardando o momento certo. Quando sentiram que era o momento apropriado de comparecer ao encontro, eles foram para lá – dentro do horário, não no sentido do relógio, mas sim de um processo mais profundo.

O grande perigo de hoje – não apenas em relação ao tempo, mas a respeito de inúmeras outras questões – é que a cultura dominante na maioria das sociedades tende a estar tão convencida da sua superioridade em relação às demais e tão desatenta aos efeitos de suas atitudes que as virtudes humanas que têm sido cultivadas e desenvolvidas por outras culturas e subculturas desaparecem e são perdidas (assim como certas espécies de animais). Isso acontece de modo indireto. As punições para o desvio da cultura dominante são tão rigorosas (as pessoas não são levadas a sério; são vistas como seres inferiores, ingênuos, simples e necessitados de desenvolvimento; não conseguem sequer ganhar a vida se não assimilarem os costumes e valores dominantes) que as pessoas não conseguem suportá-las. Nos Estados Unidos, por exemplo, mostrar-se à altura dos ideais europeu, branco e masculino é uma atitude recompensada de maneira mais ou menos consistente (mesmo no caso de mulheres, negros e índios) ao passo que a escolha de um modo de vida de acordo com outra tradição é sistematicamente punida (ainda que de modo sutil). O processo em grande parte é inconsciente. Ninguém tem a intenção de destruir as realizações e valores das outras culturas; o fato é que a presunção de superioridade da cultura dominante é tão forte que nunca lhes ocorre a ideia de adotar outro tipo de comportamento.

Não podemos pedir às minorias que preservem suas tradições porque, se o fizerem, elas serão punidas. As pessoas necessitam de igualdade de oportunidade e de liberdade de escolha. Ao tornar isso possível, porém, todos sairemos perdendo se não descobrirmos uma maneira de manter as tradições das culturas que estão sendo destruídas.

Uma saída seria cada um de nós respeitar e manter aqueles valores de outras tradições e da nossa própria que são adequados para nós. Como as barreiras entre as nações e as culturas estão sendo derrubadas, não faz mais sentido manter as pessoas em reservas, guetos ou em escolas ou ambientes separados. Essa é uma ordem de outra época. Esse era o tempo em que apenas os italianos comiam massa, os asiáticos comiam arroz e os WASPs* comiam filé e batatas. Assim como o nosso paladar lucra com a possibilidade de apreciar massas, arroz, iogurte, filés, batatas, *curry* e inúmeros outros excelentes alimentos

---

* WASP: White, Anglo-Saxon, Protestant (branco, anglo-saxão, protestante). Nos Estados Unidos, acrônimo usado no sentido pejorativo para designar os indivíduos de religião protestante e descendentes de britânicos, os WASPs são tidos como os que detêm maior poder econômico, político e social. (N. da R.)

originários de diversas culturas, podemos tomar a decisão de manter o que há de melhor em cada tradição em vez de presumir que as massas são inferiores ao filé!

Eu não sou nenhuma índia norte-americana, mas dou grande importância à necessidade de se encontrar o "momento certo" para fazer as coisas, ainda que numa sociedade controlada pelo relógio nem sempre eu possa ser inteiramente fiel a esse valor. Posso continuar a aprender coisas a partir de um ponto de vista indígena e ecológico de equilíbrio com a Terra e abrir-me mais para amar e valorizar a própria Mãe Terra, sem a qual eu não existiria. Não sou negra, mas posso me esforçar conscientemente para aprender coisas com a capacidade de improvisação, a alegria e o sentimentalismo da cultura negra, e o faço em meu próprio benefício. Além disso, também estou consciente de que, ao fazer isso, mantenho e conservo elementos da cultura negra que, aos meus olhos, são superiores à minha própria cultura.

Embora eu trabalhe fora de casa e, sob muitos aspectos, minha vida seja parecida com a de muitos homens, eu também mantenho os valores de um tipo antigo de sabedoria feminina e procuro permanecer fiel ao meu próprio ritmo como mulher – ainda que isso possa parecer um comportamento um tanto incomum. Se no futuro os valores da sociedade branca masculina estiverem ameaçados, eu lutaria para mantê-los e, mesmo sem essa ameaça, já adoto muitos desses valores.

Todavia, para nos beneficiarmos da diversidade de riquezas culturais existentes num mundo em que as distâncias foram encurtadas e essa riqueza tornou-se disponível graças à explosão de conhecimentos e aos meios de comunicação de massa, precisamos renunciar à ilusão de que qualquer um de nós é superior a qualquer outra pessoa. Nesta nossa época, o heroísmo reverencia necessariamente a diversidade porque ele reconhece que cada indivíduo e cada cultura constitui uma parte importante do todo, mas nenhum indivíduo ou cultura é esse todo. Nós precisamos uns dos outros. A natureza, Deus e o universo não cometeram nenhum engano ao fazer alguns de nós marrons e alguns brancos, alguns homens e outros mulheres, alguns heterossexuais e alguns *gays* e lésbicas. A meta é que nenhum grupo declare a própria superioridade e pretenda moldar os restantes.

É também importante que, ao incorporar elementos de outras culturas, não o façamos como imperialistas. Ao adotar elementos de qualquer cultura é importante fazê-lo com respeito. Um dos Dez Mandamentos nos diz para honrar nosso pai e nossa mãe e muitas culturas nativas têm o costume de honrar os ancestrais. Todas as culturas são nossas ancestrais na medida em que contribuíram para as riquezas das culturas que conhecemos. Essa consideração requer tanto uma ação política coletiva quanto bondade e respeito individuais para que tenhamos um mundo no qual nenhuma pessoa seja menosprezada ou prejudicada em virtude da sua raça, sexo ou herança cultural.

Quando empreendermos a nossa jornada e compreendermos plenamente o nosso potencial enquanto indivíduos e culturas, e quando nos tornarmos humildemente abertos para aprender coisas uns com os outros, aí então teremos a capacidade de resolver os grandes problemas da nossa época. Esse é o desafio heroico com o qual a humanidade se defronta hoje. A velha ordem, na verdade, está morta. De fato, estamos todos passando por uma metamorfose – morte e renascimento – para que possamos realmente amar e valorizar uns aos outros. Isso começa com a conservação do melhor que foi produzido no passado e com a criação de condições para que haja um intercâmbio fecundo entre essas diversas tradições e sabedorias para que a sua sinergia produza algo maior ainda do que aquilo que veio antes.

Arquétipos, Cultura e Totalidade

Há outro tipo de totalidade, além da androginia, para o qual não temos um nome apropriado. O mais próximo que me ocorre é o cosmopolitismo, ou seja: procurarmos ser cidadãos do mundo. Porém, o indivíduo não pode tentar chegar a isso fugindo de sua própria cultura – assim como não se pode chegar à androginia rejeitando a nossa própria identidade sexual. Isso exige que o indivíduo tenha a capacidade de compreender plenamente a sua própria cultura e não só apreciar seus valores e pontos fortes, como também assumir a responsabilidade pelas suas fraquezas. Isso significa aceitar realmente a ideia de que cada um de nós vive de acordo com uma tradição e faz parte dela, quer aprovemos ou não. O melhor é ter um bom relacionamento com essa tradição e, se houver alguma coisa nela que desaprovamos, agir no sentido de modificar esses aspectos transformando a nossa própria vida.

Quando estamos realmente dispostos a fazer parte da nossa própria cultura, podemos nos abrir para aprender coisas com as outras culturas. Isso significa evoluir e deixar de considerar a nossa própria cultura como superior ou inferior a alguma outra. As coisas que fazemos definem boa parte daquilo que somos. Isso não torna as coisas melhores nem piores. Com base nesse ponto de vista, não precisamos esmagar outras culturas ou a nossa própria, e podemos começar a aprender coisas com a sabedoria que as outras culturas podem nos proporcionar.

No interior da nossa psique isso também significa que podemos abrir espaço para aquela parte de nós que conhece a sabedoria que foi mais bem desenvolvida por alguma outra cultura que não a nossa. Por exemplo: um homem branco de origem europeia poderá descobrir que tem dentro de si determinado número de homens e mulheres de diferentes raças. Um desses homens falou-me a respeito do jardineiro japonês que tinha dentro de si, e que compartilhava paz e sabedoria com ele. Outro falou-me do homem negro que tinha dentro de si, e que o ensinou a se soltar, a relaxar e a gozar a vida. Outro falou-me de uma velha índia que o ensinou a ligar-se à terra.

Do mesmo modo, uma mulher negra pode ter dentro de si um homem branco de origem europeia que lhe ensina como ser bem-sucedida num mundo branco e masculino, uma mulher chinesa que a estimula a parar, a meditar e a abrir-se para a sabedoria interior, e também um feiticeiro índio que lhe dá conselhos a respeito de como curar a si mesma e às outras pessoas.

Obviamente, é importante reconhecer que essas figuras arquetípicas que existem dentro da nossa mente (que são poderosas presenças por trás dos estereótipos que frequentemente tanto nos limitam) não correspondem a nenhuma pessoa real. Embora elas possam nos ensinar a aumentar a nossa totalidade, não podemos presumir que o negro (ou o branco) que existe dentro da nossa mente seja um representante típico ou fale pelas pessoas negras (ou brancas) que conhecemos. Isso é igualmente verdadeiro para qualquer outro grupo. Se a figura que existe na nossa mente for apenas um estereótipo, ela não irá aumentar o nosso poder. Se for um arquétipo, ela irá nos fortalecer e nos ensinar coisas – embora possamos nos basear nisso para fazer generalizações a respeito de outros seres humanos.

Outras Culturas

1. Quais qualidades, tradições ou maneiras de fazer ou de pensar você admira em outras tradições culturais, familiares ou religiosas que não a sua própria?
2. Quais delas você desejaria incorporar à sua vida?

As mulheres muitas vezes ficam furiosas com os homens à sua volta porque elas têm um macho patriarcal na mente dizendo-lhes que elas são inadequadas. É sempre importante verificar se você está apenas fazendo uma projeção ou se os homens que estão em torno de você têm realmente essa atitude e estão agindo de acordo com essa visão. Da mesma maneira, os homens frequentemente temem as mulheres em virtude da mulher interior que os está seduzindo e levando-os a conhecer Eros. Se eles projetarem essa *anima* interior sobre uma mulher, ela poderá parecer uma figura imensamente poderosa – e, ao mesmo tempo, atraente e ameaçadora em virtude desse poder. É importante que os homens se detenham para eliminar essa projeção e poderem verificar o que é realmente verdadeiro a respeito das mulheres do seu convívio.

Assim, as imagens que os europeus têm dos asiáticos podem definir suas experiências com eles, a não ser que se esforcem por diferenciar a imagem interior arquetípica das pessoas de verdade com as quais eles estão interagindo – o mesmo é válido para os asiáticos em relação aos europeus, para os negros em relação aos brancos, para os hispânicos em relação aos descendentes de ingleses e para os descendentes de ingleses em relação aos hispânicos. Isso também é verdadeiro entre franceses e ingleses, entre alemães e italianos, entre russos e húngaros. Dentro dos Estados Unidos, é válido entre texanos e nova-iorquinos.

Ao passo que os arquétipos são fontes de poder e sabedoria, os estereótipos limitam. Precisamos ir além dos estereótipos limitantes para podermos conhecer os arquétipos fortalecedores que estão abaixo deles. Diferentes países, raças e áreas geográficas frequentemente possuem arquétipos associados a eles; todos esses arquétipos contribuem para a nossa maior totalidade e complexidade. No entanto, esse arquétipos não definem as pessoas que integram essas culturas. Se pudermos manter esse equilíbrio, poderemos nos beneficiar com a diversidade das diferentes tradições culturais arquetípicas e manter a capacidade individual das pessoas interiores para demonstrar seus diferentes atributos, abordagens e dádivas.

O grande truque para se vivenciar a totalidade consiste em nos livrarmos da ilusão de que algum de nós é superior ou inferior, e nos permitirmos ser plenamente aquilo que somos – assumindo nossa identidade sexual, nossa raça e o nosso *Self* individual – e sem que isso nos impeça de também aprender coisas com as outras pessoas e incorporar a sabedoria delas. Isso também implica não nos deixarmos enganar pelas pessoas que pensam que são superiores ou inferiores a nós, pois esses conceitos sempre resultam em vidas inautênticas. Eles produzem um estado mental em que ou ficamos com medo de ser quem somos ou com medo de nos afastarmos de um conceito bastante limitado a respeito do que isso significa.

Para compreender como os arquétipos operam na sua vida é importante compreender o seu próprio contexto – incluindo o estágio da sua vida em que você se encontra, sua identidade sexual, suas tradições familiares, raciais ou culturais, os arquétipos constituídos pelos eventos nacionais ou globais ou o contexto imediato da sua casa, do seu trabalho ou da vida comunitária. O diagrama da página seguinte é apresentado para que você possa fazer anotações sobre as diversas energias arquetípicas que atualmente estão ativas dentro da sua psique ou do seu contexto cultural.

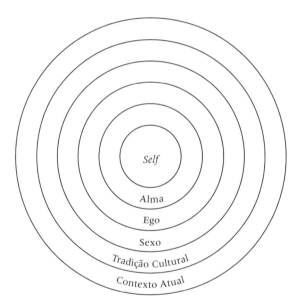

Começando a partir do círculo interno e indo em direção ao exterior, escreva o nome do arquétipo mais ativo no seu *Self*, na sua Alma e no seu Ego. Depois disso, cite os arquétipos mais ativos na sua vida por causa do seu sexo; os dois arquétipos associados ao seu atual estágio de vida; os arquétipos ativos na sua vida em decorrência de suas tradições familiares, raciais, étnicas, culturais ou religiosas; e, por fim, aqueles arquétipos constituídos pelos eventos atuais – locais, nacionais, mundiais ou que ocorrem na sua casa ou no seu local de trabalho.

Qualidades Arquetípicas das Culturas

Você talvez queira utilizar este diagrama para identificar as qualidades arquetípicas da sua própria herança cultural. Observe que estamos simplificando as coisas e que a maioria das culturas nos proporciona uma mistura dessas qualidades ou variações daquelas descritas aqui. No caso de muitas culturas – e famílias – você poderá identificar um arquétipo para as categorias do Ego, da Alma e do *Self*, tal como é possível fazer em relação a indivíduos. Você também pode descobrir que a sua herança cultural tem uma inclinação masculina ou feminina.

Inocente	As autoridades são respeitadas e se mostram responsáveis pela proteção e cuidado dos outros. Elevado prêmio pelo respeito às regras e tradições e valorização do bem da cultura ou do grupo, e não do indivíduo. Na verdade, espera-se que os indivíduos se ajustem e se comportem de maneira correta. No pior dos casos, o afastamento ou a infração das regras é severamente punido. No melhor, considera-se que os infratores precisam de ajuda e as autoridades procuram pacientemente estimular comportamentos mais corretos.
Órfão	Muito igualitárias, as pessoas juntam-se para se defender da opressão ou para se ajudarem nas épocas difíceis, ou em caso de doença, pobreza e de outros infortúnios. As pessoas se sentem muito frágeis. No melhor dos casos, as pessoas se sentem na condição de vítimas, mas se ajudam mutuamente. No pior, elas se prejudicam umas às outras.
Caridoso	Espera-se que todas as pessoas se doem altruisticamente sem pensar em seu próprio bem-estar. No melhor dos casos, isso funciona e todas as pessoas são bem cuidadas. No pior, todo mundo se doa sem impor limites e ninguém recebe aquilo que quer porque ninguém se dispõe a pedir nada – isso pareceria egoísmo! Ou ainda, pode ser que ninguém queira admitir alguma verdade a respeito da sua situação.
Guerreiro	Culturas exigentes, disciplinadas, trabalhadoras e estoicas, que oferecem um alto prêmio para a competitividade. No melhor dos casos, as pessoas se juntam para lutar contra terceiros. No pior, tudo degenera numa ruidosa disputa.

Explorador	Muito individualista. Ninguém se preocupa muito com os outros mas todos têm direito "à vida, à liberdade e à procura da felicidade". No melhor dos casos, as pessoas encontram a si mesmas. No pior, todos ficam muito solitários e entregues à própria sorte.
Destruidor	Todos se unem em torno de um desejo de destruir alguém ou alguma coisa. As pessoas são incentivadas a permanecerem unidas por uma crença coletiva de que algo precisa ser feito. No melhor dos casos, esta pode ser uma cruzada ou uma rebelião contra o mal. No pior, se não houver nenhuma válvula de escape para essa cólera, ela volta-se contra o próprio indivíduo. As pessoas destroem a si mesmas por meio da violência e do uso de drogas e bebidas alcoólicas.
Amante	Culturas muito igualitárias e passionais, que dão grande valor à expressão artística, aos relacionamentos pessoais e a viver bem. Há uma elevada carga dramática e emocional e grande preocupação com a qualidade de vida. No melhor dos casos, as pessoas se sentem bem, têm relacionamentos profundos e levam uma boa vida. No pior, a paz é quebrada por problemas de ciúmes, disputas, fofocas ou solapada por conflitos ocultos.
Criador	Culturas altamente visionárias e inovadoras nas quais a principal preocupação é aquilo que estamos construindo juntos (como nos experimentos utópicos). No melhor dos casos, a visão é concretizada de alguma maneira. No pior, a desolação do presente é justificada pela grande visão a ser concretizada em algum dia ilusivo no futuro.
Governante	A pessoa atribui grande importância à capacidade de liderar e de governar os outros, dando um bom exemplo em todos os seus atos. Muitas vezes essas culturas dão grande valor à obtenção de riquezas materiais, considerando-as um sinal de merecimento. No melhor dos casos, esta pode ser uma maneira elevada e responsável de comportamento filantrópico, no qual os ricos ajudam os despossuídos com elegância e diplomacia. No pior, isso se transforma num espetáculo de presunção, esnobismo e imperialismo.
Mago	Enfatiza o aumento do poder do próprio indivíduo e das outras pessoas, num contexto de mutualidade entre o indivíduo e os outros, entre a humanidade e a natureza. No melhor dos casos,

	a ação transformativa baseia-se na interdependência e na humildade. No pior, ela se torna manipuladora, desequilibrada e dirigida apenas pelo Ego ou, então, acaba ficando impotente por causa de uma incapacidade para lidar adequadamente com visões diferentes da sua ou de reconhecer a necessidade de mudanças em épocas de transição.
Sábio	Valorização dos atributos intelectuais, autoridade conquistada pela obtenção de grande sabedoria ou perícia, pouca necessidade de inovações, pois o centro do seu interesse são as verdades eternas. No melhor dos casos, estas são culturas refinadas e dignificantes, que podem até mesmo ajudar o indivíduo interior a obter mais sabedoria. No pior, elas são afetadas, desligadas da vida, sufocam a capacidade de iniciativa dos indivíduos e resistem às mudanças.
Bobo	Culturas que enfatizam a experiência, vivendo plenamente a vida pelo simples prazer de fazê-lo. As pessoas não se sentem altamente motivadas pelo desejo de realizar coisas ou de obter riquezas materiais, mas pelo desejo de gozar a vida, brincar e viver o presente. Os desafios são enfrentados porque isso pode ser divertido. No melhor dos casos, essas culturas podem incorporar o nível mais elevado da existência: experimentar o êxtase da própria vida, sem necessidade de segurança ou de realizações. No pior, elas são pobres, propensas ao uso de drogas e, em última análise, nada é realizado.
Feminina	Igualitária, cooperativa, receptiva, atribuindo grande importância à harmonia no relacionamento com as outras pessoas e com o mundo natural. No melhor dos casos, estas são culturas protetoras e harmoniosas, que permitem uma grande variedade de comportamentos, desde que sejam discutidos abertamente. No pior, os conflitos são reprimidos e a conformidade mantida por meio de fofocas e de uma rede de vergonha e abandono.
Masculina	Hierárquica, competitiva e agressiva, com ênfase nas realizações e na dominação. No melhor dos casos, elas pregam coragem, disciplina e a manutenção de elevados padrões morais no interesse do bem comum. No pior, elas são insensíveis, exploradoras, imperialistas e destrutivas em sua relação com a Terra.

Capítulo 21

Reclamando o Mito da Sua Vida

Encontrar a grande história que dá conta da sua vida é uma tarefa sagrada. Saber a sua história é saber quem você é. Isso não deve ser encarado de maneira leviana, embora também não deva ser feito com excessiva gravidade. (De fato, a criatividade se manifesta com mais facilidade quando há uma boa dose do Bobo!) Se você conhecer bem a sua história, haverá uma probabilidade muito menor de você vir a se subestimar, de você se confundir com aquilo que não é essencial e de ser manipulado por outras pessoas ou de ser convencido de que tem menos possibilidades do que realmente tem.

Na maior parte de nossa vida, muitos de nós sentimos como se estivéssemos viajando sem um mapa. Temos consciência de que estamos caminhando, mas não sabemos de onde viemos, onde estamos e para onde vamos. Embora o modelo apresentado neste livro nos proporcione um mapa geral para a jornada, esse é um mapa genérico, que não foi elaborado especificamente para a sua vida. Ainda que a sua grande história muito provavelmente tenha um ou dois arquétipos dominantes e também inclua muitos elementos arquetípicos diferentes, a maneira como você junta todos esses elementos será única – e individualizada.

A identificação da sua grande história (ou histórias) ajuda você a descobrir alguma peculiaridade a respeito de si mesmo de uma maneira que o ajuda a compreender o significado da sua vida. Só você pode contar essa história porque você é a única pessoa que sabe o que veio fazer ou aprender aqui.

Em *The Search for the Beloved: Journeys in Sacred Psychology*, Jean Houston salienta a importância de a pessoa escrever a sua própria grande história como uma maneira de participar conscientemente da "nova história" que "está começando a surgir na nossa época". O livro de Houston inclui exercícios muito úteis para ajudar a pessoa a escrever a sua grande história e destaca a importância de se escrever essa história em termos míticos. Ela sugere que a pessoa escreva primeiro uma história autobiográfica normal e depois a traduza para uma linguagem mítica. Ela apresenta o seguinte exemplo de uma mesma história escrita primeiro "existencialmente" e depois na forma de um mito:

> Bem, nasci numa família comum. Minha mãe era professora de escola primária e meu pai trabalhava como chefe de trem numa ferrovia. Quando eu era pequena, ninguém me dava muita atenção. Minha mãe trabalhava fora o dia todo e meu pai ficava dias longe de casa.

A mesma história é, então, traduzida da seguinte maneira:

> Era uma vez uma criança muito especial, nascida com uma promessa e uma luz interior tão brilhante que cegou todas as outras pessoas. Elas não ousavam olhar para ela; nem mesmo sua mãe, que sabia a Maneira Como as Coisas Funcionavam, ou seu pai, que Conduzia Caravanas para Reinos Distantes, podiam vê-la.[1]

Você não precisa necessariamente escrever dessa maneira para descobrir a sua grande história. Algumas pessoas se sentem melhor escrevendo a história de uma maneira mais comum, outras contando-a para os amigos, pintando-a, desenhando-a ou expressando-a na forma de movimentos, danças ou dramatizações. Muitas vezes, o modo como você a vê é tão importante para lhe dizer alguma coisa relevante a respeito de você mesmo quanto o próprio conteúdo da história. Ou, mais precisamente, na verdade, o processo e o conteúdo da sua grande história não podem realmente ser separados. Você está em ambos.

A História da Sua Vida/O Mito da Sua Vida (I)

1. Escreva a história da sua vida na forma de uma narrativa comum. Você talvez queira utilizar aquilo que aprendeu com os exercícios dos capítulos anteriores. Procure identificar, por exemplo, os arquétipos que se mostram ativos nos diferentes estágios da sua vida; considere o impacto da sua identidade sexual ou cultura e o equilíbrio entre o que lhe ensinaram a ser, o que você quer ser e a verdade mais profunda a respeito do propósito da sua vida.
2. Em seguida, escreva isso numa linguagem mítica, como se fosse a história da sua jornada heroica. (Você também pode expressar miticamente a sua história por meio da arte, da dança, das dramatizações ou da música.)

COMO ENCONTRAR O SEU MITO DOMINANTE

A melhor maneira de determinar o seu mito dominante consiste em escrever ou expressar de alguma outra forma a história da sua vida – tão honestamente quanto for possível – e, depois disso, observar a estrutura básica da trama. Você pode fazer isso comparando a trama básica da sua autobiografia com o quadro de histórias arquetípicas apresentado na página seguinte.

Os Arquétipos e suas Histórias

Inocente	Paraíso perdido, mas manutenção da confiança; paraíso reconquistado.
Órfão	Paraíso perdido, produzindo desespero e alienação; perde a esperança no paraíso e trabalha ao lado de outros para melhorar o mundo.

Guerreiro	Empreende a jornada; enfrenta e mata o dragão; salva a vítima.
Caridoso	Sacrifica-se e faz o que os outros lhe pedem; sente-se mutilado ou mostra-se manipulador em relação às outras pessoas.
Explorador	Sente-se malquisto na comunidade por causa da pressão para ajustar-se; empreende a jornada sozinho; encontra um tesouro de autonomia e vocação; descobre sua verdadeira família e seu verdadeiro lar.
Amante	Anseia pelo amor; encontra o amor; é separado do amor e morre (na tragédia) ou volta a unir-se à pessoa amada (na comédia).
Destruidor	Passa por grande perda e sofrimento; perde a ilusão e deixa de lado os padrões inautênticos de comportamento; enfrenta a morte e aprende a transformá-la numa aliada.
Criador	Descobre o verdadeiro *Self*, procura maneiras de criar uma vida que facilite a expressão desse *Self*.
Governante	É ferido e o reino se transforma num deserto; assume a responsabilidade pelo reino e pelos seus problemas; o reino recupera a fertilidade, a harmonia e a paz.
Mago	Supera uma doença debilitante; por meio da cura e da transformação do *Self*, aprende a curar e a transformar os outros; experimenta os efeitos destrutivos da arrogância ou da insegurança; aprende a harmonizar sua vontade com a do universo.
Sábio	Procura a verdade pela renúncia ao *Self*, reconhece a própria subjetividade; aceita essa subjetividade; conhece a verdade transcendente.
Bobo	Vive pelo prazer, mas sem apegar-se a si mesmo, à comunidade ou ao cosmos; aprende a comprometer-se com as pessoas, com a natureza e com o universo; consegue confiar no processo e viver em harmonia com o universo; encontra a alegria.

Talvez você chegue à conclusão de que a sua história é caracterizada por decepções amorosas, desapontamentos e pela ocorrência de situações em que você faz o papel de vítima. Deve estar evidente que o seu mito formador é uma variação da trama do Órfão. Se ele for um registro de desafios superados e de batalhas travadas e ganhas (ou perdidas), ele é uma variação da trama do Guerreiro. Se você se surpreender escrevendo a respeito do quanto você se sacrificou em favor dos outros, trata-se de uma variação da trama do Caridoso. Se for uma busca de amor, de verdades ou de respostas, você está com alguma versão da trama do Explorador. E assim por diante. (Você talvez descubra que a sua história combina os principais elementos de vários arquétipos.)

O perigo de não conhecermos o mito da nossa vida é a possibilidade de estarmos sempre nos julgando com base nos padrões de uma jornada que não é a nossa. Por exemplo: alguém cujo mito principal seja o do Amante poderá sentir-se continuamente na obrigação de justificar sua incapacidade de realizar grandes feitos, visto que na nossa cultura a maioria das pessoas tem como padrão de referência os mitos do Guerreiro e do Governante. Alguém cujo mito seja o do Governante, todavia, poderá sentir-se incomodado por não conseguir simplesmente viver o presente, ou seja: ser um Bobo.

As pessoas geralmente sentem um grande alívio depois de terem escrito a sua história e encontrado o mito inspirador da sua vida, pois elas percebem que aquilo que estiveram fazendo é, de fato, o que é apropriado para elas. Todavia, nem todo mundo pensa assim. Quando as pessoas identificam a trama que estiveram vivendo, elas podem subitamente perceber que estão possuídas ou aprisionadas por essa história e pelo seu arquétipo inspirador. Uma maneira de falar sobre este assunto é considerar este mito como o *script* [roteiro] da pessoa.

Como Identificar o Seu Roteiro

Cada um de nós tem um roteiro que foi criado na infância em resposta ao que os outros nos disseram a respeito de nossas habilidades e opções. A Análise Transacional nos diz que temos na verdade um roteiro e um contrarroteiro – o resultado da nossa rebelião inconsciente contra o nosso roteiro. Um grande momento da libertação ocorre quando identificamos nosso roteiro e podemos verificar se ele produz resultado positivo.[2]

Esse roteiro é fortemente determinados pelas influências externas porque estão relacionados com a nossa adaptação inicial ao mundo exterior. Se, por exemplo, nossos pais nos batizaram com o mesmo nome de algum famoso *cowboy* ou general, ou se eles sempre nos deram armas de soldados de brinquedo, é provável que nos identifiquemos com o Guerreiro; se eles nos deram bonecas e sempre nos disseram que daríamos uma grande mamãe, é mais provável que venhamos a nos identificar com o Caridoso.

O roteiro muitas vezes é uma compensação por alguma ferida da nossa infância. Nós tentamos apresentar um roteiro para a nossa vida que irá nos deixar mais seguros e menos vulneráveis ao sofrimento. Conforme temos visto, a ferida frequentemente consiste em mensagens negativas ou limitantes a respeito de nós mesmos ou de nossas possibilidades. Essas mensagens podem referir-se à nossa identidade sexual, à nossa raça, ao nosso tamanho ou aspecto físico, ao nosso nível de energia ou temperamento ou a qualquer outra coisa que diga respeito a nós. Quando representamos o roteiro de maneira literal e inconsciente, nós agravamos a ferida porque a maioria dos roteiros, quando executados ao pé da letra, acabam nos ferindo por interferirem com a nossa totalidade. Eles refletem um medo básico de que, se não agirmos de acordo com o roteiro, não conseguiremos sobreviver.

Quando o roteiro é lido como um mito ou metáfora, porém, os meios para a cura dessa ferida também estão contidos no roteiro. Assim, a função psicológica do nosso roteiro é a de curar a nossa ferida básica para que possamos ir em frente e expressar a nossa verdadeira história. Quando percebemos que o roteiro está associado a um arquétipo, podemos compreender que a maioria de nós fica em melhor situação se, em vez de lutar contra o nosso roteiro, simplesmente reconhecer sua existência e procurar representá-los num nível mais elevado.

Muitas vezes, é útil imaginar que você escolheu os seus pais, a sua raça, o seu sexo e as circunstâncias gerais do seu ambiente por causa de alguma coisa que você precisava ou queria dar ou aprender. Encarando as coisas desse modo, podemos assumir alguma responsabilidade pela escolha de uma situação que nos proporcionaria o roteiro de que necessitamos na nossa infância. É como se isso fosse um enigma que precisássemos desvendar antes de podermos continuar a expressar o nosso verdadeiro *Self* no mundo.

O Seu Roteiro

1. Que tipo de pessoa o seu roteiro prevê que você seja?
2. Como esse roteiro limita a sua vida?
3. Qual poderia ser a dádiva ou a lição do seu roteiro?

Aquilo que inicialmente poderia ser um roteiro restritivo, limitante ou mesmo destruidor é transformado quando vemos o arquétipo ou os arquétipos associados a ele. Muitas vezes a transformação requer a capacidade de interpretarmos o roteiro metaforicamente, e não em termos literais. Uma mulher com o roteiro de Cinderela, por exemplo, poderia inicialmente ser incapaz de agir em defesa de seus próprios interesses, pois estaria sempre esperando pela chegada do seu Príncipe Encantado. Ao reconhecer o seu roteiro, ela pode procurar a sabedoria metafórica contida na sua trama. De fato, no seu roteiro está contido, de modo simbólico, exatamente aquilo que ela precisa fazer: permitir que o seu próprio *animus* apareça e a salve. No seu caso, é o seu *animus* que pode ajudá-la a aprender a atuar neste mundo e a cuidar de si mesma.

Se a sua história lhe parecer um mito restritivo, você talvez queira reinterpretar o seu significado. A mulher com o enredo de Cinderela poderia revisar sua história de modo que, em vez de ficar esperando eternamente pela chegada do príncipe, pudesse ser capaz de integrar o príncipe interior e encontrar o seu próprio palácio. Quando ela passar a agir com base nesse novo conhecimento, sua ferida será curada e ela estará pronta para escrever uma história nova e ainda mais vigorosa.

A História da Sua Vida (II)

1. Qual foi a coisa mais positiva que alguém já lhe contou a respeito de você?
2. Quem e o que mais o/a inspiraram? Sua vida modificou-se por causa dessa pessoa, dessa ideia ou experiência?
3. O que lhe dá realmente prazer e satisfação? O que você sabe fazer bem? O que você realmente gosta de fazer?
4. Escreva a história da sua vida na forma de um obituário que irá descrever a verdade essencial da sua vida. Não é necessário escrever o que você acha que o seu obituário irá dizer. Escreva o que você diria se tivesse realizado o seu potencial em todos os aspectos da sua vida – tanto pessoal e espiritual como profissional. O que seria dito se você vivesse plenamente a sua vida e morresse sem nenhum arrependimento?
5. Quais arquétipos têm estado ativos na sua vida? Quais arquétipos precisariam estar ativos na sua vida para você realizar o seu potencial?

Muitas pessoas descobrem que têm na vida duas histórias principais ativas ao mesmo tempo: um roteiro e um mito mais profundo e poderoso. Esse era na verdade o caso da mulher que se identificou com Cinderela. Num nível, ela estivera esperando pela chegada do seu príncipe. Num outro nível, ela se dedicara à pintura e, ao empreender a "Jornada da Alma", suas pinturas tornaram-se mais profundas e passaram a ter um efeito transformador sobre os outros. Nesse nível, ela era um Mago em potencial; todavia, esse potencial só poderia ser concretizado se ela quebrasse o encantamento que a mantinha procurando pelo masculino apenas fora de si mesma. Depois disso, ela tornou-se capaz de usar sua natureza feminina para pintar bem e a sua natureza masculina para vender seus trabalhos. Vemos isso acontecer com frequência quando as pessoas descobrem seus mitos mais profundos. Embora o roteiro mantivesse as pessoas ocupadas, ele muitas vezes dava a impressão de paralisá-las. Durante todo o tempo elas estavam apenas aprendendo aquilo de que precisavam saber para se tornarem capazes de representar a sua história mais profunda.

Embora o ideal fosse conhecer o nosso próprio mito de uma vez por todas, é improvável que possamos fazê-lo porque nossa compreensão a respeito das nossas tarefas na vida e das consequentes histórias de vida é um processo que evolui com o tempo, e geralmente é bastante influenciado por aquilo que consideramos ser o mais importante no período cronológico específico durante o qual o estivemos escrevendo.

Assim como o Governante que se apega à "nova verdade" durante um tempo demasiado longo – transformando-se, portanto, num tirano –, qualquer de nós que se apegar demasiadamente a alguma versão da nossa própria história necessita da renovação produzida pelo reexame dessa história à luz das realidades atuais. É conveniente, portanto, atualizar o seu mito com certa frequência para se certificar de que o roteiro que você está vivendo ainda é útil e estimulante.

O Encontro de Uma Nova História – Um Processo Dialético

David Feinstein e Stanley Krippner, que escreveram um livro sobre como encontrar a sua grande história (*Personal Mythology: The Psychology of Your Evolving Self*)* descreve um processo para identificar as maneiras pelas quais a sua atual mitologia poderia estar limitando a sua vida e para expandir a sua mitologia de modo que ela se transforme numa força libertadora. Na verdade, isso se assemelha um pouco ao que acontece à medida que vamos crescendo e nossas roupas antigas ficam pequenas para nós. Houve tempo em que elas eram novas, bonitas e

---

* *Mitologia Pessoal – Como Descobrir sua História Interior Através de Rituais, dos Sonhos e da Imaginação*. São Paulo: Cultrix, 1992 (fora de catálogo).

serviam em nós. Pouco a pouco, porém, vamos crescendo e elas ficam pequenas, gastas e fora de moda (e incompatíveis com as necessidades e atitudes da época em que estamos vivendo).

No modelo de Feinstein e Krippner, em cinco estágios, nós inicialmente "aprendemos a identificar situações nas quais nossos mitos orientadores deixam de ser nossos aliados": reconhecemos as maneiras pelas quais os nossos mitos estão nos limitando e sentimos conscientemente o sofrimento provocado pelo nosso apego a um mito orientador que é inadequado para a época em que nos encontramos. O segundo estágio consiste em "analisar as causas do conflito mítico". "Mesmo antes de você reconhecer conscientemente as limitações de um antigo mito, sua psique geralmente está produzindo um contramito para compensar suas limitações." Tal como os sonhos, esses contramitos são, sob certos aspectos, a "realização de um desejo". "Assim como os sonhos, os contramitos frequentemente também estão alheios às necessidades do mundo real."

Assim, um novo mito pode surgir por meio de fantasias ou de devaneios que parecem ser escapistas. Feinstein e Krippner nos proporcionam uma série de exercícios para cristalizar tanto o mito limitante quanto o emergente. Em seguida, no terceiro estágio, o indivíduo concebe uma "visão mítica unificadora". "O desenvolvimento mitológico desenvolve-se como uma dialética em que o velho mito é a tese, o contramito é a antítese e um novo mito, que representa a resolução dos dois, é a síntese." À medida que o contramito se desenvolve, ele compete com o mito prevalente para dominar as percepções e orientar o comportamento. Sua luta dialética pode assemelhar-se a algum tipo de "seleção natural" no interior da psique, uma sobrevivência do "elemento mais apto" de cada mito para que possa haver um crescimento e ajustamento ótimos. O quarto estágio envolve a passagem da "visão para o compromisso", e o quinto e último estágio, a "construção de uma nova mitologia na vida diária".

O processo descrito por Feinstein e Krippner é também um produto secundário da jornada. O desenvolvimento do Ego exige que desenvolvamos e representemos a nossa história formativa. Quando vivenciamos a iniciação, porém, essa história começa a nos prejudicar. Ela simplesmente não é adequada para nos guiar no território novo em que acabamos de entrar. Durante um longo período, nós nos sentimos divididos por uma luta interior entre duas histórias conflitantes até que haja algum tipo de resolução. Nesse ponto, talvez ainda não tenhamos nenhum conhecimento consciente do que seja a conciliação; podemos simplesmente sentir um vazio onde antes havia uma luta. Muitas vezes descobrimos o que é a resolução quando nos abrimos para observar nossas ações. Somente mais tarde nos comprometemos conscientemente a manifestar essa nova história na nossa vida. Quando o fazemos, porém, nossa vida desenvolve um caráter mítico.[3]

O Encontro de uma Nova História

1. Examine os mitos ou histórias que você escreveu e verifique se eles prejudicam ou favorecem a sua vida.
2. Se houver partes desses mitos ou histórias que você queira mudar, faça isso. Comece construindo um contramito e lembre-se de que a chave para o seu contramito será encontrada nas suas fantasias.
3. Veja se consegue promover a integração entre o que há de melhor nessas duas histórias.

Penetrando nos Domínios do Mito

É importante fazer uma distinção entre esse atributo mítico e a presunção. Esta é também um tipo de possessão arquetípica, embora – ao contrário de um roteiro –, nós de alguma maneira temos consciência dela. Nesse caso, não estamos tão desatentos à influência do arquétipo na nossa vida, como acontece quando nos identificamos com o próprio arquétipo. Isso dá um toque de grandeza à nossa vida, ainda que, em última análise, não seja bom para nós. O fato é que um arquétipo está nos possuindo (de maneira positiva ou negativa – ou mesmo das duas maneiras). Nos casos mais extremos, isso se manifesta na forma de delírios, como acontece, por exemplo, quando alguém acredita que é a encarnação de Jesus Cristo.

A diferença entre alguém viver uma grande história e viver a sua própria história é que, nesse último caso, você está vivendo genuinamente a sua própria história. Isso faz você se sentir profundamente satisfeito e perceber que a sua vida tem um significado. Jesus Cristo sentir-se como Jesus Cristo não é um sinal de presunção. Não é sinal de presunção eu ser eu mesma e você ser você, do mesmo modo como não é presunção permitir que um arquétipo se manifeste por seu *intermédio* quando você tem consciência de que não é esse arquétipo.

Se você se julga melhor que os outros ou se acha inútil e insignificante, pode ser que esteja sucumbindo a algum tipo de presunção. Você está sendo possuído por uma forma positiva ou negativa do arquétipo. Quando estamos vivendo a nossa grande história, ela pode ser estimulante, sob certos aspectos, mas sempre apresenta também um caráter "espontâneo". Estamos sendo nós mesmos e isso nos parece algo natural.

Muitas vezes, o maior obstáculo que a pessoa tem de enfrentar para descobrir a sua verdadeira história e o seu verdadeiro trabalho é o medo de que o trabalho possa ser ou pouco ou excessivamente importante. A pessoa se pergunta: E se o meu trabalho for muito importante? Talvez eu não esteja à altura dele. E se a minha função for limpar o chão? Quero fazer algo mais importante do que isso. Muitas vezes não conseguimos encontrar a nossa verdadeira história por causa desses tipos de temores. Todavia, só podemos ser felizes vivendo a nossa grande e profunda história. *Por mais excitante e bem-sucedida que possa ser, nenhum tipo de vida o fará feliz se não for realmente a sua vida.* E nenhum tipo de vida o fará infeliz se for realmente a sua vida. Vivemos nossas histórias no dia a dia – quer cheguemos ou não a escrevê-la – enquanto "buscamos a felicidade", em vez de fazermos simplesmente aquilo que se espera de nós ou o que, aparentemente, nos trará um sucesso garantido.

O anseio por identificar a singularidade de nossas tarefas nesta vida decorre inicialmente de um desejo de afirmar a nossa vida individual. Contudo, quando empreendemos essa jornada de descobertas descobrimos que, na realidade, os seres humanos não estão sozinhos nessa jornada. Cada uma de nossas jornadas individuais está intimamente ligada à jornada de nossos amigos, de nossos familiares, de nossos colegas de trabalho, de nossos contemporâneos, dos membros do nosso sexo e da nossa cultura. Todos os passos que damos no sentido de nos tornarmos mais plenamente nós mesmos afetam as outras pessoas, da mesma maneira como os passos que elas dão também nos afetam. Encontrar o verdadeiro significado da nossa vida, portanto, contribui para a renovação do reino.

Podemos sucumbir às "ilusões de insignificância", que é a maldição da nossa época, ou podemos afirmar diariamente a nossa vida e, assim, transformar o nosso mundo. A responsabilidade produzida por esse conhecimento é o legado que recebemos de todos os heróis que nos precederam. O nosso futuro pode ser um pesadelo ou um milagre. A escolha é nossa.

APÊNDICE

O Índice de Mitos Heroicos (Formulário E)

O Índice de Mitos Heroicos (IMH) foi criado para ajudar as pessoas a compreenderem melhor a si mesmas e aos outros pela identificação dos diferentes arquétipos que estão ativos em suas vidas. As pessoas que fazem o teste recebem um escore numérico indicando o seu grau de identificação com os doze arquétipos descritos neste livro. Todos os doze arquétipos são importantes e cada um deles traz consigo uma dádiva especial. Cada um deles tem uma importante contribuição a fazer na nossa vida. Nenhum é melhor nem pior do que o outro. Assim, não existem respostas certas ou erradas.

O Formulário E do IMH (© 1990 de Carol S. Pearson) foi desenvolvido por Carol S. Pearson, Sharon V. Seivert, Mary Leonard e Hugh Marr (sendo que Hugh Marr realizou os testes e retestes de validade e confiabilidade). O formulário original do Índice de Mitos Heroicos (então chamado Índice de Mitos Pessoais) foi publicado como um teste de autoajuda com 36 itens em O Herói Interior (1986). O formulário D, uma versão do instrumento com dez arquétipos e 60 itens foi desenvolvido para o projeto "Heroes at Work", da Meristema, pela equipe formada por Pearson, Seivert e Leonard, contando ainda com a assessoria técnica de Beth O'Brien e Barbara Murry. As informações sobre a validade e os resultados dos estudos de teste e reteste relativos aos formulários D e E podem ser obtidos por meio da Meristema.

Você pode contribuir para o constante aperfeiçoamento do IMH enviando uma cópia do seu questionário com as respostas, junto com as informações demográficas que estão no alto do formulário, para Meristema, 4321 Hartwick Rd., Suite 416, College Park, MD 20740. Todos os questionários recebidos serão analisados confidencialmente.

Caso você queira fazer pesquisas utilizando o IMH ou utilizar esse instrumento no seu trabalho, existem cursos destinados a prepará-lo para isso. Excetuando-se a sua própria autoavaliação, este instrumento não deve ser utilizado sem a permissão da autora.

Índice de Mitos Heroicos (Formulário E)

Nome (opcional):_____ Data:_____
Idade:_____ Profissão:_____ Sexo:_____
Raça:_____

Faça um círculo em torno do seu nível de escolaridade:
4ª série   1º Grau   2º Grau   Superior   Mestrado   Doutorado

Instruções

A. Indique a frequência com que cada afirmação descreve o seu modo de ser preenchendo os espaços em branco ao lado do número da afirmação.

   1 = *Quase nunca* aplica-se a mim
   2 = *Raramente* aplica-se a mim
   3 = *Às vezes* aplica-se a mim
   4 = *Geralmente* aplica-se a mim
   5 = *Quase sempre* aplica-se a mim

B. Utilize o tempo que achar necessário; a sua primeira reação geralmente é o melhor indicador.
C. *Não omita nenhum item*, pois isso poderia invalidar os seus resultados. Se não tiver certeza, decida-se da melhor maneira que puder e siga em frente.

_____ 1. Eu reúno informações sem formar juízos.
_____ 2. Sinto-me desorientado(a) por causa de tantas mudanças na minha vida.
_____ 3. O processo da minha autocura permite que eu ajude a curar os outros.
_____ 4. Eu humilho os outros.
_____ 5. Sinto-me seguro(a).
_____ 6. Deixo o medo de lado e faço o que precisa ser feito.
_____ 7. Ponho as necessidades dos outros na frente das minhas.
_____ 8. Procuro ser autêntico(a) onde quer que eu esteja.
_____ 9. Quando a vida fica monótona, gosto de fazer uma mudança radical.
_____ 10. Tenho prazer em cuidar das outras pessoas.
_____ 11. Os outros me acham divertido(a).
_____ 12. Sinto-me *sexy*.
_____ 13. Acredito que as pessoas não querem realmente magoar as outras.
_____ 14. Quando criança, eu era ludibriado(a) ou negligenciado(a).
_____ 15. Gosto mais de dar que de receber.
_____ 16. Concordo com a seguinte afirmação: "É melhor ter amado e perdido o objeto desse amor do que nunca ter amado".
_____ 17. Vivo a vida plenamente.
_____ 18. Mantenho um senso de perspectiva procurando ter uma visão de longo alcance.
_____ 19. Estou empenhado(a) no processo de criar a minha própria vida.
_____ 20. Acredito que uma mesma coisa pode ser considerada de diferentes ângulos.
_____ 21. Não sou mais a pessoa que pensava ser.
_____ 22. A vida é um rosário de tristezas.
_____ 23. A ajuda espiritual é responsável pela minha eficiência.
_____ 24. Acho mais fácil fazer as coisas para os outros do que para mim mesmo(a).

_____ 25. Encontro satisfação nos meus relacionamentos.

_____ 26. As pessoas me procuram em busca de orientação.

_____ 27. Tenho medo das pessoas que ocupam posições de mando.

_____ 28. Não levo as regras muito a sério.

_____ 29. Gosto de ajudar as pessoas a estabelecerem contato.

_____ 30. Sinto-me abandonado(a).

_____ 31. Às vezes consigo realizar coisas importantes aparentemente sem esforço.

_____ 32. Tenho capacidade de liderança.

_____ 33 Procuro sempre me aperfeiçoar.

_____ 34. Posso contar com outras pessoas para cuidarem de mim.

_____ 35. Prefiro estar no comando das situações.

_____ 36. Procuro descobrir a verdade que está por trás das aparências.

_____ 37. A modificação de meus pensamentos altera a minha vida.

_____ 38. Eu estimulo o desenvolvimento dos recursos, sejam eles humanos ou naturais.

_____ 39. Estou disposto a correr riscos pessoais para defender as ideias nas quais acredito.

_____ 40. Não consigo ficar sentado e deixar que uma injustiça seja cometida sem tentar corrigi-la.

_____ 41. Eu me esforço por ser objetivo(a).

_____ 42. Minha presença muitas vezes atua como um catalisador para a realização de mudanças.

_____ 43. Gosto de fazer as pessoas rirem.

_____ 44. Tenho disciplina para alcançar as minhas metas.

_____ 45. Amo a humanidade como um todo.

_____ 46. Tenho a capacidade de combinar as habilidades das pessoas com as tarefas a serem realizadas.

_____ 47. A manutenção da minha independência é fundamental para mim.

_____ 48. Acredito que todas as pessoas e todas as coisas do mundo estão interligadas.

_____ 49. O mundo é um lugar seguro.
_____ 50. As pessoas em quem confiei me abandonaram.
_____ 51. Sinto certa inquietação.
_____ 52. Estou renunciando às coisas que não servem mais para mim.
_____ 53. Gosto de "alegrar" as pessoas que são excessivamente sérias.
_____ 54. Um pouco de bagunça é bom para a alma.
_____ 55. O fato de ter me sacrificado para ajudar os outros fez de mim uma pessoa melhor.
_____ 56. Sou uma pessoa calma.
_____ 57. Costumo enfrentar as pessoas hostis.
_____ 58. Gosto de transformar as situações.
_____ 59. A chave para o sucesso, em todos os aspectos da vida, é a disciplina.
_____ 60. A inspiração vem facilmente para mim.
_____ 61. Não estou à altura das expectativas que tinha para mim mesmo(a).
_____ 62. Tenho a sensação de que um mundo melhor está à minha espera em algum lugar.
_____ 63. Quando conheço uma pessoa presumo que ela é digna de confiança.
_____ 64. Meus sonhos estão se transformando em realidade.
_____ 65. Sei que as minhas necessidades serão supridas.
_____ 66. Tenho vontade de realizar algum tipo de ruptura.
_____ 67. Procuro administrar as situações tendo em mente o bem geral.
_____ 68. Sinto dificuldade para dizer não.
_____ 69. Tenho mais ideias boas do que tempo para transformá-las em realidade.
_____ 70. Estou procurando melhorar a minha vida.
_____ 71. Tive decepções com pessoas que foram importantes na minha vida.
_____ 72. O ato de procurar alguma coisa é tão importante quanto encontrá-la.

Instruções para a Contagem de Pontos

Sob o nome de cada arquétipo há seis espaços em branco com os números correspondentes às questões do IMH. Transfira suas respostas (1-5) para as colunas abaixo. Por exemplo: se a sua resposta para a questão 5 foi 3 ("Às vezes"), escreva um 3 no espaço ao lado do 5, o primeiro número da coluna encimada pelo "Inocente". Quando tiver completado os espaços em branco, some as colunas. O seu escore total para cada arquétipo ficará entre 6 e 30.

Quando tiver completado a contagem de pontos, você talvez queira colocar seus escores no diagrama circular da página 48 para obter uma representação visual dos seus resultados.

Inocente	Órfão	Guerreiro	Caridoso	Explorador	Amante
5 ___	14 ___	6 ___	7 ___	33 ___	12 ___
13 ___	22 ___	39 ___	10 ___	47 ___	16 ___
34 ___	27 ___	40 ___	15 ___	51 ___	17 ___
49 ___	30 ___	44 ___	24 ___	62 ___	25 ___
63 ___	50 ___	57 ___	55 ___	70 ___	29 ___
65 ___	71 ___	59 ___	68 ___	72 ___	45 ___
Total					

Destruidor	Criador	Mago	Governante	Sábio	Bobo
2 ___	8 ___	3 ___	26 ___	1 ___	9 ___
4 ___	19 ___	23 ___	32 ___	18 ___	11 ___
21 ___	31 ___	37 ___	35 ___	20 ___	28 ___
52 ___	60 ___	42 ___	38 ___	36 ___	43 ___
61 ___	64 ___	48 ___	46 ___	41 ___	53 ___
66 ___	69 ___	58 ___	67 ___	56 ___	54 ___
Total					

Como Interpretar os Resultados do IMH

Lembre-se de que nenhum arquétipo é "melhor" ou "pior" do que qualquer outro; cada um tem suas características próprias, suas dádivas e lições. Observe os seus escores mais elevados. Eles indicam os arquétipos que – com base em seus escores no IMH – supostamente deveriam estar muito ativos na sua vida. Depois disso, observe os seus escores mais baixos (especialmente aqueles abaixo de 15). Esses são os arquétipos que você atualmente está reprimindo ou negligenciando. Se um escore está abaixo de 15, você talvez tenha uma aversão a ele, seja porque (1) deu-lhe excessiva ênfase no passado e desenvolveu o equivalente a uma "alergia" ou (2) porque você não o aprova e, portanto, não se permite expressá-lo (ou observar a sua expressão) na sua vida.

No primeiro caso, você talvez queira permanecer afastado desse arquétipo; no segundo, o arquétipo ou os arquétipos que você se permite expressar podem representar atributos negativos em relação aos quais as outras pessoas talvez estejam mais conscientes do que você mesmo. O reconhecimento dessas partes renegadas de você mesmo lhe proporciona um maior número de alternativas para você reagir a situações e reduz a probabilidade de que você possa ser surpreendido por manifestações dos atributos menos positivos do arquétipo. Se você permitir a plena expressão do arquétipo, é provável que a sua expressão ocorra de um modo mais positivo e que isso vá lhe proporcionar mais energia e variedade para a sua vida.

Você talvez queira transferir seus escores relativos a cada arquétipo para o espaço apropriado que há em cada um dos capítulos arquetípicos, nas Partes de II a IV. Ao ler sobre cada arquétipo, tenha em mente o seu escore e pergunte a si mesmo se o que você está lendo corresponde àquilo que você já sabe a respeito de si mesmo e do arquétipo. Ao longo do livro, há vários espaços em branco nos quais os escores podem ser registrados e interpretados em diferentes contextos. Por exemplo: em "Como Usar Este Livro" (página 35) você teve a oportunidade de registrar os seus escores num diagrama circular, e na introdução à Parte I (página 53) você foi solicitado a colocar seus escores num gráfico para que pudesse visualizar mais facilmente o peso na sua vida dos arquétipos relacionados com o Ego, a Alma ou o *Self*.

    Nenhum teste pode ser usado para se conhecer mais coisas a respeito de você do que aquilo que você mesmo já sabe. Se achar que um determinado arquétipo é mais ou menos ativo na sua vida do que o indicado pelo teste, ajuste o escore da maneira que for necessário.

Notas

Introdução

1. James Hillman acha que todas as nossas "patologias" são chamamentos dos deuses – incluindo as doenças mentais e emocionais. Para maiores informações a respeito dessa questão fundamental, veja *Re-Visioning Psychology* (Nova York: Harper & Row, 1975), 57-112, que é um texto clássico pós-junguiano sobre a psicologia arquetípica. Estendi o conceito de modo a incluir todos os tipos de problemas, e não apenas as doenças.
2. Veja *The Hero with a Thousand Faces*, de Joseph Campbell (Princeton: Princeton University Press, 1949) e *The Female Hero in American and British Literature*, de Carol S. Pearson e Katherine Pope (Nova York: Bowker Book Co., 1981). Os estágios de Campbell são semelhantes: partida, iniciação e retorno. [*O Herói de Mil Faces*. São Paulo: Cultrix, 1988.]
3. Essa maneira de formular o funcionamento dos arquétipos foi primeiramente desenvolvida por Sharon V. Seivert no livro que escrevemos juntas, *Heroes at Work*, um livro de exercícios disponível por meio da Meristema.

Capítulo 2: O Ego: Protegendo a Criança Interior

1. Os leitores que não estiverem familiarizados com esses termos poderão consultar *The Ego and the Id*, de Sigmund Freud, trad. de Joan Riviere

(Nova York, W. W. Norton, 1960); *A Primer of Freudian Psychology*, de Calvin S. Hall (Nova York: New American Library, 1954); ou *The Person: His Development Throughout the Life Cycle*, de Theodore Lidz (Nova York: Basic Books, 1968). Para uma excelente discussão a respeito de uma perspectiva junguiana acerca do Ego, veja *Ego and Archetype: Individuation and the Religious Functions of the Psyche*, de Edward F. Edinger (Nova York: Penguin, 1973). [*Ego e Arquétipo – Uma Síntese Fascinante dos Conceitos Psicológicos Fundamentais de Jung*. São Paulo: Cultrix, 2ª edição, 2020.]

2. Às vezes, como acontece no caso de doenças mentais ou emocionais, somos despachados em nossa jornada da Alma pelo inconsciente contra a nossa vontade e sem que o Ego esteja preparado. Nesses casos, a jornada é demasiado perigosa para que a façamos sozinhos. É fundamental que se tenha um profissional treinado para nos guiar ao longo do caminho.

Capítulo 3: A Alma: Desvendando os seus Mistérios

1. Para uma discussão mais completa sobre a Alma e uma distinção entre a Alma e o Espírito, veja *Re-Visioning Psychology* e *Archetypycal Psychology: A Brief Account*, de James Hillman (Dallas: Spring Publications, 1985). [*Psicologia Arquetípica – Uma Introdução Concisa*. São Paulo: Cultrix, 2ª edição, 2022.]
2. *Women's Mysteries: Ancient and Modern*, de Esther Harding (Nova York: Harper & Row, 1971), 1.
3. *Alchemy: Science of the Cosmo, Science of the Soul*, de Titus Burckhardt (Worcester, Inglaterra: Element Press, 1987), 11-33.
4. Em *The Unholy Bible: a Psychological Interpretation of William Blake* (Nova York: Harper & Row, 1970), 231, June Singer escreveu: "O casamento é o símbolo de uma união entre duas entidades separadas e distintas – cujo propósito principal é conceber e criar uma terceira pessoa, constituída pelas características do primeiro e do segundo elemento. O casamento entre um homem e uma mulher – e a geração de filhos – é a representação, de uma maneira pessoal e imediata, do drama fundamental das esferas, cuja primeira expressão esteve presente nos mitos cosmogônicos dos povos antigos e primitivos. Nesses mitos, havia

invariavelmente um grande 'todo', 'caos' ou 'nada', o qual existia na sua unicidade até que, mediante algum ato de desejo ou pensamento, ocorresse uma ruptura. Então passavam a existir dois elementos: o céu e a terra, a luz e a escuridão, o masculino e o feminino, o deus protagonista ativo e seu equivalente negativo – incontáveis variações das representações da dualidade".

5. *Androgyny: Toward A New Theory of Sexuality*, de June Singer (Garden City, N. Y.: Anchor Press/Doubleday, 1976), 183-207. [*Androginia – Rumo a uma Nova Teoria da Sexualidade*. São Paulo: Cultrix, 1992 (fora de catálogo).]

Capítulo 4: O *Self*: Expressando-nos no Mundo

1. Em *Insearch: Psychology and Religion* (Nova York: Charles Scribner and Sons, 1967), 89, James Hillman descreve a renovação resultante da tensão entre o Velho Rei (ou, como eu acrescentaria, a Velha Rainha) e a Criança Divina: "Tanto a voz do Velho Rei... como a voz do *Self* ainda por nascer estão certas. A partir desses conflitos pode surgir um novo ponto de vista psicológico, o qual poderíamos também chamar de uma nova moralidade... A necessidade interior que força o Velho Rei a modificar os seus pontos de vista manifesta-se primeiramente por meio da voz ainda fraca da consciência individual".

2. Segundo os mitos do Rei Fisher, sempre que o Reino se transforma num deserto isso acontece porque o Governante está ferido. Torna-se necessário o aparecimento de um herói mais jovem para curar o Rei e renovar o Reino. Embora as diversas versões das lendas do Rei Fisher atribuam diferentes causas ao ferimento, ele frequentemente está relacionado à sexualidade do Rei. (Na maioria dos casos, o Rei é ferido na coxa ou na virilha.)

3. Em *Ego and Archetype*, 228, Edinger considera Cristo como um símbolo do *Self* e o sangue de Cristo como uma representação da "vida da Alma". Assim, beber o sangue de Cristo durante a comunhão significa receber a Alma. Edinger, posteriormente, estabelece uma ligação entre Cristo e Dioniso, considerando ambos como mitos a respeito do *Self*.

4. *The Promise of Paradox: A Celebration of Contradictions in the Christian Life*, de Parker Palmer (Notre Dame, Ind.: Ave Maria Press, 1980), 15-44.

5. *Alchemy*, 155, de Burckhardt.
6. Veja *Ego and Archetype*, 231-32, de Edinger. O autor enfatiza o caráter andrógino do símbolo do *Self*, argumentando que os teólogos patriarcais ocultaram a natureza andrógina da imagem de Cristo.
7. *The Grail Seeker's Companion: A Guide to the Grail Quest in the Aquarian Age*, de John Matthews e Marian Green (Wellingborough, Northhamptonshire: The Aquarian Press, 1986), 19.
8. Observe que Jacó também está ferido na coxa, um ferimento relacionado com o rompimento de suas relações com o pai e o irmão, o qual ocorre depois de ele ter enganado o primeiro para ganhar o direito de primogenitura que pertencia ao segundo. Todavia, ele sofre o ferimento lutando com um anjo. O ferimento é ao mesmo tempo um sinal de relacionamento abalado e da abertura que permite uma ligação com o numinoso.
9. *As Brumas de Avalon*, de Marion Zimmer Bradley (Nova York, Alfred A. Knopf, 1983).
10. The Grail Legend, de Emma Jung e Marie-Louise von Franz (Boston: Sigo Press, 1970), 389. [*A Lenda do Graal*. São Paulo: Cultrix, 1990 (fora de catálogo).]
11. *Zen Mind, Beginner's Mind: Informal Talks on Zen Meditation and Practice*, de Shunyu Suzuki (Nova York: Weatherhill, 1974), 75.
12. Em *The Observing Self: Mysticism & Psychotherapy* (Boston: Beacon Press, 1983), 45, Arthur Deikman afirma que "o *Self* observador não faz parte do mundo objetivo formado pelos nossos pensamentos e percepções sensoriais porque ele, literalmente, não tem limites; todas as outras coisas têm. Portanto, a nossa consciência contém um elemento transcendente que raramente notamos porque esse elemento é a própria base da nossa experiência. A palavra *transcendente* é justificada porque se a consciência subjetiva – o *Self* observador – não pode ser observada mas permanece eternamente separada do conteúdo da consciência, é provável que ela pertença a uma ordem de coisas diferente de tudo o mais. Sua natureza fundamentalmente distinta torna-se clara quando percebemos que o *Self* observador não tem traços característicos; ele não pode ser afetado pelo mundo mais do que um espelho pode ser afetado pelas imagens que ele reflete".

13. Em *The Crone: Woman of Age, Wisdom and Power* (São Francisco: Harper & Row, 1985), 58, Barbara Walker associa o olhar fixo e frio daquele que observa desapaixonadamente os acontecimentos à mulher velha e sábia, personificada na "deusa síria Mari, a qual tinha olhos imensos e podia procurar pela alma dos homens". Walker observa também que em muitas tradições a própria sabedoria é imaginada como uma entidade feminina: na Índia, como Shakti; na tradição gnóstica, como Sofia; nas escrituras hebraicas, Shekinah. No panteão grego, Métis, "Sabedoria", a verdadeira mãe de Atena, também personificava a mente divina.

Capítulo 5: Além do Heroísmo: A Dança

1. "*On the Psychology of the Trickster Figure*", de C. G. Jung em *The Trickster: A Study in American Indian Mythology*, de Paul Radin (Nova York: Shocken, 1987), 200.
2. Em *The Trickster*, Radin resume deste modo as principais características do mito: "A esmagadora maioria dos assim chamados mitos do trapaceiro na América do Norte fala sobre a criação da Terra ou, pelo menos, sobre a transformação do mundo, e tem um herói que está sempre andando ao léu, sempre com fome, que não se orienta pelos conceitos normais de bem ou mal, que vive pregando peças nas pessoas ou sendo vítima dessas peças, e é dotado de um grande apetite sexual. Em quase todos os lugares ele tem algumas características divinas".
3. *Re-Visioning Psychology*, de Hillman, 35, 51.
4. *Embracing Our Selves: The Voice Dialogue Method*, de Hal Stone (San Rafael, Calif.: New World Library, 1989).

Capítulo 6: O Inocente

1. *The Time Falling Bodies Take to Light: Mythology, Sexuality, and the Origins of Culture*, de William Irwin Thompson (Nova York: St. Martin's Press, 1981), 9, 27.
2. *The Chalice and the Blade: Our History, Our Future*, de Riane Eisler (São Francisco: Harper and Row, 1987), 186-87.
3. *Addiction to Perfection*, de Marion Woodman (Toronto: Inner City, 1982).

Capítulo 7: O Órfão

1. *The Rebel*, de Albert Camus (Nova York: Vintage, 1956), 304, 306.
2. *Lost in the Land of Oz: The Search for Identity and Community in American Life*, de Madonna Kolbenschlag (São Francisco: Harper & Row, 1989), 9, 42, 186.
3. "Betrayal", *Loose Ends: Primary Papers in Archetypal Psychology*, de James Hillman (Dallas, Texas: Spring Publications, 1975), 63-81.
4. *The Search for the Beloved: Journeys in Sacred Psychology*, de Jean Houston (Nova York: St. Martin's Press, 1987), 104-21.
5. Na verdade, a ferida está relacionada com quatro diferentes arquétipos discutidos neste livro. Em primeiro lugar, é a ferida do Inocente que desperta o Órfão que existe dentro de nós e inicia o processo de desenvolvimento do Ego. Em segundo lugar, a ferida do Ego estabelecido, equilibrado e maduro pelo arquétipo do Destruidor e a consequente perda de atitudes arraigadas a respeito de quem somos e de como é o mundo, desfaz as nossas ilusões e permite que descubramos a nossa identidade no nível de nossa Alma. Isso faz com que toda a estrutura da identidade – que foi desenvolvida com tanto cuidado – desmorone e tenha de ser reconstituída ao mesmo tempo em que o Ego permite a plena expressão do *Self*. Em terceiro lugar, o Amante é ferido pela flecha do Cupido quando nossa autonomia duramente conquistada é "invadida" pelo amor por alguma coisa ou por alguém. Depois que isso acontece, a pessoa nunca mais consegue recuperar totalmente sua independência. Por fim, descobrimos a ferida do Governante em cada um de nós e o modo como a cura dessa ferida também recupera e transforma o reino.

Capítulo 8: O Guerreiro

1. *The Chalice and the Blade*, de Eisler, *passim*.
2. Conforme Riane Eisler descreve em *The Chalice and the Blade*, no passado existiram em todo o mundo culturas gimnocêntricas (nas quais as mulheres eram valorizadas e adoravam-se deusas) que eram pacíficas e extremamente prósperas e inventivas. Elas foram responsáveis pela descoberta do fogo, inventaram a arte, a agricultura, a roda, a

linguagem, a palavra escrita e muitas outras invenções fundamentais para a humanidade. Elas tinham tudo o que se pudesse desejar, exceto Guerreiros.

Consequentemente, essas sociedades pacíficas e protetoras foram destruídas por tribos patriarcais mais primitivas e menos inventivas que, embora fossem muito menos civilizadas – na verdade, o mundo entrou inicialmente num período de retrocesso –, eram fortes e implacáveis.

3. As maneiras pelas quais os Guerreiros podem tomar decisões a respeito de abordagens ou respostas superiores ou inferiores diferem, entre outras coisas, por causa das características psicológicas do indivíduo. As pessoas do tipo racional fazem sutis discriminações entre as diferentes alternativas com base num processo analítico no qual elas se esforçam por ser objetivamente justas. As pessoas do tipo emocional tomam suas decisões por meio de um processo subjetivo em que procuram ser bondosas e fiéis aos seus valores pessoais e levam em conta os interesses de todas as partes afetadas pela decisão. Alguns Guerreiros altamente desenvolvidos acabam tornando-se capazes de promover uma integração entre os dois diferentes tipos de abordagem, equilibrando os fatores humanos relacionados à bondade com os princípios mais abstratos da justiça.

4. Shambhala: *The Sacred Path of the Warrior*, de Chogyam Trungpa (Boston: Shambhala, 1978), 33-34. [*Shambhala: A Trilha Sagrada do Guerreiro*. São Paulo: Cultrix, 1992 (fora de catálogo).]

Capítulo 9: O Caridoso

1. Dependendo de suas características psicológicas, os Caridosos compreendem e cuidam de satisfazer de diversas maneiras as necessidades e desejos dos outros. As pessoas do tipo emocional, especialmente as que são emocionais e intuitivas, podem usar sua empatia altamente desenvolvida para descobrir o que os outros precisam e querem. As pessoas do tipo racional, por outro lado, utilizam suas aguçadas capacidades de observação e reflexão para avaliar as necessidades das pessoas entregues aos seus cuidados e descobrir maneiras de lhes proporcionar as

coisas de que necessitam. Em qualquer dos casos, porém, os Caridosos enfatizam a ajuda às outras pessoas, e não a crítica.
2. Teóricos como Carol Ochs associam o primeiro tipo de Caridoso à consciência gimnocêntrica (centralizada na mulher) e o segundo à consciência patriarcal. Para maiores informações a respeito do simbolismo da árvore e da deusa e suas implicações teológicas. veja *Behind the Sex of God: Toward a New Consciousness – Transcending Matriarchy and Patriarchy*, de Carol Ochs (Boston: Beacon Press. 1977).

Capítulo 10: O Explorador

1. *Longing for Paradise: Psychological Perspectives on an Archetype*, de Mario A. Jacoby, trad. de Myron B. Gubitz (Boston: Sigo Press. 1980), 207.
2. Pearl Mindell, trabalho elaborado para o Programa de Desenvolvimento Profissional em Psicologia Profunda. Wainwright House, Rye, Nova York, setembro de 1989.
3. Apenas três cavaleiros são puros o bastante para encontrar o graal – Galahad, Parsifal e Bors. Eles viajam com ele para Sarras, a cidade santa do Oriente, onde são iniciados nos mistérios do graal. Nesse local, Galahad "expira num ímpeto de santidade. Percival retorna ao Castelo do Graal para tornar-se o novo Rei e Bors viaja para Camelot com o propósito de relatar os milagres da busca", segundo *At the Table of the Grail: Magic and the Use of Imagination*, de John Matthews (Nova York: Routledge e Kegan Paul, 1987), 6-7.
4. "The World's Need", de Brian Cleeve, extraído de *At the Table of the Grail*, 56, de Matthews.
5. *At the Table of the Grail*, 6-7, de Matthews.
6. *Re-Visioning Psychology*. 55-112, de Hillman.
7. "Fantasia for Elvira Shatayev", de Adrienne Rich, *The Dream of a Common Language: Poems 1974-1977*. (Nova York: W. W. Norton & Co., 1978), 4-6.

Capítulo 11: O Destruidor

1. Tanto o Órfão como o Destruidor lutam contra essa crise existencial. Para o Órfão, o problema é o abandono e a busca de um Pai Cósmico

que tome conta de nós. Quando o Destruidor se manifesta, nós nos sentimos mais adultos e diminui a probabilidade de vermos Deus nesse papel de pai. A crise existencial é produzida pela ausência de um sentido na vida, pois ainda queremos que o universo faça sentido!
2. *Holy the Firm*, de Annie Dillard (Nova York: Harper & Row. 1977), 76.
3. *Evil: The Shadow Side of Reality*, de John Sanford (Nova York: Crossroad, 1988), 10.
4. *Descent to the Goddess: A Way of Iniciation for Women*, de Sylvia Brinton Perera (Toronto: Inner City Books, 1981), 78.
5. *Ecstasy: Understanding the Psychology of Joy*, de Robert Johnson (São Francisco: Harper & Row, 1987), 29-30.

Capítulo 12: O Amante

1. *Energy and Personal Power*, de Shirley Gehrke Luthman (San Rafael, Calif.: Mehetabel and Co., 1982), 85.
2. *The Coming of the Cosmic Christ*, de Matthew Fox (São Francisco: Harper & Row, 1988), 178.
3. *Truth or Dare*, Starhawk (São Francisco: Harper & Row, 1987), 206.
4. *Knowing Woman: A Feminine Psychology*, de Irene Claremont de Castillejo (Nova York: G. P. Putnam's Sons, 1973).
5. *Coming Home: The Experience of Enlightenment in Sacred Traditions*, de Lex Hixon (Los Angeles: Jeremy P. Tarcher, 1978), 120-21. [*O Retorno à Origem – A Experiência da Iluminação nas Tradições Sagradas*. São Paulo: Cultrix, 1992 (fora de catálogo).]
6. *For Colored Girls who have Considered Suicide When the Rainbow is Enuf*, de Ntozake Shange (Nova York: MacMillan Publishing Co., 1977), 31.
7. *The Promise of Paradox*, 37-39, de Palmer.

Capítulo 13: O Criador

1. *Energy and Personal Power*, 63, de Luthman.
2. *A Book of Games: A Course in Spiritual Play*, de Hugh Prather (Nova York: Doubleday, 1981).
3. *Re-Visioning Psychology*, 44, de Hillman.

4. *The Ages of Gaia: A Biography of Our Living Earth*, de James Lovelock (Nova York: W. W. Norton & Co., 1988).
5. William Butler Yeats, "Among School Children", em *The Collected Poems of W. B. Yeats* (Nova York: Macmillan Co., 1956), 214.

Capítulo 14: O Governante

1. *Even Cowgirls Get the Blues*, de Tom Robbins (Boston: Houghton, Mifflin, 1976), 43.

Capítulo 15: O Mago

1. Na nossa época, a maioria das pessoas vê os Magos não como indivíduos que realizam milagres mas como Trapaceiros ou Prestidigitadores, usando a destreza da mão para iludir. Embora seus truques possam ser divertidos, eles não são realmente exemplos de magia. Na verdade, muitos ou, talvez, a maioria dos membros de nossa sociedade não acreditam, de maneira alguma, em magia ou em milagres. De fato, não acreditar em milagres constitui parte importante do processo de desenvolvimento do Ego. Na infância, cultivamos o pensamento mágico. Se desejamos alguma coisa, por exemplo, e ela realmente acontece, presumimos que foram os nossos pensamentos que fizeram isso acontecer. O processo de crescimento envolve a eliminação das superstições e, também, a renúncia à crença de que os problemas irão desaparecer magicamente ou que seremos salvos por alguém.

É também importante que renunciemos ao pensamento mágico até que tenhamos experimentado nossas jornadas e as consequentes iniciações da Alma e possamos também assumir a responsabilidade de sermos o Governante de nossa vida. Como a magia pode ser usada com a mesma facilidade tanto para o bem como para o mal, o melhor é que não nos dediquemos às suas manifestações conscientes até que tenhamos criado o recipiente do Ego – e tivermos caráter, força, disciplina e interesse pelo bem das outras pessoas – e feito contato com a nossa Alma. Nossa Alma é a parte do nosso ser que está em contato com a realidade última do universo e que podem nos ajudar a saber como acompanhar esse fluxo. O exercício da responsabilidade mágica exige não apenas integridade – viver de acordo com os nossos próprios valores – mas, acima de tudo, sermos verdadeiros com o propósito da nossa Alma. Caso isso não aconteça, poderemos fazer o mal. É por isso que o Mago é um arquétipo do *Self* – porque, na sua forma positiva, ele só é visto nas pessoas que se aprofundaram, cresceram e se tornaram verdadeiras, de modo que o Ego delas se expandiu para poder permitir a entrada de suas Almas.

2. As mulheres que consideramos terem sido bruxas eram na verdade membros da doutrina religiosa Wiccan, as quais veneravam a Deusa imanente na natureza e nas pessoas. As associações negativas que a palavra *bruxa* evoca na maioria de nós são consequência da perseguição que as igrejas cristãs moveram contra as religiões pagãs porque, no entender dessas igrejas, a natureza/a carne/a sexualidade e as mulheres estavam associadas ao demônio. Nossas imagens do diabo cristão, por exemplo, estão muito relacionadas com o endiabrado Pan, que também tinha chifres e cascos fendidos. Pan, todavia, não era mau. Ele atuava como um elo entre o mundo humano e animal e era meio humano e meio animal. Conforme explica Joseph Campbell, o deus de um povo se transforma na personificação do demônio para a próxima religião. De fato, sob um forte domínio patriarcal, todo o poder das mulheres passou a ser associado a esse poder proibido da deusa e da natureza. Assim, o poder mágico das mulheres tornou-se secreto. Além da Fada Madrinha ou de personagens cômicos, como a protagonista da série de TV "Jeannie é um Gênio", temos poucas representações positivas das magas. De modo geral, presume-se que as magas eram feiticeiras malignas.

3. *Knowing Woman*, 178, de Claremont de Castillejo.

4. "The Way of the Adventurer", de Serge King, em *Shamanism: An Expanded View of Reality*, de Shirley Nicholson (Wheaton, Ill.: Theosophical Publishing House, 1987), 193.

5. Obviamente, podemos também ter de enfrentar obstáculos para despertar nosso Guerreiro interior. Às vezes ainda não chegou o momento de sermos um Mago, por mais que desejássemos que isso tivesse acontecido. Talvez precisemos apenas nos esforçar para nos afirmarmos ou lutar pelos nossos valores.

6. Em *The Way of the Shaman* (São Francisco: Harper & Row, 1980) e em seminários sobre o assunto, Michael Harner ensina as pessoas a entrarem num estado alterado de consciência tamborilando os dedos num certo ritmo. Esse tamborilar os dedos modifica os padrões de ondas cerebrais da pessoa e permite que a consciência penetre em outra dimensão.

    Don Juan, o guia xamânico das obras de Carlos Castañeda, ajuda este último a entrar em estados alterados de consciência por meio do uso de drogas. Posteriormente, ele reconheceu que as drogas não são de modo algum necessárias para se atingir esses estados. Elas eram apenas um meio de prender a atenção de Castañeda. Na verdade, as drogas foram amplamente usadas nas décadas de 1960 e 1970 para ajudar as pessoas a se ligarem a outros planos, até ter ficado claro que, para a maioria das pessoas, esses métodos eram por demais perigosos. [*O Caminho do Xamã*, Editora Cultrix, São Paulo, 1989.]

7. Esta é também uma boa maneira de se lidar com as preocupações. Quando uma preocupação se insinuar na sua mente, imagine o temido evento acontecendo e uma maneira construtiva de lidar com isso. Isso transforma uma possível catástrofe num dos muitos acontecimentos possíveis na vida do indivíduo e com o qual ele pode lidar. Podemos usar esse método tanto no caso de uma preocupação tão simples como a possibilidade de uma empresa aérea perder a nossa bagagem ("Levarei uma maleta de mão com os objetos mais essenciais") quanto no caso da preocupação com o que irá nos acontecer se tivermos câncer ("Terei um seguro saúde e procurarei conhecer todos os meios ortodoxos ou alternativos de cura. Talvez os meus horizontes sejam ampliados.")

8. É importante não sentimentalizar essa ideia nem confundir a possibilidade de escolher a nossa vida com a ideia de que devemos nos considerar culpados por essa escolha. Usando um exemplo muito extremo (o mais extremo que consigo imaginar), se eu estivesse num campo de concentração e presumisse que escolhi esse destino em algum nível, isso não diminuiria o imenso sofrimento provocado por essa situação, nem significaria que eu devesse ser culpada por isso ou que optei por esse destino em virtude de alguma masoquista necessidade de sofrer. Se eu encarasse essa provação como uma oportunidade para crescer,

porém, eu poderia tornar-me receptivo para ver que tipo de crescimento isso significaria.

Para alguns, isso poderia significar uma oportunidade para nos livrarmos do nosso apego à felicidade e relaxar (como Buda disse que precisaríamos fazer para transcender o desejo). Isso poderia ser uma escolha pela iniciação pelo Destruidor e, consequentemente, por uma maior profundidade espiritual. Para outros, poderia ser uma oportunidade para se testar a coragem do indivíduo e descobrir se ele irá permanecer fiel aos seus valores e convicções estando sujeito a coações e vivendo sob grande perigo. Para outra pessoa, isso poderia ser uma oportunidade de experimentar o amor e ter interesse pelos outros sobreviventes do campo de concentração e o orgulho de saber que, não importando o que lhe tivessem feito, não se tornara igual a seus algozes. Eles mantiveram a Alma. Para outra pessoa, isso poderia ser uma maneira de aprender coisas a respeito do poder e da impotência.

Para outras pessoas ainda, dizer que passar por um campo de concentração ou por alguma outra experiência opressiva ou dolorosa foi algo que elas próprias escolheram equivale a uma agressão – como se em algum nível elas tivessem escolhido algo inadequado. Sugerir-lhes que elas criaram a sua própria realidade também seria um tipo cruel e desapiedado de "atribuição errada de nomes".

Portanto, é melhor que os Magos analisem cuidadosamente os problemas e nunca presumam que aquilo que foi considerado bom para uma pessoa é necessariamente bom para outra.

9. Esse exemplo foi extraído da técnica de trabalho desenvolvida por Anne Wilson Schaef, a autora de *Women's Reality* (Minneapolis: Winston Press, 1981) e *When Society Becomes an Addict* (São Francisco: Harper & Row, 1987).

10. Muitos curandeiros se especializam em apenas um aspecto. Nossos médicos se especializam em curar o corpo e, até recentemente, tendiam a negar a possibilidade de cura em qualquer outro nível (exceto no caso de doenças psicossomáticas). Os psicólogos se concentram nas emoções, ajudando-nos a nos libertar dos efeitos dos traumas emocionais e a aprendermos a expressar nossos sentimentos de uma maneira saudável. Os conselheiros e educadores se especializam em ensinar as

pessoas a terem ideias sadias, a desenvolverem e, em muitos casos, a curarem a mente; os xamãs e outros curandeiros ou mestres espirituais concentram-se em efetuar a cura no nível espiritual.

Essa especialização de certo modo se justifica, desde que não seja tão extremada e exclusivista a ponto de os praticantes ficarem tão dedicados aos seus meios de cura a ponto de passarem a ver as coisas de modo parcial, prejudicando a si mesmos e aos seus pacientes. Inversamente, as pessoas que se concentram na cura no nível espiritual muitas vezes possuem um corpo que está maltratado e fora de forma. Os curandeiros mais eficientes – embora eles muitas vezes ainda se especializem – fazem uso de todos os quatro elementos na cura. Às vezes eles o fazem indicando outros especialistas. Às vezes (como no caso dos médicos que sabem conversar com os pacientes), eles integram todos os elementos por meio do seu comportamento. A sua própria totalidade produz um efeito multiplicador. Na prática, no mundo moderno, nós muitas vezes temos de coordenar a nossa cura, encontrando um profissional para trabalhar numa área e um segundo para trabalhar em outra área.

11. Veja *Shamanism: An Expanded View of Reality*, organ. por Shirley Nicholson (Wheaton, Ill.: *Theosophical Publishing House*, 1987), e *The Way of the Shaman*, de Harner.
12. *A Wizard of Earthsea*, de Ursula Le Guin (Nova York: Bantam Books, 1968), 180.

Capítulo 16: O Sábio

1. "Faculty and Student Development in the 80's: Renewing the Community of Scholars", de Lee Knefelkamp, em *Integrating Adult Development Theory with Higher Education Practice*, Current Issues In Higher Education, No 5, American Association for Higher Education, 1980, 13-25. Veja também *Forms of Intellectual and Ethical Development in the College Years: A Scheme*, de William Perry Jr. (Nova York: Holt, Rinehart and Winston, 1970).
2. *The Sufis*, de Idries Shah (Nova York: The Anchor Books, 1971), 351. [*Os Sufis*. São Paulo: Cultrix, 1987 (fora de catálogo).]
3. *Energy and Personal Power*, de Luthman, 62.

Capítulo 17: O Bobo

1. *The Fool and His Scepter: A Study in Clows and Jesters and Their Audience*, de William Willeford (Evanston, Ill.: Northwestern Univ. Press, 1969), 155.
2. *The Fool and His Scepter*, de Willeford.
3. *The Fool: His Social and Literary History*, de Enid Welsford (Garden City, N. Y.: Doubleday, 1961), 326-27.
4. *Zen Mind, Beginner's Mind*, de Suzuki, 62.
5. *Coming Home*, de Hixon, 123.
6. *The Search for Signs of Intelligent Life in the Universe*, de Jane Wagner (Nova York: Harper & Row, 1985), 18.
7. *Pilgrim at Tinker Creek*, de Annie Dillard (Nova York: Harper & Row, 1974), 278.

Capítulo 18: Da Dualidade à Totalidade: Um Modelo de Estágios de Vida

1. Dentre os modelos de desenvolvimento que conheço, o mais semelhante a esse é o de Erik Erikson, muito embora o seu modelo – tal como aqueles da maioria dos teóricos do desenvolvimento – se concentre mais no desenvolvimento durante a infância do que na vida adulta. Veja *The Life Cycle Completed*, de Erik Erikson (Nova York: W. W. Norton, 1982).

   Também estou ciente de que minhas ideias a respeito desse modelo foram muito provavelmente influenciadas pelas leituras anteriores da obra de Erikson e, obviamente, pelo estudo de Jung, cujas teorias me proporcionaram a estrutura básica para o desenvolvimento de uma progressão arquetípica através da vida.

   Os primeiros quatro estágios de Erikson concentram-se na infância, os anos do modelo contidos na dualidade Inocente/Órfão. Os quatro estágios de Erikson, portanto, esclareceram determinados aspectos da dialética do Inocente/Órfão/Criança Divina. Erikson observou que a questão mais importante na infância é esse conflito entre a confiança e a desconfiança básicas. A virtude a ser conquistada pela resolução desse dilema (que é desenvolvida no relacionamento da criança com a mãe) é a esperança.

No início da infância (2-3), a tarefa de crescimento da criança envolve um conflito entre autonomia, de um lado, e vergonha e dúvida, do outro. A virtude a ser conquistada pela resolução desse dilema (virtude que é desenvolvida no relacionamento com o pai) é a vontade. Na idade das brincadeiras (3-5), a tensão básica é iniciativa *versus* culpa. A virtude a ser obtida (que é desenvolvida no contexto básico da família) é a determinação. Na idade escolar (6-12), por fim, a criança enfrenta os sentimentos de inferioridade. A virtude a ser conquistada (que é desenvolvida na comunidade e na escola) é a competência.

Talvez por ter observado tantas pessoas que não resolveram a questão básica da infância (confiança *versus* desconfiança), o meu modelo enfatiza esse dilema ao longo da infância – e, de fato, excetuando-se os casos daqueles poucos que tiveram uma infância próxima do ideal – e do início da idade adulta. Os três estágios seguintes da infância, segundo o modelo de Erikson, ajudam-nos a resolver a dualidade Inocente/Órfão por meio de um aumento gradual do nosso senso de autonomia e autoestima, de modo que não continuamos mais tão dependentes das pessoas à nossa volta. Eles também nos proporcionam detalhes adicionais a respeito da progressão gradual da nossa dependência em relação à mãe (ou à outra pessoa que cuide do indivíduo no início da vida) para a dependência em relação ao pai (ou outra pessoa que sirva de modelo para uma maior autonomia nos relacionamentos), à unidade familiar, à escola, à comunidade e à sociedade como um todo.

Os estágios 2-4 do modelo de Erikson comprovam as contribuições da infância para o desenvolvimento do arquétipo do Guerreiro. Superar a vergonha, a dúvida, a culpa e os sentimentos de inferioridade para nos tornarmos independentes e demonstrar iniciativa e diligência e, no processo, desenvolver a força de vontade, a determinação e a competência são todos aspectos da formação do Ego que são ajudados pelo arquétipo do Guerreiro.

Os últimos quatro estágios de Erikson tratam do nosso desenvolvimento depois da infância. Para Erikson, no período de 12 a 18, a principal questão da adolescência é identidade *versus* confusão acerca da identidade (levando à virtude da fidelidade), e na juventude (de 19 a 35) intimidade *versus* isolamento (levando à virtude do amor). O primeiro estágio corresponde ao desafio do Explorador e o segundo ao do Amante.

Segundo Erikson, o desafio da idade adulta (35-65) é o da produtividade *versus* estagnação (conduzindo à virtude da responsabilidade). Isso corresponde aos arquétipos do Caridoso, do Governante e do Mago, pois não apenas criamos as nossas realidades como optamos por cuidar do que foi criado. Para Erikson, por fim, o desafio da senilidade é a integração *versus* desespero, conduzindo à virtude da sabedoria. A pessoa precisa entrar num acordo com a sua vida fazendo com que ela tenha um significado (o Sábio). A superação do desespero também envolve uma abertura para a alegria (o Bobo).

Capítulo 19: Sexo e Desenvolvimento Humano ao Longo da Vida

1. Sigmund Freud argumentou que os meninos e meninas tinham medo de ser castigados por desejarem a mãe e o pai, respectivamente. Os meninos, em particular, temiam a castração, acreditando que as meninas eram basicamente meninos castigados com a castração. Ele disse ainda que as meninas sentiam que algo lhes havia sido tirado, tinham "inveja do pênis" e obtinham uma satisfação indireta encontrando sua identidade em relacionamentos com alguém que possuía o pênis. Autores como Karen Horney, por outro lado, argumentaram persuasivamente em favor da existência da "inveja do útero", uma motivação psicológica no mínimo igualmente forte que poderia, de fato, induzir os homens a denegrir as mulheres. Isso talvez signifique que invejamos aquilo que não temos até descobrirmos que, embora o nosso corpo seja diferente, os homens e mulheres, em termos psicológicos, têm acesso a todo o espectro de sentimentos e comportamentos humanos (ou seja, ao "masculino" e ao "feminino", ao *animus* e à *anima* interiores).
2. Veja "Woman as Hero", de Mara Donalson, em *Surfacing*, de Margaret Atwood e *The Woman Warrior*, de Maxine Hong Kingston em *The Hero in Popular Culture*, org. Pat Brown (Bowling Green, Ohio: Bowling Green State Univ. Press, 1989), 101-13.

3. Hoje esse padrão está sendo fortemente questionado porque tanto homens quanto mulheres são encorajados a serem agressivos e competitivos para alcançar aquilo que ambicionam. Isso pode ter como consequência um predomínio precoce da energia "masculina" em muitas mulheres. Quando isso ocorre, a mulher muitas vezes passa por uma crise por volta dos 30-35 anos em virtude da necessidade de experimentar o "feminino". Essa crise frequentemente assume a forma de um desejo de engravidar ou de passar mais tempo em casa para cuidar dos filhos. Pode ser ainda que a mulher anseie por uma aventura amorosa.
4. Consulte *In a Different Voice: Psychological Theory and Women's Development*, de Carol Gilligan (Cambridge, Mass.: Harvard Univ. Press, 1982) para encontrar uma discussão muito útil e esclarecedora a respeito das diferenças entre homens e mulheres quanto ao desenvolvimento moral, a qual influenciou enormemente esse modelo.
5. De fato, no mundo moderno, o típico relacionamento tradicional poderia facilmente ser considerado dependente ou mesmo viciante. No mundo contemporâneo o desafio para todos nós consiste em desenvolver um nível razoável de potencial andrógino até mesmo na idade adulta – expresso na capacidade de executar competentemente aquilo que tradicionalmente foi definido como tarefa "masculina" e "feminina". Não agir assim provoca *stress* sobre o organismo, já que no mundo moderno os papéis tradicionais nos parecem por demais repressivos e limitantes. Todavia, o fato de nos tornarmos mais andróginos também provoca os seus próprios problemas. Para a maioria das pessoas, fazer isso sem nos refugiarmos num tipo de identidade unissex adolescente requer uma grande flexibilidade psicológica. Sermos verdadeiramente masculinos e femininas – mas sem nos deixarmos ostensivamente limitar por essa identidade sexual interna – ajuda a nós e a espécie a evoluir, mas não é algo fácil de se fazer!

    Encontrar a sua verdadeira identidade sexual não exige (ou impede) uma preferência sexual pelo sexo oposto. Você pode ser *gay* ou lésbica. Se for, a questão é expressar a sua singular masculinidade, feminilidade ou mistura desses dois elementos. O mesmo é verdadeiro caso você seja heterossexual ou bissexual. Qualquer que seja a sua opção sexual, amar o seu *próprio* sexo – quer o façamos ou não pelo amor sexual – é tão importante quanto amar o sexo oposto.

6. *The Female Man*, de Joanna Russ (Nova York: Bantam, 1975), 119.
7. Wagner, *The Search for Signs of Intelligent Life in the Universe*, 18. Essa peça para uma só atriz, estrelada por Lily Tomlin, é um comentário particularmente apropriado para a geração que se tornou adulta nos anos 1970 e agora está passando pela crise da meia-idade. De fato, para todos nós que fomos afetados pelas grandes mudanças dos anos 1970 – o movimento feminista, o movimento do potencial humano, o movimento da Nova Era – essa é uma tocante comédia humana à qual não se pode deixar de assistir ou de ler.
8. *A Circle of Stones: Woman's Journey to Herself*, de Judith Duerk (San Diego: Lura Media, 1989), 26-27, 66.
9. *The Horned God: Feminism and Men as Wounding and Healing*, de John Rowan (Londres e Nova York: Routledge e Kegan Paul, 1987), 7. No trecho descrito Rowan cita abundantemente *The Spiral Dance*, de Starhawk (São Francisco: Harper & Row, 1979), de modo que as ideias incluídas aqui são tanto dele quanto dela.
10. Qualquer experiência com a genuína sexualidade promove a ligação entre o elemento erótico e sexual da vida e a dimensão espiritual da Alma. Ao passo que a experiência da transcendência – sair para fora do *Self* – frequentemente está associada a Deuses e Deusas do Céu, a descoberta do Deus Interior, que liga o indivíduo à sua vida sexual e instintiva, geralmente está associada a deuses e deusas mundanos, pagãos e primitivos. Os indivíduos podem encontrar a sua verdadeira identidade sexual em qualquer parte desse *continuum*. Embora haja grandes restrições culturais (especialmente por parte das religiões organizadas) ao acolhimento prazeroso do erotismo mais instintivo relacionado com as sexualidades masculina e feminina, a própria experiência da pessoa ligar-se a sua natureza masculina ou feminina mais profunda tende a demolir essas categorias e, assim, permite que a carne e o espírito possam ser experimentados como se fossem uma coisa só.
11. Singer, *Androgyny*, 333. [*Androginia – Rumo a uma Nova Teoria da Sexualidade*. São Paulo: Cultrix, 1991 (fora de catálogo).]

Capítulo 20: Sexo, Diversidade e a Transformação da Cultura

1. Existem atualmente inúmeros livros que discutem a transformação das culturas que adoravam deusas em patriarquias e seu impacto sobre a cultura e seu funcionamento. Entre as primeiras dessas obras estão *When God Was a Woman*, de Merlin Stone, *Behind the Sex of God*, de Carol Ochs e *The Time It Takes Falling Bodies to Light*, de William Irwin Thompson. Entre os livros mais recentes, os que são leitura obrigatória e tratam de identidade sexual e cultura incluem *The Language of the Goddess*, de Marija Gimbuta (São Francisco: Harper & Row, 1989), *The Once and Future Goddess*, de Elinor W. Gadon (São Francisco: Harper & Row, 1989) e *The Horned God*, de John Rowan.
2. Na tradição cristã, não se fazia distinção entre as bruxas – ou adoradoras da deusa – e os adoradores do diabo, muito embora inicialmente as adeptas da Wicca não fossem de modo algum malignas. Elas praticavam um tipo de religião da fertilidade que, tal como as religiões africanas e dos índios americanos, davam grande ênfase à magia.
3. Você pode explorar o papel da espiritualidade da Deusa; pode respeitar a sabedoria de muitas tradições; pode explorar os inúmeros níveis dos ensinamentos de Cristo. Se olhar à sua volta poderá encontrar muitos cristãos declarados que iriam compartilhar essas crenças – muitos dos quais são clérigos.

Capítulo 21: Reclamando o Mito da Sua Vida

1. Houston, *The Search for the Beloved*, 112.
2. Tenho uma dívida de gratidão para com a terapeuta e analista transacional Marcia Rosen por ter me apresentado às ideias fundamentais dos livros de A. T. e dos livros de Eric Berne, tais como *Games People Play* e *What to Do After You Say Hello*.
3. *Personal Mythology: The Psychology of Your Evolving Self*, David Feinstein e Stanley Krippner (Los Angeles: Jeremy P. Tarcher, 1988), *passim*. [*Mitologia Pessoal – Como Descobrir sua História Interior Através de Rituais, dos Sonhos e da Imaginação*. São Paulo: Cultrix, 1992 (fora de catálogo).]

Impresso por :

gráfica e editora

Tel.:11 2769-9056